执教的语言

动作教学中的科学与艺术

THE LANGUAGE OF COACHING
The Art & Science of Teaching Movement

［英国］ 尼克·温克尔曼（Nick Winkelman）著

王雄　［马来西亚］John吴俊纬 译

人民邮电出版社

北　京

图书在版编目（CIP）数据

执教的语言：动作教学中的科学与艺术 ／（英）尼克·温克尔曼（Nick Winkelman）著；王雄，（马来）John吴俊纬译. -- 北京：人民邮电出版社，2022.4
ISBN 978-7-115-58251-5

Ⅰ. ①执… Ⅱ. ①尼… ②王… ③J… Ⅲ. ①教练员—语言艺术 Ⅳ. ①H05

中国版本图书馆CIP数据核字（2022）第019222号

免责声明

作者和出版商都已尽可能确保本书技术上的准确性以及合理性，并特别声明，不会承担由于使用本出版物中的材料而遭受的任何损伤所直接或间接产生的与个人或团体相关的一切责任、损失或风险。

内 容 提 要

试着回忆一下你遇到过的最好的教练。想想他们和其他教练有什么不同，是什么让他们如此有效？是因为他们具备专业的知识和设计训练方案的能力，还是因为他们与你沟通的方式和他们给你的感觉？虽然前者很关键，但真正将他们与其他教练区分开的是他们所使用的语言。

教练的语言侧重于沟通对个人学习和执行一个动作的能力的影响。这本书由爱尔兰橄榄球联盟的运动表现和科学训练负责人尼克·温克尔曼博士撰写，探讨了指导、反馈和提示如何显著影响训练结果。以运动技能学习和集中注意力的科学为基础，温克尔曼博士将指导你通过实用的指导框架，帮助你调整你的语言，以满足你执教的那些运动员及客户的学习需求。

本书充满了令人惊叹的视觉效果，提供了超过 20 个的动作序列，概述了力量型、爆发力型和速度型等不同类型的动作提示，指导你通过创建你自己的提示来执教任何你想要教的运动。通过本书，你还将学习如何通过使用书中的提示与对话示例，与你的运动员及客户进行更有成效的对话。

无论你是新手还是经验丰富的教练，本书都将帮助你成长为一名沟通者，学习如何像外科医生使用手术刀那样精准地运用语言。

- ◆ 著　　　　[英]尼克·温克尔曼（Nick Winkelman）
- 译　　　　王 雄
- 　　　　　[马来]John 吴俊纬
- 责任编辑　裴 倩
- 责任印制　马振武

- ◆ 人民邮电出版社出版发行　　北京市丰台区成寿寺路 11 号
- 邮编　100164　　电子邮件　315@ptpress.com.cn
- 网址　https://www.ptpress.com.cn
- 北京捷迅佳彩印刷有限公司印刷

- ◆ 开本：700×1000　1/16
- 印张：20.5　　　　　　　　　　2022 年 4 月第 1 版
- 字数：529 千字　　　　　　　　2025 年 11 月北京第 4 次印刷
- 著作权合同登记号　图字：01-2020-4450 号

定价：248.00 元

读者服务热线：(010)81055296　印装质量热线：(010)81055316
反盗版热线：(010)81055315

专家力荐

在这本书中，尼克·温克尔曼完成了一件我先前认为不可能完成的事，他将有关运动学习的理论知识和实践方法进行了教科书式的整合，以便所有训练项目的各级别教练都能迅速掌握这些执教方法。有时你可能需要用整个执教生涯来慢慢体会尼克·温克尔曼在书中概述的一些技能，但即便如此，你所做的一切仍然有可能是徒劳无功。尼克的著作会快速引导教练们进行有效沟通，让运动员和客户们获得优异的成果。我真希望20年前就能读到这本书！

埃里克·克雷西（Eric Cressey）
美国国家体能协会注册体能训练专家（CSCS）
Cressey运动表现公司总裁兼联合创始人
纽约洋基棒球队球员健康与运动表现总监

尼克是我们这一领域里的青年才俊，这本书记录了尼克从一名教练成长为一名演讲者，再到如今成为一名作家所取得的出色进步。

迈克·鲍伊尔（Michael Boyle）
迈克·鲍伊尔体能训练中心所有人

尼克·温克尔曼，我喜欢称他为"教练中的教练"。在我认识尼克的10年里，他已经证明了自己在体能训练方面以及执教艺术领域是一名权威人士。尼克能够以一种平易近人的方式传达信息，他的语言表达方式让人感到温暖且易于接受。在我们这一行，很少有人能够让我乐于去寻求建议，但尼克是其中之一，我非常乐意继续将他的方法作为我们的执教理念。我会把这本书赠送给俱乐部的几十名教练和运动员。

唐·萨拉迪诺（Don Saladino），著名教练
健康和运动表现行业专家
Drive Health Club创始人和所有人

无论是运动教练、体能训练专家，还是物理治疗师，他们都需要和运动员或客户进行有效沟通。尼克·温克尔曼的这本书把高效执教的科学理念提升到了更高的层面，并且提供了有效且实用的执教策略，不仅能够改善沟通效果，还能优化客户的训练效果。《执教的语言：动作教学中的科学与艺术》是一部杰作，假以时日，这本书定会成为指导教练们如何执教的终极指南，而现在已经成为我公司旗下所有教练的必读之书了。

阿尔文·科斯格罗夫（Alwyn Cosgrove），健身教练
Results Fitness公司所有人

尼克·温克尔曼以其饱满的热情、卓越的智慧和渊博的知识帮助我们将运动学习的科学理念转变成易于理解且应用广泛的指导框架。他的这本书将会成为帮助运动员和客户优化训练效果的不二法宝。

亚历克斯·齐默尔曼（Alex Zimmerman）
Tier X Program at Equinox项目高级主管

尼克·温克尔曼帮助我在球队中获得了优势，让我在训练中取得了事半功倍的效果，相信这本书也会帮助其他运动员达到同样的效果。

唐特里·波（Dontari Poe）

卡罗莱纳黑豹队防守截锋

这本书是一本具有开创性的、严谨的研究性著作，为教练实现训练目标提供了易于掌握的实用方法，值得每一位教练阅读和收藏。

马丁·鲁尼（Martin Rooney）

"勇士训练"训练机构创始人

多个组织及赛事的教练，包括美国职业橄榄球联盟（NFL）、

终极格斗冠军赛（UFC）、美国职业篮球联赛（NBA）、美国国家女子篮球联盟（WNBA）、

美国职业棒球大联盟（MLB）、奥林匹克运动会（Olympic）

《教练面对面》（*Coach to Coach*）的作者

尼克·温克尔曼颠覆了我原有的思维，并以全新的方式引领我在比赛中达到最高水平。相信这本书同样可以帮助您。

普林斯·阿姆卡马拉（Prince Amukamara）

芝加哥熊队角卫

尼克以有理有据的指导方式，从根本上消除了教练和运动员之间的沟通障碍。如果你的工作内容包括通过沟通帮助运动员提高运动成绩，那么就请阅读这本书吧。

安德烈奥·斯皮纳（Andreo Spina），运动机能学学士

加拿大皇家整脊运动科学学院基金会脊椎指压治疗专业（C）

运动脊椎理疗专家

身体动作与灵活性教练

Functional Anatomy Seminars 首席执行官

这本书借鉴了温克尔曼之前为高水平运动员执教时积累的丰富的个人经验，剖析了我们假设中的漏洞，验证了执教语言内容和方式的一些细微变化，最终可以激励运动员进行更持久的训练。这本书无疑会为执教艺术的发展做出显著而不朽的贡献。

道格·莱莫夫（Doug Lemov）

《像冠军一样教学》（*Teach Like a Champion*）、《像冠军一样教学2.0》

（*Teach Like a Champion 2.0*）的作者

这本书为执教领域做出了重要贡献。书中提供了综合性科学内容与实用性操作方法，是所有教练的必读之作。

斯图尔特·麦克米兰（Stuart McMillan）

ALTIS公司首席执行官

短跑教练

我曾有幸在官方研讨会中跟随尼克进行过一段时间的紧张学习，其间参与的都是奥运会比赛项目教练级别的研讨会和报告会。我发自内心地认为尼克给予运动员的指导提示是以实证为基础的，非常实用。尼克以其渊博的知识、专业的态度和完美的沟通技巧令运动员的成绩达到了新高度。他的训练工作在体育界得到了广泛的高度认可，学习他的方法会令你成为一名更好的教练！

鲍比·麦基（Bobby McGee），奥运会比赛项目教练

（其执教的运动员曾在亚特兰大、伦敦和里约奥运会中获得奖牌）

团队领队、优秀的技术支持人员

作为一名盲人运动员的教练，我一直在寻找不需要视觉参照就可以描述运动动作的更好的方法。在和尼克共事后，我学会了一套完美的语言提示技巧来为我的团队提供最好的指导！

杰克·切霍夫斯基（Jake Czechowski）

美国国家盲人女子门球队主教练

尼克的指导提示是我迄今练习过的最有效的执教技巧之一。它教会了教练如何避免把问题复杂化，并指导运动员专注于高水平运动表现的本质。

迈克·科恩（Mike Kohn）

美国雪橇队主教练

尼克的著作是我们国家队教练课程中极具价值的组成部分，在与运动员沟通方面为教练们提供了独特而实用的见解，并且令运动员们取得了更加出色的成绩。他提出的方式非常实用，增进了教练和运动员之间的理解。那些接受过尼克指导的教练们立即获得了显著的效果。尼克的著作是一个极富价值的工具，可广泛应用在各阶段水平的各项运动之中。

克里斯汀·博尔格（Christine Bolger）

美国奥运会和残奥会委员会（USOPC）教育部教练

我在美国奥运会和残奥会委员会的国家队教练研讨会中，从尼克那里学到了非常实用的战术，这些战术立刻对我执教的双人花样滑冰运动员们起了作用。我对执教的理解不断加深，并且掌握了目标清晰的类比法，这些进步可帮助我指导运动员快速掌握动作技巧，特别是3周转体动作。

鲍比·马丁（Bobby Martin）

美国花样滑冰队教练

尼克与世界各地的高水平教练相互分享宝贵的经验。高水平执教与目标明晰的精准沟通直接相关。改善沟通与纠正代偿性动作模式同等重要。尼克坚持不懈地进行研究，从数千次教练培训课程中积累实战经验。这本书会让教练这个职业乃至整个体育界更上一层楼。

马克·费斯特根（Mark Verstegen）

EXOS公司总裁、创始人

教练对自己执教的要点了如指掌只是工作的一部分，更重要的是将要点传授给运动员。这不仅需要教练具备高超的语言表达技巧，掌握正确的说话方式和内容，还需要教练有意识地去倾听，因

为倾听是通往理解的大门，而理解是建立有效关系的途径。尼克完成了这本著作，其目的是让我们重视沟通，而沟通恰好是教练执教过程中非常重要却长期被忽略的环节。

朱利安·特雷热（Julian Treasure）

TED演讲者，获奖图书《如何被倾听》（*How to Be Heard*）的作者

我从事"动作训练"这项工作的时间越久，就越来越赞同从运动康复到运动表现，信息、经验和反思是同等重要的。在这本书中，尼克指导教练要同等重视这几个方面，不要厚此薄彼。

格雷·库克（Gray Cook）

物理治疗科学硕士（MSPT）、骨科认证专家（OCS）、美国国家体能协会注册体能训练专家（CSCS）

FMS联合创始人

《动作》（*Movement*）的作者

现在，我们可以使用工具箱中最强大的工具，那就是语言。在这本书中，尼克捕捉到了主动进行有效沟通的重要性，为运动员们创造了一种运动体验，以帮助他们达到最高运动表现水平。

安娜·哈特曼（Anna Hartman）

美国国家运动防护师协会高级认证专家（ATC）

MovementREV公司创始人

在这本书中，尼克·温克尔曼选择了一个涉及大量研究与论证的复杂课题，他将这一课题与他的专业知识相结合，并最终将二者整合成了一部非常实用又通俗易懂的著作。对于所有需要与人沟通并想提高自己的人而言，这本书都是一本必读之书。

布兰登·马尔塞洛（Brandon Marcello）博士

高表现水平策略师

"我们所说的话至关重要"，是教练们的基本共识。我们的语言是连接执教科学与执教艺术的桥梁。在这本书中，尼克指导教练们通过我们都拥有的非常重要的工具——沟通，把训练变得形象生动。这本书不仅能够帮助教练提高执教水平，还能让教练与客户进行更有效的沟通，最终帮助他们优化训练效果。

苏·法尔索内（Sue Falsone），运动科学硕士（MS）

获得物理治疗师执照（PT）

美国国家运动防护师协会高级认证专家（ATC）

美国国家体能协会注册体能训练专家（CSCS）

获得临床骨科徒手治疗认证（COMT）

《运动康复和运动表现之间的桥梁》（*Bridging the Gap From Rehab to Performance*）一书的作者

致我的爱人：你对我而言如真理，如挚友，如灵感的源泉。

致格雷西（Gracie）与马登（Madden）：寻找挚爱，奉献所有。

致马迪（Maddy）、罗克西（Roxy）、凯格（Keg）：
你们永远是我们快乐的烦恼。

目录

第2部分　执教

第3部分 提示

自序

在竞技运动中，每一次伟大的胜利都拥有两个辉煌时刻。

第一个辉煌时刻出现在运动员获胜之时。在电光火石之间，运动员最终凭借得分获胜，或实现了一次惊人的指尖接球、又或在重要比赛中成为冠军。这通常是我们大多数人都铭记在心的精彩时刻。

但几秒后，远离了聚光灯，就会出现另一个辉煌时刻。这是只属于运动员与教练的庆祝时刻。那一刻他们或碰拳、或拥抱、或面对面傻笑。那一刻无须言语，因为一切尽在不言中。运动员与教练彼此分享真实的喜悦：嘿，我们做到了。

第一个辉煌时刻令人激动不已，这也是我们热爱体育运动的原因。但我更喜欢第二个辉煌时刻，因为它承载着更重要的意义，那些发生在运动员与教练之间疯狂、愤怒、痛苦、鼓舞人心的所有历程。每当目睹这样的时刻时，我们都会不禁产生疑问，我们要怎样做才能看到更多这样的时刻？换言之，真正伟大的教练都做了什么？

这正是本书要讨论的内容。

在传统历史中，伟大的教练被视为一位"魔法师"。以这种思维方式来看，这种"魔法"大多藏在教练身上，那就是他们敏锐的目光、直觉以及他们与人相处的方式。因此我们可以认为伟大的教练，如伍德（Wooden）、隆巴迪（Lombardi）、施腾格尔（Stengel）和波波维奇（Popovich）就是"魔法师"。这种思维方式虽然说得通，但也存在一些问题。

一方面，这种思维方式不科学。我们都生活在这样一个世界中，医生、工程师、建筑师和其他专业人士的技能都建立在循证研究和不断改进方法的基础之上。无论出于什么神秘的原因，执教文化大多已证明与科学无关，这种文化让教练凭借模糊不清、毫不可靠的传统、直觉和经验指导运动员。有时候这种方式或许效果不错，但是深究之下，却无证可循。即便是最基本的问题也仍伴有疑惑：设计练习的最佳方式是什么？给运动员提供反馈的最佳方式又是什么？

另一方面，这种文化创建了一个盲目模仿他人的世界。如果你看到成功的教练对运动员大喊大叫，你就会认为这是执教的最佳方式。如果你看到其他成功的教练对运动员轻声细语，你也会认为他们的方式是正确的。如果你还看到其他教练和他们的运动员打成一片，你也会认为这是对的。但到底哪一种方式才是真正正确的呢？

幸运的是，还有一种更好的方式，在新一代的研究人员和教练们的引领下，他们正在架起连接科学世界和教练行业的桥梁。在这一方面，没有人比尼克·温克尔曼做得更好。

2017年9月，我在位于美国亚利桑那州固特异市汉普顿酒店的会议室里遇到了温克尔曼，他当时正在和我执教的克里夫兰印地安人棒球队的成员们交谈。和业内的竞争对手不同，克里夫兰印地安人棒球队没有经济实力招纳有天赋的球员，我们必须靠自己来打造这支球队，因此我们专注于增强理解能力和执教技能。

那天，房间里挤了50个人，包括教练、球队管理人员、球员开发部门的工作人员、球队总经理和总裁。他们大多数人都不甚了解温克尔曼，只知道他曾为橄榄球队效力，在运动表现领域有很好的背景，取得了运动训练的博士学位，并在训练运动员注意力和给予运动员提示方面有一些出色的研究成果。我能感到房间里的所有人在翘首以盼的同时，也心存疑虑。随后温克尔曼开始了他的分享。

"为了培养适应能力强的运动员，我们身为教练也必须以身作则。"他说。然后，他向我们展示了如何做到这一点。在两天的时间里，温克尔曼带着我们深入了解并重点说明了运动员和教练之间的关系。他从最基础的部分开始讲解，从加布里埃莱·伍尔夫（Gabriele Wulf）关于内部提示和外部提示的研究开始，到向外延伸的练习设计技巧。他提供了一套清晰的理念和可行的工具，引人入胜，令人感觉十分受用且有助于开拓思维。后来，我告诉温克尔曼，我认为他应该写一本书。他笑着回答我说："我已经开始写了。"

他写的就是本书。后面就由他来向大家介绍本书的具体内容，但请允许我提两个小建议：（1）阅读时请带上一支铅笔或荧光笔，因为你可能会需要做笔记；（2）请列出你认为你生命中重要的教练，因为或许你也会想送一本给他们看。

从更深刻的意义而言，本书出现得恰是时候，因为体育界瞬息万变。在过去的几年里，数据革命已从根本上重新定义了运动员和教练的关系。在我们生活的世界里，那些在周末打高尔夫球的人和慢跑的人可以取得职业运动员10年前做梦也难以获得的运动成绩，而这个全新的世界也引发了非常紧迫的问题：教练如何在运动员获得准确的反馈时提供有价值的建议？人们会接受人工智能机器做教练吗？教练的真正含义是什么？

虽然有些人担心这场数据革命意味着教练这一职业的衰败，但我并不这样认为，我反而认为教练这一职业正变得愈加重要。我们所见到的证据就是执教模式已经从体育运动拓展到商业及其他行业。不难想象，在不久的将来，在工作、人际关系、健身、营养、领导等各方面，每个人都需要一名教练进行指导，为他们提供帮助。这就意味着温克尔曼在本书里探索的问题，在将来可以指引我们，例如，以何种方式与人沟通可以增强他们的能力？要如何辨别并克服困难？这些问题不只与体育运动相关，还与我们的生活有关。随着我们对这些问题的探究的不断深入，我们将学习温克尔曼在本书中所教导我们的更重要的一课，即教练的"魔力"不取决于教练本身，而在于教练的行为。

丹尼尔·科伊尔（Daniel Coyle）

《一万小时天才理论》（*The Talent Code*）的作者

译者序

无论你是一名体能教练、健身教练、体育老师或者物理治疗师，《执教的语言：动作教学中的科学与艺术》都应该是你专业书单中必备的一本工具书，它填补了动作教学语言指导领域的空白。

当你指导一名初中生进行50米冲刺，指导一位健身会员学习深蹲动作，或者指导一名运动员进行NCM跳箱练习时，如何让他们在你的语言指令下快速掌握运动技能？执教语言在运动学习领域的影响力、复杂性和科学性可能会超乎你的预想。在很多时候，我们过于急切地想要达到目标，给执教对象灌输了大量的"专业"信息，却从未意识到自己的语言是否属于过度执教、无效执教甚至误导执教。我们从事训练工作时，都会相信自己是专业的、科学的，但你是否拥有与专业训练内容相匹配的执教科学知识呢？例如，你是否了解不同类型人群注意力和记忆力的区别？是否了解自己的语言指令属于外部提示还是内部提示？是否了解内、外部提示的最佳应用场景？是否有一个合理的反馈纠正体系来改善自己的执教水平？或者是否了解如何让自己成为一名专业与风格并存、科学与艺术兼备的完美型教练呢？

《劝学》有云："人学始知道，不学非自然。"当我们想要成为一名专业的动作练习指导者时，会发现执教的有效性、高效性、科学性和艺术性是一门很深的学问。专业人士常常将更多的精力放在训练计划的制订上，殊不知高效施教、有效执行的过程才是占据我们"舞台时间"的全过程。随着执教时长的增加和经验的积累，每个教练都会形成自己独特的执教风格和语言特色，如何将你的指导语言变得更加高效、准确和成功，这本书给了你完美的解答。

全书内容分为三个部分：学习、执教和提示。"学习"部分阐述了在执教过程中，教练应该如何对执教对象产生深刻的影响，涵盖了教育学、生理学和心理学的诸多内容；"执教"部分用大量的案例，细致研究了执教语言的最佳表达方式，告诉你如何通过设计、调整、完善和运用类比，来和运动员建立牢固联系，加深对动作的理解和掌握；"提示"部分则是最终的操作指南，让教练设计出一个清晰的语言表达"路线图"，针对力量型、爆发型和速度型三大类动作执教，生动地做出具有创造力的语言表达。

尼克·温克尔曼的这本著作，揭示了思维、大脑和身体之间的很多秘密，具有"颠覆思维"的影响力。书中知识点涵盖了训练学、生理学、教育学、语言学和心理学等多个学科，以科学实证逻辑为基础，辅以大量生动案例和示意图片，提供了多个工具性应用模型，为读者提供了直接可用的方法，适用于各种水平的执教对象，让你更有效地进行沟通，引导被训练者达到更高的训练水平，体现更高的专业价值。

如鲍爷（迈克·鲍伊尔）所说，尼克是训练领域才华横溢的青年专家。2011年我在美国凤凰城AP（Athletes' Performance，后更名为EXOS）公司总部与尼克有一面之缘，2014年北京体能年会时他首次来京授课，我正好做他的课程现场翻译。他讲了动作准备和快速伸缩复合训练这两门课程，课程的逻辑性、完整性和实用性都让我印象深刻，我觉察到这是一位在专业领域追求完美的专家。聊天时，他的一句话让我记忆犹新，"灵感不过是顽强的劳动而取得的奖赏"。后来才知道，这是俄罗斯画家列宾的名言。无论是专业知识、技能水平，还是对训练事业追求极致的态度，尼克都是行业内的典范，是当之无愧的"教练中的教练"。

语言如枝叶，行为是果实。愿你读罢此书，在下一次的教学或训练中勇于尝试，细心观察，有效调整，收获心得，开启属于你自己的执教艺术之路。

本书作者和译者于2014年5月23日
在第四届北京体能年会上的合影

前言

让我们开门见山，直奔主题：你想了解的本书的内容及请你关注本书的理由。

在回答这两个问题之前，我需要先说一下我预设的两个前提。

1. 你对运动教学很感兴趣。对于运动教学，我的意思是你想要了解怎样帮助他人更轻松地学习运动动作。帮助他人更熟练地掌握运动技能如同帮助儿童学习骑自行车一样简单，也如同帮助职业高尔夫球员改进挥杆动作一样复杂。归根结底，运动就是动作，我假设你想在教授他人动作技能方面有所提高。

2. 你对教练执教的语言艺术感兴趣。对于执教的语言，我的意思是你所说的话会影响运动员的运动方式。执教的语言包括私人教练教授客户完成弓步动作时给出的指导，篮球教练在指导球员改进跳投动作时用到的简短提示，或物理治疗师在帮助中风后遗症患者重新训练步态时提供的反馈。无论在何种情况下，我假设你想要了解自己的语言会如何影响他人的动作技能。

如果我的假设不符合你的情况，那么本书可能不适合你。但如果你发现自己不禁点头认同以上假设，那么我建议你继续阅读本书。

我相信本书的潜在价值会根据读者的个人情况得以充分的展现，所以我希望你能想象本书所包含的理念将应用于何种场景。如果你是美式橄榄球教练，请你想象训练时的场景；如果你是体育教师，请你想象上课时的场景；如果你是物理治疗师，请你想象为患者做康复治疗时的场景。

既然你已经想象了自己所处的场景，我希望你将你过去所面对的一个真实教学场景也一并带入其中。对美式橄榄球教练来说，这个场景可能是教导运动员防守技术；对体育教师来说，这个场景可能是教导小学生如何传球；对物理治疗师来说，这个场景可能是帮助患者重新学习下蹲姿势。

如同在脑海中播放一部电影，我想让你将教学场景在你的脑海中播放出来。当你观看这个场景时，我希望你能够留意自己与他人沟通的方式。具体而言，我希望你重点关注你所说的话和他们的运动方式之间的关系。

你在观察自己的行为的同时，需要考虑以下问题。

- 你如何了解要说的内容？
- 你如何了解说话的时机？
- 你如何了解何时点到为止？
- 你如何了解自己的话是否会产生不同的影响？

刚刚在脑海中播放的场景展现了特殊的教学瞬间。尽管单独来看，这些瞬间中的每一刻或许都显得微不足道，但这些时刻结合在一起最终决定了一个人到底可以学到什么。学习能力是一个人可以与之相伴一生的东西，是可以帮助人们完善动作技能的能力，是他们在不依赖教练、教师或治疗师的帮助的情况下，表达自己变化的能力。

因此，虽然在每一个教学时刻都隐藏着学习的机会，但任何教授动作技能的人都会强调无法保证教学成果。无论是与我们共事的离开健身房就忘记所有训练内容的客户，还是努力表现得与训练水平一样优秀的运动员，所有从事运动训练工作的专业人士都知道学习有多么困难。

我们的故事正是从教与学的交叉点开始的。

但在我继续讲述之前，我必须先定义几个术语。如果我们要探讨教与学，那么我们必须在从事教的人和负责学的人的称呼上达成一致，这种搭配可以有很多种叫法：教师与学生、训练师与客户、治疗师与患者、父母与孩子、教练与运动员等。只是因为我的工作背景是体能训练，所以我决定在本书中使用教练与运动员这种叫法。

我这样选择的原因是我将自己定义为"教练"，将你所教授的人定义为"运动员"，这非常重要。但是，即便我的措辞表示的是教练与运动员，也请记得本书适用于所有从事运动训练工作的专业人士。

在我的职业生涯中，我一直致力于了解人们如何学习运动。准确地说，我一直致力于研究在学习过程中教练对运动员产生最大影响的部分。经过多年的研究、实践和反思，我认为最合理的理解是将执教对学习过程的影响分为动作设计和动作指导两类。

动作设计代表在渐进式训练计划的背景下，要求运动员完成的所有身体活动（例如训练、游戏、练习、动作或技能），我称之为动作内容。动作指导代表教练所说的一切，可以影响运动员的动作表现，我称之为动作模式。

现在，我想让你问自己两个问题。

1. 如果要你向100位同行展示这两个影响学习的因素——动作设计和动作指导，你更愿意展示哪一个？

2. 在日常训练中，这两个影响学习的因素——动作设计和动作指导，你在哪一个因素上会投入更多的时间？

在我职业生涯的早期，如果有人问我这样的问题，我肯定会很快回答"我更愿意展示动作设计"，但是很明显，我平常会在动作指导上投入更多的时间。而且我觉得我的答案也反映了绝大多数正在阅读本书的读者的想法。事实上，我的经验表明这也是大多数从事运动训练工作的专业人士的答案。

你看到其中的讽刺之处了吗？

我们用于动作指导的时间远远多于动作设计，但大多数人发现讨论后者远比前者更容易。这是为什么呢？我认为存在两方面的原因：第一，如果你审视运动训练专业人士的教育背景，你就会发现他们的学习经历都在更多地强调动作内容而不是动作模式；第二，更多地强调动作内容往往是因为其有形可见，动作设计是构建运动训练专业的基础。因此，人们更愿意谈论他们所做的动作，而非做动作的模式。但在培养运动训练专业人士的过程中，我们犯了一个容易被忽视的错误。在不

知不觉中，我们忽视了培养教练无形的技能。我们只记得动作内容而忘记了动作模式，就如同一辆汽车没有司机。我们让教练们自行摸索，在无指导的情况下通过试错来学习，这样做的风险远大于抉择。

而本书就是这种状况的"终结者"。

本书在尝试将无形变为有形，并且验证教练的语言与运动员的动作完成情况之间的相互作用。这些内容的本质有关沟通和人际关系，以便我们理解教练的理念是如何通过语言转换成了运动员的动作的。本书也表明了教练的执教艺术与科学相关。无论是否了解二者的关系，出色的教练都需要让这门艺术与科学完美地契合，以便为运动员提供更好的服务。

如果你认同执教的方式与内容同样重要，那么欢迎你加入我的工作，与我一起去帮助教练们运用语言的力量，让世界变得更加美好，哪怕每次只用一个词语。为了实现这一目标，我撰写了本书，旨在帮助不同背景、不同水平的教练学习必要的技能，像外科医生使用手术刀一样，精准地运用语言。

本书分为3个部分。第1部分和第2部分各包含3章内容，第3部分包含4章内容。每一部分的开篇都记录了我之前的执教生涯给自己及所执教的运动员带来了怎样的深远影响。

第1部分"学习"的重点是人们学习运动的方式，这一部分还强调了教练最具影响力的因素有哪些。第1章"关于学习"分为3节，旨在帮助你明确以下3点：（1）需要指导的内容，运用3P运动表现模型；（2）学习看上去和什么类似；（3）短期与长期学习对运动表现的影响差异。理解了学习的内容后，我们将探究影响学习的因素。

第2章"集中注意力"提到学习所有动作的第1步就是集中注意力。这一章分为3节，主要研究大脑构造，并检视大脑出现以下3种情况的过程：（1）走神；（2）集中注意力；（3）保持注意力。在此过程中，我将讨论可以采取哪些简单的策略来使运动员集中并保持注意力。

第3章"记住时间"则介绍了学习任何动作的最后一步，即记忆。这一章分为3节，首先分别介绍了工作记忆与长期记忆。在了解了记忆所在的大脑区域后，我们会探究记忆的产生方式。在此过程中，我会分享一些要点，介绍如何成为一名能激发运动员的学习热情、令人印象深刻的教练。

第2部分"执教"会研究教练的语言如何影响运动员的注意力，以及注意力对学习或改进运动动作所产生的影响。第4章"寻找专注"在开篇就对教学沟通循环体系进行了分解，同时概述了如何运用执教语言来教授或改进运动动作模式。了解了不同类型的执教语言后，我们会重点介绍提示的类别。提示是教练在运动员做出动作之前所使用的正确短语。提示吸引了大部分人的注意力，因为它对运动员将要关注和学到的内容的影响非常大。第4章会讨论一系列提示及一些有说服力的研究，概述了为优化运动员的学习及运动表现，教练应该使用的提示类型。

第5章"有效提示"的重点是帮助教练习得具有创造性和适应性、符合动作要求的提示技能，从而更准确地指导运动员完成运动动作。要想实现这一目标，教练们就要学习3D提示语模型，这一模型会提供系统的方法，帮助教练创新和调控提示语言，为教练指导的运动员提供个性化服务。在此过程中，我会分享各种各样的指导建议（我更愿意称其为提示小贴士），这些建议会有助于你在最艰难的指导情景中完善自己的提示用语。

第6章"运用类比"将着重讨论一种特别的提示类型，我们称之为类比。具体运用方法是将运动员熟悉的某一事物与其正在学习的运动动作的特点进行比较。通过使用类比模型，教练们将学会如何应用我偶然间发现的十分有效的指导工具。通过学习如何将运动员的经验和语言精简为类比来帮助教练对他们进行指导，教练在与运动员建立更加牢固的关系的同时，也促进了运动员对动作的理解。

第3部分"提示"的重点是改善教练在第2部分形成的提示行为。第7章"路线图"是写给所有读者的，因为我明白要改变自己与他人沟通的方式是非常困难的。在本章中我会制订一个计划来帮助教练养成提示的习惯。只有先养成一个习惯，我们才能打破它、挑战它，并将其转换为新的习惯。如果读者想要学会前6章的所有内容并将其运用于实际生活，那么理解本章内容就显得至关重要了。

第8章"力量型动作提示"、第9章"爆发型动作提示"、第10章"速度型动作提示"总共包含了27个动作序列。这些示例通过精美的图片让提示语模型与提示小贴士变得非常生动，并且捕捉到了当动作与感染我们的语言相符时可能出现的情况。这些示例也是为了解释本书提到的概念，激发教练的创造力，为他们养成提示习惯打好基础。

本书就是为教练们创作的。为什么？因为每一位教练都明白自己对运动员的影响远大于教会他们几套动作或让他们重复练习对他们的影响；每一位教练都明白自己所说的话有多么重要，而且也清楚地知道最终决定其影响力的正是教练与运动员之间的空白地带。

而问题就在于：身为教练，要用什么填充这一空白地带呢？

致谢

我在撰写本书时，充满了感恩之情。

致我的父母：感谢你们赐予我生命，教导我如何生活得精彩、充实。妈妈，我的童年时光因您而充满好奇心、想象力和奇思妙想。如果不是您，我不可能像现在这样写下我的经历。爸爸，您一直教导我做事情要有始有终，努力做到最好。每当我想要走捷径或怀疑自己是否有能力完成这本书时，您的教导总会在我脑海中回响。

致我的祖父：感谢您一直以来对我的支持。您知道这趟旅程从何开始，我也知道您如果还在我的身边，会为我感到非常骄傲。

致我高中时的体能教练鲁迪（Rudy）：感谢您，您不只以身作则地向我展示了一名杰出的教练是什么样的，还让我看到了一个优秀的人，是您教导我育人与训练同样重要。

致我的导师J.C：感谢您让我认识到执教语言的价值所在。正是您在指导中对提示语言的精准运用让我认识到这一事实，即指导方式与指导内容同样重要。

致我的导师吉多·范·瑞瑟姆（Guido Van Ryssegem）：感谢您给予我坚定的信念、支持和挑战。我仍然记得就是在您的办公室里，我与您分享了我关于执教语言的最初想法，当时我还说终有一日，我会写一本关于这个主题的书籍。很多人肯定会嘲笑我年少轻狂，但您并没有。相反，您告诉我要去实现这一想法。

致我的导师马克·费斯特根（Mark Verstegen）：是您教会了我谦逊行事，每天早上醒来都要全身心地投入自己的事业，奉献一切，不求回报，尽心帮助他人取得成功。我以谦逊之心撰写本书，希望我也能帮助其他人，就像您曾经帮助我一样。

致我在AP公司（现已更名为EXOS公司）的之前和现在的团队成员们，他们是克雷格·弗里德曼（Craig Friedman）、卢克·里奇森（Luke Richesson）、达里尔·埃托奥（Darryl Eto）、肯·克罗纳（Ken Croner）、乔·戈梅斯（Joe Gomes）、约翰·斯坦莫曼（John Stemmerman）、杰夫·萨松（Jeff Sassone）、马萨·萨吉纳（Masa Sakihana）、卡茨·阿贝（Katz Abe）、凯文·埃尔西（Kevin Elsey）、埃里克·丹嫩贝格（Eric Dannenberg）、本·杜宾（Ben Dubin）、丹尼斯·洛根（Denis Logan）、珀西·诺克斯（Percy Knox）、特里斯坦·赖斯（Tristan Rice）、J.P.梅杰（J.P. Major）、约翰·巴洛（John Barlow）、乔尔·桑德斯（Joel Sanders）、妮可·罗德里格斯（Nicole Rodriguez）、布雷特·巴塞洛缪（Brett Bartholomew）、布伦特·卡拉威（Brent Callaway）、维克多·霍尔（Victor Hall）、拉斯·奥尔（Russ Orr）、安东尼·霍布古德（Anthony Hobgood）、斯科特·霍普森（Scott Hopson）、阿曼达·卡尔森-菲利普斯（Amanda Carlson-Phillips）、丹妮尔·拉法塔（Danielle Lafata）、米歇尔·里卡尔迪（Michelle Riccardi）、鲍勃·卡尔文（Bob Calvin）、黛比·马爹利（Debbie Martell）、苏·法尔松（Sue Falsone）、安娜·哈特曼（Anna Hartman）、达西·诺曼（Darcy Norman）、奥米·岩崎（Omi Iwasaki）、格雷姆·劳里斯顿（Graeme Lauriston）、特伦特·维尔芬格（Trent Wilfinger）、丹·齐基（Dan Zieky）。对我而言，你们不只是同事，还是我的朋友。我

希望你们每个人都能在本书中找到自己的影子，因为我们曾经在一起的时光都被镌刻于我书中的字里行间。

致所有之前和现在接受过我的训练的运动员们：感谢你们对我的信任，将你们的理想和抱负托付于我。我不能说我总是正确的，但我会说我已尽我所能做到最好。没有你们，我不可能创作出本书，正是因为你们，很多运动员与教练才能从本书中受益。

致Perform Better公司的克里斯·波里尔（Chris Poirier）团队和安东尼·伦纳（Anthony Renna）：你们在执教的语言艺术和提示平台上给予我灵感。在安东尼的力量教练播客节目中，我首次分享了关于执教提示和沟通的观点，克里斯的Perform Better公司则是我第一次展示本书中的提示模型的平台。没有你们的帮助，我永远无法将想要写下本书的强烈想法付诸实践。

致加布里埃莱·伍尔夫（Gabriele Wulf）和杰瑞德·波特（Jared Porter）：语言不足以表达我对二位在运动学习和教练界做出杰出贡献的感激之情。本书中每一个部分的内容都深受二位工作的影响。我会永远珍视我们曾一起讨论思维与动作之间的关系的那段时光。

致很多为专注、语言、指导领域做出贡献的研究人员和专家们——沙恩·贝洛克（Sian Beilock）、安妮·本杰明（Anne Benjaminse）、尼古拉·伯恩斯坦（Nikolai Bernstein）、苏塞特·奇维亚考斯基（Suzete Chiviacowsky）、戴夫·科林斯（Dave Collins）、爱德华·考夫兰（Edward Coughlan）、米哈里·齐克森米哈利（Mihaly Csikszentmihalyi）、安德斯·埃里克森（Anders Ericsson）、达米安·法罗（Damian Farrow）、保罗·费茨（Paul Fitts）、蒂莫西·加尔韦（Timothy Gallwey）、德卓·根特纳（Dedre Gentner）、阿利·戈克勒（Alli Gokeler）、罗布·格雷（Rob Gray）、尼古拉·霍奇斯（Nicola Hodges）、威廉·詹姆斯（William James）、马克·让纳罗（Marc Jeannerod）、丹尼尔·卡内曼（Daniel Kahneman）、丽贝卡·卢思韦特（Rebecca Lewthwaite）、基思·洛泽（Keith Lohse）、理查德·马吉尔（Richard Magill）、克利夫·马莱特（Cliff Mallett）、大卫·马钱特（David Marchant）、理查德·马斯特斯（Richard Masters）、南希·麦克内文（Nancy McNevin）、沃尔夫冈·普林茨（Wolfgang Prinz）、弗里德曼·普尔弗米勒（Friedemann Pulvermüller）、托马斯·沙克（Thomas Schack）、理查德·施密特（Richard Schmidt）、查尔斯·谢伊（Charles Shea）、罗伯特·辛格（Robert Singer）、马克·威廉姆斯（Mark Williams）、丹尼尔·沃尔珀特（Daniel Wolpert,）、威尔·吴（Will Wu）、罗尔夫·兹万（Rolf Zwaan）：感谢你们致力于让无形的财富变为有形。

致迈克尔·波斯纳（Michael Posner）：感谢您花费宝贵的时间审校书中关于专注的内容，您的审阅及反馈于我而言是无价之宝。

致丹尼尔·沙克特（Daniel Schacter）：感谢您花费宝贵的时间来审校书中关于记忆的内容，您的审阅及反馈于我而言无比珍贵。

致丽莎·费尔德曼·巴雷特（Lisa Feldman Barrett）、本杰明·贝尔根（Benjamin Bergen）、尼克·蔡特（Nick Chater）、朱利安·特雷热：感谢你们花费宝贵的时间与我讨论你们自己的书籍及其与本书之间的关系。你们细致入微的观点对我而言颇具启发性。

致我的朋友马特·威尔基（Matt Wilkie）、我的妻子布列塔尼·温克尔曼（Brittany Winkelman）：感谢你们为书中的每一章进行最初的审校，如果不是你们一如既往地给予我反馈和支持，我就不可能获得今天的成果。

　　致迈克·鲍伊尔（Michael Boyle）、阿尔文·科斯格罗夫（Alwyn Cosgrove）、埃里克·克雷西（Eric Cressey）、道格·莱莫夫（Doug Lemov）、布兰登·马尔塞洛（Brandon Marcello）、斯图尔特·麦克米兰（Stuart Mcmillan）、布莱恩·米勒（Bryan Miller）、马丁·鲁尼（Martin Rooney）、唐·萨拉迪诺（Don Saladino）、安德烈奥·斯皮纳（Andreo Spina）、亚历克斯·齐默尔曼（Alex Zimmerman）：感谢你们帮助我审校第一版完整手稿，我十分感激你们在本书的推荐序中对我的支持和信任。

　　致丹尼尔·科伊尔（Daniel Coyle）：感谢您在我撰写本书的过程中给予我的支持和宝贵建议。您对本书的反馈无比珍贵，对本书最终定稿帮助巨大。

　　致人体运动出版社的副总裁和部门总监杰森·穆兹尼奇（Jason Muzinic）：感谢您给予本书出版的机会及对我的信任。当其他出版社说本书没有市场时，您却说这恰是我们想要出版的书。

　　致人体运动出版社的策划编辑罗杰·厄尔（Roger Earle）：我发自内心地感谢您，您花费了大量的时间在电话的另一端倾听我的想法，为我提供建议和支持。我视您为知己，您对我的付出，我将永远铭记。

　　致人体运动出版社的开发编辑劳拉·普丽亚姆（Laura Pulliam）：感谢您一直坚守本书的精神，并确保在编辑的过程中让这些精神得以体现。和您一起工作是一件乐事，您对我的支持和在编辑方面对我的帮助令我感激不尽。

　　致本书图像和封面设计背后的设计天才们——肖恩·罗斯福（Sean Roosevelt）、乔安妮·布鲁梅特（Joanne Brummett）、克里·埃文斯（Keri Evans）、丽莎·莱茵斯（Lisa Lyness）：感谢你们听取了我的想法，并将其付诸实践。你们已经向读者展示了当想象力与行动相符时可以达到的效果。

　　致人体运动出版社参与本书出版工作的其他团队成员——朱莉·马克思·古德罗（Julie Marx Goodreau）、肖恩·唐纳利（Shawn Donnelly）、道格·芬克（Doug Fink）、亚历克西斯·孔茨（Alexis Koontz）、珍妮·洛克辛（Jenny Lokshin）、卡拉·沃尔什（Karla Walsh）、玛莎·古洛（Martha Gullo）、苏珊·艾伦（Susan Allen）、苏珊·萨姆纳（Susan Sumner）、艾米·罗斯（Amy Rose）、杰森·艾伦（Jason Allen）、马特·哈什巴杰（Matt Harshbarger）、劳拉·菲奇（Laura Fitch）、凯莉·亨德伦（Kelly Hendren）、多纳·艾贝尔（Dona Abel）：感谢你们让本书成功出版，虽然我与各位的互动各不相同，但我对你们所有人对本书的支持与贡献都感激万分。

　　致本书的所有读者：感谢你们为本书花费宝贵的时间和金钱，这样你们就可以通过提升自己来帮助其他人了。正是因为你们以及你们所服务的人，我才最终完成了本书。

第1部分
学习

震耳欲聋的闹钟声仿佛由远及近的警笛，惊醒了我的美梦，提醒我新的一天要开始了。在黑暗中，我感到胸口仿佛被猛地一击，那种感觉挥之不去、十分强烈。如果换作是其他的日子，我可能就会拨打急救电话了。但今天是不同寻常的一天，不，应该说今天将重新定义我的职业生涯。今天标志着我从学徒向专家的身份转变，从学生向教师的身份转变。于我而言，今天是我在EXOS公司接管筹备美国职业橄榄球联盟（National Football League，NFL）选秀大赛训练营的日子。

美国职业橄榄球联盟选秀大赛训练营于1982年正式开始运营，如今已经成为一项能让有希望加入联盟的种子选手们展示自己的顶级赛事。美国职业橄榄球联盟选秀大赛训练营在每年2月的最后一周举办，早于美国国家橄榄球联盟选秀大赛两个月。选秀大赛训练营的举办地点是美国印第安纳州的印第安纳波利斯市的鲁卡斯石油体育场。当你还认为每年考入哈佛大学的人远多于被选入美国职业橄榄球联盟的人时，平均每年已有330位美国顶级种子选手，在经过为期3日的艰苦激烈的训练课程后，完成了一系列高强度的身体与心理测试，赢得了"一生中最大的面试挑战"。

在训练的头两天，虽然选手们需要面临清晨5点起床的呼唤、全面的医学测评以及深夜面谈，但在最后一天，美国职业橄榄球联盟选秀大赛训练营会引起国际关注，就连澳式橄榄球联盟（Australian Football League，AFL）都效仿美国职业橄榄球联盟举办了选秀大赛训练营。在最后一天的美国全国电视直播中，运动员们要在这场被称为"内衣奥运会"的精彩赛事中竞相展示自己的身体素质和运动技能。每位运动员都需要完成纵跳摸高、立定跳远、40码（约37米）冲刺、专项敏捷性（往返跑）、三锥形折返跑以及一系列定位测试。由于只有有限的几次机会来展示自己的水平，而未来的老板也会仔细审视运动员的每一项动作表现，因此运动员和经纪人对这项压力巨大的赛事给予高度重视也就不足为奇了。

我已经在EXOS公司工作了3年，公司在几年前叫作AP（Athletes' Performance，AP）。我在第一年的工作中，第一次见识了选秀大赛训练营的筹备项目。很快我就了解到，我们公司是最受欢迎的"精英学校"之一，专为优秀的大学美式橄榄球运动员提供培训，这些运动员们时刻都在为参加选秀大赛训练营做充分的身心准备，准备在2月奉上精彩的表现，为参加接下来在4月举办的选秀大赛打下良好的基础。我对这个项目无比痴迷，那时的我对自己说："总有一天我会负责运营这个项目。"

AP公司已经成为职业运动员或即将成为职业运动员的其他运动员的培训胜地。凭借公司创始人兼总裁马克·费斯特根的领导及其卓越的远见，公司已经成为人体运动表现方面公认的"领头羊"。公司如今的地位得益于费斯特根在心理、营养、体能、康复等方面整合了先进的理念和方法，公司因而构建了优良的训练环境及训练体系，时至今日，它们仍然影响着这个世界看待运动表现的方式。

在AP公司工作的第一年，我有幸见到了卢克·理查森、达里尔·埃托奥和乔·戈梅斯这3位选秀大赛训练营的精英教练。在接下来的3年里，在帮助美国职业橄榄球联盟的未来之星们进行训练的过程中，我与这些教练一起工作，努力向他们学习。我看到他们每个人在年复一年的训练中，肩负着重大的责任，需要不知疲倦地付出努力，有时甚至要费力不讨好地改进训练项目，以确保运动员们获得优秀的训练效果，让一代又一代的运动员们在人生中十分重要的一次面试考察中有机会最大限度地发挥出自身的实力。

外面的天逐渐转亮，我意识到当初的那份责任如今落在了我的肩头，这种感觉淹没了我的意识，让我的胸口仿似被重击一般。然而，当我驱车进入美国亚利桑那州凤凰城运动表现训练中心的车道时，所有的恐惧与不安都迅速地被我的专注与决心所取代。

卢克后来转去了杰克逊维尔美洲虎队工作，实现了他为美国职业橄榄球联盟工作的愿望。达里尔转去了休斯顿火箭队工作。这就意味着乔·戈梅斯和我将共同负责选秀大赛训练营筹备项目的速度训练部分，我可能不可避免地要独当一面。和生活中的大多数情况一样，计划总是在不断地发生变化，我收到消息说我将比预期更早地接管这个项目。

我坐在驾驶座上，专注于思考如何落实选秀大赛训练营筹备项目的每个小细节。当时，我将成功定义为能够通过现场示范准确地说明动作的关键细节和每套重复动作，采用军事化方式精准管理训练时间。这个训练项目由我们这个时代成功的教练们通过多年努力开发而成，训练出了无数表现优异的运动员，不能在我这里衰败。我绝不能辜负辛苦创建项目的前辈们。这就是我一直为每一个训练细节付出努力的原因，与此同时，我要确保运动员们也能做到一丝不苟。

正是通过关注要点以及这种类型的指导会对运动学习产生的影响，我找到了撰写本书的方式。这一切都始于1月初的一个周一的清晨。我们当时在赛道上进行了一系列的训练，为接下来的冲刺环节做准备。我想起当时每一组运动员在完成动作之前、之中和之后，我都会精准地运用语言来纠正他们的动作，为他们提供详细的指导。在我看来，我的所有表达都准确清晰，指导时机都很恰当。如果我指导时说的话听上去具体生动，我会很开心。回忆到此为止，但我的执教经历并未结束。事实上，这只是一个开始，因为我很快意识到，我的语言表达准确并不意味着这些话会产生影响。

　　我不确定为什么这次训练在我脑海中留下了深刻的印象，但我十分感激这部分深刻的记忆让我开始反思并探寻应该怎样执教，并揭示了很多发人深省的真相。首先，我向运动员们输入了大量的信息，期望他们记住我说的所有内容并予以应用，这对他们而言并不公平。虽然我的经验和接受的教育都告诉我注意力和记忆力是有限的资源，但当我指导他人时，我总是忽略这个事实。尽管目的是好的，但我还是和很多教练一样属于长期的过度沟通者。其次，这种过度沟通产生的后果让我不清楚运动员们在关注什么。我给予运动员们非常多的提示，这让我无从得知他们采纳了哪些提示，就更不必说哪些提示会对他们有所帮助，哪些提示会有所阻碍。最后，基于以上观察，我开始思考一系列的问题：教练提示的质量和次数对运动员的学习和能力增强有什么影响？在训练过程中，通过先简化再优化运动员注意力的方式，可以在多大程度上进一步优化运动员的训练效果？是否存在一种执教科学可以解释我们经常提到的执教艺术？

　　这些经历是我早期从事教练工作的真实写照，为本书的第 1 部分奠定了基础。早期的工作经历让我认识到我身为教练仅仅指导运动员的动作是不够的，还需要育人。我们需要考虑影响一个人学习的所有因素，特别是注意力和记忆力对学习的影响。因此，通过了解注意力影响记忆力的方式，以及记忆力为学习服务的方式，我们将能更好地运用指导性语言，让运动员发生持久的改变。

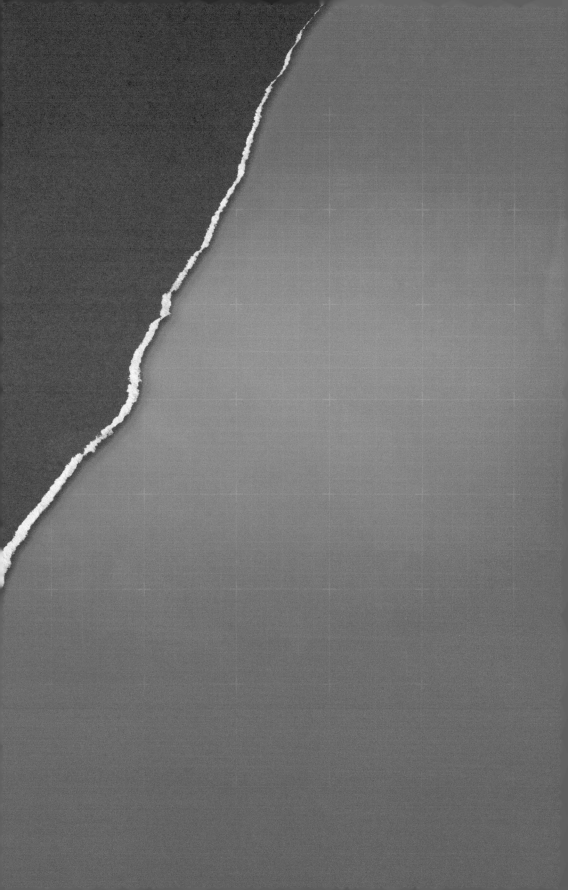

第 1 章

关于学习

学习：入门

2月下旬，当我走下飞机时，我感受到了印第安纳波利斯市清新凉爽的空气，这似乎让教练和运动员们明显感觉到为接下来的美国职业橄榄球联盟选秀大赛训练营的艰苦训练做好准备。由于这是我首次参与该项目，除了之前的听闻，我对其他的一切都一无所知。但有一件事我很肯定，胸口的那种重击感又回来了，而且这次产生重击感的原因我很清楚，那就是在接下来的3天时间里，全世界都将看到我的运动员们与其他顶尖的选手们同场竞技。

我们之前进行的为期8周的训练项目效果如何，将会在选秀大赛训练营的最后一天见分晓，但运动员们必须先忍受两天的医学测评和密集面谈。从清晨的药物测试到午夜的面谈，运动员们要接受性格测试、知识评估以及健康检查。因此，为了避免不必要的压力和焦虑情绪，我们在细节上精心准备，控制一切可控因素。从在行李提取处领来的盒饭到酒店宴会厅里临时的表现测评中心，我们EXOS团队共同经营着一个"家外之家"。

当最后一天我们等待自己的运动员与其他选手同场竞技时，那种兴奋和焦虑让人如坐针毡，几乎窒息。虽然我们知道之后选秀大赛的成绩并不完全取决于选秀大赛训练营的表现，但我们也都知道在40码冲刺中跑出惊人的成绩会多么鼓舞团队的士气并让团队受人关注。所以我们挤在酒店宴会厅的电视机前，静静地坐着，每个教练都在等着自己的运动员开始比赛。当自己执教的运动员终于出现时，教练会心跳加速，时间仿佛停止了一般。最后一瞬间，他们冲线了，大约5秒后，屏幕上会显示运动员们40码冲刺的成绩。

我记录了我的运动员们在第一年取得的成绩，并将其与他们在预测试中的成绩进行了对比；我还回顾了比赛录像带，评估了他们的短跑技术从起跑到最后冲刺的演变过程，目的在于了解其中哪里出现了变化（如果有变化）。我的运动员们跑步速度的加快，难道是因为他们变得更强壮后，产生了更大的力？这是影响冲刺速度的一个已知因素[20]。或者是因为协调性发生了变化，优化了施力的方向？这是优秀短跑运动员的一个特征[8, 16]。事实上，这些因素的任意组合都可以提高冲刺成绩，但在我看来，有一个因素的影响大于其他因素。

尽管运动员们在40码冲刺这一项目中跑得更快了，但从我的角度来看，以一辆车来做比喻，速度的加快更有可能与这辆车的整体性能（即身体力量和力的等级）的提升有关，而不是因为这辆车的司机的驾驶能力得到了增强（例如身体的协调性和施力的方向）。我重新回顾了运动员们每次进行40码冲刺项目的录像，总是能看到一些错误动作，我曾以为在之前的训练准备过程中这些错误已经被纠正了。例如，运动员在站立式起跑时，他们应该保持背部挺直，现在却弯腰驼背，以致向终点线冲刺时，他们看起来仿佛要跌倒了。其他运动员尽管明知大腿前摆的重要性，在冲刺时却退化成了两岁孩童发脾气时才会出现的短而不稳的步子。不能回避的事实是，我的运动员们在离开凤凰城的训练中心后，到达印第安纳波利斯市完成40码冲刺之前一定发生了什么变化。

虽然我指导的运动员们在成绩上有所变化，但他们用到的冲刺技巧并没有发生变化。从这些观察到的现象中我想到了两个简单的问题：为什么我的运动员们在训练中能够提高冲刺技巧，提高成绩，但在选秀大赛训练营的比赛中却不能发挥出同等水平？将运动员在日常训练中的表现与其在未来训练或比赛中的表现相比，我们该如何解释这种时好时坏的差异呢？为了回答这两个问题，我们要找到人类学习动作的基本方式，从而让教练可以以同样的方式来指导运动员。

第1节　概况

当我们要讨论两次训练之间或从训练到比赛的过程中发生的变化时，无论变化是好还是坏，我们必须先对变化所指的具体内容具有一致的认识。由于要讨论在此过程中身体经历的每一种适应性变化的范围太大，远超本书所能囊括的范围，因此本书主要关注与增强一个人的移动性、协调性以及展现一种技能的能力相关的适应过程，这一过程被称为**运动技能学习**。因此，为了更好地理解什么是运动技能学习，有必要简单讨论一下什么不是运动技能学习。通过类比来展开讨论会对理解这一概念很有帮助。

思考以下类比并填空。

> 倘若将汽车比作人的身体，那么司机可以比作人的＿＿＿＿＿＿＿＿＿＿＿＿＿＿＿＿＿＿＿＿＿＿。

你有答案了吗？你脑海中闪现的词可能会是"大脑"。一辆汽车和人的身体一样可以提供移动所需的可能性，但如果没有司机，特别是没有司机的意识，汽车就没有移动的可能性。即便是一辆自动驾驶汽车，厂商也需要在汽车的操控系统中植入司机这一角色的"意识"。因此，这一类比就为我们提供了一个有用的框架，让我们可以在运动技能学习方面讨论汽车所代表的外部适应与以司机为代表的中枢适应之间的关系。

3P运动表现模型

首先这一类比对我们是有帮助的，并且教练可以将它作为一种心智模型（或者捷径），优先考虑他们所需要解决的运动员的动作问题。多年来，通过在美国职业橄榄球联盟选秀大赛训练营训练运动员，我的确在运动方面有了一个清晰的观察结果：必须通过独一无二的方式激发每一位运动员的潜能。为了说明这一点，让我们来想象有3位防守后卫正在备战美国职业橄榄球联盟的选秀大赛训练营项目。一到达训练营，防守后卫们就要通过一系列的评估和筛选，来形成个性化的运动能力模型。随后会根据运动能力模型对运动员的身体素质水平进行排序，如果加以优化，这一模型可帮助防守后卫将渴望转变为运动能力。我们要使用的运动能力模型，即**3P运动表现模型**[1]（见图1.1），它的提出是为了

1　3P运动表现模型（姿势、爆发力和模式的简称）的灵感来自我之前的同事维克多·霍尔（Victor Hall）。2010年，霍尔教练为高翻动作制作了一个教学视频，并以"翻起来"为标题将其发布在他的名为"训练他们"的博客上。在视频中，维克多·霍尔列出了一个3步顺序列表，用来纠正高翻动作中出现的错误。第1步：大家能摆出正确的身体姿势吗？第2步：大家能运用正确的动作模式吗？第3步：大家能以恰当的速度运动吗？当我在EXOS公司工作时，我将这个列表发展成了3P运动表现模型，并将其融入了EXOS公司的训练体系及培训项目之中。

图1.1 3P运动表现模型

满足快速确认影响特定运动能力（如跳跃、冲刺和敏捷性）表现的限制性因素的需求。值得注意的是，这种对能力进行排序的方法并不仅仅适用于运动员，还可用于了解其他任何人群的任何运动能力概况，为教练、训练师和理疗师提供个性化方案，从而促进各类人群对运动技能的学习。在回到防守后卫的故事之前，让我们来简单地了解一下3P运动表现模型中的各个要素及其在增强运动能力方面的作用。

姿势（position）

姿势是第一要素。在此提出一个问题：运动员是否具备有效完成动作所需的敏捷性和稳定性？换言之，运动员能做出并保持与运动技能相关的身体姿势吗？例如，在教导运动员完成9米的加速时，如图1.2（a）所示，我们想看到他们在保持脊柱直立的同时，能够屈伸髋部。这能确保他们在执行生物力学要求的动作模式所需的运动范围内工作，同时仍然允许个体的差异存在。此外，我们也希望看到运动员与加速相关的关节部位具有足够的稳定性（例如躯干稳定性、髋部稳定性以及脚踝和足部稳定性）。足够强的稳定性或控制能力能为执行更复杂的动作或协调模式奠定基础。

爆发力（power）

爆发力是第二要素。在此提出一个问题：运动员是否具备有效完成动作所需的力量和爆发力素质[2]？虽然爆发力对完成所有动作都很重要，但当一个人需要快速克服自己的体重时，爆发力就显得尤为重要。因此，任何要求运动员将身体向特定方向推送的末端释放动作都会被判定为依赖爆发力的动作模式。例如，当一名运动员开始奔跑（跳跃或改变方向）时，他们的身体必须在正确的时机、正确的方向下产生很大的力来克服自身的体重，如图1.2（b）所示。如果运动员的爆发力不足，他们将很难最大限度地发挥自己应有的运动表现水平，因为这些动作模式的有效性在一定程度上取决于相关肌肉产生力的特性。相反，非末端释放的动作（如下蹲、壶铃摆动和肱二头肌弯举）则较少依赖最大爆发力，因为如果要转变所需的动作模式，教练可以控制运动员的体重，特别是在体重非常重的情况下。因此，动作的类型及相关模式决定了爆发力的相对重要性及其对动作模式的影响。

---

2 在本书中，我用爆发力一词来表示与特定动作的运动表现相关的整体力量和爆发力素质。因此，当我使用爆发力一词时，我把它看作一个包含范围较广的术语，认为它是力与速度之积，可以解释任何动作的动力学特征。

模式（pattern）

模式是第三要素。在此提出一个问题：运动员是否具备有效完成动作所需的协调能力？在这种情况下，协调是指与执行动作模式相关的关节运动的空间和时间组织能力，如图1.2（c）所示。因此，根据这个定义，我们可以明白，协调性或动作模式和与姿势、爆发力相关联的特征有着不可分割的联系。运用开头提出的类比视角进行观察，我们发现姿势与爆发力所代表的身体素质如同一辆汽车，包含了运动表现能力，而模式就像是司机，是实现运动表现所必需的要素。正如一辆高性能汽车如果没有一名经验丰富的司机来驾驶，其优势就无法发挥一样。因此，教练的主要职责是运用3P运动表现模型来确定运动员们是存在类似汽车的问题，还是存在类似司机的问题，或者二者兼有。

运动表现（performance）

这3个要素一旦组合到一起，就会生成最后一个要素：**运动表现**。运动表现可以定义为运动技能的量化输出（例如举起的重量、到达的时间或取得的分数）。若将3P运动表现模型运用于防守后卫，我们会对影响40码冲刺表现的姿势、爆发力和模式这3个要素十分感兴趣。为了理解这一点，我们一起来看看防守后卫们基于3P运动表现模型的表现情况。在表1.1中，可以看到一份用于确定模型中3个要素的相关评估与筛选示例。此外，图1.3提供了每一位防守后卫的表现概况，每一位防守后卫的模型都是基于这3个要素形成的。得分在−5至5之间变化，其中0代表平均水平。这一示例（见图1.3）的目的并不在于说明某一方面的运动表现多么重要，而在于展示一方面的相对运动表现，如何与另一方面的相对运动表现进行对比。

图1.2（a）做出正确身体姿势所需的敏捷性与稳定性；（b）参与产生完成运动动作所需的爆发力的肌肉组织；（c）以动作模式为基础及相关的协调性

（a）　　　　　　　　　　（b）　　　　　　　　　　（c）

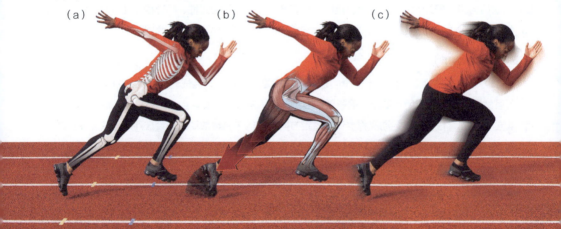

表1.1 3P运动表现模型：40码冲刺项目的评估与筛选示例

类别	运动素质	评估与筛选示例	测评标准
姿势	敏捷性与稳定性	活动范围	活动角度
		功能性运动测试	21分制
爆发力	相对力量	下肢推（前蹲）	每千克体重可举起的磅数
	相对爆发力	下肢推（纵跳摸高）	每千克体重可产生的动能
模式	协调性	0~9.14米（加速）	录像分析：技能
		9.14~18.29米（变速）	录像分析：技能
		18.29~36.58米（绝对速度）	录像分析：技能
运动表现	结果	0~9.14米分段	分段时间
		9.14~18.29米分段	分段时间
		18.29~36.58米分段	分段时间
		0~36.58米分段	分段时间

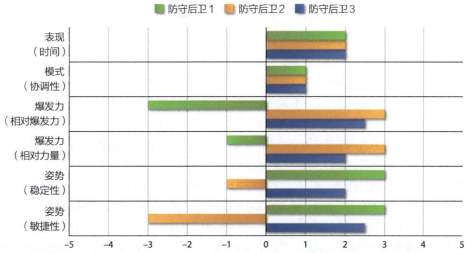

图1.3 防守后卫们在评估与筛选中的表现概况如图1.3所示。其得分在−5至5的范围内变化，其中0表示平均水平。正分表明高于平均水平，负分则表示低于平均水平。根据防守后卫个体素质的优劣及特点，可以确定训练项目的先后顺序

3P运动表现模型的应用

如果我们研究每一个要素的概况（见图1.3），由图的上方开始，我们就会发现3位防守后卫运动表现的分值与模式测评的分值相当接近，也就是说，他们运用了一种常规的冲刺模式，在相同的时间内完成了40码冲刺。这是一个重点，因为发现运动员有相似的动作模式和运动表现是很正常的，但是提高这几项基线测评分值的方法需因人而异。

虽然这3位防守后卫的动作模式和运动表现相似，但他们的爆发力与姿势的测评分值各有不同。也就是说，指导每位运动员就好像在处理一辆独一无二的汽车，如果把这辆汽车交到一位机械师的手上，他就需要对这辆汽车的不同组成部分进行检修。同样，教练的主要职责之一就是检查这辆汽车与司机的磨合状况，为需要改进的部分提供建议，最终帮助运动员取得良好的测评结果。

为了说明这一点，重要的是将爆发力与姿势整合为可观察的模式。前文已经提到，防守后卫们使用了类似的冲刺模式，在这种情况下，我们将其描述为速度极快的腿部动作。这就意味着在冲刺的过程中，步伐频率要高于规定距离需要的频率，运动员还要在冲刺过程中尽可能减小总作用力和减慢速度。运用这种冲刺模式的结果，可能受到髋部屈伸幅度减小的影响，这在视觉上的表现很像是小孩蹲下发脾气时的腿部姿势，这也是这种冲刺模式的一个特点。为了理解这一模式产生的原因，我们需要考虑每一位防守后卫的爆发力与姿势特点。

要想优先训练每一位防守后卫最需要提升的方面，可以花些时间来观察图1.3所示的概况，你能从中发现什么吗？你可能会观察到第1名防守后卫具有足够的敏捷性和稳定性（即姿势），但是在相对力量和相对爆发力（即爆发力）的表现上有所不足；第2名防守后卫具有足够的相对力量和相对爆发力，但在敏捷性和稳定性方面有所不足；第3名防守后卫在姿势和爆发力方面都没有明显的缺陷。综合以上分析，并将其应用于前文提到的冲刺模式，我们就会对相同的冲刺模式形成3种解释。具体而言，认为第1名防守后卫采用不稳定的冲刺模式是由于其肌肉无法快速产生较大的力量，因此表现出爆发力不足并非没有道理；而第2名防守后卫采用这种冲刺模式的原因，可能与其身体不能达到并保持髋部所需的屈伸度有关；此外，由于第3名防守后卫在3P运动表现模型中并未表现出任何明显的不足，因此，可推测他的冲刺模式并未受到一些固有的身体缺陷的影响，是自然协调的结果。

尽管这种模型有些简单，但它的确提供了一种切实可行的方式来帮助教练理解其所面临的运动问题的本质。例如，我们假设需要帮助3名防守后卫进行4周的训练。我们会发现，虽然3名防守后卫都在进步，但第1名和第2名防守后卫的进步速度慢于第3名。逻辑推理表明，这不是教练指导的问题，因为3名防守后卫参加的是同一个训练项目，接受相似的指导。因此，我们之前用来类比的司机问题，同样适用于第3名防守后卫，而对于第1名和第2名防守后卫，则可以以汽车的机械问题类比，这些问题阻碍了他们进步。因此，第3名防守后卫可以说从"驾校"中受益，而第1名、第2名防守后卫则需要在"汽车维修店"里多花一些时间。3名防守后卫都可以继续进行类似的冲刺训练；但第1名、第2名防守后卫需要进行特定的训练来弥补自身的不足。问题一旦得到解决，他们的动作模式会得到改进，最终的测评成绩也会得到快速的提升。

尽管是假设，但以上示例反映了我经常遇到的情况，基于之前我与运动员们的大量对话，以上示例也反映了执教和康复训练中的普遍现象。因此，鉴于其必要性和实用性，3P运动表现模型以及相关的汽车和司机的类比已经为改进运动员的动作模式与增强其身体依赖性（即姿势和爆发力）提供了实用的框架。因此，当我们讨论运动学习（在下一节中会更细致地定义这一概念）时，我们必须认识到一些生理因素会对身体协调性产生实质性的影响。因此，有时有些问题看起来是类似司机的问题，实际上可能被误判为汽车的问题。因此，为了阐明本书的内容，我们将只关注运动学习策略，尤其是提示，这一策略比较适用于改进动作模式。据此，教练应当明白，当一个有效的指导策略失败时，实际上这一失败可能伪装成生理缺陷。

第2节　过程

　　上一节为我们提供了一个框架，可帮助我们理解改进动作模式的影响因素。现在让我们将注意力放回到本章第 1 节提出的问题上：将运动员在日常训练中的表现与其在未来训练或比赛中的表现相比，我们该如何解释这种时好时坏的差异呢？具体而言，与改进姿势和爆发力相关的结构性（外部）适应对于提高身体机能有着更持久的影响，但与改变动作模式相关的中枢性（中心）适应往往不太稳定，并且对产生它们的条件高度敏感。换言之，如果我们进行大幅度的伸展，我们就会变得灵活；如果我们举起足够重的重量，我们就会变得强壮。但动作模式并不能保证运动员获得最佳运动效果。

　　能够说明这一点的示例是，教练观察到在一周开始时，运动员的动作模式有了明显的改进，但在这一周结束时，运动员的动作模式又完全回到了之前的模式。这种情况对教练和运动员来说极为常见，这也说明了短期内的运动学习和长期稳定的运动表现之间有着本质的不同。为了理解为什么这种明显的变化（运动技能方面）不能持久，我们需要先创建几个相关的定义。为了创建这些定义，我们先来看以下两个故事。

▶ 故事1

　　一位教练正与一位运动员一起练习举重。这位运动员是一所大学橄榄球队的新队员，之前从未接受过任何举重训练，也不知道正确的举重动作。教练在与这位运动员一起训练几周后，发现了一个固定的规律，就是当教练给运动员提供个性化的提示时，运动员就会产生良性的反应，其运动技能就会得到明显的改进。然而，任何进步都是暂时的，这位教练注意到运动员的运动技能很快就会在随后的训练中倒退如前。

▶ 故事2

　　一位教练正在指导一位客户进行深蹲训练。这位客户告诉教练自己在和孩子一起玩耍时，膝盖会疼痛。在评估了客户的下蹲方式后，这位教练注意到客户在下蹲时，膝盖会内扣。教练确认这一可能导致膝盖疼痛的原因后，提示客户要避免使用这种动作模式。尽管已经告诉客户"膝盖要保持在脚尖的上方"和"不要将膝盖内扣"，但客户在多次训练中仍难以纠正错误动作。这位教练在咨询同事之后，改变了策略，他将一根迷你弹力带套在客户的膝盖上，并提醒客户在下蹲时要"让弹力带保持拉紧"。这一新策略明显改变了客户的下蹲方式，几次训练后，即使没有弹力带或教练的提示，客户也可以轻松保持正确的下蹲姿势。

许多教练都非常熟悉故事1和2中的场景。我们可以在每位训练有素但表现不佳的运动员身上看到故事1描述的情况，而故事2则描述了每位教练所追求的训练效果。因此，为了帮助教练将自己的运动员从故事1中的主人公变成故事2中的主人公，我们必须了解这两个故事的区别是什么。

运动表现和运动学习

故事1和故事2的明显区别在于结尾。在故事1中，教练困惑不解，为什么只有在自己提醒的情况下，运动员的运动表现才能达到标准。相比之下，故事2中的教练改变了指导策略，让客户的下蹲姿势发生了持久性的改变。两个故事中的教练都能够改进运动员的**运动表现**，这里的运动表现指的是在训练之中或之后，可观察到或可测量的运动行为的短期变化，但只有故事2中的教练能够长期改善客户的**运动学习效果**，这反映了运动行为相对持久的变化，这种变化是持久保持运动技能的基础[15]。因此，正如这两个故事的明显区别所强调的，运动表现的变化不代表运动学习效果的变化。更重要的是，许多方法都可以在实际训练中改进运动员的运动表现，但其中只有少数方法可以长期改善运动学习效果。出于这个原因，我们将要注意力转向定义一些用于评估和提升运动技能的场景，从而为教练提供一个自然的框架，用于评估其指导方法的有效性。

习得阶段和保持阶段

在这两个故事中，运动员及客户都有一段时间在进行运动技能训练的同时，也在接受教练的信息输入。在训练的初期，无论是单次训练还是循环训练，它们都被描述为**习得阶段**。运动技能提升的这一阶段的特点通常表现为教练在运动员做动作前提供指导，在运动员完成动作后再为其提供反馈。此外，教练还可以运用某一运动技能的特点（例如故事2中在膝盖处套上迷你弹力带），帮助运动员做出预期的改变。实际上，任何影响运动技能的尝试，无论是通过明确提示还是通过侧面暗示的方式告知运动员，都可被视为习得阶段的显著特征。因此，即使在运动员动作掌握得较好的情况下，进一步改进其运动表现的尝试仍会被视为再次进入习得阶段。

尽管教练们经常以运动员在习得阶段的运动表现的变化作为进步的标志，但运动学习的最终评估标准是运动员在保持阶段的表现。保持阶段出现在训练之后的某一时间点，在这个阶段，运动员不受教练的任何影响。以故事1为例，教练在提示之前正观察运动员完成举重动作的过程，此时的每个训练环节都可以被视为**保持阶段**。但如果教练急于提醒运动员需要注意的动作要领，那么教练就会失去直接评估运动员在保持阶段的表现和学习情况的机会，因此，我们必须小心谨慎，不要认为目前由教练引起的变化在未来可以像由运动员主导的变化一样具有持续性。

第3节 区别

对许多人而言，众多记忆深刻的童年经历之一就是学习骑自行车。当我女儿开始学习骑自行车的这一天终于到来时，我突然想到自己童年学习骑自行车的经历或许对女儿有所帮助，我不希望女儿像我当年第一次单独尝试骑自行车那样掉进灌木丛中。此时，我认识到我的父亲当年用来教导我的方法是多么宝贵，其中包括一些简单的提示，例如"向前看保持专注""向下踩踏板""注意保持平衡"。带着记忆中父亲的提示和不断在我耳边回响的声音"不要怕，往前骑"，我和女儿前往公园，准备开始训练。

不出所料，最初几次尝试时，我女儿都会喊"不要放手"，我就会反复回答"我不放手"。在这个过程中，我慢慢地松手，让女儿在没有我帮助的情况下自己骑行，她的适应能力和平衡能力无疑得到了增强。女儿很高兴在骑车的时候，我跟着她跑。在这几周的训练中，我发现了一个始终存在的现象：女儿只有在骑车技能得到一定程度的提升之后，才会结束这一次训练；而且只有这一次训练结束时比上一次训练结束时有了明显的进步，她才会开始下一次训练。也就是说，她在一次训练中的进步，会在下一次训练开始时（一般是几天后）得到巩固。当我的女儿对自己最终学会骑自行车感到心满意足时，我也因从她学习骑自行车的过程中观察到运动学习的一个重要原则而感到激动。

以上观察到的内容虽然对于任何学习新技能的人来说都很常见，但它完美地展现了**运动表现−运动学习**差异，同时将通常受教练影响的运动技能（如运动表现）的短期变化，与脱离教练的影响而呈现出来的长期变化（如运动学习）进行了对比[7, 13]。所以我在女儿的一次训练中观察到的她的运动表现，不足以说明她完全学会了独自骑自行车。这一点需要教练深思，因为我们经常根据某一次训练中运动员的进步来评估我们指导的效果。然而，如前一节讨论过的内容，不建议使用这种评估方式，因为已有确凿的证据显示，运动表现的短期变化不足以代表运动学习的长期变化[3, 15]。

在论证这一点之前，我们一起来看看能够用运动表现−运动学习差异（见图1.4）解释的3种结果。图1.4中的结果1显示习得阶段的运动表现要优于保持阶段的运动表现，这一结果对应上一节中的故事1：运动员的举重技能在教练进行提示时（习得阶段）明显提高，但在脱离教练的指导后（保持阶段）很快退步。教练一定要快速识别这一情况，因为运动表现的退步释放了一个信号：运动员既依赖教练的指导提示，又尚未适应教练构建的训练环境。结果2显示习得阶段的运动表现延续到了保持阶段，这一结果对应上一节中的故事2：客户的深蹲技能从习得阶段一直延续到了保持阶段。运动表现的稳定保持通常表明，保持技能稳定就意味着学习的完成。如果运动员的技能需要进一步提高，教练就需要改变提示或者训练项目。结果3对应的是我女儿学习骑自行车的情况（即故事3）：保持阶段的运动表现要优于习得阶段。这一结果在个体学习一项新技能时十分常见，说明教练在这一过程中运用了有效的指导提示，因为运动员只有在经历一段时间的运动适应与记忆存储后，训练条件才会促使其运动系统发生全面的改变。

图1.4描述的3种结果为教练提供了一种很好的学习定位系统，会提示教练判断运动员是否朝正确的方向发展。这些信息将根据运动员在整个过程中所处的阶段帮助教练重新调整指导策略。此外，鼓励教练始终根据动作模式和运动表现结果来评估运动员处于保持阶段时的运动学习效果。假设有一个与运动技能相关的测试标准（例如举起的重量、限定距离的跑步时间或传球准确度），教练应根据这个标准，观察运动员在动作模式、运动表现或两者上是否有积极的变化。

在运用这一策略时，教练可以运用我称之为**沉默教学**的方法。假设故事1中的教练在训练举重项目的运动员时使用了新的提示，并且观察这些新提示是否改善了运动员的运动技能保持状况。为了测试这一点，教练在接下来的训练环节中不能提示运动员，只能保持沉默，同时单纯地观察运动员的动作。如果运动员保持或继续改进了在之前的训练环节中已经改善的部分，那么教练就可以确定运动员完成了学习。相反，如果运动员退步了，那么教练就会知道需要给运动员更多的时间来完全适应动作，或者可能需要改进指导策略。最终，运动员会重视这种沉默的指导模式，因为这是一个机会，他们可以向教练（以及自己）展示他们是否已经掌握了动作，还是仍在努力掌握中。

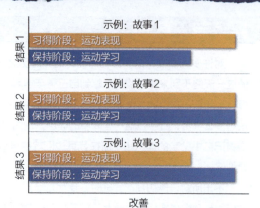

图1.4　在学习刺激（习得阶段）和学习刺激的评估（保持阶段）之间，可能出现的3种结果。每一个结果对应前文提到的1个故事，结果1代表故事1、结果2代表故事2、结果3代表故事3

鉴于我们已经建立了与运动表现-运动学习差异相关的关键术语，下面就让我们一起来研究这两个领域，让我们在运动中对二者的差异有所了解。

训练与学习

你是否看过篮球队或足球队的训练？如果观看过，那你肯定看到过运动员们排成一列进行训练，他们投篮、踢球和传球，并且一次次地重复。从表面上看，这种身体上多次重复的方法似乎与小孩子背单词的方法没什么不同：第1步，在索引卡的一侧写上单词，在另一侧写上单词的释义；第2步，一直看着这个单词及其释义，直到认为自己记住了这个单词；第3步，大声地拼读这个单词并明确其释义；第4步，检查是否正确并重复以上步骤。尽管这个方法在突击测试之前颇为有效，但如果教师在3天后再次测试，要求学生在句子中使用背过的每一个单词，那这个方法就行不通了。运动也同样如此，一位运动员在训练时采用的方法在很大程度上决定了他的运动水平。

在过去的40年里，研究人员、教练以及教师对设计一种有助于学习的训练兴趣十足[14]。研究人员原则上认同如果要优化运动员的学习效果，教练就需要采用一些对运动员来说有一定难度的训练[1]。

虽然一开始这似乎有悖常理，但孩子的视角有助于我们理解其中的逻辑关系。

我儿子3岁的时候，看到他的姐姐完成了一些简单的拼图后，也对拼图产生了兴趣。虽然他还没准备好像姐姐一样去拼那种由100块拼图组成的公主宫殿，但他拼8块木制拼图时也算游刃有余。他在完成了很多这种拼图后，很快就对其失去了兴趣，便开始寻找难度更高的新挑战。在他帮助姐姐拼图却失败后，我意识到他还没有为拼100块拼图做好准备，但那些20块左右、绘有他喜爱的卡通人物的拼图，他肯定能顺利完成。尽管简单，但是这个示例说明了关于学习的两个基本事实：一是必须对正在学习的东西充满兴趣；二是有东西可学。一旦8块拼图对我儿子来说不再是一个挑战，他立刻就会失去兴趣，因为已经没有新东西可学。当面对100块拼图时，他还不具备完成这种复杂拼图的必要能力，所以在多次失败后也失去了兴趣。但当他面对20块拼图时，这一新的挑战激发了他的兴趣，而且他也有能力去完成挑战。

金凤花[3]姑娘原则

这个故事所涉及的原则通常被称为**金凤花姑娘原则**。这一原则是指，当面对一项既定任务（困难）时，只有将其难度设定在一定的范围之内（"恰到好处"），才能引发所期望的变化（学习）。在运动学习领域，这个理念被瓜达尼奥利（Guadagnoli）和李（Lee）[5]两位学者称为**挑战点假说**，该假说认为学习是学习者吸收可用信息的过程（见图1.5）。换言之，如果信息过少或过多，学习效果都会大打折扣；当可用信息与学习者愿意获取的知识一致时，学习效果会达到最优。实际上，一项任务的相对难度决定了学习者可获取的有效信息的多少。因此，如果我在某项任务上是新手，完成最初的小挑战可能会令我受益匪浅，因为在这个过程中我能够内化关于这一任务（例如将棒球击离球座）的所有有效信息。但如果我面临的挑战（例如击中投球）超出了我的能力范围，那么我就不能应对过多的信息。如果我在这一任务上已经达到了最高水平，那我就需要进行更高难度的挑战（例如击出活球），或从指定的运动技能中获取新的有效信息。最终，无论获取的信息明显与否，这些信息都是我们从拼图或解决运动问题的过程中获得的宝贵财富。作为教练，我们的工作就是创造学习条件，让运动员走出舒适区，确保他们随时都可以获得最新的有效信息。

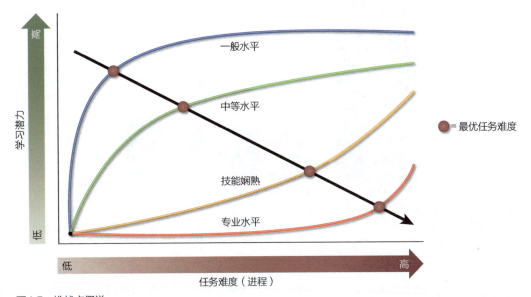

图1.5 挑战点假说
源自：M.A. Guadagnoli and T.D. Lee, "Challenge Point: A Framework for Conceptualizing the Effects of Various Practice Conditions in Motor Learning," *Journal of Motor Behavior* 36, no.2(2004): 212-224.

3 在童话故事中，金凤花姑娘（Goldilocks）喜欢不冷不热的食物，不硬不软的椅子，即"刚刚好"的东西，所以后来美国人用"金凤花姑娘"来形容"刚刚好"或"恰到好处"。——译者

训练可变性

为了进一步说明训练环境的重要性，让我们一起来了解波特（Porter）及其同事进行的一系列研究。波特和马吉尔（Magill）[10]基于"理想的难度"这一概念，对训练可变性4（通常是指环境干扰）对一组篮球初学者的传球准确率的影响进行了研究。这项研究的参与者被分为3组：低可变性组（即固定训练组），在训练第2、第3种传球动作前只重复完成第1种传球动作（例如双手胸前传球）；高可变性组（即随机训练组），按随机顺序完成3种传球动作；进阶组，从低可变性组（即固定训练组）的训练结构过渡到高可变性组（即随机训练组）的训练结构。这项研究的结果后来被波特和萨米（Saemi）[11]证实，并被波特和贝克曼（Beckerman）[9]推广，它表明虽然在习得阶段各组的表现并无差异，但在保持阶段，进阶组的表现要优于固定训练组和随机训练组（见图1.6）。这就意味着有序提高训练可变性，可使运动员的训练效果优于低可变性或高可变性条件下的训练效果（即金凤花姑娘原则）。

这项研究和其他类似的研究，为我们提供了一个关于运动表现－运动学习差异的清晰案例。尽管在习得阶段，固定训练组、随机训练组以及进阶组的表现接近，但在保持阶段对运动学习进行评估时，进阶组要更胜一筹5。因此，从教练的角度看，训练结构会长期对运动学习产生直接影响。这是根

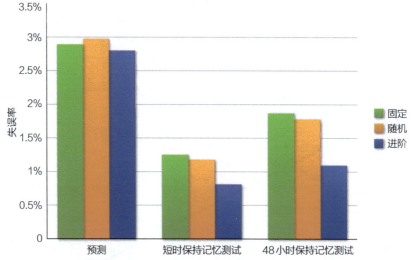

图1.6 预测、短时保持记忆测试以及48小时保持记忆测试的失误率

源自：J.M. Porter and E. Saemi, "Moderately Skilled Learners Benefit by Practicing With Systematic Increases in Contextual Interference," *International Journal of Coaching Science* 4, no.2(2010): 61-71.

---

4 训练可变性和环境干扰都是用来描述在训练过程中训练环境变化频率的术语。例如，教练让运动员在整个训练过程中进行动作完全相同的传球训练，那么我们就可以称之为较低的训练可变性；如果教练频繁改变训练内容，那么我们就可以称之为较高的训练可变性。现在，训练可变性取决于运动员的技能水平；但是我们知道运动员的能力增强以后，他们会因训练可变性的提高而获益。如果你认为大多数运动，尤其是团队运动，在本质上是可变的，那么这个发现就是有意义的。

5 环境干扰研究在过去探究了固定训练和随机训练之间的区别，结果表明尽管固定训练可以让运动员有更好的短期运动表现，但随机训练对长期运动学习更加有效。（这就是运动表现－运动学习差异。）我们不能将所有的训练设计简化为固定、随机或进阶训练；如前所述，我们必须根据运动员自身的条件以及他们正在学习的技能来匹配适当的可变性水平。也就是说，如果教练总是将训练设计得非常简单，那么教练会陷入自我欺骗，认为运动员在训练中的表现得到了提高，或者认为他们只是不知道如何在比赛中运用学会的技能。

据运动员当前的运动表现水平，适度调整训练可变性势必会带来的结果，适当的可变性或挑战会令运动员投入训练，并将注意力转移到与训练任务相关的有效信息上[4]。我们会在下一节发现，这种注意力的转移对教练的有效训练设计和有效指导都具有巩固作用。

指导与学习

如果你是一名教练，那么你可能会看到一段名为"J.C. 安德森（J.C. Anderson）趣味高尔夫球提示"的视频[21]。尽管其对指导提示的讽刺有些言过其实，但这些指导提示却令人感到非常熟悉，因为视频传递出了一个道理，而大多数教练要在其职业生涯的后期才能慢慢领悟这个道理。作为教练，我们很容易落入指导过多和指导过度频繁的陷阱之中。（在我职业生涯的早期，这一点绝对是事实。）例如，你有没有在指导运动员深蹲时长篇大论，使运动员忍不住回头问你"你到底需要我怎么做"？又或者在指导运动员冲刺时啰啰唆唆，结果完全适得其反，运动员做出的动作不符合你的要求？以上这些示例，不过是教练在指导时可能出现的错误的冰山一角，却表现出教练在无意间随意误用语言的频度，这样的指导方式显然并不明智。熟悉指导语言与运动技能学习之间的联系的教练，会清楚地知道正确的语言提示的内容和发出的时机，以及为了激励运动员长期稳定提升，需要给予多少语言提示。为了说明这一点，让我们看看指导对话中"说什么"这一部分，并重点关注运动表现 – 运动学习差异的示例。

指导提示

为了研究指导语言（即"说什么"）对运动表现和运动学习的影响，我们会参考加布里埃莱·伍尔夫博士的两项研究，你会在阅读完本书时，对这位研究人员的理论非常熟悉。伍尔夫及其同事对不同类型的指导提示对学习排球发球的影响很感兴趣，所以他们邀请了一组没有任何经验的新手和一组有一定经验的运动员作为他们的研究对象来参与研究[19]。任务需要参与者们站在排球场地的右侧，在标准球网前发球过网，击中位于场地另一侧的中心、面积为3米×3米的目标物（周围环绕着4米×4米和5米×5米的目标物）。每个目标区域对应的分数分别为3、2、1分，如果将球击出5米×5米的目标区域，计0分。教练会对一半的参与者（由一半新手和一半有经验的运动员组成）进行干预指导，他们会接受与身体动作有关的指导提示，这些指导提示被称为内部提示，即关注自身；而另一半参与者则接受与最终运动效果有关的指导提示，这些指导提示被称为外部提示，即关注结果，这两种指导提示的示例如表1.2a所示。指导提示被分别安排在两个训练阶段（习得阶段），各持续一周时间（见表1.2b）。在每个训练阶段，参与者要完成5次训练，每次训练要完成5次发球，每次训练结束后，会有教练针对参与者明显的技术错误，单独给予其个性化的指导提示（外部提示或内部提示）。在第2个训练阶段结束后一周，所有参与者要完成15次发球的保持测试，在测试中无任何提示或提醒（见表1.2b）。不出所料，无论是关注自身组还是关注结果组，有经验的运动员的表现都要优于新手。但出现了一个有趣的现象，即所有接受了外部提示的参与者，无论有无经验，发球准确性得分都要高于接受内部提示的参与者，并且这种表现上的差距在保持测试中继续增大，这就表明与接受内部提示的参与者相比，接受外部提示的参与者具有明显的学习优势（见图1.7）。

表1.2a　针对新手和有经验的运动员进行内部和外部提示

内部提示	外部提示
尽量将球高抛至击球手臂的上方 击球时弯曲手腕，使球向前旋转 击球之前，将身体重心从后腿转移到前腿 弓起背部，由肩膀先发力，然后上臂、前臂、手依次发力	将球垂直向上抛 想象手握一个碗，用碗将球扣住，使球向前旋转 击球之前，将身体重心朝向目标 击球时就好像马术师手握马鞭赶马一样

表1.2b　排球指导的研究设计

习得		保持
第1天（第1周）	第2天（第2周）	第3天（第3周）
5次拦网×5次发球 根据每个发球组数时空行区分提示（共5组，25次发球）	5次拦网×5次发球 根据每个发球组数时空行区分提示（共5组，25次发球）	3次拦网×5次发球 没有提示或提醒（15次发球）

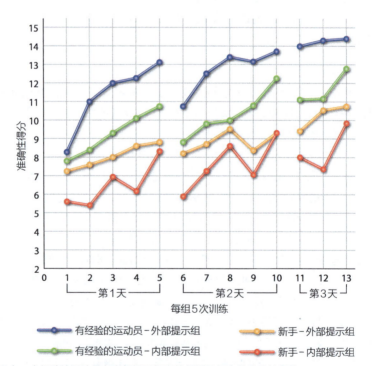

图1.7　新手和有一定经验的运动员在内部提示组和外部提示组中的准确性得分

源自：G. Wulf, N. McConnel, M. Gartner, and A. Schwarz, "Enhancing the Learning of Sport Skills Through External-Focus Feedback," *Journal of Motor Behavior* 34, no.2(2002): 171-182.

在排球实验结束后，伍尔夫及其同事公布了一项后续研究，这次他们将研究发现扩展到了足球领域。他们招募了一些足球水平一般的大学生作为参与者，这项任务要求参与者将球踢中一个悬挂在 15 米外的目标（目标为正方形，面积为 1.4 米 × 1.4 米，距离地面 1 米）；目标中心的面积为 80 厘米 × 80 厘米，外部有两个区域，每个区域约 15 厘米宽；踢球命中不同区域将分别获得 3 分、2 分和 1 分，如果未踢中目标，则获 0 分。参与者被随机分为 4 组：两个外部提示组，其中一个组每完成一次踢球后都接受指导提示（外部提示 100%），另一个组每完成 3 次踢球后接受指导提示（外部提示 33%）；两个内部提示组，其中一个组每完成一次踢球后都接受指导提示（内部提示 100%），另一个组每完成 3 次踢球后接受指导提示（内部提示 33%），指导提示初级其安排如表 1.3a 和表 1.3b 所示。教练会在单独训练环节（习得阶段）给予指导提示，随后一周会进行一次保持测试。训练环节分为 6 轮，每轮要完成 5 次踢球，而保持测试分为两轮，每轮要完成 5 次踢球。与之前进行的排球研究类似，教练会基于之前安排的不同提示频率（100% 或 33%），为每一位参与者单独给个性化的指导提示（外部提示或内部提示）。结果又一次显示两个外部提示组的踢球准确性得分高于两个内部提示组；外部提示 100% 组的表现与外部提示 33% 组接近，内部提示 33% 组的表现要优于内部提示 100% 组。在一周后的保持测试中，准确性得分仍继续提升，每一组的相对表现保持不变（见图 1.8）。

表 1.3a 针对 100% 和 33% 提示频率组的内部和外部提示

内部提示	外部提示
将脚放置在球的中线下方，将球踢起来	从球的中线下方处踢球，也就是从球的底部踢球
身体重心和非踢球脚放在球后面	站在球的后方，不要超过球，身体向后靠
脚踝保持稳定，用脚背踢球	像给队员传球一样，朝目标踢球
向后摆腿时保持膝盖弯曲，脚触球时伸直膝盖	脚触球前运用长杆动作，就像高尔夫球运动中的挥杆动作
尽可能大幅度摆腿踢球	踢球时动作类似钟摆，运动幅度要尽可能大

表 1.3b 足球指导的研究设计

习得	保持
第 1 天（第 1 周）	**第 2 天（第 2 周）**
6 轮训练 × 5 次踢球	2 轮训练 × 5 次踢球
100% 提示频率组每完成一次踢球后都接受个性化提示（共 30 人）	没有提示或提醒（10 次踢球）
33% 提示频率组每完成 3 次踢球后接受个性化提示（共 10 人）（30 次踢球）	

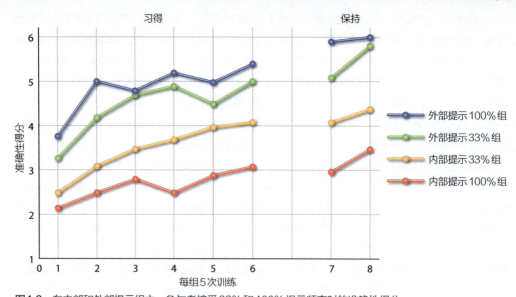

图1.8   在内部和外部提示组中，参与者接受33%和100%提示频率时的准确性得分
源自: G. Wulf, N. McConnel, M. Gartner, and A. Schwarz, "Enhancing the Learning of Sport Skills Through External-Focus Feedback," *Journal of Motor Behavior* 34, no.2(2002): 171–182.

总之，这些研究突出强调了所有关于运动学习的发现中最重要的发现之一[17]：与内部专注于运动过程本身（例如"脚踝保持稳定"）相比，外部专注于运动环境（例如"从球的底部踢球"）或动作效果（例如"朝目标踢球"），无论是通过文字语言还是通过类比，往往能带来更好的运动表现和运动学习效果。和上文中足球研究的结果一致，这一发现令人震惊，它让我们真切地了解到参与者受益于内部提示（例如"脚踝保持稳定"）的程度并没有我们想的那么高。

与训练可变性不同，尽管尚不明确，但从内部专注到外部专注的渐进式转移似乎并没有中间地带可以导致运动表现的进步。加布里埃莱·伍尔夫通过20多年的研究，已经向我们表明，教练应鼓励运动员在运动中关注外界。这样，教练不仅可以帮助运动员在训练中提高成绩，更重要的是，还可以促进运动员坚持训练和学习。因此，我们就有了第2个关于运动表现 - 运动学习差异的示例，这个示例阐明了这样一个事实——决定运动学习效果的不只是训练内容，还有受训者的思维。

尽管伍尔夫20多年的研究支持采用外部专注可以让运动员受益的观点，但一些证据和我自己的经验表明，从更广泛的执教（如12）和运动康复（如6）中吸收学习的过程是很缓慢的。出于这个原因，本书剩余的章节将介绍教练的语言对运动员注意力的影响，以及一个人的注意力会如何影响其对运动技能的学习。我将尝试着化无形为有形，向教练、训练师和理疗师展示如何运用他们常用的指导工具——语言去指导他人。

总结

很多人都认为约翰·伍登（John Wooden）是史上最杰出的教练之一，他有一句名言"未学会，不算教"，这很符合本章的内容。这句话表明，不管你是教练、训练师还是理疗师，你都有责任为学习创造良好的条件，因此，你首先是一位教师。我身负这份责任，所以撰写了本书，希望可以帮助每一位指导他人运动并想要做到尽善尽美的人。无论你是一位想要帮助运动员突破极限的体能教练、帮助患者重获独立运动能力的理疗师，还是一位培养学生运动爱好的体育教师，本书都将为你提供帮助他人获得持久学习能力的必要工具。

我们从回顾被称为3P运动表现模型的心智模型开始。正如你所记得的，3个P分别代表了姿势（position）、爆发力（power）和模式（pattern），这三者的整合，就会生成运动表现。要知道本书非常重视语言和运动技能学习，书中会用汽车和司机进行类比，以此来界定什么是运动学习，什么不是。如果汽车代表了身体的外部特征（敏捷性、稳定性、力量、爆发力等），那我们会把重点放在司机身上，用他来类比神经系统，尤其是大脑中的中枢适应系统。因此，要想成功应用本书中的策略，我们就要预设——我们面对的是司机的问题，而不是汽车的问题。这并不代表我们没有同时重视司机和汽车的问题，实际上我们认为二者都很重要。但要想最大限度地利用本书，我们就必须认清应该什么时候训练、指导语言对训练效果会产生什么影响，因而需要持续的训练刺激来克服身体的限制。

我们要继续考虑一些涉及运动学习的重要术语和背景。具体而言，我们已经验证了在学习干预或习得阶段，可以允许教练测量和评估运动员的短期运动表现，而对长期运动学习效果的评估必须在延迟记忆的保持阶段进行。我们将这种运动表现-运动学习差异定义为出现在运动表现和运动学习之间的差异，并引用了训练设计（即训练可变性）以及指导提示（即提示）领域的证据。此外，注意力或注意力集中与阐明训练可变性[7]及有效提示[18]的益处的理论相关，因而可能会成为运动学习的媒介。因此，第2章将重点讨论注意力，并开始探究加强有意训练的认知现象。

集中注意力

注意力：入门

清晨醒来，你是否突然发现自己可以听懂或说一门新的语言？或者坐在钢琴前，贝多芬第五交响曲的旋律神奇地从你的指尖弹出，而不再是演奏你的怀旧曲目《筷子》（*Chopsticks*）？你可能会回答"不可能"，因为睡醒时发现自己掌握了一种新技能只能说明人还没有清醒，这一切都是梦。尽管未来某一天掌握一种新技能可能就像在手机上下载新软件一样简单，但现在我们必须说服自己按照传统方式学习运动技能：通过训练。

正如我们在第 1 章结尾处讨论的那样，如果想要不断提高运动技能学习水平，只重视训练量是不够的，训练的质量也需要得到同样的重视，至少应该与训练量同等重要[16]。但什么才是高质量的训练呢？我们在训练中的注意力又会如何影响训练的质量呢？为了回答这些问题，我们很有必要简单了解如今不断完善的、与专业知识的基础相关的理论依据。

培养专业能力

安德斯·埃里克森博士是一位心理学家，就职于美国佛罗里达州立大学。尽管埃里克森在诸多科学领域都颇有建树，但最为业界熟知的是关于训练对专业能力的影响的研究。埃里克森及其同事发表了一篇名为《有意训练对习得专业运动表现的作用》（*The role of deliberate practice in the acquisition of expert performance*）的重要论文，他们从西柏林音乐学院招募了 3 组小提琴专业的学生，将学生们按照年龄和性别进行匹配后，根据他们招募时的表现，其中 10 人被认定为"最佳小提琴手"，10 人被认定为"优秀小提琴手"，10 人被认定为"音乐教师"。在 3 次访谈中，学生们向研究人员提供了一些相关信息，包括他们开始拉琴的时间，以及自开始拉琴以来每年的累计独奏训练时长的平均数。这些数据让埃里克森及其同事能够判断是训练量，还是训练习惯决定了演奏能力。

这一著名的研究结果揭示了一个趋势。"最佳小提琴手"在 18 岁时的独奏训练时长（平均 7410 小时）明显多于"优秀小提琴手"（平均 5301 小时），这两组的独奏训练时长都远多于"音乐教师"（平均 3420 小时）。随后，对另外 10 位专业小提琴手的独奏训练时长的分析为以上发现提供了进一步的数据支撑，这 10 位专业小提琴手分别为柏林的两个国际知名管弦乐团的成员。与"最佳小提琴手"相似，他们在 18 岁时独奏训练的平均累计时长为 7336 小时。因此，数据清楚表明，足够的独奏训练时长是达到专业水平的必要条件。

　　埃里克森的论文被引用的次数超过8000次，激发了大家对训练和专业能力之间的关系的进一步探究，并特别强调了运动员的专业能力。例如，贝克（Baker）、科特（Cote）、阿伯内西（Abernethy）[4]的研究发现，与非专业（省级或州级）集体项目运动员的训练时长（约2900小时）相比，专业（国家级）集体项目运动员在从事这项运动15年后，累积了更长的专项运动训练时长（约5709小时）。此外，在参加运动的年限相同的情况下，专业运动员获准加入国家队后，每周训练时长为20小时，而非专业运动员每周训练时长仅为9小时。

　　尽管从逻辑角度来看，训练时间是决定专业水平的主要因素，但研究人员一致认为训练质量才是关键因素。后续研究会用到上文中贝克、科特和阿伯内西收集到的数据，结果表明：与非专业运动员相比，专业运动员用于比赛、训练和接受个人指导的时间明显更多，而非专业运动员明显将更多的时间用于与朋友一起运动、力量训练和有氧运动。沃德（Ward）、霍奇斯（Hodges）、斯塔克斯（Starkes）和威廉姆斯（Williams）[51]的研究证实了训练时间用在哪里和怎么用的重要性，与年龄和经验相当的非专业运动员相比，专业运动员们不仅会投入更多的训练时间，还会专门参与包含高质量练习内容的训练。

　　虽然我们不能低估遗传因素的影响，因为这些因素赋予了每位运动员独特的身体和心理条件（如身高、体重、体形和个性）[25, 48]，但毫无疑问，累积高质量的训练时长是决定运动员能否达到高水平的重要因素[31]。正因如此，研究有意训练的基本特征并确定专注度的媒介作用就显得十分重要了。

有意训练

　　尽管埃里克森和其他学者已经在研究结果中清楚地表明训练量和训练质量都很重要，但大众媒体还是抓住了"10000小时法则"这一引人注目的观点。许多人认为这一法则源自马尔科姆·格拉德威尔（Malcolm Gladwell）在他名为《异类》（Outliers）的著作[53]中对埃里克森的研究的总结，他在书中并非有意暗示只需10000小时，人人都可以成为专业人士；只要投入时间，你就能成为专家。尽管这一想法很诱人，但有一个小问题：这是个谬论。

　　埃里克森在他的著作《巅峰》（Peak）一书中直截了当地说，"这条法则令人无法抗拒……不幸的是，这条法则虽然是现在许多人所了解的关于训练效果的仅有的知识，但它是错误的"[14]。事实上，许多研究，特别是在集体项目方面的研究，通过引用很多运动员没有练够10000小时就达到国家级认证水平的示例，来力证要达到专业运动表现水平，训练时长具有极大的可变性[24]。因此，埃里克森在他发表于1993年的论文中表示，"专家和普通人之间的差异表现在专家会在某一特定领域中，用一生的时间进行**有意训练**，以此来不断提高自己的表现水平"[16]。这句话反映了有意训练最初的定义，并表明有意训练的基础必须是刻意且有重点的努力。为了突出这一点，埃里克森还扩展了有意训练的定义，指出有意训练"包括提供及时的反馈、解决问题和评估的时间以及不断重复训练以改善行为的机会"[15]。基于这一定义，埃里克森认为有意训练应包括清晰的目标、明确的专注点、相关的反馈以及适度的挑战（见图2.1）。

目标

　　毫不奇怪，埃里克森将目标设定作为支撑有意训练体系的四大支柱之一，因为目标设定对训练的积极影响是心理学领域最让人确信的发现之一[29]。清晰明确的目标会为学习创建动机，并自然地引

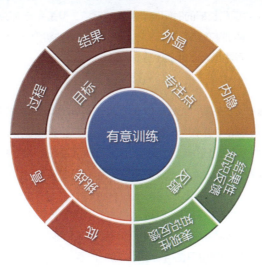

图2.1　安德斯·埃里克森的有意训练模型

导我们去关注与实现目标相关的事物。

　　埃里克森及其同事在他们于 1993 年发表的论文中，描述了影响运动表现的目标特征。首先，目标有助于运动员将注意力集中到运动技能的相关目标特征上。例如，如果我正在学习如何用正手接发网球，那么通过接触观察网球要比观察步法或手臂姿势更有意义，因为后者取决于前者。其次，与简单或模糊的目标相比，具有挑战性的目标更能促使我们坚持和努力。比如在第 1 章中，我儿子会挑选适合他且更富有挑战性的拼图。如果目标太容易实现，实现目标时的成就感会较弱。一旦实现目标时的成就感消失了，坚持和努力也会随之消失。

　　虽然有很多种不同类型的目标，但就提升运动技能的目的而言，只有两种类型的目标与之相关，其中一种为**过程导向型目标**，这种目标与正在训练的运动技能的某一特定技术特征相关。假设一位橄榄球教练想要加快运动员向左传球的速度。教练认为运动员向左传球用时过长是因为运动员采用了过多的预摆动作，而不是将球直接传出。为了纠正这一点，教练设计了一个场景，即当防守队员向他们扑来时，运动员向前移动，这就创造出了一个与比赛相关的场景。随后，教练会给出简短的提示，告诉运动员等到最后一刻再向左传球。这个提示用来限制防守队员持球的能力，迫使运动员必须快速将球直传给队友。教练会继续进行一系列强化训练，并为运动员设定目标，要求运动员将球成功传向位于其左侧 6 米处的队友 10 次。鉴于教练可以改变防守队员接近运动员的速度，轻松调整任务难度，以及外部反馈会被纳入每次重复训练中，所以这一场景的特性足以促使运动员的运动技能表现发生改变[30]。

　　除了过程导向型目标，教练或运动员也可以设定**结果导向型目标**，关注运动技能训练的最终结果或成果。以橄榄球为例，假设运动员已经成功改进了技术，加快了传球速度并优化了球的飞行轨迹，那么将过程目标转换为预期结果是一个自然的过程。在这种情况下，目标可以具有**空间感**（即准确性），如要求运动员的传球可以让他们的队友在胸前接球，而不必转身接球；目标也可以与**时间**（即速度）相关，教练可以使用雷达枪来确定传球的实际速度。这样教练就可以根据他希望运动员达到的传球速度来设置参数，从而建立传球速度与传球准确性的关系，设计一个难度适当的训练方案。

我们一般按照短期、中期和长期的时间尺度来设定目标，但是有意训练的原则建议我们设定可应用于可重复进行的运动技能训练的微观目标。本质上，这种方法将为什么练（即目标）融入了练什么（即行动）之中，并为引导注意力提供了必要条件。

专注点

我女儿5岁时对乐高产生了兴趣，而我从小就喜欢玩乐高，所以我很兴奋地看着我的女儿在那些小方块中找到了与我童年一样的快乐和奇思妙想。有一次，在我们一起搭一座未来忍者的城堡时，我漫不经心地问我女儿在学校过得怎么样。她没有抬头，完全沉浸在搭城堡中，她说："爸爸，我现在不能分心，能等会再说吗？"我女儿的反应令我又惊又喜，让我想到了有意训练的第2个特点：专注的重要性。

直觉上，我们都知道专注于某事就意味着一心不能二用。这就是为什么当你在高速公路上遇到突发情况时，你会停止和车里的人讲话，或将音乐的音量调低。同样，这也是图书馆很安静，音乐工作室很嘈杂，而球类集体运动项目中只使用一个球的原因，因为我们的注意力天生有限。毫不意外，科学上早有研究表明，一个人的可选择数与其做出选择所花费的时间之间存在一个平衡点。这一原则被称为希克斯定律（Hick's law）[30]，该原则认为一个人做出决定所花费的时间与他们的可选择数成比例。例如，如果有10盏灯在墙上围成一圈，当某一盏灯亮起（一次只亮一盏灯）时你需要快速做出反应做轻敲该灯一下，你会发现如果有10盏灯，你的平均反应速度会比只有5盏灯时慢很多。正如我们之后将讨论的那样，这种现象是注意力受限的结果，解释了为什么将注意力分散到10件事情上远比分散到5件事情上要困难得多。

从教练的角度来看，"这又怎样"其实很简单：如果我们的运动员无法专注于一件正确的事情，那么任何干扰都会分散他们的注意力，尤其是当干扰不断增多时。因此，促使运动员进行有意训练的一种很重要的方法就是明确运用动词类的语言提示（如"下次重复这一动作时，我希望你重点关注……"），或者间接设计一些训练活动，旨在实现某一特定的目标并达到理想的训练效果。在很多方面，有效的语言提示（本书第2部分将重点讨论）表面上是微观目标。例如，短跑运动员的最终目标可能是在1.85秒内跑完10米；为了达成这一目标，教练可能会要求运动员专注于"放低重心，尽可能快速冲出去"。这样的提示说明了在运动员的专注范围内，如何将每一组、每一部分或每一个环节中的微观目标紧密串联在一起。

俗话说"牵马到河边易，逼马饮水难"，将其转换为教练的语言，意思就是教练应清楚地知道不能一直为运动员们解决问题或提供问题的答案，总有一天运动员们要靠自己。例如，当一个训练方案比较复杂，教练无法用单一的语言提示来概括整个任务（例如四分卫需要扫视全场以选择最佳接球手，并向他传球），或者教练希望运动员自己解决运动中的问题（例如在一对一的训练中，如何避开迎面而来的防守队员）时，为了帮助运动员们达到预期的训练效果，教练需要了解如何构建只有正确引导运动员集中注意力，才能解决问题的训练方案。

为了说明这一要点，可以假设一位冰球教练希望增强运动员在面对一对一防守时做出最佳决策的能力。教练很清楚，有时候运动员在防守过程中会走神或关注错误的目标，而且运动员单独在侧翼时容易成为对方的进攻点。研究表明，这种快速决策能力的一部分可以用运动员注视或专注于与任务相关的特征的同时，忽视不相关特征的能力来解释[22]。因此，教练希望构建一个运动场景，为冰球运动员们提供机会来锻炼他们集中注意力的能力，以增强他们在一对一防守中的决策能力。从跟防的角度看，我们知道进攻队员的重心与他们身体的最终移动及其移动方向直接相关[7]。因此，与非专业运动员相比，集体项目中的专业运动员通常会一直关注对方的重心或躯干，而非专业运动员更容易被对方的头部及四肢的假动作误导[8]。知道了这一点后，教练在界墙和冰面（活动区）之间设置了一条12米长的冰道，并将进攻边锋安排在距离防守边锋15米的位置处（决策区）。为了控制决策时间，教练安排防守边锋背对进攻边锋，要求他只有在被提示时才可以转身。实际上，第1声哨响后，进攻边锋开始进攻；第2声哨响后，防守边锋转身进行防守。最终，防守成败取决于防守边锋们是否有能力快速解读进攻边锋的动作信息（即预测），并利用这些信息进行防守，从而让进攻边锋进攻受阻或出现失误。假设我们的防守边锋速度够快且身体强壮，那么在这种情况下防守失败就直接反映出了运动员关注了错误目标或判断时机有误。以上训练只要重复足够多的次数，一般就能让运动员正确集中注意力，从而提高其防守成功率。

无论是通过明示还是暗示的方式，我们专注于训练的方式，或训练促使运动员集中注意力的方式，对随后的学习质量都有直接的影响。因此，我们的目标和专注点要用来确定既定重复训练中的重点。教练有责任确保运动员的训练目标与其学习的运动技能相匹配，且专注点与目标相关。由于运动技能不断发展，教练和运动员需要得到及时的反馈，以了解何时重置目标和专注点。

反馈

迈克尔·乔丹（Michael Jordan）以其坚持不懈的职业精神和训练态度而闻名世界，他曾说过："在我的职业生涯中，有9000多次投篮没有投中。我输过的比赛几乎有300场。有26次，大家都确信我能投入制胜的一球，结果我没有投中。在我的一生中，我一次又一次地失败。而这就是我成功的原因。"和20世纪90年代的许多孩子一样，我把这些话贴在墙上，但直到我意识到罗伯特·艾伦（Robert Allen）所说的"没有失败，只有反馈"这句话的含义时，我才真正明白乔丹所言的含义。

在有意训练的所有内在成分中，反馈最为重要。没有反馈，运动员就体会不到进步，当训练表现停滞不前时，他们就无法做出调整和改变。幸运的是，反馈的形式多种多样，其中一些与运动技能本身具有固有的联系。具体而言，涉及球类或与之相似的运动最终都具有准确性因素，因而会有足够的反馈。篮球、羽毛球、板球、冰壶等运动都为运动员们在试图得分的尝试（例如投篮、射门、投篮位置或接近目标）上及时提供了反馈。同样，这些运动还对动态比赛中可以带来得分机会的动作结果（例如，传球的准确性，接球的成功率，进攻或防守决策的结果，如在橄榄球运动中突破防线）提供了有价值的反馈。不是只有球类运动才会提供反馈。任何一项运动只要在既定的运动技能结果方面具有感官信息（即视觉、听觉、触觉和本体感受），就可以被视为具有**任务内在反馈**。

尽管所有的运动技能至少在一定程度上都具有任务内在反馈，但这种形式的反馈有时不足以促使运动表现发生变化，也不能带来更好的训练效果（例如提高射门的准确性）。因此，教练有必要为运动员提供来自外界的某种形式的补充反馈，通常称之为**增强反馈**。例如，将基于主观评分标准（即裁判）的运动视作基于客观评分标准（例如分数、时间、距离或重量）的运动。像体操、跳水和花样滑冰这类运动总是需要某种形式的外部反馈，以传达与运动技能相关的技能分数和艺术表达是否达到预期标准。如本段开头表明的那样，即使运动技能具有任务内在反馈（例如足球运动中头球的准确率），仍可能有技术错误隐藏于最终的错误运动表现之中。因此，如果对准确性的错误的反馈不足以推动运动技能发生外显或内在的改变，那么教练就需要在训练中引入增强反馈，帮助运动员们做出必要改变。

　　增强反馈主要有两种形式。第1种形式称为**结果性知识反馈（KR）**，与我们对结果导向型目标的描述一致，可被定义为与运动技能训练效果相关的外显型信息，可简单直接地显示出运动员在训练中的尝试是否成功（例如，在冲刺过程中是否达到了既定的目标时间或速度）。或者更常见的是，教练可以对理想训练效果进行细致的描述（例如，跳的距离、达到的高度、跑的时间、得分、射门距离等）。这些信息可以提示运动员实际训练效果与理想训练效果之间的差距。如果二者接近（例如，理想训练效果：罚球命中率达到75%；实际训练效果：罚球命中率达到77%），那么运动员就会清楚地知道目前的运动策略是可行的，自己的运动技能也得到了提升。如果二者相差甚远（例如，理想训练效果：在距离球洞1.5米的沙坑中，低切球达到60%；实际训练效果：在距离球洞1.5米的沙坑中，低切球达到30%），运动员就要立即找出运动策略中可能存在的错误，并且需要了解其他额外的信息来改进自己的技术动作。

　　这些额外的信息以第2种形式，即**表现性知识反馈（KP）**出现，可被定义为一种外显型信息，与带来运动表现结果的运动特征及运动过程相关。同样，这种形式也与之前对过程导向型目标的描述一致。回顾第1章中关于3P运动表现模型的部分内容，我们会发现表现性知识反馈与运动技能中的动作模式或身体协调性有直接的关系。因此，一旦教练观察到运动员有一套稳定的动作模式，也就是说该模式的错误或者效率趋于一致，教练就需要使用表现性知识反馈[1]。当需要使用这一反馈形式时，有两种类型的反馈可供教练选择。第1种表现性知识反馈可以称为描述型，教练需以描述型术语勾勒出动作模式（例如，"在高翻的第2次上拉时，你的髋部没有完全伸展"，或者"在纵跳摸高时，你的髋部完全伸展"）。第2种表现性知识反馈可称为规范型，教练不仅要描述动作模式的本质，还要设定一个核心提示，以纠正或确定运动员当前的运动策略（例如，"从球座上击出橄榄球后，抬头向上看；在下次重复击球时，眼睛注视球上的标志"，或者"从球座上击出高尔夫球时，低头，一直盯着球"）。

　　这时会出现一个合乎逻辑的问题：到底哪一种类型的反馈更好？这个问题没有标准答案，因为这取决于大量的背景因素，其中影响最小的因素是运动员的经验水平。也就是说，其实有很多学习理论可以帮助我们缩小范围找出一个可能的答案。与我们对反馈的讨论相关，且最为广泛接受的，是三阶段学习模型理论，该理论由费茨（Fitts）[19]提出，后经费茨和波斯纳（Posner）[20]共同完善并推广。费茨和波斯纳明确提出，尽管学习在本质上是非线性的，但人类还是会遵循从认知阶段、联想阶段到自主阶段的一般学习路径。简言之，学习的过程就是人类从必须专注于运动表现的阶段（即缺乏经验的阶段，例如初学走路或骑自行车的阶段），发展到无须明确的专注点就可以实现运动技能的阶段（即经验丰富的阶段，例如能够在走路或骑自行车时与他人交谈的阶段）的过程。假设一位经验不足的运动员不能完全领会一项特定的运动技能的内在本质，那么他就不能够自我纠正任何与任务内在反馈无关的动作特征。关于增强反馈，那些经验不足的人通常会受益于规范型表现性知识反馈，而经验丰富的人则能够更有效地利用描述型表现性知识反馈和结果性知识反馈。在训练中，教练可选择使用以上3种类型的反馈，但最终选用哪一种类型，则取决于运动员对特定指导提示（运动表现）的反馈，以及在之后的一段时间内，他们改进动作后的稳定表现（运动学习）。

1　除非你确定了你想要纠正的动作错误或者你想要强化的技术特性，否则你不会想要开始提供关于技术的反馈（即表现性知识反馈——KP）。因此，在你提供表现性知识反馈（KP）之前，重要的是你已经观察了足够多的重复动作（例如，回想到无声组）来确定运动员真实的动作模式。教练往往在观看之前就开始进行指导，从而引入了可能掩盖运动正常动作模式的新信息。这就是为什么在你试图改变运动员的动作方式之前，观察他们的动作是如此重要。

关于反馈，仍有很多内容可以讨论，但前文已经为教练们提供了方向，教练们可以有效运用支持多种反馈形式的核心原则。对此感兴趣的教练，可阅读马吉尔和安德森（Anderson）所著的《运动学习与控制：概念与应用》（*Motor Learning and Control: Concepts and Applications*）[32]一书中的增强反馈的相关内容，该书对反馈及影响其应用的背景因素进行了深度的探讨。

总之，无论其来自何处，反馈都是有意训练的隐形生命力。通过每一个动作，反馈将从其中反复得来的学习成果，注入下一次训练。如果教练们能够不遗余力地坚持为运动员营造一个具有丰富反馈的训练环境，那么教练们接下来就只需静待运动员们的进步，并观察运动员们何时准备好接受新的挑战。

挑战

有意训练的最后一个组成部分是给运动员施加挑战。正如我们在第1章中讨论过的那样，适度的挑战对运动员来说很有必要，因为这样可以让运动员坚持参与训练，又不会感到挫败。说到这一话题，丹尼尔·科伊尔在他的《像高手一样行动》（*The Little Book of Talent*）中，概述了52条提高人类天赋的建议。与挑战相关的是这52条建议中的第13条，科伊尔提到了"寻找甜蜜点"这一想法[10]。科伊尔用了几年时间研究在世界上某些特定的运动领域，即所谓的"天才的摇篮"中，产生大量天才的原因，最终他得出了结论："天才就是通过在稍微超过自身现有能力的范围内，挑战自己，在被称为'甜蜜点'的困难区域内投入时间而获得的成就的人。这就意味着运动员需获得重复练习的动力，令动作变得迅速而自动化。这也意味着运动员需创造一个练习的空间，并在其中不断地练习和重复，保持专注，随着时间逐步提升技能"[10]。

这个甜蜜点与第1章描述的金发姑娘原则类似，它位于一个连续体的中间，两端分别是"舒适区"和"生存区"。舒适区的特点就是，无论是定性评估还是定量评估，运动员有80%的时间都能体验到成功感。生存区的特点则是运动员只有不到50%的时间能体验到成功感，并会感受到困惑与挫败。但在两端之间有一个甜蜜点，其特征是运动员有50%~80%的时间能够体验到成功感，在这一区间内，运动员面临的挫败与困难在可控程度之内，可以称之为可完成的挑战。

甜蜜点与瓜达尼奥利、李[23]提出的挑战点假说和比约克（Bjork）提出的创建必要难度的概念类似。因此，与你认同的模式无关，其中的信息很明确：教练需要恰当运用指导语言的特点（即说什么、说多少、何时说）及训练设计（即训练或活动的类型、数量和顺序），创建适合运动员现有水平的挑战。

DJ式有意训练

前文列出了一个有意训练框架的组成部分。尽管其中的每一个组成部分都可以单独操作，但我们也知道这4个变量的综合影响只服务于1个目的：将注意力集中在所学运动技能的最相关特征上。我们可以将目标、专注点、反馈和挑战想象成DJ混音器上的4个调节按钮，它们共同调整着运动员在每一个组成部分的注意力（见图2.2）。在这一视角下，教练就是DJ，他用调节按钮控制着每个变量，以确保运动员当下的注意力恰好符合其情绪、训练时机以及运动动作。

尽管上文已经提到了混音器这个喻体，但现在我们还是要后退一步，研究一下我们想要调整的注意力系统的潜在属性和行为。正如DJ需要了解音乐的结构，教练也需要了解运动员的注意力具有怎样的结构。

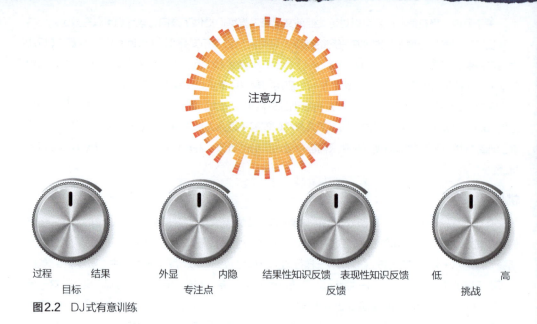

图2.2　DJ式有意训练

过程　　　结果　　　　　外显　　　内隐　　　结果性知识反馈　表现性知识反馈　　低　　　　高
　目标　　　　　　　　　　专注点　　　　　　　　　反馈　　　　　　　　　　挑战

工作中的注意力

　　初次来到美国亚利桑那州凤凰城时，有两件事让我记忆深刻：酷暑和响尾蛇。一进机场候机楼，一股热浪就扑面袭来，瓷砖墙壁上的蛇图案仿佛会一路尾随我前往行李提取处。于我而言，瓷砖上的蛇好像变成了真蛇一样，这样的想法一直在我脑海中挥之不去，仿佛路过的每一片草丛中都有蛇的身影。因此，当我在上班的路上走过一排灌木丛时，我可能就会走神，甚至会突然听到灌木丛中有"沙沙"的声音。毫无疑问，我肯定会集中注意力转头注视灌木丛，随时防备着可能出现的蛇的攻击。

　　尽管听起来有点儿不可思议，但这是个真实的故事，也体现了注意力系统运作的本质。正如我们深入讨论的那样，注意力会随着既定背景中最重要的信息的变化而不断变化。因此，我在上班途中思考速度训练项目时的注意力，会因为灌木丛中的"沙沙"声提醒我可能存在的危险，而瞬间降级，变得不再重要。尽管分散注意力的能力有时会影响我们集中注意力的能力，但拥有持续处于"自动驾驶状态"的注意力系统，可以帮我们发现周围存在的危险，这绝对是一个明显的生存优势。而一旦危险消失，我们就需要将注意力重新集中在最重要的事情上的能力。

　　在某种程度上，注意力系统就像是大脑中的电影院，故事情节在我们自己的思想与我们周围的世界之间无缝流动，产生一种我们称之为意识的连续感觉。威廉·詹姆斯[52]在他的开创性著作《心理学原理》(*The Principles of Psychology*)中有关注意力的观点与上文一致，具体内容如下。

　　　数以百万计的各式各样的事物在我的感官前呈现，但从未进入我的体验之中。这是
　　为什么？因为我对那些事物不感兴趣。我想体验的是我愿意关注的事物。只有那些我注意
　　到的事物可以影响我的思维，那些我不感兴趣的事物只会让我的体验变得紊乱。

阐明心流概念的研究人员米哈里·齐克森米哈利[12]用以下方式来描述注意力。

由于注意力决定了什么会出现在意识中，并且决定着会发生哪些心理变化，如记忆、思想、感觉和决策，所以将注意力视为一种能量（认知能量）十分有用。注意力就像是一种能量，没有它，任何工作都无法完成，而它在工作中又会被消耗掉。我们通过投入能量的方式来创造自己。记忆、思想和感觉都取决于我们如何使用能量。这是一种我们可以控制的能量，听从我们的安排；因此，在提高体验质量的任务中，注意力就是我们加深印象最重要的工具。

威廉姆斯与齐克森米哈利捕捉到的美与复杂性，是我们有能力注意到的。而从功能上讲，只有我们注意的事物才能让我们真正意识到。所以，注意力可以被视为学习的一种货币，可以被消耗或投资；也可以被视为运动员的一个思想特征，教练必须善于影响运动员的想法。但要想具备影响他人注意力的能力，首先要了解自身注意力系统的运作方式。具体而言，注意力就如同一台自动交换机，根据情况的需求，在我们毫无察觉的情况下快速转换我们的注意力。但令人惊讶的是，注意力虽然给我们提供了关于世界的整体感觉，事实上却功能性地分布在被称为注意力网络的大脑之中[17]。完整的网络由 3 个分支网络构成，根据各自的功能，可分别命名为警报网络、定向网络以及中央执行网络[37]。这一注意力网络对人体机能十分重要，一些研究人员认为其运作原理类似于器官系统的运作原理。如同某一身体器官释放维持生命所需的激素，注意力网络也以类似的方式提供意识内容[39]。但在讨论什么可促进注意力集中之前，要先来讨论注意力不集中，即走神的相关知识。

第 1 节　走神

想象一个在团队运动中，大家都非常熟悉的执教场景：在球员们进行训练前，教练要先和整个团队进行谈话，篮球教练和球员们都在教室里，教练正在预演球队在周末比赛中采用的防守策略。

教练："好，大家都找地方坐下来。不用说大家也知道，本周末我们会迎来今年最大的挑战。布雷登顿中央队拥有该州最好的进攻球员，我们必须拿出今年最好的防守表现才能拿下这场比赛。和平时一样，我们还是要打快节奏，阿什利（Ashley），在我们的防守体系中打快节奏是什么意思？"

球员阿什利："在我们的区域防守中持续配合和清晰分工，在场地中寻找机会，在空中寻找篮板球机会，并且在全场紧迫中保持住内线位置和全队拉开。"

教练："非常好，阿什利。凯蒂（Katie），我们需要跑出怎样的全队阵型？"（沉默）

教练："凯蒂？"

球员凯蒂："不好意思，教练，您刚才说了什么？"

几乎所有教练都经历过运动员的这种反应，或者无反应。无论教练是和整个团队说话，还是直接与运动员对话，教练都处在走神的接收端。但在快速判断别人是否走神之前，教练应该先想一下走神在生活中有多么普遍。例如，有多少次你忘了自己正在看书或当别人问你"你怎么看这件事？"时，你才突然回过神来；又有多少次，后面的车不断按喇叭，提醒你红灯已经变成了绿灯？

事实是，我们都容易走神。如果一名运动员跑去"梦游仙境"了，教练不应该将其视作有意冒犯，而应该尝试去理解运动员为什么会走神，以及自己可以做些什么。

神游

走神可以被定义为远离主要任务目标，转而处理个人目标或不相关目标的思想转移过程[46]。理论上，走神是专注的对立面，因此，走神就是学习的最大威胁之一。但是为什么会走神呢？

本书介绍了走神的两个主要原因。第1个原因已经被证实：走神的容易程度与个人的工作记忆能力的强弱成反比[45]。一般来讲，如果一个人很难将信息（如电话号码）储存在短期记忆中，那么他就更容易走神[33]。在这种情况下，与工作记忆能力较强的运动员相比，工作记忆能力较弱的运动员回忆大量比赛或教练的指导提示的难度更大。当这类运动员面对大量信息时，其相应的理解和读取信息的能力就会减弱，从而更容易走神。因此，教练应该力求每一条信息的传达都清晰简明，要记住，在口头信息的传达上少即是多。

第2个原因是走神会受到学习动机和学习兴趣的影响[50]，这一结果并不令人意外。因此，就像读一本无趣的书会令人走神一样，教练对接下来的训练中的细微变化发表长篇大论，同样也会令人走神。因此，后文会提到教练应该对要说的内容做到心中有数，力求让每位运动员都认为教练讲的内容切中要害、简单易懂。

尽管走神对信息理解和记忆都有负面影响[35]，但教练也应该认识到走神的积极意义。想想一天中我们会花多少时间（一些人估计会有50%）走神，因此走神有一些积极作用也不足为奇。具体而言，走神与自我规划有关，也就是说，我们在沉思的同时，也在规划未来。尽管花费过多的时间沉浸在过去或未来之中，会导致心情不愉快[27]，但适度的沉思是具有积极意义的。在实际训练开始前，可以考虑给运动员5~10分钟的时间进行沉思和放松，在他们做一些基础准备练习时，让他们思考想要通过训练获得的结果。这是一个很好的机会，可以让走神发生在需要集中注意力之前。

另外，更重要的是，走神的好处是可以促进创造性见解的提出。具体而言，虽然许多人都知道，要想获得突破性进展，就需要从全神贯注的状态中脱离出来，但关于走神对创造性活动有怎样的益处的研究却很有限。贝尔德（Baird）及其同事[3]的研究已经表明，让大脑自由活动，实际上有利于用创造性思维解决问题，这也是将策略性休息纳入训练的另一个原因，尤其是在教授运动员较复杂的技能和进行紧张决策的时候。正如弗里德里希·尼采（Friedrich Nietzsche）所说，"实践出真知"。在我们的示例中，运动员需要的，可能仅仅是一次短时间的散步和喝杯水，然后就可以进行下一阶段的训练了。

默认模式网络

事实证明，走神在我们的大脑中有一个基地，其专业术语为**默认模式网络**。具体而言，默认模式网络是一组大脑区域的集合，这些区域在休息状态下持续表现出较高水平的大脑活动，并参与自发认知或走神[42]。赖希勒（Raichle）及其同事[43]最早确认有3个主要的大脑区域会在人休息时（静眼或闭眼）增加活动，在回应以目标为导向的想法和行为时减少活动。因此，回到之前关于DJ混音器的类比上，可以将默认模式网络视作A频道，当音量控制器位于左边时，A频道处于活跃状态；将注意力网络视为B频道，当音量控制器位于右边时，B频道处于活跃状态。正如上下滑动音量控制器会改变播放的歌曲一样，大脑网络的变化也会改变思想内容。

构成默认模式网络的3个主要的大脑区域分别为腹内侧前额叶皮层（VMPC）、背内侧前额叶皮层（DMPC）和后扣带皮层（PCC）。记不清这些大脑区域并无大碍，但需注意这些区域在走神方面所发挥的功能，这些功能十分有趣。具体而言，腹内侧前额叶皮层与社交行为、情绪控制和动机驱动有关；背内侧前额叶皮层与自我导向判断和思想有关；后扣带皮层与海马体中自传式记忆的形成有直接联系[42]。如果我们认为走神通常受限于我们对过去、未来或具有创造性但又颇为挣扎的想法，那么这些功能性大脑区域构成默认模式网络就不足为奇了。此外，当你发现默认模式网络占大脑能量预算的60%~80%时，你可能会觉得这很有趣，但当你知道大脑仅占身体的2%，但其能量需求占身体总体能量需求的20%这一事实时，以上有趣的发现就会格外突出[44]。因此，为了克服留在大脑中的这种本能倾向，教练必须帮助运动员们转换他们的频道，从走神的状态切换到积极好奇的状态。

第2节　集中注意力

让我们继续讨论上一节开头提到的情景，当教练在队会上问了凯蒂一个问题时，她才回过神来。

> 球员凯蒂："不好意思，教练，您刚才说了什么？"
>
> 教练："我让你告诉大家我们需要跑出怎样的全队阵型。"
>
> 球员凯蒂："我们要跑出2-2-1的阵型。"
>
> 教练："很好，那我们应当怎样跑出2-2-1的全队阵型呢？"
>
> 球员凯蒂："我们要在掷界外球时施压，控场率达到75%。我们还需要保持内场位置，不能让对手将球转移至中场位置。"
>
> 教练："为什么控制内场位置很重要？"
>
> 球员凯蒂："因为这样我们就可以将进攻压制在边线，创造机会，限制对方的带球队员。"

前面已经讨论过，大脑通常会在以下几种情况下默认进入走神状态或神游状态：大脑感知不到威胁，无须对外界进行防备；周围环境中没有新鲜或有趣的信息；大脑认为没有必要将注意力集中在内在想法或外界刺激上。所以就像在不使用的情况下，电脑会自动进入睡眠模式一样，当没有值得思考的想法或刺激时，大脑也会进入睡眠模式。因此，对于教练而言，了解促使大脑从默认模式网络转换为注意力网络转换的关键是什么十分重要。

丹尼尔·列维汀（Daniel Levitin）博士就职于加拿大麦吉尔大学心理学系。我第一次注意到列维汀博士，是在阅读了他的畅销书《有组织的思维：信息过载时代的直面思考》（*The Organized Mind: Thinking Straight in the Age of Information Overload*）之后。我要向所有对人类大脑感兴趣、想要了解人类大脑的读者推荐这本书，它在关于我们大脑的"注意力开关"方面，提供了很多有价值的见解[28]。这里的"开关"，就像电灯开关一样，表明思想从默认模式网络转换到注意力网络。因此，当教练不得不再次喊出凯蒂的名字时，我们可以看到这种转换的发生。凯蒂退出自己的深度走神模式，重新回到了现实情景中，看看自己错过了什么信息。

想想自己，不要说整个职业生涯，仅仅在一天中就会多次看到这种转换的发生：眼神从呆滞转向明亮，从低头到抬头，身体姿势从颓然无力转向精力充沛；心情从沮丧低落转向信心十足。我们通过运动员的行为，已经目睹了有效沟通和有效训练设计带来的成效。所以，对于本章讨论的走神，我们要思考这种转换是怎样发生的、发生在大脑中的什么位置，以及作为教练，我们可以做些什么促使这种转换的发生。

猎奇求新的大脑

关于将大脑视为一台猎奇求新的机器这样的观点，威妮弗蕾德·加拉格尔（Winifred Gallagher）在她的著作《求新：理解我们对创新和变化的渴求》（*New: Understanding Our Need for Novelty and Change*）中是这样陈述的："大脑更倾向于认为，关于潜在威胁或资源的重要信息源于新鲜或不熟悉的事物，而非不变的旧事物[21]。"她继续引用亚历山大·蒲柏（Alexander Pope）的话："不做第一个尝试新事物的人，也不做最后一个抛弃旧事物的人。"蕴藏在这些名言中的智慧应得到重视，因为很明显，在一个人有机会对抗、逃避、恐吓或示好之前，他首先要对这些行为保持警惕。因此，借用列维汀博士的另一句话，我们应将我们的大脑视为"变化检测器"。

我们一直都在经历这种变化检测，并且很容易被骗，以致于相信我们是触发开关的原因。但现实与真相相去甚远，因为在我们能够做出与信息有关的有意识的决定（即**自上而下的加工**）之前，我们的大脑就已经处理了来自外部和内部世界的感觉信息（即视觉、听觉、触觉、本体感觉和内部感觉），即**自下而上的加工**[34]。因此，当我看到后院有一只狐狸时，我会躲在门后面；当我感到车子在路上颠簸时，我会更用力地抓住方向盘；当我听到一声巨响时，我会转头躲开；或者当球队在比赛赛点上得分时，我会高兴地举起双手喝彩。我可以相当肯定地说，我的反应是由周围环境的某种变化而自动触发的。我们不应该认为自己无法控制感觉。但当我看到后院有一只狐狸时，我就会有意识地不让家里的狗兴奋地冲出去；当我听到一声巨响时，我也可以回头看，确定发出巨大响声的原因不过是一个气球破了，并没有发生不安全的情况，然后继续行走。因此，我们的变化检测器只是提醒我们发生了一些意想不到的事情，但如何处理这些事情取决于我们自己。

从进化的角度来看，这种猎奇求新的行为显然有利于生存。尽管有些人可能会觉得我在沙沙作响的灌木丛中跳起来会很滑稽，但其他人很快就会提醒他们，这样的预警机制在非洲大草原上会在很大程度上对我们有所助益。但现实是，在当今的世界中，人类死于心脏病的概率高过死于动物袭击的概率。因此，我们找到了新方法来满足我们对新奇事物的潜在需求。这种需求导致了所谓注意力经济的产生，每个企业和团体都在争抢我们的注意力，不断寻找新奇的、更好的方式来吸引我们参与活动、点击链接或购买产品。实际上，在任何允许使用手机的地方，你都会看到很多人低着头，用拇指在手机屏幕上按个不停。在某种程度上，手机已经成为我们用来实施猎奇求新行为的主要设备。虽然争抢我们的注意力的战斗仍在继续，但我的目标不是这件事将引发的悲剧，而是希望教练们利用这一特点获益。

为了了解是什么让某些事物变得新奇或有趣，定义显著性这一概念就变得尤为重要了，显著性可以被描述为一种刺激，无论是在身体内部还是在身体外部，这种刺激都是突出或与众不同的[49]。具体而言，显著性刺激应具有以下特征中的一个或多个[13]。

- **与情景相关的显著性**

    如果刺激的显著性对运动员有效，也就是与之相关，那么运动员可能会注意到刺激的显著性。就好像在翻看《沃尔多在哪里》（*Where's Waldo*）一书时，沃尔多（Waldo）的形象会变得很突出一样，如果你是一名跑卫，防守线上的一个漏洞对你来说就会显得格外突出；如果你是一名攀岩者，一个立足点对你来说也会变得格外显眼。从某种意义上来说，可以将与情景相关的显著性想象成一种启动效应，你感知到的效用越大，注意到刺激的显著性的概率就会越高。

- **与强度相关的显著性**

  如果强度或突发性达到足够的程度，运动员可能就会注意到刺激的显著性。因此，一向安静的教练如果突然叫喊或突然吹哨，就会吸引运动员的注意力。

- **与频率相关的显著性**

  如果出现的频率足够高，运动员可能就会注意到刺激的显著性。因此，一种反复出现的普通刺激，单就其出现的频率而言，也可能会吸引运动员的注意力。在市场营销中，有一个"7次法则"，即人们需要看到一件商品7次，才会去点击或购买该商品。作为教练，我们可以采用亚里士多德演绎推理三段论的方法[2]，即我们要告诉运动员们接下来我们要说话了、我们说出要说的内容以及我们要告诉他们我们刚才说了什么。这样，每个运动员都会清楚地听到最重要的信息。

- **与新奇相关的显著性**

  当我们从新奇的角度去讨论显著性时，有时候，最显著的刺激实际上就是新的或与众不同的事物。因此，对教练来说，吸引注意力的最有效的方法之一就是做出简单的改变。教练应当多问问题，不要总是讲解；或者给运动员提供选项（例如让运动员在两个不同的训练环节之间做出选择），而不要总是替运动员做决定。

此外，刺激的显著性也会受到以下因素[49]的影响。

- **过往经验和记忆**

  与积极或消极情绪明显相关的刺激很可能就是显著的。这就是为什么当我3岁的孩子听到要去看医生时，他马上就会认为要打针（这是他对医院最深刻的记忆），然后就会哭泣。正因如此，教练们有能力在他们的控制下创造与极端情绪相关的记忆，如果再次通过类似场景对运动员进行刺激，这样很可能就会吸引运动员的注意力。教练只需提及某个特定的训练环节或暗示训练会提前结束，就可以观察到运动员立正站好、集中注意力并耐心等待宣布参与规则的情景。

- **当前的身体状态**

  刺激对一个人当前的身体状态的相对益处也会影响刺激的显著性。也就是说，如果运动员正处于重复冲刺训练阶段，并且已经筋疲力尽了，那么这可能不是教练在一旁喊出指导提示的最佳时机。而如果一名举重运动员正在努力挺举，那么此时的任何指导提示可能都对他们有所帮助。

- **目标和动机**

  如果一种刺激与一个人的目标和动机不一致，那么这种刺激很可能会被另一种显著的刺激所替代。教练一直都在解决这个问题，因为教练在教授运动员一些与某项运动相关的技能（如冲刺或下蹲），而不是这项运动的专项技能。因此，教练会在让特定运动员到举重室进行训练时，听到运动员们"我只是想比赛"或"这怎么会帮助我改善投篮技巧呢？"之类的回应。因此，教

---

2 亚里士多德的演绎推理三段论包括一个包含大项和中项的命题（大前提）、一个包含小项和中项的命题（小前提）以及一个包含小项和大项的命题（结论）三部分。三段论实际上是以一个一般性的原则（大前提）以及一个附属于一般性的原则的特殊化陈述（小前提），由此引申出一个符合一般性原则的特殊化陈述（结论）的过程。

练需要运用比喻和类比的方法，将单调枯燥的概念与训练中有意义的动作联系起来，比如"这并不只是一个下蹲动作，还是在争球时的身体姿势"或"这不只是起跳动作，还是你在网前的制胜拦截动作"（见第6章）。

- **名字游戏**

从教练的角度来看，迅速转换运动员注意力的最简单的方法之一就是叫运动员的名字，这种现象称为"鸡尾酒会"效应。证据显示，即便是在嘈杂的环境中，例如在一个聚会上，一些人即使在与其他人进行对话，也会察觉到自己的名字被那些未参与对话的人提起[9]。因此，我们其实从很早开始，就会对自己的名字做出反应（比如，当小孩跑到街上或靠近火炉时，喊他的名字就是父母常用的吸引其注意力的工具），这也是所有教练都可以运用的简单策略（即喊出名字，给出指令、提示或反馈）。

总之，我们可以看到环境、我们的内部状态和我们周围的外部世界结合到一起，为任何既定的刺激达成一个净显著性分数，如果分数足够高，那么就会发现变化并引起注意。因此，为了打开这一"显著性开关"，教练需要通过语言、行动和环境来形成体验，促使运动员集中注意力。实际上，我鼓励教练们将这些策略融入当前的指导课程之中，然后观察会发生什么。如果一个策略能够获得笑声、积极的非语言回应或行为上的转变，那么教练们就应当坚持采用这一策略。正如我所说的那样，如果运动员们笑了，这就意味着他们在用心听。如果一个策略并不起作用，教练们就应当尝试其他策略，不断发出指令，直到得到所期望的回应。最后，本书提供了很多策略，但并不局限于此。就像运动员一样，教练们需要利用周围环境的反馈来指导他们的行为。接下来，我们将简要地研究与显著性开关相关的要素。

显著性网络

和默认模式网络一样，显著性网络也有自己的神经构造。但在开始研究显著性网络之前，让我们先从行动中来体验一下。请看下面2张图片，注意在每张图片中有什么突出的地方。

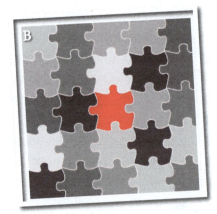

　　如果你来自汽车靠右行驶的国家，例如加拿大，那么你从图A中看不出什么特别的地方；但如果你来自汽车靠左行驶的国家，例如南非，那么表示方向的标志就会引起你的注意。大家从图B中观察到的应该是相同的，并且可能会轻而易举地发现图中的红色图案。因此，就像前锋队员在传球时，会抬头扫视是否有防守后卫要袭击四分卫一样，你也会扫视这些图片，寻找"其中哪些地方与众不同"。不管是哪种情况，显著性网络都在努力工作，以确定下一步应该将注意力集中在哪里。

　　无论是被猫踩脸令你从睡梦中惊醒，还是聚会时听到有人在喊你的名字，大脑中都有两处不同的区域被激活并促使你做出回应。第1个区域是脑岛，或者应该更确切地称之为前脑岛（AI），毫无疑问，这是两个区域中更为人熟知的区域。前脑岛是由安东尼奥·达马西奥博士（Antonio Damasio）在他的著作《笛卡尔的错误：情绪，推理和大脑》（*Descarte's Error: Emotion, Reason, and the Human Brain*）[54]中推广的概念，它将身体内部的感觉信息（例如，疼痛、温度、肌肉和内脏的感觉、饥饿、口渴），通常称之为交感，传递到注意力网络中具有核心作用的区域，因而注意力网络可以接收到情感信息（例如，快乐、悲伤、愤怒、恐惧或厌恶）或促使人们采取行动（例如，感到饥饿就吃东西、感兴趣就靠近、感到害怕就逃跑或感到被吸引就要电话号码）[11]。考虑到在大脑中众多的其他区域中，前脑岛，尤其是顶叶皮层部分，会对来自身体外部的显著性感知信息做出回应，因而前脑岛就是显著性网络的核心并不会令人感到意外[13]。

　　显著性网络中的第2个大脑区域是前扣带皮层（ACC），尽管它与前脑岛在功能上有所重合，但它在控制由显著性刺激引起的认知和运动反应方面起着更为显著的作用[34, 36]。将维持生命所需的信息传送到大脑后，前脑岛和前扣带皮层位于中心位置，通过一组纺锤体神经元（VENs）的独特纤维连接默认模式网络和注意力网络[47]。在评论前脑岛和前扣带皮层之间的联系和显著性网络的功能时，梅农（Menon）和乌丁（Uddin）[34]认为，"将前脑岛与前扣带皮层结合起来，有助于将自下而上的注意力转换和自上而下的控制进行整合。有了这些不同的解剖通路以及促进前脑岛与前扣带皮层之间进行快速信号传递的纺锤体神经元，显著性网络才能够在影响注意力的同时，还能对显著性感觉刺激做出动作反应"。

　　显著性网络确保我们在普通平凡的世界中发现与众不同的事物，或者至少帮助我们发现了与自身相关的事物。因此，教练需要运用上述策略和洞察力，确保运动员打开注意力开关，将他们的注意力引导至环境中的重要提示或刺激上。恕我直言，如果不明白这一点，那么本书中的所有内容就毫无作用。传递有效的重要提示的作用与好处是建立在运动员倾听、理解以及在运动时积极关注提示的基础之上的。因此，训练环节的显著性和与运动员的沟通质量将最终决定教练在吸引运动员注意力方面的工作成效；但为了了解如何保持运动员的注意力，我们需要了解一个最终网络。

第3节　保持注意力

　　多年来，我发现吸引并保持运动员的注意力的最好方法之一，就是让他们在运动中有所体验。为了做到这一点，我用了一些方法来误导他们，但并非偷走他们的手表，我偷走的是他们的力量。为了介绍教练如何做才能够改善运动员对注意力的态度，接下来我将描述对应的场景和技巧。

　　教练："好了，当我们在思考眼前的训练时，我们必须先问自己一个关键的问题：我应该做些什么来确保我通过今天的训练有所收获？虽然你们每个人都会以不同的方式回答这个问题，但有一个事实是肯定的：我们只会提高和增强我们所关注的技能和能力。也就是说，如果你在训练时注意力不集中，那你最终的训练效果一定不理想，技能也不会得到提高。为了向你说明这一点，罗伯特（Robert），我需要你面向队伍而站，双脚分开，距离与肩同宽，向上伸直你的手臂。现在，我想让你想象你的身体就像钢铁制成的一样。当我向下按你的手腕时，你的手臂要保持不动。"

　　动作：缓慢向下压运动员的手腕，鼓励他保持用力且手臂伸直，让其他运动员为他加油鼓劲；向下压的动作放慢，加大力度，直到运动员的手臂开始逐渐下移，保持5秒。总的来说，运动员会一直保持用力，教练很难大幅度下压运动员的手腕。

　　教练："罗伯特，感觉怎么样？你觉得自己有没有力量？"

　　球员罗伯特："教练，我感觉自己有力量。"

　　教练："这就对了。你将你所有的焦点和注意力都放在了这项任务上，你成功了。让我们再来做一次这项任务，不过我会稍做调整。保持你的站位，同时保持手臂伸直。现在我需要你从100大声地倒数。我还需要你的眼睛一直看着我的手指。在你做这些动作的同时，不要让我把你的手臂压下去。准备好了吗？"

　　球员罗伯特："准备好了！"（队伍中传来加油声）

　　动作：运动员从100开始大声倒数；像上一个动作一样，将一只手放在他的手腕上，另一只手的食指放在他的眼前；当他开始倒数时，移动手指，提醒他眼睛盯着你的手指看，当这一情况发生时，慢慢地向他的手腕施力（与上一个动作的时间与力度相同），他的手臂会更容易被压下去，这时他想要中止倒数，目光也不再跟随你的手指移动，他会努力将注意力放在控制手臂上，但不要让运动员这样做。

　　教练："罗伯特，感觉怎么样，你觉得自己有没有力量？"

　　球员罗伯特："这次感觉没什么力量了。"

　　教练："队员们，就像这样，我可以通过让你们分神，来夺走你们的力量。如果你们在任务面前不能保持专注，就会与罗伯特一样无法完成任务。你们的大脑决定着你们的运动表现，永远记住这一点。"

　　我极力鼓励教练和运动员们一起尝试这项活动，这项活动解释了注意力网络最重要的特征之一：集中精力。但正如上文展示的那样，这种集中精力的努力由于我们自己的想法和动机以及对新奇事物的内在需求而减少。因此，一旦打开了显著性开关，吸引了运动员的注意力，教练就需要采用指导策略，一直吸引运动员的注意力。为了介绍如何做到这一点，接下来我们将简要讨论注意力网络的构成，然后介绍调节我们保持注意力集中的能力的主要因素。

注意力网络：警报、定向和执行控制

　　迈克尔·波斯纳博士是美国俄勒冈州立大学的认知神经科学家，同时也是心理系的名誉教授。波斯纳博士以其在心理科学方面的重要贡献而闻名，主要包括在注意力网络方面的开创性贡献。通过使用多种脑成像技术，波斯纳博士及其同事发现了3个不同的大脑网络共同构成了注意力网络[17]。波斯纳博士在《社交世界中的注意力》（Attention in a Social World）一书中描述了这3种大脑网络，他认为"我们可以认为注意力涉及具体网络，以执行一些特定的功能，比如达到或保持警觉状态、以感官事件为导向，以及通过执行系统来控制思想和感觉"[38]。在定义这 3 种网络时，波斯纳和罗斯巴特（Rothbart）[40]将**警报网络**描述为"对于即将来临的刺激，达到并保持高度敏感状态"；将**定向网络**描述为"从感觉输入中筛选信息"；将**执行控制**网络描述为"监控和解决思维、感觉和反应之间的冲突"。

　　你可能已经注意到了，警报网络和定向网络似乎与上一节描述的显著性网络类似，事实的确如此。具体而言，它们共享同样的神经构造，并通过一种术语为优先级地图的方式，共同决定了哪些信息可以进入注意力网络，也就是我们的意识。顾名思义，**优先级地图**通过显著性网络将来自外部与内部世界的自下而上的感知信息，与自上而下的注意力网络信息（即相关性、回报与目标）进行了整合，并最终决定了将注意力导向何处[18, 41]。一旦注意力锁定了目标，我们就可以确信，注意力会恰当地位于执行控制网络的神经构造之中，尤为重要的是位于其中的前额叶皮层。但作为教练，我们的工作尚未完成，吸引运动员的注意力并不难，保持运动员的注意力才是关键。

掌控注意力

　　在本章中，我们用 DJ 混音器作为类比，来帮助我们理解注意力在有意训练框架中的作用。接下来我们在讨论如何掌控注意力的时候，将使用音乐制作来进行类比。从音乐的角度来说，进行整体调控是创作一首歌曲的最终环节，而在注意力集中方面，掌控同样重要。在音乐制作方面，掌控的特点就是通过压缩，将各个音轨结合在一起，合成声音；确保其中每个元素的音量适中、均衡；这样才能确保这首歌中最重要的元素最为突出。从教练的角度来看，掌控注意力并无不同，因为我们需要做的也是精简或减少指导信息，避免指导信息过多；调整指导语言，以确保突出指导提示中最重要和最有趣的部分。

精简注意力：少即是多

　　谈到专注的能力，丹尼尔·卡尼曼（Daniel Kahneman）博士，诺贝尔奖的获得者和《思考，快与慢》（*Thinking Fast and Slow*）一书的作者说，"我们将有限的注意力分配给了不同的活动，如果超出限度，你就无法工作"[26]。在体育运动中，我们称这种情况为分析性瘫痪。教练经常将这种情况投射在运动员身上，说他们"上气不接下气""意志力不够强大"或"没有认真听教练的指导"，但运动员同样也可以轻而易举地说教练"给出的信息不清晰、不简洁""没有为运动员提供正确的关注点"或"说得太多了"。我现在并不主张运动员们在表现失误后，不该得到表扬；尽管略显鲁莽，但我的观点是教练们应该关注自身的问题，这样他们就可以为运动员的失误承担一部分责任。

　　为了了解这一点，请参见图 2.3。在这里，我们将注意力比作尺寸有限的聚光灯，一次只能处理有限的信息。正如本节开头讨论的那样，我们一般要将注意力集中在身体任务上。尽管所需注意力的多少与经验及任务的复杂性成正比，但可以确信，每一项身体任务都需要一部分注意力。因此，正如图中上方的新月图形所代表的那样，运动员的一部分注意力会被任务本身所吸引。此外，教练很可能会提供某种形式的口头指导，即使不提供，运动员也很可能会专注于某件事。图中下方的新月图形代表运动员的思想也会占据一部分注意力。因此，教练给出的信息越短，运动员对信息越熟悉，所需的注意力就越少。剩余的注意力可以称为注意力储备。教练应该尽可能多地保留运动员的注意力，尤

图2.3　注意力容量

源自：R.A. Magill and D.L. Anderson, *Motor Learning and Control: Concepts and Applications*, 11th ed. (New York: McGraw-Hill Education, 2017), 203.

其是在教授运动员一些运动技能时或在训练场景中，需要运动员拿出超乎寻常的决策力时，这一点前文已经讨论过。因此，我们用本书中一个最重要的建议来概括这部分的内容：教练说话既要精，也要简，要运用"一环节一提示"的原则节约运动员的注意力。

明确地说，教练可以提供全面的反馈，并参与运动技能或场景的讨论（见第4章）；但在运动员开始做动作时，教练需要尽一切努力将想法精简成一个提示，每次提示一个重点。否则教练可能会给运动员提供太多的信息，这些信息可能会超出运动员的心理承受范围，在这之后，可能会出现以下3种情况之一：由于信息过多，运动员会忽略教练说的所有内容，而去关注其他事情；运动员试着同时注意所有信息，但是没有成功；运动员会关注最有趣或最重要的信息。此时的关键在于，教练并不清楚运动员的关注点在哪里，因此，这也就意味着教练无法根据运动员的运动表现来判断指导语言的效果。因此，教练如果想要将指导的影响从机会转变为选择，就应该每次只提供一个提示，从每一次重复训练中得到反馈，并以此来确定下一次训练应关注的重点。

均衡注意力：相关性、回报与目标

上一节讨论了注意力的新奇性和显著性驱动的触发因素。我们提供了不同的策略，教练可以用这些策略平衡大脑对显著性刺激产生的本能联系。但如果想让每一个提示、训练环节或每一种体验都与之前有所不同，这是不合理的。因此，吸引了运动员的注意力后，教练仍有责任帮助运动员合理分配注意力，以便保持注意力。

考虑到这一点，假设你是一名运动员，那么你想长时间关注的是哪些类型的信息呢？针对这个问题，你想到了什么答案？我猜你会说"我重视的想法""有助于我达成目标的信息"或"为我带来回报的想法"之类的话，如果我的观点和你的很相近，那就说明我们在朝着正确的方向发展，因为有大量的科学依据支持我们具有一种可以分辨什么能够持续发展的直觉这一观点。

布瑞恩·安德森（Brian Anderson）是一位就职于美国得克萨斯农工大学心理学系的助理教授，他认为，注意力除了有显著性和新奇性驱动的触发因素，还有目标和价值驱动的触发因素[1, 2]。因此，假设生活中没有需要关注的直接威胁，我们就可以随意关注以目标为导向的想法。前面所讨论的内容清晰地概述了一个指定的专注点如何帮助运动员实现目标，这一目标反过来又增加了这一专注点在头脑中保持为首要专注点的可能性。此外，如果因为专注得到了某种回报，那么这种想法或者环境刺激将在下次可用时得到更高级别的优先处理。

站在教练的角度，我们可以很快发现如何通过指导提示的效果来使注意力产生价值。例如，假设教练为运动员提供一个提示，并评估该提示对运动表现的影响；然后假设该提示对运动员产生了有利影响，重复训练就会得到积极反馈，注意力集中导致的变化既是如此。这样，当运动员将指导提示的语言与因指导提示而集中的注意力联系在一起时，指导提示因其在注意力集中方面的价值成为大脑的优先处理对象。

同样，教练可以运用运动员熟悉并感兴趣的词语、短语和示例来丰富指导语言。例如，如果我和一群年轻的运动员一起训练时，想要鼓励他们在强化训练中跳得更高，我就会告诉他们要像钢铁侠一样用力"跳向"天空。假设这些运动员喜欢漫威电影，那我运用以上提示，可能会比告诉他们"髋部尽可能快速发力"更有效。总之，教练用来传递指导提示的语言会决定注意力的持久度，因此请明智地选择指导语言。

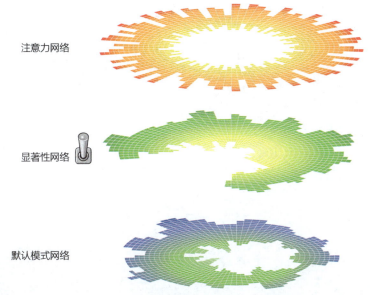

注意力网络

显著性网络

默认模式网络

图2.4　结合以上3种网络可构成多种不同类型的模式，注意力就在这些模式中转换

总结

我们在本章的开头初步介绍了注意力，讨论了有意训练影响注意力的特征：目标、专注点、反馈和挑战。有了以上的内容做基础，我们就能够概述有意训练的特征，从而形成一个大致的有意训练的框架。但如我们所知，素描不是雕塑，设计图也不是建筑。因此，为了将这些概念带入三维世界之中，我们需要讨论学习的命脉，即注意力。

在讨论注意力时，我们探讨了3种不同的大脑网络（见图2.4）。首先，我们讨论了注意力不集中的现象，并将其称为走神，以及与此相关的大脑空间的成本效益分析。其次，我们了解了默认模式网络，即与走神相关的神经构造部分，并揭示了形式与功能之间的联系。再次，我们讨论了如何通过显著性开关的转换，让大脑进入专注状态。也就是说，我们的大脑在不断地对最需要关注的重要信息进行优先排序，而显著性网络是这个优先排序过程中的核心。最后，我们讨论了影响学习的关键要素——注意力网络，重点是其警报、定向以及控制关注点的内容的能力。更重要的是，我们还讨论了如何精简信息，即确保我们用最少的语言，表达最多的内容；以及均衡信息，即确保我们将语言和对运动员最重要的信息联系起来，以便为每一条指导提示提供必要的基本成分，并确保运动员保持持久的专注力。

总之，本章的目的是为教练提供一个大脑和工作中的注意力网络的幕后运作原理，理解这些信息为本书剩余部分的学习提供了基础。无论你是否理解，只要你觉得前面的信息有其意义，那么这些信息就可以帮助你更好地应用后面的建议。然而，在开启实践见解的宝库之前，我们需要进行最后一次探索，探索的对象是学习的最后归处，即我们的记忆系统。

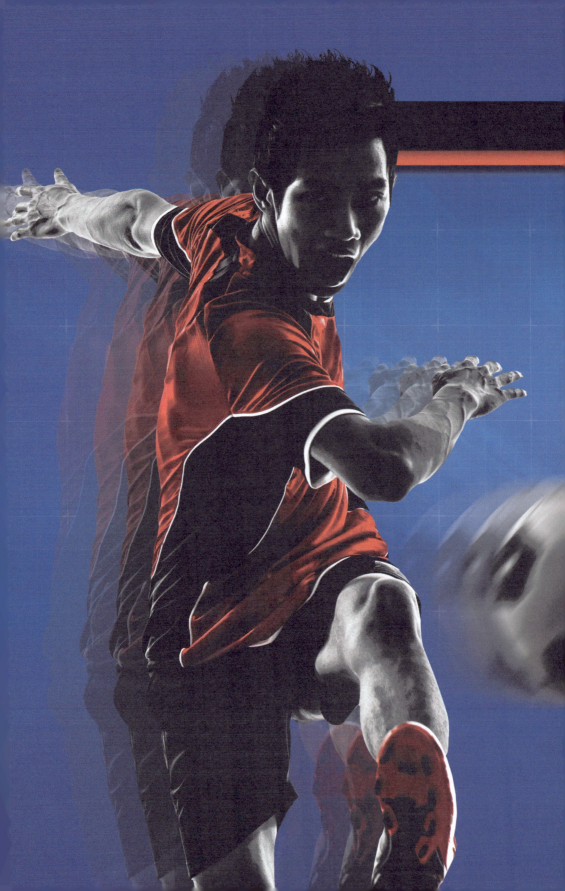

记住时间

第3章

记忆力：入门

在开始讲解记忆力之前，让我们先为你的记忆力做一个快速测试。本章会设计一系列游戏来测试你的短期记忆和长期记忆。每一个游戏都会给你一套简单说明，让你阅读一些词语或一段文字，然后进行一个快速的保持测试，看看你能记住多少内容。请仔细阅读，集中注意力，随后我们会从另一个角度分析你的表现。

工作记忆游戏

首先，我们来玩两个游戏，旨在测试你的工作（短期）记忆。第1个游戏要求你阅读并回忆一些词语。第2个游戏要求你回忆相同数量的词语，只是这次会将词语嵌入段落之中。在这两个游戏中，你的任务就是尽可能记住更多的词语。

记忆游戏1

下面是随机指定的15个词语（不要偷看）。在你开始阅读之前，将计时器设置为30秒。启动计时器，然后开始专心记忆这些词语。倒计时结束后，准备好笔和纸，一旦看完就要合上书，看看自己能记住多少个词语。

请将计时器设置为30秒，然后开始记忆。

马	铅笔	文件夹	兔子	刹车
桌子	草莓	轮胎	长颈鹿	粉笔
车轮	牛奶	窗户	地板	花生

迅速合上书，尽可能写下你记住的词语。现在，检查你的记忆力，在15个词语中，你写对了多少个？完成这个游戏后，你就可以继续下一个游戏。

记忆游戏2

约翰（John）的女儿快7岁了，他需要去商店买15件物品为女儿的生日派对做准备。下面这段话描述了约翰外出及他在商店购买物品的过程。在你开始阅读之前，将计时器设置为60秒。启动计时器，然后开始阅读以下内容，专心记忆其中的15件物品。准备好纸和笔，一旦看完内容，就要合上书，看看你能记住多少件物品。

将计时器设置为60秒，然后开始记忆。

约翰到达商店后，他看了下购物清单，发现可以将要购买的物品分成3类：食物类、烧烤类和聚会类。因为已经来到了商店的食品区，他打算先购买食物。在农产品区，他拿了清单上的前两样物品：生菜和西红柿。随后他走到面包和零食区，拿了面包和薯条。接着，约翰去卖肉的柜台拿了火鸡。约翰很快就走到了商店的户外区，准备拿烧烤用品。这是这个季节的第一次烧烤，约翰拿了一个新烤架、一个烧烤铲、一个烤架刷、助燃剂和一袋炭块。最后，约翰去了派对区，拿了公主主题的盘子、礼品袋、气球、包装纸和一个彩色礼品包。买齐物品后，约翰离开了商店，回家为女儿的生日派对做准备。

现在迅速把书合上，尽可能写下你记住约翰在商店购买的物品。然后打开书，对照文中的15件物品，检查你写的内容，看看自己写对了几件物品？

在哪个游戏中你会记住更多的词语？我敢打赌，你会选择第2个，而非第1个。为什么呢？既然两个游戏都包含了15个词语，为什么第2个游戏中的那些词语会留在你的脑海中，而在第1个游戏中的那些词语似乎已经被你忘了呢？

首先，在记忆游戏1中，你拿到的是一张各个词语之间毫无关联的词汇表，而在记忆游戏2中，这些词语之间有着明显的上下文联系，并且它们被放在了同一个故事中。此外，记忆游戏1中的词语与你现有的知识没有联系，而记忆游戏2则将相关的词语联系在一起，并将其与知识类别形成了联系（例如，你要为生日派对和烧烤买的东西）。因此，记忆游戏2是在促使你想象约翰的购物经历以及他购买的物品，让你将新的信息与已有的知识联系到一起。而在记忆游戏1中，除非你自己围绕这些词语编出一个故事，否则你很可能需要通过快速重复将每一个词语记住，并希望在忘记这些词语之前，将它们写在纸上。这一点类似于先记下一串电话号码，然后写出来。记忆游戏1暴露出工作记忆的局限性。但正如记忆游戏2所示，如果新信息通过某种我们已知的视角得以呈现，我们就可以克服工作记忆明显的局限性。因此，以上的记忆游戏说明，无论呈现多少信息量，信息的框架才是影响大脑记忆持久性的因素。

长期记忆游戏

既然我们已经对大脑的短期记忆有所了解，下面就让我们一起来看看长期记忆是如何运作的。阅读下面的内容，尽可能详细地回忆其描述的经历，尽可能让记忆停留在脑海中，就像在高清电视上播放视频一样，让记忆在脑海中回放。

花一些时间，回想以下经历。

▶ 记忆A

回想过去几年中，让你印象深刻的积极回忆，可能是愉快的假期或新婚旅行的经历，也可能是初为父母或学业有成的经历。不管你的记忆是什么，将它留在脑海中，让你的感觉带你回到过去。试着留意当时你身在何处？正在做什么？身穿什么？感觉如何？

▶ 记忆B

从今天开始算起，回想一周前的情况（例如，如果今天是周三，那么就回想上周三）。试着留意当时你身在何处？正在做什么？身穿什么？感觉如何？

完成得怎么样？你可能会发现在快速筛选记忆后，关于记忆A，你会有明确的选择，但对于记忆B，当你试着从大脑中调取这些记忆时，你就像在不断地调整旧电视的天线一样，毫无头绪。那么，问题来了：这是为什么呢？为什么调取一些记忆会徒劳无功而调取其他记忆却又轻而易举呢？请回想一下第2章的内容，我们发现我们分配注意力的方式在很大程度上导致了这种现象的出现。正如我们讨论过的那样，大脑对新鲜事物的敏感度要高于一般性事物。因此，如果周围的环境中没有出乎意料或有趣的事情，我们的注意力就不会保持警觉。所以我们不会记得这些一般性的经历，但是我们会将这些经历总结起来，创造出一种可供我们调取的均衡记忆。你可以告诉别人，你今天工作时穿了什么或者晚饭吃了什么，但如果让你回忆当时衣服的具体细节或者每样菜的颜色，你很可能已经忘了。但那些最简短的经历，例如在赛点得分或撞了一辆汽车，无须经过任何训练，也会立马非常详细地呈现在你的脑海中。在现实中，你会发现记住自己第1辆汽车的品牌和型号要比记住本书第1章的标题容易得多。原因很简单：经历的事情越不同寻常、对个人越重要，那么我们就越有可能完整回忆起这件事。

记忆中有什么

在成长过程中，我最喜欢的电影之一就是1990年版的《全面回忆》（*Total Recall*）。电影中的故事发生在"不太遥远的未来"，故事情节围绕专门为客户植入记忆的回忆旅行公司展开："你曾梦想过在海底世界探险度假，却苦于无法实现吗？你曾梦想过攀登火星上的高山，却发现自己囊中羞涩吗？如果想实现这些梦想，那就请来回忆旅行公司吧！在这里你可以买到你梦寐以求的假期记忆，比真实的假期更美好、更便宜、更安全。"阿诺·施瓦辛格（Arnold Schwarzenegger）扮演的道格拉斯·奎德（Douglas Quaid）被这样的宣传说服，幻想自己以特工的身份登上了火星，开始为期两周的旅行。但旅途中出现了差错，道格拉斯和他不信任的记忆一起被留在了一个陌生的世界。

尽管这部电影看似脱离了现实，但沉思片刻后你就会发现其揭示了教练与回忆旅行公司的相同之处。回忆旅行公司收取客户的费用在其大脑中植入虚假的记忆，教练则是向运动员的大脑中植入真实的信息；回忆旅行公司希望客户体验到难忘的经历，教练则希望运动员体验到难忘的训练效果；回忆旅行公司使用先进技术直接为客户植入记忆，那么教练使用什么呢？这就是问题所在。教练要使用什么才能将难忘的记忆植入运动员的大脑中呢？教练不仅要植入关于语言的记忆，还要植入正确的动作记忆，这些是运动员在正确的时间、正确的地点，无须思考就能做出正确动作所必需的记忆。要回答这一问题，我们需要先解决一个相对比较简单的问题：记忆是什么？

我们对记忆取得了更深入的了解，这得益于加拿大著名心理学家D.O. 赫布（D.O. Hebb）在1949年出版的著作《行为的组织》（*The Organization of Behavior*）[75]。在这本具有标志性意义的书中赫布提出，记忆和学习是以由相互连接的神经元组成的网络为代表来表示的，他将这些神经网络称为细胞集群。赫布认为，这些神经网络对感知输入（例如，指导提示、日落或味道刺鼻的金枪鱼三明治）做出反应，由此产生的大脑活动代表着人体对该刺激的感知。如果这些神经网络在没有感知输入的情况下启动，由此产生的活动代表了刺激或记忆的概念。这就解释了为什么我们拥有这些独特能力：能回忆起一些有趣的信息，能生动地再现一段经历，或者能由过往的经历想象真实的未来。最终，如果这些神经网络被激活的频率足够频繁，大脑的联想功能就会开启，大脑会融合神经元连接的变化，将我们对世界的感知融入我们的大脑构造中。自赫布最初发表他的观点以来，尽管支撑记忆的细节信息得到了改善，但没有改变的观点是，大脑是一个具有可塑性的神经元网络，它具有无限的联想能力。根据这一观点，我们开始了解到860亿个神经元和100万亿个连接是如何为意识提供驱动力、如何将思维转化为现实的。

赫布对记忆的结构提出了合理解释，而威廉·詹姆斯在他于1890年出版的著作《心理学原理》[40]中，为记忆的结构提供了早期的解释。詹姆斯在描述记忆时，做出了以下阐述。

> 思想流是持续流动的，但其中的大部分片段都落入了被人类遗忘的无底深渊。有些人的记忆瞬间就会消失。对另一些人而言，记忆仅存在几个瞬间、几个时或几天。而对其他人而言，记忆却留下了不可磨灭的痕迹，只要生命仍在，他们就可以通过这些痕迹随时回忆。

詹姆斯将这种瞬间记忆称为初级记忆，我们现在称之为工作记忆；他将不会忘却的记忆称为次级记忆或者真正的记忆，我们现在称之为长期记忆。但詹姆斯也提出了一个重要问题："我们能解释二者之间的差异吗？"也就是说，外部世界是如何变成我们的内部世界的？为什么某些记忆会成为人们终生难忘的记忆，而其他的记忆只需一天就会被遗忘？这让我们又想起了回忆旅行公司以及上文提出的问题——教练要如何将难忘的记忆植入运动员的大脑中呢？

为了回答这个问题，利用赫布、詹姆斯和其他很多学者几十年来的研究和实践见解，我们将像了解所有新记忆一样，开启了解记忆系统的旅程，首先是简要了解工作记忆，然后开始了解长期记忆。一旦开始了解长期记忆，我们会注意到其中有两个分支，一个分支通向我们的外显记忆，外显记忆是与认知相关的各种记忆；另一个分支则通向我们的内隐记忆，内隐记忆是与行动相关的各种记忆。在二者的交叉处，我们要考虑产生这些不同记忆形式的心理过程。最后，本着我最喜欢的童年节目之一《神奇校车》（*The Magic School Bus*）的精神，我们将加入弗瑞斯（Frizzle）女士的课程，深入研究大脑，详细了解记忆是如何通过编码、巩固和提取过程而最终形成的。

第1节　工作记忆

我们所有人都体验过阅读一本清晰易懂的书和一本晦涩难懂的书之间的差异。阅读前者毫不费力，后者却让人绞尽脑汁。尽管一些人会将差异归因于书中故事质量的好坏，但当大家了解到工作记忆也在其中发挥作用时，大家或许会感到很意外。为了说明这一点，请阅读下面的句子。

1. 球员将球踢过球门。

2. 球越过球门，在被球员踢出后。

你觉得哪个句子更易懂？和大多数人一样，你可能会选择第1句话，因为第1句使用了主动语态，动作是按照生活中的正常顺序（即球员踢球，球越过球门）进行的；而第2句用的则是被动语态，直到句子结束，你才知道是谁做了这个动作（即球越过球门，球员踢球），这就像一个戏剧演员在讲笑话之前，先说出了笑点一样。抛开上述句子中的语法不谈，你还能理解这两个句子的意思，这就要归功于工作记忆了。具体而言，比起第1句话，理解第2句话更能发挥出工作记忆的作用，因为你必须先将句子的结果先记在大脑中，直到你读完整个句子，明确了发起动作的主体是谁。因此，比起第1句话，你的大脑需要更努力才能理解第2句话。

这个简单的练习所体现的，就是我们了解记忆系统之旅的第一站：**短期记忆**或工作记忆。尽管这两个术语经常互换使用，但研究人员一致认为短期记忆是指信息的暂时存储，而**工作记忆**指的是理解、学习和推理所必需的，暂时存储和处理信息的系统[4, 6]。从运动学习的角度看，我们可以将以上定义扩展到工作记忆在整合新信息和长期记忆中的作用，以支持决策和动作执行[47]。为了讲解得更清楚，以及考虑到短期记忆的存储特性可用来说明工作记忆的定义，我们将在本书的剩余部分都使用工作记忆这一说法。

作为人类，我们对这种记忆系统非常熟悉，每当我们忘记了刚刚才查过的电话号码，或将我们刚认识的人的名字忘得一干二净时，这些其实都是工作记忆造成的。从表面上看，这些"记忆之罪"似乎是记忆系统的一个缺陷，一个"进化漏洞"；但深入研究后会发现，这一缺陷实际上是一种特性，旨在将信息过滤成大脑可处理的"记忆组块"，只保留有意义的信息[62]。

哈佛大学的知名研究学者丹尼尔·夏克特在他的著作《记忆的七宗罪：大脑如何遗忘和记忆》（ *The Seven Sins of Memory: How the Mind Forgets and Remembers* ）[76]中指出，如果心不在焉，那么这种由于注意力不集中而导致的记忆不清或遗忘会让所作所为不能印入大脑之中；或者无论是琐碎小事，还是重大事件，要记住所有事情也会影响记忆效果，这样大脑就无法控制需要存储的信息。虽然有些人将这种完全回忆的能力视为超能力，但当我们与其中一小部分人交流这些事实时，我们就会发现他们有着截然不同的解释。

患有超强自传式记忆症（HSAM）的人能够回忆起自己从孩童时代至今的所有经历[43]。当被问到这一情况时[52]，作为被诊断出患有超强自传式记忆症第一人的吉尔·普赖斯（Jill Price），做出了令人吃惊的回应。

> 每当我看到电视上闪现出一个日期（或者在其他任何地方看到一个日期）时，我的大脑就会自动记起我当时身在何处、在做什么、接下来的一天又发生了什么，如此往复。这种经历永无休止、不可控制，令我身心俱疲……大多数人都称之为天赋，但我认为这是

一种负担。我的脑海中每天都在回放我所有的生活记忆，它快要把我逼疯了！

正如第2章讨论的那样，注意力就像是工作记忆的守护者、大脑的保镖，它只允许最相关、最有趣或最重要的信息进入大脑。就像你不会去商店买下店内所有东西一样，你也不会希望大脑中的每段记忆都同等重要，让你无法区分什么是平淡无奇的记忆，什么又是独一无二的记忆。因此，下次当你忘记一串号码或一个新朋友的名字时，请考虑一下其他的可能性，并感恩你的工作记忆正在发挥作用吧。

即便我们承认工作记忆的明显局限性是其特征，而非是缺陷，这也并不能改变我们的大脑容量有限这一事实。因此，教练们总是面临着挑战，他们要确保正确的想法在运动员的大脑中不仅要占有一席之地，还要名列前茅。接下来我们将在第2章的基础之上，检视工作记忆的结构和功能，为理解词语的声波如何转化为运动机制奠定基础。

工作记忆的结构

艾伦·巴德利（Alan Baddeley）1934年出生于英国，其最为著名的开创性研究是针对工作记忆提出了多成分理论模型[7]。尽管工作记忆模型当时就已经存在[3, 14]，且已被提出[19]，但巴德利和格雷厄姆·希契（Graham Hitch）在1974年建立的模型得到了广泛认可，并被视为对工作记忆的形式及其功能最为准确的描述。因此，我们将使用巴德利在他的论文《工作记忆：理论、模型与争议》（*Working Memory: Theories, Models and Controversies*）中对工作记忆的最新解释。

巴德利和希契在最初的原始模型[7]中提出，工作记忆并非单一的系统[3]，它是由3个不同的子系统共同构成。这是几十年来人们对人类新出现的语言和视觉信息记忆能力进行评估后，以及在一些特定的研究中从长期记忆的角度考虑这些信息后，最终得出的研究结果。

如果我们考虑的是通常我们会想到的信息类别，巴德利和希契提出工作记忆的3个子系统包括语音循环系统（即语言和听觉系统）、视觉空间模板系统（即视觉、空间和动觉系统）和中央执行系统[7]，这就不足为奇了。**语音循环系统**被定义为一个子系统，用于暂时存储和默读各种书面或语音信息。运动员良好的理解、思考能力和运用教练的指导提示和反馈的能力就需要一个运转良好的语音循环系统作为基础。此外，**视觉空间模板系统**被定义为一个子系统，用于暂时存储和处理视觉、空间和运动感知类型的信息。如果教练给短跑运动员一个提示，鼓励短跑运动员在发令枪响之前"想象一只猎豹正在他们身后伺机猛扑"；或者和运动员一起观看录像回放，向他们解释如何令队友在空中更好地传球；或者询问跳水运动员入水前在空中的感觉，那么教练就是在利用运动员的视觉空间模板系统。在第2章中已经定义了**中央执行系统**在注意力网络中的角色，它作为大脑的指挥者，将来自语音循环系统和视觉空间模板系统的信息进行整合与考量，创造出了我们称之为意识体验的心灵音乐。

这3个子系统共同组成了巴德利和希契的多成分工作记忆模型，人们认同这一模型长达25年，直到这一模型无法明确解释所有信息是如何整合并与长期记忆中的现有信息进行绑定的。因此，2000年巴德利提出了这一模型中的第4个重要组成部分，即**情节缓冲区**，巴德利认为情节缓冲区将信息绑定在语音循环系统、视觉空间模板系统和长期记忆上，创建了一个连贯的意识流，中央执行系统可以对该意识流进行访问和查询。在最近关于模型的理论讨论中，巴德利认为，"工作记忆是一个复杂的交互系统，能够在认知和行动之间提供一个连接点，即一个能够在各种模式和加工阶段处理信息的连接点"[6]。

工作记忆的容量

如果将工作记忆视作认知与行动的连接点，我们同样应该考虑工作记忆的容量，并研究其容量对学习的影响。

> **通过类比的方法，可以将工作记忆想象成一个大小固定的暗室，注意力则是我们用来探索暗室的照明灯。但这间暗室无法容纳很多信息，而我们可以注意到的信息更是少之又少。**

正因如此，运动员需要不断地调整优先次序，以当下最相关的信息来更新工作记忆的内容。只要明白了这一点，我们就可以理解丹尼尔·科伊尔曾对我说的话：教练需要与运动员沟通，在不超出运动员工作记忆的范畴内，确保为运动员的进步提供充足的信息。

工作记忆可分为口头记忆和视觉记忆，其中包括将他人已展现的动作转化为自身动作的能力。乔治·米勒（George Miller）在其于1956年发表的论文《神奇的数字：7±2》（*The Magical Number Seven, Plus or Minus Two*）[77]中提到，如论文标题所示，人类的口头记忆广度为7个记忆单位，可加上或减掉两个记忆单位。但在同一篇文章中，米勒认为，如果将信息的碎片"拼凑"在一起，那我们显然可以记住更多的信息。例如，留意以下12个字母。

N B A M L B N H L N F L

据米勒估计，你只能记住这些字母中的一小部分；但如果你的大脑发现了某一规律，那么你就可以将以上字母分为NBA、MLB、NHL和NFL 4组。研究表明，我们的工作记忆一次可以容纳4个记忆单位，可加上或减掉两个记忆单位，但学术界目前并未在一个记忆单位所包含的内容数量的界限上[20, 21]达成一致。

工作记忆宫殿

为了说明最后这一点，我们会以世界记忆锦标赛（World Memory Championships，WMC）为例。这项赛事每年举办一次，邀请世界各地记忆力最强的选手前来展示他们强大的记忆力，这些选手将通过角逐产生记忆之王。2017年，来自蒙古的芒克舒尔·纳尔曼达赫（Munkhshur Narmandakh）创造了新的世界纪录，她在不到两个小时的时间里记住了1924张牌。令人惊叹的是，芒克舒尔只用了1个小时来记牌，也就是说她必须每1.87秒就记住1张牌。

尽管我们可能会认为芒克舒尔一定有什么过人之处，但最终我们会惊讶地发现她的大脑与我们的没有差别[49]。当然，她的工作记忆水平可能要高于一般人，但记住1924张牌并不能说明这一点。那要如何解释这一结果呢？幸运的是，自由撰稿人乔舒亚·福尔（Joshua Foer），也是书籍《和爱因斯坦的月球漫步：记忆的艺术和科学》（*Moonwalking With Einstein: The Art and Science of Remembering Everything*）的作者[78]，在记录他从一个普通人变为记忆专家的过程中，回答了这个问题。在2012年的TED演讲[84]中，约书亚分享了他参加2005年美国记忆锦标赛（U.S. Memory Championship）的故事，以及他会见英国传奇记忆大师艾德·库克（Ed Cooke）的经历。艾德认为参加锦标赛的每位选手只拥有普通的记忆水平，即使是约书亚，只要努力练习，也可以成为一名成绩优异的选手。在这一想法的驱使下，约书亚在2005年用了一整年的时间，练习应用从艾德及其他拥有惊人的记忆水平的高手，其中包括金·匹克（Kim Peek）那里学到的技巧。金·匹克是经典电影《雨人》（*Rain Man*）中达斯汀·霍夫曼（Dustin Hoffman）的原型。2006年，经过日复一日的持续一整年的训练后，约书亚参加了美国记忆锦标赛，一年前他的身份是记者，而现在他是参赛选手，令他惊讶的是他在比赛中夺得了冠军。

约书亚是怎么做到的？他的事迹又可以带给我们哪些关于工作记忆的启示呢？最重要的是，我们应如何利用其中的技巧帮助运动员们掌控他们的记忆力呢？为了回答以上的问题，我们需要追溯到2000多年前古希腊诗人和首席执政官西莫尼德斯（Simonides）。当时西莫尼德斯刚要在餐桌前坐下，外面突然有两位到访者带着消息紧急求见，当他走出宴会厅时，夜晚的寂静突然被大楼倒塌的声音打破。欢声笑语瞬间被惊恐尖叫取代，事故带来的破坏显而易见，死尸埋于残垣断壁中，伤心欲绝的人们不知要在何处寻找自己的家人。震惊之下，西莫尼德斯定住心神，记忆将他带回到他站在餐桌前的那一刻，令他清楚地回忆起所有与会者所坐的位置。西莫尼德斯心怀沉痛与哀悼之情，小心翼翼地将每个人带至他们家人生前所坐的位置，令死者的家人可以感到些许宽慰。

这一经典的故事虽然笼罩在悲伤的气氛之中，但也有一丝慰藉。故事说明，当记忆置于动态环境中时，特别是当环境中人物的情感突出、经历独特时，记忆就会愈加深刻。约书亚逐渐了解到，这个故事创造了一种记忆技巧，这种记忆技巧被称为**记忆宫殿**，或轨迹法。要想体验记忆宫殿这一技巧，首先你需要有一些想要回忆的内容，例如，你想回忆起刚刚加入的团队中所有队员的名字。当你坐下时，不要强行将队员的名字和长相带入记忆中，而是想象你进入了家中，是的，我指的就是你的家。现在，当你看到第1位队员的头像时，假设他的名字就叫作乔丹·汉森（Jordan Hanson）吧，你要在想象中将乔丹安排在家门口的位置。你注意到乔丹正穿着一件T恤，并且惊喜地发现他正开门迎接你回家。当你走进房子时，你会注意到第2位队员文尼·拉森（Vinny Larson）正坐在楼梯下方处拉小提琴；你一边走向厨房，一边称赞着他的演奏技巧。一进厨房，你就看到了第3位队员查理·富兰克林（Charlie Franklin）正在跳舞，他的穿着和查理·卓别林（Charlie Chaplin）非常相似，他身穿旧西装、头戴保龄球帽并且手拄拐杖。你称赞了查理的舞蹈，并继续在屋内走动，直到你将每位队员都放入了你的记忆宫殿内。这个示例的寓意就在于，如果将新信息放置在我们已知的情景中，回忆起来就会容易许多。

侵入工作记忆

尽管记忆宫殿看似有些傻或夸张，但正因如此，它才如此有效。具体而言，记忆宫殿这一技巧运用了一种名为**精细编码**的成熟学习策略，即将待学习的信息与已存于记忆中的信息结合起来，进而改善记忆。首先从信息处理水平的角度来看，克雷克（Craik）和洛克哈特（Lockhart）[22]认为，在学习的早期阶段，信息处理的"深度"可以用来解释未来在回忆某样事物时该事物的表现。例如，在一项经典研究中，克雷克和塔尔文（Tulving）[23]让研究对象运用由"浅"到"深"的4种策略来编码单词。在策略1中，要求研究对象辨别一个单词是大写还是小写。在策略2中，要求研究对象辨别目标词是否与呈现词押韵（例如，possum一词是否与目标词押韵；目标词：awesome；回答：是）。在策略3中，要求研究对象在目标词和呈现词之间建立联系（例如，呈现词：该词是一种汽车吗；目标词：苹果；回答：不是）。在策略4中，要求研究对象辨别目标词，以及在语境中是否适合呈现句（例如，呈现句：男孩和他的朋友们一起玩＿＿＿＿；目标词：游泳；回答：否）。按照编码策略，研究对象接受了一项记忆测试，测试他们能记住多少个目标词。正如人们预料的那样，那些使用更深层次的策略（即策略3和4）编码目标词的研究对象，要比那些使用浅层次的策略（即策略1和2）编码目标词的研究对象，表现得更好。为了清晰、深刻且详尽地记忆，编码要求人们记住信息的意义，而非信息的表面特征，并通过复述，将信息与现有的语义、视觉、空间、动觉或听觉知识结构结合起来。

因此，记忆宫殿就是最好的精细编码方式之一。我们利用工作记忆模型中的情节缓冲区，运用中央执行系统，将通过语音循环系统或视觉空间模板系统进入大脑的信息，与存在于长期记忆中的信息结合起来。这样就无须重新创建新的记忆存档，已建立的神经网络会启动并迎接新信息的到来，就像在电脑桌面上编辑现有的Word文档一样。

并不是只有想成为记忆冠军的人，才能使用这些记忆编码技巧，这些技巧对身为教练的你同样有效。你所需要做的只是在准备给予运动员指导、提示或反馈前，先思考一下。也就是说，如果你能将你想让他们记住的信息与他们的记忆宫殿中的想法和概念联系起来，那么你会发现运动员的理解和记忆能力都会得到增强。我们将在第6章中讲到，运用这一技巧的最佳方式之一就是使用类比和隐喻法，用运动员熟悉的事物来描述他们不熟悉的事物。为了理解这一方式，请参考下面的例子。

> 简（Jane）是一位体能教练，她在帮助本（Ben）练习深蹲技术。本努力以正确的姿势下蹲，并且在下蹲时，保持膝盖始终在脚的前方。由于担心这样的姿势可能会导致本今后出现膝盖疼痛的状况，简试图想出一个提示来帮助他改变重点技术。最后，简想出了两个可能有效的提示。
> - ▶ 提示1："下蹲时，髋部向后伸至脚跟之后。"
> - ▶ 提示2："像坐在一张不稳定的公园长椅上一样，将髋部向后伸。"

哪个提示更能吸引你？对大多数人而言，第2个提示提供了一个可联想的画面。你可以想象并模拟坐在一张不稳定的公园长椅上的感觉。相比之下，告诉别人"将髋部伸至脚跟之后"就像在要求他们，通过判断一个英文单词是大写还是小写来记住这个单词一样。这就将侧重点放在了是什么上，却忽略了要怎么做。这类似于尝试通过记住一个单词中的字母，而非词义，来学习单词。因此，公园长椅的类比将含义转化为下蹲动作的方式。因此，运用有助于精细编码的联想语言可以帮助运动员将新的概念与已有信息结合起来，一次给予一个提示，从而创造出一个迷你记忆宫殿，进而帮助运动员学习动作。

工作记忆与指导行为

尽管大多数教练赞同过度指导或过度提示会增加运动员的工作记忆负担，并提高他们患"分析性瘫痪"的概率，但在实际训练中，教练们却经常忽略这一点。例如，波特克（Potrac）、琼斯（Jones）和库森（Cushion）[57]在他们关于"理解力和教练在英国职业足球中的作用"的研究中发现，精英教练在运动员执行动作之前只花费8.9%的时间来提供指导，在运动员执行动作技能的过程中花22.9%的时间来提供指导，在运动员执行动作技能之后花22.6%的时间来提供反馈。以上数字与教练用2.3%的时间进行提问，以及用14.54%的时间默默观察，形成了对比。值得注意的是，这一调查结果并非偶然现象，过度依赖指导是执教文化中最常见的现象之一[24, 31]。

尽管我们知道并非教练给出的所有提示都能产生同样的效果，运动员处理和记忆（例如，运用类比法）一些提示会比处理和记忆其他提示更加容易，但这并不能改变工作记忆的容量有限这一事实。因此，教练给予运动员的信息量，需与他们在运动时能够理解和关注的信息量成正比。为了强调这一点，布扎德（Buszard）及其同事[15]评估了工作记忆和儿童学习投篮的能力之间的相互作用。研究人员让所有孩子在每组练习开始（12个环节，20次投篮，分3天完成）之前阅读相同的5条提示，随后发现在工作记忆（即语言、视觉空间和注意力）评估测试中得分高的孩子，从测试前到测试后的投篮表现有明显提高，在一周后的保持测试中的表现也有显著提高。在工作记忆评估测试中得分偏低的孩子的投篮表现从测试前到保持测试期则在逐渐变差。这一结果并不令人意外，因为研究表明视觉空间工作记忆与注意力都是运动学习效果的预测要素[66]。

通过本节提供的证据可以得出三大要点。首先，教练在训练中运用指导的频率远高于其他执教工具（例如，提问或引导发现）。因此，教练要面临这样的风险——他们可能向运动员提供了过多的信息，或以运动员不能理解和学习的方式构建指导信息的内容。因此，应鼓励教练们使用"一环节，一提示"的策略，避免运动员的工作记忆系统超负荷运转，并确保观察到的技巧变化与最新关注点相互关联。其次，尽管每个人的工作记忆能力有限，但具体情况也会因人而异。这就解释了为什么某些运动员在对运动表现和运动学习没有负面影响的情况下，能够处理教练给予的大量指导信息，而其他运动员却无法做到。因此，了解自己的运动员并调整指导语言来适应他们的记忆极限势在必行，这就是科学中的艺术。最后，正如前面对记忆宫殿的讨论所表明的那样，构建信息或解释信息的方式会直接影响运动员主动关注的信息量。这就是为什么我们说一幅图胜过千言万语，以及教练为什么要努力向运动员提供指导、提示和反馈来刺激运动员的大脑。

第2节　长期记忆

正如上一节讨论的那样，工作记忆让相关信息进入大脑，将不相关的信息拒之门外。因此，大脑倾向于关注可激发好奇心与动机一致或可提供维持生命所需的见解的信息。但工作记忆就像一间等候室，只允许信息在短时间内占用有限的空间。一旦大脑决定将某些信息或经历保留下来，大脑就需要留出一个地方来存储这些信息或经历。在这个地方的所有记忆，我们称之为长期记忆，它会让我们重温过去，从过去的经历中受益[69]。我们这种开启精神时间之旅的能力在动物界中独一无二，同时也标志着我们即将到达的下一站。

无法产生记忆的人

如果你读过关于记忆的书，那你很可能看过关于亨利·莫莱森（Henry Molaison）的故事。小时候，亨利·莫莱森被一辆自行车撞倒，他的头部被撞伤。昏迷了5分钟后，随之而来的脑外伤导致他被诊断为顽固性癫痫。他在超过10年的患病时间里无法工作，1953年，他接受了一场史无前例的手术，医生切除了他的海马体、杏仁核和部分内侧颞叶皮层。

手术后，亨利·莫莱森的癫痫发作次数减少，智力和性格没有发生明显变化。尽管这一手术有所成效，但医生很快就发现，亨利·莫莱森有了新的问题：他的大脑无法再产生新的记忆了[65]。很明显，亨利·莫莱森保留了手术前大部分早期的长期记忆，他的工作记忆也完整无损，这意味着他能记住刚认识的人的名字。但如果亨利·莫莱森第2天与那个人再见，他就不记得曾经见过那个人了。不管亨利·莫莱森重复经历多少次，他都缺少将这一经历纳入记忆库中的神经机制。

当时有一位名叫布伦达·米尔纳（Brenda Milner）的年轻心理学家，她是赫布的学生，她逐渐理解了亨利·莫莱森独特的思维及其可能揭示的记忆本质。在数年来每月都去医院拜访亨利·莫莱森后，米尔纳有了历史性的发现。她观察到，尽管亨利·莫莱森无法回忆起人、地点或发生过的事情，但他保留了学习新运动技能的能力[54]。实验要求亨利·莫莱森先观察镜子中的一颗五角星，然后将五角星画出来，他在3天的练习中表现出色，尽管他已经不记得他曾经完成过这样的练习[67]。

这一观察以及随后的许多观察研究都使得多重长期记忆系统的存在有据可寻：长期记忆系统包含两个子系统，其中之一用于存储事实和事件，另一系统则用于存储技能和习惯。尽管在像亨利·莫莱森这样的健忘患者身上很容易将以上两种系统区分开来，但在没有脑损伤的人身上则不会有这种记忆系统的分离感。在日常生活中，这种记忆系统有其优点。对每一种系统的细节的了解可以帮助教练学习如何增强而非削弱运动员的记忆能力。

多重记忆：简史

尽管米尔纳及其同事为多重长期记忆系统的存在提供了一些早期依据，但也有许多科学家和哲学家对长期记忆的本质进行了类似的观察。例如，1804年，法国哲学家曼恩·德·比朗（Maine de Biran）发表了《习惯对思维能力的影响》（The Influence of Habit on the Faculty of Thinking）一文，他在文中发表了最早关于有意识和无意识记忆系统的描述[11]。在描述比朗关于无意识记忆系统的观点时，丹尼尔·沙克特认为，"经过足够的重复，我们无须意识到导致行为本身或习惯形成的一些早期经历，习惯最终会自动和无意识地被执行"[61]。

这一观点的理论支撑源于对健忘症患者的早期研究。1911年，爱德华·克拉帕雷德（Edouard Claparède）[79]在一项早期备受争议的研究中，将一位毫无防备的患者的手刺伤。在随后的会面中，尽管这位患者不记得那次痛苦的经历，但她还是拒绝与克拉帕雷德握手。这就进一步证明了有一种记忆形式可以在人类还没有意识到引发它的经历之前，就被人类表现出来。

在克拉帕雷德刺伤毫无防备的患者手指的同一年，亨利·柏格森（Henri Bergson）在《物质与记忆》（Matter and Memory）中提出"过往经历以两种不同的形式存在：存在于运动机制中和存在于独立回忆中"[10]。一些经历会引发"行为"的记忆，因此控制动作变化（运动学习）的机制被锁在了我们的潜意识里；而另一些经历会引发"意识"的记忆，因此关于人、地点和事实的信息可以被有意识地想起，上述观点为未来记忆研究的黄金时代提供了理论支持。如果说20世纪是记忆研究的黄金时代，那么丹尼尔·沙克特就是黄金时代"黄金男孩"中的一员。

多重记忆：意识与行为

20世纪80年代中期，丹尼尔·沙克特及其同事[80, 81]发表了一系列论文，为当今用来描述不同记忆类型的术语提供了理论依据。具体而言，**外显记忆**是一种支持意识唤起过去经历（如人、地点、事实和想法）的记忆形式，而**内隐记忆**则是一种支持无意识控制的技能表现（如阅读、骑自行车和驾车）的记忆形式。在描述这两种记忆形式时，沙克特[61]认为，"当之前的经历促使一项无须意识或有意回忆的任务得以执行时，内隐记忆就会显现出来；而当执行任务需要有意识地回忆之前的经历时，外显记忆就会显现出来"[61]。通过类比的方法，我们可将外显记忆视为我们知道的事情，将内隐记忆视为我们所做的事情。同样，在体育运动中，我们可以将外显记忆视为比赛规则，将内隐记忆视为根据规则所做出的动作。

　　每种记忆形式都包含了不同的子类别。具体而言，外显记忆通常会被归类为情节记忆，即发生在特定时间、特定情景中，关于个人经历的记忆；有时也可被定义为语义记忆，即非知识类（即事实、想法和概念）的经验[68]。简而言之，情节记忆为精神上的"时光之旅"提供了基础，令你可以重温过去的经历，并快进到未来的经历中；语义记忆可以总结为"世界知识"[28]。从教练的角度来看，当信息触发了可视觉化的图像或经验时，我们就挖掘出了运动员的情节记忆；当信息触发了可被概念化或抽象化的事实、规则或想法时，我们就挖掘出了他们的语义记忆。在多种情况下，两种记忆形式会相互映射，因为我们会运用语义记忆从经验中获得意义：为什么我在本该传球的时候却要投篮？下次我再处于那种防御状态下时该如何处理这种情况？我要如何改进我的技能，下次才能一举成功？

　　同样，内隐记忆也包括多个子类别，其中有两个子类别与此处的内容相关。第1种内隐记忆以触发的形式出现，在这种形式下，由于之前接触过此类信息，人们可以更快地获得知觉或概念知识。例如，在体育运动中，我们经常观看比赛的录像回放，希望能够发现对手的偏好：篮球运动员更喜欢靠左带球；如果这是一个快速球，投手会在挥臂前摘下手套；橄榄球运动员会将球藏在他们跑位方向的那一侧。比起没有观看过比赛的录像回放的运动员，有了这些视觉印象的运动员在比赛中就能感知到这些线索，从而更快地做出决策。

　　第2种内隐记忆以程序性记忆的形式出现，属于复杂型运动技能，由大脑皮层下区域和脊髓负责协调与组织。这类记忆代表了某些神经网络，教练每次让运动员练习一种技能时，都会试图与之交互并调整这些神经网络。从走路到跑步、从抢断到跳跃，每一项运动技能都是在神经系统的无意识层面上被控制与运用的。你可能在想，那意图和注意力、意识控制、以目标为导向的行为呢？难道我们不是在有意识地控制和管理着我们所有的运动动作吗？这个问题的答案很复杂，但简单来说，答案为不是。我们并不能有意识地控制每一个层面上的自由度、肌肉收缩度和支撑我们运动的细胞过程。

　　为了说明这一点，让我们想象一项简单的运动任务，例如拿起一杯水。一旦你意识到自己口渴，你的大脑就会设置一系列的动作，这些动作的完成需要内隐记忆和外显记忆的配合。首先，你会将口渴与能够止渴的行为联系在一起。这就需要一些语义知识来告诉你，你需要水，而非清洁剂来帮助你止渴。其次，你需要情节知识来帮助你回忆，你刚才在旁边的桌子上放了一杯水。最后，你会执行一个内隐的动作计划，伸手拿杯子，送到嘴边，喝完后再将杯子放回桌子上。如果一切顺利，你唯一意识到的，就是一个止渴的目标，然后完成目标，成功止渴。你从不会设定这样的子目标：手臂举起10度，肘部伸展90度，张开手，抓住杯子等。事实上，除非你没拿到杯子或摔碎了杯子，否则你不会注意到自己的动作细节。你的动作是在一系列外显想法，即设定目标、目标达成的引导下默默完成的。

　　从早上起床到赢下比赛，我们的外显（有意识）记忆确立了目标，内隐（无意识）记忆确立了实现目标所需的运动模式。我们现在要解决的问题是，与运动员的外显记忆相互作用的执教语言，是如何影响并适应运动员内隐记忆中的运动模式的。为了回答这个问题，我们将检视记忆是如何通过编码、巩固和提取过程而最终形成的。

第3节 形成记忆

前文已经讨论过了记忆的主要形式，接下来我们将讨论记忆被创造出来并留在我们脑海中的过程。为了讨论这一过程，我们将研究我们的大脑是如何通过编码、巩固和提取这3个阶段来形成记忆的。在记忆形成过程的每个阶段，我们都需要考虑记忆类型（即内隐和外显）之间的相互作用，以及被记忆称为"家"的大脑中的相关区域。

为了让讨论过程尽可能清晰，我们有必要对不同的记忆进行梳理，教练们希望这些记忆进入运动员的大脑，进而融入运动员身体。具体而言，通过重点关注运动学习，我们可将这些记忆分为3类。第1类记忆内容是教练们想要创造的，我们称之为**运动知识**，它指的是执行运动技能的环境。在这种情况下，运动技能的执行环境可能包括比赛规则及对战术和对手的了解情况。尽管不能代表运动技能本身，但这是限制运动员如何运用运动技能以达成目标的有用知识。

我们将第2类记忆内容称为**运动技能知识**，它指的是与执行运动技能直接相关的知识包括与运动过程有关的信息以及运动表现。大多数教练将与运动过程相关的信息视为运动技巧或技巧性知识，而运动表现则与执行运动技能的结果相关。简单来说，运动技能知识包括教练的指令、提示和反馈中的所有信息。

最后一类记忆内容为**运动技能执行知识**，它指的是在特定的情景中准确执行一项运动技能。这就意味着运动员不仅要能够独立完成动作（例如改变方向），还要能在运动感知受限的情况下完成动作（例如在面对迎面而来的防守者时改变运动方向）。因此，我们认为运动技能的执行与运动记忆（例如运动模式）一致，运动记忆的出现是在呼应运动学习。

从整体来看，运动知识是一种语义特征与情节特征兼具的外显记忆。同样，运动技能知识也是一种外显记忆，可令教练运用语言描述身体动作。而运动技能执行知识则是一种内隐记忆，通过练习，这种知识由运动技能知识启动并被印刻在大脑中的无意识区域。鉴于本书讨论的重点，我们将从运动技能执行知识和相关运动技能知识的角度出发，讨论记忆形成的过程。

编码记忆

记忆形成过程的第一阶段称为**编码**，是将当前关注的信息与记忆中已有信息相关联的过程[63]。确切地说，我们拥有的神经网络，在生物学中等同于细胞网络，代表着感知、行动、概念与类别。当我们留意并打算记住某事时，大脑就会启动与神经集群相关的神经元，这部分神经集群代表着正在思考的信息（回想一下赫布提到的细胞集群）[28]。这些神经网络启动得越频繁，记忆形成、扩展和强化的可能性就越大。因此，一起被激活的神经元会连接在一起。

尽管大脑仍有很多谜团，但我们对于编码过程的神经解剖学上的了解已经较为深入了。为了说明这一点，我们将对一位高中足球运动员马库斯（Marcus）进行研究，他正在根据教练给予的建议进行夏季短跑项目的训练，以加快下一赛季的短跑速度。除了踢球，马库斯在这个夏季还将参与专为提高身体协调性和运动表现而设计的关于增强加速能力的训练。由于马库斯不是短跑运动员，也从未接受过正式的短跑训练，因此我们假设他的学习过程将经历费茨和波斯纳提出的认知、联想和自主3个阶段（见第2章）。

编码提示

让我们从马库斯的首次速度提升训练开始讲起。他刚刚完成了热身运动和一系列18米次最大速度的冲刺练习。他的教练认为自己已经清楚地了解了马库斯的短跑风格，因此，他给马库斯提供了一个提示，例如，"当你冲刺时，集中注意力摆动膝盖向前，就像要用膝盖撞碎前方的玻璃一样"，并要求马库斯在接下来的冲刺训练中专注于此。

随着这个提示进入马库斯的大脑，他的工作记忆系统就开始高速运转，把这些信息保存起来，以便及时提取和应用。如果我们在教练的提示进入他意识的瞬间放大他的大脑，我们就会发现他大脑皮层下的不同区域，根据各自处理的提示中包含的信息类型的不同，正在按照一定的比例被激活。在这里补充一下，大脑皮层是大脑最外面的一层，具有支持意识、感知、行动和以目标为导向的行为的功能。马库斯大脑中的语音循环系统会存储并复述提示中的语言。此外，马库斯大脑中的布罗卡氏区（Broca's area）也开始发挥作用了，布罗卡氏区位于与语言复述有关的大脑前额叶外侧，马库斯可以在调用颞顶区的功能，努力存储提示内容的同时，不断地对自己重复提示[5]。

在马库斯使用语音循环系统的功能来处理提示中的语言时，他的视觉空间模板系统还会从提示中提取视觉信息。我们发现马库斯位于脑后部的枕叶皮层会被激活，以存储视觉产生的信息，而他的顶叶皮层、前额叶皮层和前运动皮层的区域也会被激活，令他可以查询、整合和解释任何由于提示而触发的视觉信息[5]。此外，马库斯的语音循环系统和视觉空间模板系统会要求他的中央执行系统保持专注，确保教练的提示内容渗透到他下一次冲刺的意图中。这就需要马库斯激活他的前额叶皮层，因为前额叶皮层主要控制工作记忆中与注意力相关的大脑区域[42]。

尽管提示现在已经保存在马库斯的脑海中，但如果他想将语言转化为实际动作，他就需要解读出提示的含义。要做到这一点，他的工作记忆需要通过情节缓冲区进入他的长期记忆，这就意味着他需要进入代表着上文提到的负责冲刺和打破玻璃部分的神经网络，这样他的联想网络才能够将这些想法结合到一起（即"集中注意力摆动膝盖向前，就像要用膝盖撞碎前方的玻璃一样"）。如果这些表象在马库斯的脑海中逐渐变弱或被忘记，那么当他下一次冲刺时，这条提示就无明显意义可言。但如果马库斯对这些概念有着较深的印象，那么他将能够运用提示中包含的信息，在下一次冲刺中做出改进。也就是说，要撞碎一块玻璃，就一定要在玻璃碎片四处飞溅之前，高速冲过玻璃。假设马库斯理解了提示的内容，他就可以轻而易举地将膝盖模拟成高速弹道，仿佛每跑一步，都会撞碎玻璃一样。

这种模拟或其他模拟，都依赖于我们获取新信息的能力，在指导情景中，可以将其称为提示，以及将这些信息与长期记忆中的信息结合到一起的能力。就像好莱坞的电影制片人一样，大脑会将不同的记忆片段编辑在一起，直到新的想法产生。如果成功了，我们大脑中的剧场就会更新，并开始播放新版本的内容，令我们重新开始考虑一个想法或情景。

为了令这部电影充满魅力，三大不同的大脑区域都会被调用[28]。首先，如前文讨论的那样，大脑皮层会接收并处理传入的感官信息（即视觉、听觉、嗅觉、味觉和触觉信息）。其次，这些信息会传至大脑皮层下方，一个名为海马旁回的区域，该区域负责整合和提炼通过"什么"和"在哪里"两条路径传递的感官信息。在功能上，

"什么"这一路径负责处理思想和经验的内容（即人、地点、物体等），而"在哪里"这一路径则负责处理与周围环境相关的信息（即何时、何地）。这些路径集中位于海马体上，海马体包括了周围环境的信息。这些新信息随后会与我们长期记忆中包含的信息进行比较与整合。提炼出的信息会被重新导入初始感官信息的出处，即之前的皮层区域，然后新的想法就产生了[1]。

霍华德·艾肯鲍姆（Howard Eichenbaum）在他的著作《记忆的认知神经科学》（*The Cognitive Neuroscience of Memory*）中描述了这一过程，他认为"内侧颞叶（海马回路）的作用是增强皮质代表区的储存能力，改变其组织结构或性质"[28]。因此，当信息每次通过大脑中的海马体时，这样不仅会改变我们的即时思维，还会改变我们的记忆。这就是我们要练习的原因：我们回忆一条信息的频率越高，代表这条信息的神经网络就会变得越强大。如果人们没有海马体，就像亨利·莫莱森一样，人们就会失去创造新的外显记忆或修改现有外显记忆的能力。因此，我们可以将海马体想象成一位作曲家，它像创作乐谱一样创作记忆，一次谱写一个音符或刺激一个神经突触，而前额叶皮层就像乐队指挥家一样编排和调整我们的记忆，以使记忆适应当时的情绪[53]。

当我们仔细研究马库斯的大脑时，我们会惊讶地发现，完成刚刚的整个过程不过花了几分之一秒而已[64]。马库斯将教练的提示转换为有意识的意图的速度，甚至超过了尤塞恩·博尔特（Usain Bolt）在一次百米冲刺中完成前 10 米的速度。这样马库斯就完成了记忆形成的第 1 步：他已对教练的提示进行了编码，这就令他在下次冲刺前，可以模拟或视觉化自己的运动意图，本质上就是在注意力上线前，对注意力进行测试。假设提示通过了测试，马库斯就可以准备冲刺了。接下来让我们看看运动意图转变成运动动作时马库斯的大脑中会发生什么。

编码动作

类似于对提示进行编码，动作编码需要多个相互连接的大脑区域同时工作，从而将运动计划转化为运动动作。这一点十分重要，因为每一个自主动作都需要构建外显记忆来支撑运动意图，即意识部分；同时构建内隐记忆来支持运动动作，即无意识部分。教练的核心任务就是确保每个记忆系统都在负责自己最适合完成的任务。我们的外显记忆非常擅长创建运动任务的目标或结果（例如，"将杠铃举向上方"或"将球传给外接手"），而我们的内隐记忆则非常擅长选择和调整实现运动目标（即协调性——运动的空间、时间和力度的特征）所需的动作。通过这种方式，与运动意图相关的外显记忆向大脑提供了"什么"，类似于将位置输入全球定位系统；而与运动动作相关的内隐记忆则向大脑提供了"怎么做"，即实现"什么"所需的方向或过程。了解了以上信息，接下来让我们的注意力重新回到马库斯身上，进一步观察他的大脑。

马库斯蹲下时，他的肌肉因为准备接下来的冲刺而开始紧绷。与此同时，他的大脑也在选择接下来的动作，为冲刺做好最后的准备。随着心理预演的完成，马库斯的大脑也开始运转，通过不同的运动回路激发一连串的神经反应，这些运动回路已经得到了进化，支持着运动意图（计划）和运动动作（执行）。就像一辆一级方程式赛车在赛道上行驶一样，神经信号也在大脑皮层和皮层下的区域之间传递，创造出了一条连续的信息流，将意图转化为动作。虽然这些运动回路相互影响并共享神经系统，但看起来像是一条回路负责引导运动计划，而另一条回路负责引导动作的执行。出于这一原因，我们

---

1 虽然将信号转化为意识的这个过程似乎是单一线性的，就像一条流水线一样，然而现实情况中许多类似的转化过程是同步并行发生的，即在一个大脑区域到另一个大脑区域的反馈回路间建立多重链接，这也可以被认为是一种平衡。我曾重点讲到过主要大脑区域和涉及处理明显信息以备下一步应用的意识处理过程，但这个领域内仍有许多我们尚未了解的神经科学认知机制。

要分别探究每条回路，了解这些回路是在统一控制着动作。

计划回路　就像触发神经系统自主运转的神经触动器一样，计划回路位于解剖结构节点上，解剖结构节点包括运动皮层和基底神经节，是一种位于大脑皮层下中央褶皱深处的种子状结构。根据大量检查计划回路中的结构是否受损的相关研究结果，我们得出了这一结论。例如，连续剧《黑镜》（Black Mirror）描述了一系列外科手术实验，研究人员表明，直接刺激辅助运动皮层[33]，即大脑皮层中与运动计划相关的关键区域，可导致患者发出的"运动行为"是自发的；而刺激初级运动皮层[32]，即大脑皮层中与控制动作执行相关的关键区域，可导致患者发出的"运动行为"是非自发的或不受控的。上述观点可由以下事实进行进一步验证，当运动行为是自发的时，大脑皮层中的运动计划区域会变亮；而当运动行为由外部刺激（如光线或声音）触发时，大脑皮层中相同的区域会变暗[41]。因此，运动计划不仅和运动行为密切相关，还与不同的大脑区域以及每个区域参与任务的程度有关。

运动皮层显然控制着运动计划，但是有研究表明，基底神经节在解剖学上起着基础作用[2]，在运动开始前几秒，这片大脑区域就开始主动活动[46]。值得注意的是，从基底神经节到运动皮层的输出由多巴胺调节，多巴胺是一种与大脑奖励机制有关的神经递质[72]。一般认为多巴胺的输入通过奖励导致积极运动结果的有意识状态来影响运动计划[56]。因此，如果基底神经节中的多巴胺水平降低，即帕金森病的一个特征，那么输出到运动皮层的多巴胺就会减少，从而导致震颤和运动控制能力减弱[25]。运动控制能力的减弱会使人产生运动障碍，即使是完成最简单的自发行为也会十分费力。然而，如果把球抛给患有帕金森病的人，或者让他们对外界刺激做出运动反应，你会惊奇地发现有很多患者能够接住球并且做出正常反应（这种现象被称为反常的帕金森病），因为计划回路似乎并不影响动作回路所控制的自主运动行为[8, 35]。

一个重要的示例是对知名演员迈克尔·J. 福克斯（Michael J. Fox）的一次采访，他在1991年被确诊患有帕金森病，时年29岁。在那次采访中[85]，大家可以明显注意到迈克尔在谈论帕金森病对他的生活的影响时，身体在颤抖。然而，当这位出演了电影《回到未来》（Back to the Future）的演员在视频中毫不费力地展示自己能自主滑冰时，人们看到了希望的曙光。这似乎是一个奇迹。有证据进一步表明，计划回路和动作回路在解剖学上截然不同，这使得那些患有运动控制疾病，如帕金森病的人，可以绕过他们受损的计划回路，用外部刺激而非内部刺激引导他们对动作进行控制。更准确地说，使用有节奏的声音[44]或视觉提示[8]能使人进行有节奏的运动，直接用外部感官源激活动作回路，并不需要计划回路的过多参与[39]。这有力地证明了专注和意图的内容对动作控制有显著影响，尤其是当一个人的运动系统因疾病受损时。我们将在之后的章节中重新探讨这一观点，其中会提到一些信息，可以帮助我们理解应如何在教练的提示下集中注意力，从而对我们的运动学习效果产生明显的积极影响。

动作回路　马库斯的计划回路支配其运动意图，他最终需要将这些意图转化为行动。为此，他需要一条动作回路，即连接他的运动皮层（主要是初级运动皮层）和小脑的神经回路。小脑是位于大脑底部的一个蝴蝶形的皮层下区域。这条动作回路有两个基本作用：将运动意图转化为运动动作和根据感觉反馈实时调整动作[45]。具体而言，初级运动皮层的细胞上有身体的详细脉络图。这些脉络图似乎包含了控制所有可能完成的动作的动力学和运动学特征的动作代码[60]。所以，若有意驱动某个动作，动作回路需要计划回路来判断应该激活哪些代码，以及抑制哪些代码[55]。为此，计划回路以感官预测的形式提供信息[59]，这意味着意图将被转化为运动动作试图实现的感官目标。

为了说明这一点，请想象你正在搬家，需要把所有箱子搬到一辆卡车上，现在只剩下一个贴有"锅碗瓢盆"标签的箱子。这时你蹲下来准备抬起这个你认为很沉重的箱子，但出乎意料的是，由于箱子比想象的要轻，你竟一下子就抬起来了。这违背了你的预期，因为运动系统预测到你会抬起一个很重的箱子，于是用了比实际需要的更多的神经肌肉去完成这个动作。这个故事表明了运动行为是如何根据感官预测的结果进行编码的。简言之，动作完成时应具有的感觉指引着我们的运动行为。若与这种感觉不符，运动系统就会接收到一个错误信号，错误信号通常会经过一个自我纠正的运动学习过程，而正确信号则会巩固身体系统中已有的运动模式。

小脑 与脊髓直接相连，初级运动皮层通常被认为是运动控制中的"最终共同路径"，而小脑则被视为动作回路中的"幕后英雄"。值得注意的是，虽然小脑体积仅为大脑体积的10%，但它包含了大脑860亿神经元中超过80%的神经元[37]。在这里引用丹尼尔·沃尔珀特富有洞察力的TED演讲[86]标题，"大脑的关键因素"在于我们能够利用动作将意图与结果联系起来，为此，我们需要感谢我们的小脑。

小脑通过一条闭合回路与运动皮层相连，这使之能够影响和修改从初级运动皮层发送到脊髓的运动信号。同时，小脑也与脊髓直接相连，这使它能够协调和适应正在被应用的运动模式。这种协调反映了小脑在统一运动时间方面的作用，同时也可能解释了为什么有节奏的提示能帮助帕金森病患者改善他们的运动控制能力——当注意力集中在音乐提示上时，他们的小脑能够很好地控制运动。对患有小脑损伤的中风患者进行的研究结果进一步证实了小脑的这一协调特征，这些患者知道运动的空间参数（即在哪里运动），却很难知道运动的时间参数（即何时运动）[13]。因此，运动学（动作）导图似乎支配着小脑[50]，就像动力学（力）导图似乎支配着初级运动皮层一样，这让它们在运动控制中配合得很好。

除了协调运动系统，小脑还可以将初级运动皮层发出的运动信号与实际发生的情况进行比较，这就是通常所说的"比较器"功能[73]。小脑接收由初级运动皮层发出的运动信号副本（一种感觉范本），也可称之为传出副本[50]。然后小脑将这种感觉范本与来自脊髓的实时感觉反馈进行比较，比较结果是小脑可以重新调整出现偏差的运动模式。这就是早高峰期间我们能在嘈杂拥挤的咖啡店里不让热气腾腾的拿铁洒出来的原因。

除了协调运动系统和实时调整动作，小脑的比较能力也有助于我们掌握运动技能。具体而言，一个动作如果执行得很快，那么小脑并不是总有足够的时间来调整动作。那些曾经咬过舌头、在跑步时绊倒或者犯过各种动作错误的人，对这一点一定感同身受。但是别担心，他们的小脑没有出问题，因为当我们的运动行为与运动计划不一致时，小脑仍然能够将已经发生的事与我们希望发生的事进行比较。同时大脑会在这些动作拼图不适配时发出一个错误信号，提醒我们出现了错误匹配。这个内部警报系统是运动学习的核心，因为错误有助于我们增强自我纠正的能力，这对学习走路、骑自行车或者做任何你能想做的事情都大有裨益。就像感应警报器发现错误就发出警报一样，内部警报系统会提醒我们什么时候某些地方出现了问题。在多数情况下，运动员意识到这些错误后，可以利用这些错误进行自我纠正。但是在很多情况下运动员能意识到错误，却不知道如何纠正。如果是后者，且教练已经确认运动员身体无恙，那么教练就可以用提示或约束来指导运动员采取一种新的运动模式。

我们再次联系到马库斯，就可以发现他接收的指导提示已经变成了迅速增加的激活信号，从基底神经节流动到运动皮层。当这种有意识的信号到达他的初级运动皮层时，运动计划就会转换为一种运动行为，并根据预测的感官结果（即感觉）进行编码。转换完成后，运动行为通过脊髓直接传递到运动系统。与此同时，小脑接收到运动计划的副本，并准备面对感知风暴，同时通过不断的比较来调整马库斯的运动系统，从而调整他的意图和行为。马库斯像被扣下了扳机的霰弹枪一样突然爆发了，他的肌肉瞬间被激活。每跑一步，马库斯的膝盖都会撞碎一面"玻璃"，他的脑海里也会留下飞溅的碎片。片刻之后，马库斯冲过终点线，完成冲刺。当他开始减速时，感官就会判断"冲刺的感觉如何？""提示有用吗？""我做得好吗？""接下来我应该注意些什么？"，马库斯的内心活动很快就与教练的想法不谋而合。几分钟后，马库斯和他的教练会确认一个新的关注点和一个新的提示，随后马库斯回到起跑线上，准备再次冲刺。

巩固记忆

一旦完成编码过程，记忆经过处理之后就会进入大脑，并开始进行巩固。记忆巩固是将大脑中暂时储存的不稳定记忆转化为稳定记忆并永久保存的过程，这个过程的时间跨度能从几分钟到几年[63]。记忆巩固会经历两个不同的阶段[29]：记忆最初以一种流体状态存在，表现为与我们所记内容相关的神经网络内的一系列分子变化，即**化学巩固**；随着记忆不断加深，记忆网络被反复激活，从而导致大脑结构发生变化来反映长期记忆和学习，即**结构巩固**。

正如前文所讲，信息的内容会在很大程度上影响记忆深度。情感价值高的信息能吸引注意力，给人留下深刻印象，因此大家会很容易回忆起那些信息，这便是记忆形成的前提。而情感价值低的信息则很难在我们的大脑中留存很久。由此可见，记忆巩固的第一阶段与神经化学物质的变化相关也就不足为奇了，这种变化在一定程度上由杏仁核（即大脑的情绪中枢）调节[51]。

当大脑认为一件事的情感价值很高时，这件事就会触发肾上腺（位于肾脏上方的三角形斑块组织）释放荷尔蒙。这些荷尔蒙包括肾上腺素和糖皮质激素并作用于杏仁核，而杏仁核又会调节神经递质去甲肾上腺素的释放。在代表可习得信息的神经网络内，去甲肾上腺素直接影响神经突触的激活。为了证明上述过程对巩固记忆的重要性，卡希尔（Cahill）及其同事[17]给受试者讲了一个故事。故事的开头情感平淡，中间是高潮部分，大致内容是一个男孩被车撞了，然后被送去医院，而结尾的情感依然很平淡。研究人员发现，相较于故事中毫无波澜的部分，人们更容易记住跌宕起伏的部分。这一结果也符合预期。然而，给一部分受试者注射一种药物来阻断肾上腺素和去甲肾上腺素的释放后，他们对故事高潮部分的记忆程度大大降低，差不多和平淡部分一样。这项研究充分表明了化学巩固在辅助记忆巩固方面的重要性，同时也说明了大脑会优先处理情感价值高的信息。所以教练在叙述指导提示时要记得使用情感价值高的示例。

在编码过程中，记忆信息的多少与杏仁核的激活程度直接相关，而教练可以从根本上影响其激活程度[16]。此外，如果一个人的杏仁核受损，或像亨利·莫莱森那样被切除了杏仁核，那么他产生新的外显记忆，尤其是那些有情感变化的记忆的能力就会显著变弱[1]。因此，我们会发现杏仁核及其控制的化学物质对早期记忆的巩固至关重要，对新记忆的巩固更甚。由于记忆会在情绪触发时被调动起来，所以教练在设计训练内容和传递指导信息时要充分考虑到这一点。

可以把记忆巩固的第二阶段比作整理衣服的过程。首先，我要把干净的衣服放进篮子里，然后把它们铺在床上，这些散乱的衣服就好比不稳定的新记忆。接下来，我开始叠衣服，并将其归类，这类似于触发相似类型的记忆的关联网络。最后，把衣服全部叠起来并放进相应的抽屉或者衣橱里。这一步就像是记忆的结构巩固的标志，此时记忆经过物理重组或者被转移到用来存放长期记忆的大脑区域中。为印证这一点，我们再来看一下马库斯接受训练几周之后其大脑是何种状态。

巩固提示

经过几周的训练，马库斯已经掌握了大量与短跑有关的技能知识，并且他根据教练的指导和提示对一直在学习的短跑技巧也有了清楚的认知，更重要的是，他抓住了对他完成短跑有帮助的重点。正如前文所说，处理这些信息需要马库斯的大脑皮层和海马体之间相互作用。因此，这两个大脑区域都与记忆的结构巩固有关。

霍华德·艾肯鲍姆在《致大脑皮层：感谢记忆》(To Cortex: Thanks for the Memories) [82]一文中指出，海马体和大脑皮层都在早期记忆巩固的过程中具有重要的作用，这一过程会持续数周到数年。一旦记忆被多次激活，它便不再需要海马体，这时记忆就会在大脑皮层"安家"。我们来回想一下亨利·莫莱森的情况，虽然他被切除了海马体和杏仁核，无法形成新的记忆，但他依然记得手术前的大部分事情。这说明这部分记忆已经从海马体转移到了大脑皮层。有趣的是，他并没有保留全部的长期记忆。该现象印证了这一观点，即海马体最初参与长期记忆的储存，并将其保留一段时间，此后记忆便永久转移到与之相应的大脑皮层中。因此，当手术团队切除亨利·莫莱森的海马体时，此前存留在这里的记忆也被消除了。

巩固行为

就像外显记忆会发生结构和系统上的变化一样，内隐记忆也需要在找到归宿之前不断在大脑中移动。两个皮层区域（运动皮层和顶叶皮层）和两个皮层下区域（基底神经节和小脑）会参与编码内隐记忆。该特性决定了内隐记忆的长期储存位置。

自主运动 正如杜瓦（Doyon）及其同事[27]所述，当自愿学习一项独立或者连续的技能时，也就是说，在意识明确的条件下，最初参与的脑部区域是前额叶皮层、运动皮层、基底神经节和小脑。然而，随着不断的练习，前额叶皮层的激活作用就会减弱，这表明注意力需求降低，记忆在运动皮层内重组，在小脑内减少，并在基底神经节纹状体区域内维持。为了便于教练理解，我们可以把这些发现应用于单独的技能上，例如高尔夫运动中的挥杆。

当第一次学习挥杆时,你需要通过前额叶皮层集中注意力,从而实现由运动皮层和基底神经节控制的运动计划,同时在挥杆过程中小脑会让你的动作出现很多错误。随着时间的推移,你的挥杆动作会变得熟练且标准,这时便不再需要中央执行系统增强注意力。与此同时,动作开始稳定下来,出错的频率也会大大降低。由于没有对训练过程中所受干扰进行预判,小脑在熟练的挥杆过程中不会发挥太大的作用。总之,计划回路和动作回路中的非小脑分支掌控着这种长期的内隐记忆,而小脑和前额叶皮层会在出错或输入新信息时发挥作用。

反应运动 虽然教练教授的大多是单项或者连续的技能,但实际上许多相同的技能需要在不同的复杂的运动环境中执行,所以运动员必须能够实时适应这种环境。马库斯就是一个很好的示例,作为一名足球运动员,他很少在没有对手的情况下冲刺,那么教练必然会据此采用带球或应对后卫的冲刺方式,来激发他在相应环境中的冲刺能力。这种适应能力需要运动系统不断地纠正错误并提供反馈,而且需要小脑的帮助。小脑对他的帮助要远大于在没有对手的情况下完成一次熟练的冲刺。因此,一项运动对人的应变能力和适应能力的要求越高,小脑对长期记忆的巩固的帮助就越大。

"可塑大脑" 由于脑内成像技术的出现,如功能性磁共振成像,我们可以轻而易举地看到大脑内部,并观察脑内结构的变化。马奎尔(Maguire)及其同事[48]在研究伦敦出租车司机时发现,出租车司机脑中与空间定位相关的海马体大于普通人,且该区域的大小与其工龄有关。在音乐家身上也有类似的发现,研究表明,与执行音乐技能相关的身体部位,例如弦乐器演奏者的手指,会随着练习次数的增加而增大[30, 34]。有趣的是,虽然大脑结构发生了这些变化,但高度程序化的技能最终会使脑活动次数总体减少[36, 74]。当你将其和自己学习新技能的经历进行对比时,这种观察就是有意义的。虽然一开始你会感觉很吃力、身心俱疲,但时间久了你就会发现自己不需要用太多体力和脑力便可以完成这些任务了。因此,在记忆结构重组的同时似乎还能提高储存和回忆效率。

尽管之后马库斯仍会继续短跑训练,但最起码在结束此次训练时,无论是外显记忆还是内隐记忆,新的记忆已经在他的脑海中出现。它们起初只是教练脑海中的一个想法,也就是一个提示,但现在已经完全成为马库斯的记忆了。虽然这听起来很不可思议,但是对于每一位教练和运动员、每一位教师和学生来讲,这就是事实。

提取记忆

当我们听到某些歌曲的前奏时,我们几乎都能喊出下一句歌词。你不认为这很有趣吗?一旦有了开头的歌词,是不是就很容易记住一首歌的歌词了?同样,大家是否发现,在听你熟悉的歌单时,大脑会在一首歌即将结束时自动播放下一首歌的前奏?就好像即使你很多年没听过这个歌单,大脑依然知道歌单里确切的歌曲顺序。

这些示例展现了记忆形成的最后一个阶段,也就是提取或回忆存储的信息。我们从本章开头就在讨论记忆,因为任何进入人们大脑的想法都是已储存的记忆的呈现,比如见到老友后脑海中浮现的往事,运动员做出正确判断的能力等。这些示例都说明了大脑能将过去的记忆带到现在。然而回忆过程并不总是尽善尽美的,有时我们回忆的内容就在嘴边,却一时间想不起来。这不仅适用于外显记忆,运动记忆也是如此。无论是根据教练的提示做出正确动作的客户,还是努力训练的运动员,他们都有运动记忆消失的经历。因此,对于教练来说,了解回忆的原理和可使其发挥作用的策略十分重要。

正如前文所述，当接收到提示时，相关记忆就会浮现在我们的脑海中。举个例子，下面是两个人的对话。

> 马克（Mark）："玛丽你好，最近过得怎么样？我感觉好像很久没见过你了。"
>
> 玛丽（Mary）："的确很久了，我记得最后一次见你还是在演唱会上。"
>
> 马克："是啊，那晚让人记忆犹新，他们的《活在祈祷中》（*Livin' on a Prayer*）简直太棒了。"
>
> 玛丽："的确很好听。我听说你妈妈摔了一跤，她怎么样了？"
>
> 马克："谢谢你的关心，她现在已经完全康复了。"
>
> 玛丽："那太好了。我爸爸去年也受了类似的伤，过了好几个月才恢复。"

如果仔细分析这段对话，我们会发现提示的作用。当玛丽看到马克时，她立刻记起了上次与他见面时发生的事情，这使得马克对那晚他记忆最深的事情发表评价。同时马克提到了《活在祈祷中》这首歌，这让玛丽想到了他的妈妈。经马克的回答的提醒，她又分享了一件与自己父亲相关的事情。如果你回想一下最近和朋友的一次谈话，你就会发现类似的相互提示激发了进入你大脑的每一个想法。因此，各种形式的相互提示是提取记忆的先决条件。

编码特异性

尽管提示很重要，但是它们不会单独影响记忆的提取。具体而言，记忆的编码方式直接影响记忆提取所需的条件，这个特征被称为**编码特异性**，即感知内容（待学习的内容＋学习环境＋情绪）的特定编码方式决定了所存储的记忆内容，而存储的记忆内容决定了提取提示将引发的回忆内容[70]。为了说明记忆提取的这一特征，克雷格·巴克利（Craig Barclay）及其同事[9]让受试者思考各种目标句子，如"那个人抬起了钢琴"。这项记忆测试的目的是找出有助于提取记忆的最佳提示，相较于"声音好听的东西"，"重的东西"是一个更合适的记忆提取提示，它更容易让人回忆起目标词语"钢琴"。然而对于目标句子"那个人在为钢琴调音"，结果却截然相反。尽管两个目标词语都是"钢琴"，但是句子的内容直接影响了记忆提取提示的内容。编码特异性这一特征得到了有关功能性磁共振成像的研究的支持，该研究表明，在记忆编码过程中活跃的大脑区域在记忆提取过程中同样活跃。这进一步表明了储存记忆与处理记忆的大脑区域相同[71]。

这时教练可能会想："我不想用提示来激发运动员对句子的记忆，我要做的是激发他们对动作的记忆。"所以，教练有必要考虑语言提示对动作回忆的影响。随后，奥拉夫·豪克（Olaf Hauk）、弗里德曼·普尔弗米勒及其同事进行了一系列研究，展示了语言处理和大脑运动区域之间的相互作用。2004年，他们使用功能性磁共振成像技术对受试者进行扫描，结果发现在阅读舔、捡、踢等表示动作的动词时，受试者与舌头、手部和脚部动作相关的大脑区域会被激活。为了进一步说明运动皮层在语言处理中的作用，该研究小组使用经颅磁刺激技术来提高受试者与腿部、手臂和手部相关的运动区域的活跃程度。结果表明当运动皮层中控制腿部的区域被激活时，受试者会比该区域未被激活时更快地识别出与腿部动作相关的动词，例如踢腿、徒步和踏步。同样，运动皮层中控制手臂和手部的区域被激活时，受试者也会更快地识别出与手臂、手部动作相关的动词（如折叠、拍打和抓握）[58]。总之，这项研究证实了一个观点，即一个词语的意思是在大脑中被处理的，而这个意思是在现实当中被表现出来的(比如，移动)。因此，教练应该将语言视为进入运动员运动皮层的通道，选择性地识别最能代表他们希望看到运动员取得的运动结果的语言提示。

环境特异性

虽然记忆提取提示和记忆目标之间的对称性很重要，但是学习环境也会影响回忆。这就是**特异性法则**，它指出学习是实践内容和实践地点的副产品。也就是说，记忆是根据感知（感官信息）和动作（运动信息）之间的相互作用进行编码的。如果教练在一个封闭的环境中，例如没有决策要求（如对手）和比赛要素（如噪声和压力）的环境，努力提高运动员的敏捷性，教练就会发现他无法完全进入运动环境之中。但是如果让运动员在一个合适的运动环境中，例如需要面对对手的环境，运动员就能正确运用运动技能，教练也能想出关于快速移动的术语。注意，尽管本书主要讲的是执教的语言，但是学习环境（如物理环境、训练或练习的选择、可变性和难度）虽然与教练的语言提示无关，但对记忆提取和学习内容的表达都有显著的影响。要想进一步了解这方面的知识，我建议教练们去阅读索德斯卓姆（Soderstrom）和比约克[83]撰写的《学习与表现：综述》（*Learning Versus Performance: An Integrative Review*），其中的内容全面阐述了影响语言和运动学习的环境因素。

情绪特异性

影响记忆提取的不仅有外部环境因素，还有不能忽视的内部环境因素。研究表明，当我们处于积极情绪中时，我们更容易回忆起积极的记忆。当我们处于消极情绪中时也是如此[38]，这就是所谓的**情绪一致性记忆**。我们倾向于对符合当前情绪的信息进行编码[12]，这就是所谓的**情绪依赖性记忆**。也就是说，当我们心情不好时，我们更容易用消极情绪联想来处理信息；而当我们心情好的时候，我们就会用积极情绪联想来处理信息。此外，当前情绪状态和记忆编码之间的相互作用还可以延伸到我们当前的身体状态。具体而言，研究人员发现，记忆提取时的身体状态与之前记忆编码时的身体状态相同时，受试者可以更快地记起更多信息[26]。我们一直认为记忆也会对某些身体状态进行编码，研究人员表示，当我们把大理石滚上山时（与进步和积极性的比喻关联），我们可以回忆起更多积极信息；当我们把大理石滚下山时（与退步和消极性的比喻关联），我们就会回忆起更多消极信息[18]。就像社交平台上的帖子一样，记忆在信息编码时好像就使用了身体和情感的标签，这些标签可以方便日后回忆。

标记错误的记忆

最后声明一点，记忆是可塑的，它会随着时间的推移而变化。也就是说，提取一段记忆，并激活相关的神经网络，就相当于重新打开了文档。所以教练应该考虑到，编码的特性与记忆标签会随着时间而改变，这是因为缺乏从练习到比赛的过渡可能会反映出学习的不一致性（即错误的练习导致错误的记忆编码），或者反映出与之不匹配的记忆提取，也就是说，虽然你在练习正确的运动技能，但是编码的特点和提取的特点不一致，尤其是学习环境的特点一致。因此，我们练习一种技能的次数越多，学会该技能的可能性就越大；练习（编码）反映的竞争（提取）需求越多，记忆改变的可能性就越大。

综上所述，我们可以知道记忆是信息编码过程中对经历的反映。因此，记忆的提取会在当前特征与过去特征一致时得到优化。正如我们会在后面的章节中详细讨论的那样，教练应该将语言提示视为一种动作触发器，以提醒运动员注意与他们所做动作相关的效果。最好的提示应该根据动作要达到的效果，完整准确地说明动作应如何执行。例如，"用力跳起来，在最高点接住球"和"用髋部发力"。同时，教练还需要记住，我们只能在训练内容和训练地点上做得更好，所以要将训练环境模拟成运动员想要在其中获胜的比赛环境。情绪和身体状态也会影响记忆的编码和提取。从编码层面看，教练会让运动员采用能体现自己提供的信息的姿势，也就是说，如果教学重点是执行动作的爆发力和速度，那么让运动员站着做动作比坐着要好。而且教练应该使用积极语言对反馈进行编码，而不是消极语言。即使运动员犯了错误，比如在短跑冲刺时没有充分伸展髋部，教练也应该提供积极的反馈和提示。在这种情况下，教练可以说"集中精力蹬地"，而不应该说"你没有充分伸展髋部"。如果教练希望运动员能以积极的状态参与训练，那么教练就有必要使用积极语言编码提示，这就相当于把大理石滚上山。

总结

恩德尔·塔尔文（Endel Tulving）将记忆描述为"一种使生物体从过去的经验中获益的能力"[69]。教练和教师有责任让运动员和学生以这种简单的形式获益。尽管我们没有回忆旅行公司那样神奇的设备，但我们仍然可以利用提示来引起运动员的注意，激活其记忆并促进语言转化为学习技能。为了实现这一目标，教练需要考虑给运动员灌输的信息的数量和质量。如果灌输了太多信息，就会造成运动员的工作记忆短路，这样我们就无法知道哪些提示会起作用，甚至可能导致运动员处于分析性瘫痪状态。我们还知道语言的质量和准确性是运动学习的基础，教练声情并茂、形象生动的语言表达比空洞无物、枯燥单调的语言表达更令人难忘。更重要的是，能够帮助运动员记忆的最佳提示，必然符合其正在学习的运动技能的最重要的特征。因此，提示的准确性取决于其是否能够准确表达运动员所期望的运动结果，例如"在这里冲刺""跳到那里""抓住他"和"避开他"。同时，教练还要考虑有助于达到这一结果的运动特征，如"蹬地""用力向上跳起""抓住对手"和"像躲避卡车一样进入空地"。

就像大家不能在房子建好之前就入住一样，教练未理解学习的科学之前也不能认识到有效指导与常规指导之间的细微差别。因此，有了第1部分作为铺垫，我们就能更轻松地学习第2部分。在接下来的3章中，本书将探索语言的内在运作机制，揭示运动技能学习和提示内容之间的相互作用。我们将运用一些研究成果、我自己的经验、一些示例以及一系列实用模型来帮助教练快速准确地掌握指导用语的使用方法，从而满足运动员的需求，帮助他们学习他们期望掌握的运动技能。

第2部分
执教

当飞往凤凰城的航班离开印第安纳波利斯市时，我松了一口气，因为我们EXOS公司的运动员在美国职业橄榄球联赛上的表现和预期一致。由于我是一名新手教练，我的运动员们也是新人，原本我们可能面临更多的挑战和困难，且不容易取得成功。但幸运的是，运动员们十分团结，全力以赴，在关键时刻发挥出了最佳水平。获得了这样的成果，或许你觉得我会欣喜若狂，但事实上我并不满足于此。终于，我得到了一个千载难逢的机会：我将负责美国职业橄榄球联盟选秀大赛训练营的筹备工作。可是我却看到了很多问题。尽管我有着7年的执教经验，但我觉得我必须重新开始。

　　在第一年过去后至今，我有了一些清晰的想法，并对执教形成了一些看法。我的第一个观点来自一项想象实验，想象我们招募了10位教练进行为期10周的速度提升研究。假设每位教练的经验和受教育程度相似，且每位教练使用完全相同的场地、训练设备、训练计划，同时执教水平、数量相同的运动员。但是让每位教练都有水平相同的10位运动员并不现实，于是我们通过想象克隆了10位运动员，这样每位教练培养的运动员在生物学特征上就完全一样了。现在，训练项目、运动员和场地完全相同，唯一明确的区别是教练不同。大家猜一下，10周后，这10组实验对象能否达到完全一致的训练效果。

　　我在职业生涯中已经对成千上万个教练描述过这样的场景和相同的问题，得到的答案都是一声响亮的"不能"。我相信这个想象实验反映了每位教练潜意识里都认同的一个观点，即执教方式和执教结果有着很密切的关系。认识到这一点绝不意味着要否认实验方案和计划内容的重要性。最重要的是，教练应该知道绕圈跑步不能增强运动员的卧推能力，就像短跑冲刺不能增强接球能力一样。如果你认为这纯粹是计划的结果，那你就太天真了。一种包容度更高的观点为执教和沟通方式提供了一席之地，这将教练从训练计划的设计者转变成提高运动员水平的引导者。

　　在思考教练执教的过程中，我的朋友克里斯·波里尔推荐我阅读凯文·霍尔（Kevin Hall）撰写的著作——《你是奇迹：卓越人生的11个关键词》[1]（*Aspire: Discovering Your Path and Purpose*

---

1 Hall, K. Aspire: Discovering Your Purpose Through the Power of Words. New York: HarperCollins, 2010.

Through the Power of Words ）（中信出版社出版）。在这本简单易懂的书中，作者让大家重新思考语言的意义和传承。当我翻开这本书浏览目录时，第9章"教练"吸引了我的注意。"教练"（coach）这个词来源于匈牙利的一座城市，那里以制造第一辆弹簧悬挂车而闻名。这些"车"专门为当时的贵族而设计，它们缓解了道路崎岖导致的车辆倾斜和颠簸情况，使旅途变得更加舒适。随着时间的推移，"教练"（coach）这个词和其他词一样不断演变，并引申出了新的含义，即"一些人或事物，能够引导一个有价值的人到达他们希望到达的位置"。

但是我们作为教练应该怎么做呢？用什么交通工具辅助运动员们完成旅程？促进这一过程的能量来源是什么？稍加思考，答案自然显现。就像马匹为马车提供动力，燃料为汽车提供动力一样，我们作为教练也应利用信息为运动员的训练之旅提供动力。也就是说，我们花了数年时间学习身体发育的相关知识，以便指导运动员如何将所学知识应用于自己的身体。从这个角度看，我们可以称自己为教师或导师。

这一点引起了我的共鸣，并阐明了关于教练的第二个重要观点，即教练是教师，运动员是学生，运动就是课题。当这个想法在我的脑海中浮现时，一直以来我在找寻的执教方案渐渐变得清晰了，此前这个答案一直在我身边，可是我从未发现。

在翻开理查德·马吉尔和大卫·安德森（David Anderson）撰写的《运动学习与控制：概念与应用》一书的那一刻，我感觉自己好像又回到了大学，并想起那时上过的唯一一门关于动作教学的课程——300级运动学习。遗憾的是，在将其和我所选的职业相关的技术科学课程，如解剖学、生理学和生物力学的价值进行比较时，当时的我并没有意识到运动学习的重要性。最终，在专业和所学知识的影响下，我关于动作教学的技术指导语言变得十分机械、冗杂和僵化。

当我手拿荧光笔开始阅读时，白色的书页很快就变成了黄色，因为我很难找到一处无关紧要的内容。在一页又一页的阅读过程中，我证实了我的直觉，那就是执教科学确实存在，并且已经存在了很长一段时间。基于20世纪三四十年代对培养熟练劳动力的要求，运动学习领域的出现有助于回答一个基本问题：人们应如何学习运动技能？虽然这个问题的答案并不唯一，但我还是在马吉尔和安德森关于执教语言的探讨中找到了我一直在寻找的东西，或者应该说是人，那就是加布里埃尔·伍尔夫博士。

加布里埃尔·伍尔夫博士是美国内华达大学拉斯维加斯分校的一位教授，主要研究运动学习。最初，引起我的兴趣的是他对提示（注意力集中）对运动技能学习的影响的研究。在执教语言和运动技能学习的相关领域，伍尔夫博士是当之无愧的专家，她发表了60多篇论文，并出版了一本专著。

拜读过加布里埃尔·伍尔夫博士的杰作《注意力和运动技能学习》(*Attention and Motor Skill Learning*)之后，我受益匪浅。在美国拉斯维加斯举办的美国国家体能协会（National Strength and Conditioning Association，NSCA）会议上，我终于有幸与加布里埃尔·伍尔夫博士结识。她说话轻声细语、温和从容，并邀请我进入她整洁的办公室中。当面对这样一位运动学领域的专家时，我激动又紧张。加布里埃尔·伍尔夫博士十分耐心又准确地回答了我的问题，清晰地将现实与虚构、已知与未知加以区分。不可否认，她是名副其实的专家。

当谈话接近尾声时，一种责任感油然而生。我虽有幸了解到加布里埃尔·伍尔夫博士和她的工作，但是有多少教练还没有认识到自己可以掌握更好的执教方式，却又满足于现状呢？又有多少教练会无视自己的不足，在日常训练中违反运动学习的基本原则却一无所知？因此，我必须有所行动。

之后我一直在坚持不懈地发扬和传播与执教语言相关的理念，随时准备着去说服别人。我为了成为一名更好的教练付出了全部努力，并将所学知识传授给任何愿意学习的人。我们的目标很简单，那就是把我们的训练方式提高到和训练内容一样的水平。下面的内容记录了这段历程，并展示了所有我了解的关于优化执教语言的内容，以便运动员优化他们的运动方式。

提示：入门

在第1部分，我们探讨了注意力和记忆对学习的影响。我们所构建的论据的基础即注意力是学习的本钱，思想投资决定运动的回报。在证明思想和行动之间的联系时，我们反复强调教练的主要职责是以促进表现和学习的方式来吸引、保持和引导运动员的注意力（见图4.1）。鉴于第1部分已经强调了此过程的前两个步骤，我们将在第2部分着重介绍吸引注意力的策略和技巧。让我们先来审视自己对于提示、思想和行动之间的相互作用的直觉。

教练的主要职责是……

吸引　　保持　　引导

……运动员的注意力

图4.1 吸引运动员的注意力的三步法

提示

我们在第3章认识了马库斯及其短跑教练。为了帮助马库斯以更快的速度屈髋，教练建议他"像用膝盖撞碎前方的玻璃一样向前摆动膝盖"，同时可能发生的一种情况是马库斯的髋部、膝盖和脚踝伸展不足，而这些动作的生物力学机制都与后蹬有关。有些运动员可能小时候在动画片中学到了一种不连贯的腿部动作，例如明明可以5步走完的路，他却走了10步。通常可以鼓励出现这种技术错误的运动员屈膝并加大前摆的幅度，从而优化力量的产生方式，加快他们的冲刺速度。

考虑到这种新的错误动作已经被植入你的脑海里，我们再来看看马库斯及其教练的表现。想象马库斯的教练正在尝试构思一个提示，以提高马库斯下次冲刺时前9米的腿部伸展程度。以下是马库斯的教练想出的一些提示，他希望大家帮忙选择一个提示，这个提示既要有助于运动员获得所期望的技能上的进步，又要促使运动员对执行速度保持专注。为了帮助马库斯的教练，请完成以下4个步骤。

第1步：通读下列提示。

提示A：集中精力，尽可能用力伸展髋部。

提示B：集中精力，尽可能用力蹬地。

提示C：集中精力，尽可能用力伸展双腿。

提示D：集中精力，尽可能用力冲向终点。

第2步：根据直觉和经验，从高到低对这些提示的有效程度进行排序。

1. _____

2. _____

3. _____

4. _____

第3步：根据提示想象场景，从高到低对这些提示的生动程度进行排序。

1. _____

2. _____

3. _____

4. _____

第4步：根据提示的内容，从高到低对这些提示的技术程度进行排序。

1. _____

2. _____

3. _____

4. _____

在我预测大家的排序结果之前，让我们先来回顾这4个步骤。你看看自己的答案，有什么发现吗？你的答案表明了什么趋势？反思用来指导动作的语言，它与你所选的最有效的提示有什么相似之处或者不同之处？若未读过本书第1部分，你的排序结果会和现在有所不同吗？

现在我来说我的预测结果。在提示的有效程度和生动程度上，我猜大家把提示B和D放在了前面，提示A和C排在了后面。而对于提示的技术程度，答案可能与前两个相反。当然了，是否按照我的猜测进行排序并不重要，因为本章的目的就是教会教练如何给这些提示排序。

首先我简单陈述一下自己提出上述观点的前提：在已经发现错误运动的前提下，提示的有效程度在一定程度上取决于其激发想象的准确和生动程度。在这种情况下，准确程度要求提示能抓住与预期结果最相关动作的特征。现在我们比较一下提示A"伸展髋部"和提示B"蹬地"。

考虑到希望马库斯能改善腿部伸展动作，我们认为这两个提示都针对动作的相关特征，但不同的是，它们会将注意力引导到任务的不同层次。提示A侧重于"伸展髋部"，这是腿部伸展动作中的其中一个环节。而提示B则侧重于"蹬地"，这取决于腿部伸展的情况。据此我们可以看出，提示B包括提示A，因为马库斯需要协调髋部、膝盖和脚踝之间的配合度，才能做到"蹬地"。所以提示B是教练希望马库斯做到的动作结果，它将较低层次的动作过程囊括在层次较高的动作结果中，同时达到疾速奔跑这一目标。如果把这种逻辑带入4种提示中，那么我们可以肯定提示B和D比提示A和C更能吸引运动员的注意力。

现在再看同样的逻辑是否也适用于生动程度。顾名思义，生动程度是指所激发的感受清晰明确，让人感觉身临其境。如果一个提示让某种意象能准确地表达动作目标（是什么），又能准确地阐明动作的本质或运动员在做这个动作时应有的感受（怎么样），那么它就是生动的。据此我们比较提示C"伸展双腿"和提示D"冲向终点"。就意象而言，提示C将侧重点放在技能要求上，对于非教练或者非生物力学家的人来说，这是一个刻板、难以理解的概念。而提示D通过将人们带入跑道上的冲刺场景，激发了人们的思维想象，让人感觉这一切好像就在眼前。就本质而言，提示C的生动程度也不高，因为它和提示A"伸展髋部"一样，在语境内十分模糊并且毫无趣味。而提示D的意义则更加丰富，且有更多的想象空间。因此，"冲"（drive）一词也可以用在"驾驶（driving）汽车""打（driving）高尔夫球"或者"钉（driving）钉子"中。而"结束"（finish）一词则更好地描绘出运动员正在冲向的终点。类似的示例不胜枚举，但是意思是一样的。"冲向终点"综合了它所激发的意象、爆发的力量和冲刺这3个方面的相关因素。基于所有考量，提示B和提示D比提示A和提示C更加生动。

有趣的是，一方面我们试图增加提示的技术含量；另一方面，根据我所提出的逻辑，最有效的提示反而技术含量最低。我们可以把这种矛盾称为**变焦谬论**，即对技术性错误的提示越多，改进技术的难度就越大。这是为什么呢？本章剩余的内容会揭晓答案。简言之，就是越过度关注细枝末节，就越容易在执行整体动作时失误。俗话说，"管中窥豹，可见一斑"。

所以大家要如何帮马库斯的教练做选择呢？我想马库斯和他的教练已经等得不耐烦了。

指导环节

在提示前，教练必须清楚自己要提示的是什么。所以他需要一张"地图"，不过这不是传统意义上关于地点的"地图"，而是关于时间的"地图"。

如你所见，本书是一本关于语言的书。在运动员做动作之前向他们的大脑中输入的最后一个想法，教练们称之为"提示"。众所周知，我们使用语言，不仅仅是为了展现有趣的内容来吸引运动员的注意力。教练在训练的前、中、后期都会和运动员进行沟通。要想研究语言在吸引注意力方面的作用及其对运动技能训练的影响，教练就必须清楚应该在何时使用本章提出的策略，也就是刚才所说的"地图"。

先来看一个简单的示例。假设我们正在讨论能够用来改变运动模式的词语，这时就应该考虑那些跟自己指导的动作相关的建议，并将其用于恰当的时刻。虽然这些建议涉及的一些原则可能会引申出与运动无关的观点，但这并不是这些建议的重点，也不是支撑它们的科学依据。所以我们不会谈论教练在赛前应该如何做振奋人心的演讲，也不会探讨如何安慰一个刚被球队除名的球员，而是会介入教练的训练，并分析其改进步法、更新跑步技能和排除技术性错误时的用语。

当准备就绪，训练即将开始时，教练需要思考信息的传递与表述。大家都需要通过某种形式的沟通，来开始和结束一次训练。虽然与提示不同，但这一信息对于预览和回顾训练的重点和结果仍然非常重要。具体而言，就是"WWH"在开始训练时具有很高的价值。注意，这里的"WWH"指的不是什么新的摔跤组织，它代表3个简单的问题：我们在做什么？（what）为什么这么做？（why）应该怎么做？（how）其中，"什么"（what）是对相关的动作、练习或者场景的描述，例如，"今天我们专注于改变方向"。"为什么"（why）是对做这个动作的原因的描述，例如，"这将增强你在比赛中避开防守队员的能力"。"怎么做"（how）是对训练重点的总结，例如，"在训练时你要谨遵3个横向移动的指令：保持低位、保持轻盈和保持放松"。同样，训练结束后教练可以回顾训练内容、原因和方式，并且在最后进行"2+2"。所谓"2+2"，就是让运动员评价自己在训练时完成得较好、应该继续保持的两个方面，并总结两个需要改进的方面，这样可使运动员在后面的训练中有针对性地纠正错误，保持优势。虽然还有很多方法可以帮助运动员弥补训练中的不足，但是这种方法可以确保训练目标始终精准有效，也可以把每次训练很好地联系起来。

虽然在每次训练开始和结束之前教练都可以提前计划如何传递信息，但是在训练过程中教练仍需要一种可适应且可重复的沟通模式，并且这种模式可以根据运动员的学习需要适时调整。为了平衡训练结构和训练的灵活性，教练必须围绕动作制订一个沟通模式，并利用该模式在训练的前、中、后期为运动员提供指导。认识到这种模式的必要性和实用性之后，我构思了一个**教学沟通循环体系**，它可以将注意力集中在每次训练的每组重复动作或者一组动作的5个最重要的时刻。这5个时刻以其英文首字母缩写"DDCDD"来表示，其具体含义为在教授一项动作技能时，教练需要"描述动作"（describe）、"示范动作"（demonstrate）和"提示动作"（cue），而运动员需要"实践动作"（do），并且运动员和教练都要"总结动作"（debrief）。

教练会发现"DDCDD"就像不断循环播放的歌曲一样，在整个训练过程中不断重复。如果这是一组新的重复动作，要想调整重点，就需要做到"DDCDD"；如果这是一个需要说明的新动作或者一次新训练，要做到"DDCDD"；如果这是一个新的比赛场景，也要做到"DDCDD"。现在教练应该知道了，"DDCDD"是完成一件事情必不可少的要素，也是沟通中的重要环节，每一步都需要一种稍微不同的指导方式。下面关于杰克（Jack）和黛安（Diane）的示例有助于教练理解指导环节的实际操作。

▶ 故事背景

黛安是纽黑文高中的首席体能教练，杰克是大学棒球队的新生游击手。杰克的主教练认为从变向到加速的更快过渡可以让他更好地盗垒，所以现在黛安正在帮杰克提升变向训练能力。考虑到杰克现在还是新生游击手，黛安需要额外花费一些时间来训练他的速度。下面我们一同来看看他们的第2次盗垒速度训练。

▶ **第1步：描述动作**

　　黛安："杰克，接着上一节课，我们要学习的第1个技能是从一垒的位置出发去盗二垒。还记得关键点是什么吗？"

　　杰克："记得，我应该尽力保持基本姿势（下肢）的张力、平衡和宽度。"

　　黛安："没错。一旦开始冲刺，需要注意什么？"

　　杰克："保持低位，用力迈开我的内侧腿，然后疾速奔跑。"

　　黛安（笑）："没错！记得不错！"

　　"描述动作"用来介绍新的动作或者提醒运动员相关技能的重点和关键点。教练要简明扼要地解释动作的细节，避免使用一些不必要的词汇。教练不能在运动员做动作的时候描述动作，因为这会给运动员的工作记忆造成负担。我们的目标是根据训练前后的内容用最少的信息提示运动员。就像示例中黛安已经在第1节课教过杰克变向加速动作，因此她要杰克回忆这一动作的要领。这说明，教练虽然负责描述动作，但是也要让运动员参与进来，这能提高他们的参与度和自主性，同时教练也可以据此检查他们的掌握情况。

▶ **第2步：示范动作**

　　在杰克简述变向加速动作的要领之后，黛安接着示范了动作，强调了身体保持低位、内侧腿用力蹬地以及向二垒全力冲刺的重要性。

　　就像第1步所阐述的那样，教练可以在教授一个新动作或者复习时做示范。教练应该让运动员知道，他会在他们需要的时候不断示范。此外，除非教练能用一个字或词来描述动作，如"长""响""爆""快"或"紧"，否则最好少说话，以免干扰运动员的注意力。一旦运动员已经学会并掌握了该动作，在没有新的运动员加入，或者不需要通过示范来重温动作要领的情况下，教练就没有必要再重新示范了。

　　实际上，教练、运动员和教学视频都可以示范动作。最初的示范应该向运动员展示什么是有效动作。一段时间后，再让运动员观察并比较有效和无效动作之间的差异就会更有价值[3, 4, 56]。[1] 这种情况一般发生在运动员在小组中训练并有机会观察到他人动作的时候。例如，让运动员们在训练中相互配合，或者使用多米诺骨牌式的接力方式，每个运动员一次展示一个动作，完成后下一个运动员紧接着开始做另一个动作。教练也可以用动作A和B做示范，二者分别对应有效动作和无效动作。在示范两个动作后，让运动员简单点评，并说明更能接受哪个动作，原因是什么。迄今为止，我还没见过有运动员判断错误。

▶ **第3步：提示动作**

　　黛安："杰克，我希望你去尝试。你可以先取得领先然后再稳定在你的基本位置上。一旦投手准备好了你就要击球，击球后迅速冲向一垒，然后努力奔向二垒。"

---

1 有证据表明，与只看新手或专家的运动表现相比，同时看新手和专家的运动表现更有助于学习。但这基于一个前提，即观察者（运动员）自己能够比较新手和专业运动员的差别，从而增加错误的显著性。这种显著性作为隐性信息源，运动员可以将其应用到自己的动作执行过程中。

"提示动作"就是在运动员做动作之前，教练把最后一个观点输入他们的大脑，这是有助于优化执行效果的最优选择。教练或者运动员都可以进行提示，唯一的规则就是"一个规则"：一个环节、一个提示或者一个注意点。为了让运动员独立自主地掌握动作技能，尤其是当运动员的经验和技能水平都有所提高时，教练会发现其实在很多情况下，运动员是不需要提示的。即便如此，注意点依然不可或缺，否则运动员很容易分心。因此，我们应该认为"提示动作"部分是能让运动员在每次训练之前产生思维定式的短暂时刻。在杰克和黛安的训练过程中，所有说过的话（描述动作）和观察到的事物（示范动作）都凝结成了一个4个字的提示：抢占二垒。

▶ 第4步：实践动作

杰克继续按照教练的指示执行动作。黛安站在场外，这样她就能清楚地看到杰克对投手的判断以及他变向冲刺（盗垒）的时机和动作的执行情况。

"实践动作"时最重要的是教练要确保自己能看到运动员实践动作的目标特征。教练站在这个位置，应该能够从运动员的动作中获取信息，并为运动员提供他需要的反馈。例如，黛安站在外场，这样她就能清楚地看到杰克从变向到加速的过程。此外，教练在运动员执行动作时要保持沉默，避免不必要的提示，以免运动员分心。在一个动作的执行过程中，唯一恰当的说话时机是当教练针对一个连续的运动模式的节奏给出提示时。例如，教练可以在运动员冲刺前3步时说"加油，加油，加油"，或者用"砰—啪……啪—砰"来表示运动员所需的跳跃节奏。同样，教练可能会在一个分离又重复的动作，如跳跃中使用类似"爆发"这样的单个词语来强调起跳，旨在激发运动员的爆发力。又或者如果想要让运动员在做动作时能够从头到脚保持伸展，教练可以在运动员压低身体做罗马尼亚式单腿硬拉时拖长最后一个字的尾音说"长——"。除非教练试图用简单熟悉的语言来维持做动作的时长，否则他们在运动员进入指导环节中的"总结动作"部分之前都不应该发表任何评价。

▶ 第5步：总结动作

黛安："杰克，对于此次训练，你感觉怎么样？"

杰克："还不错，我感到自己的内侧腿能很好地蹬地。"

黛安："你在加速冲向二垒的时候能否保持平衡和稳定？"

杰克："我不确定，我只知道自己很快改变了站位。"

（从"提示动作"部分开始循环。）

黛安："好的，让我们再来一次，还是一样的目标——'抢占二垒'。不过这一次在上完二垒之前你要把注意力放在'用力蹬地'上面。"

"总结动作"是"反馈"的同义词。我们在第2章中讲过，反馈可能来自教练或者运动员，并且可能和运动表现或者运动结果有关。换言之，教练可以把"总结动作"部分视为提出问题和参与其中的机会，适时做出评价和助力，与运动员合作，从而帮助运动员更好地实现下一个动作目标[72]。[2] 最终，教练采取的"总结动作"的方式取决于运动员的需求、经验水平、动作或训练的类型

---

2 自我控制反馈的概念已被证明可以改善动作学习。具体来说，自我控制反馈是指当运动员参与到反馈过程中，当他们收到反馈时，基于他们收到的反馈类型，在不同程度上给予他们部分或完全的控制。正如伍尔夫和卢思韦特的"动作学习最优理论"所描述的，自我控制支持自主性，自主性是动机的一个关键维度，如自决权理论所述，同时增加了对任务的注意力投入，这是影响反馈提供的时间和类型（例如，对成绩的了解，对运动表现的了解，或对演示的了解）的结果。值得注意的是，这是教练可以组织执教循环的DEBRIEF it部分的许多方法之一。

以及下一个重复动作或下一组动作的目标。就杰克而言，黛安想从他那里得到对动作的反馈，该反馈侧重于运动表现（感觉），而不是结果。从前面的对话可以看出，黛安感兴趣的是杰克何时用了目标提示，是在过渡期间，还是在加速期间，或者在这两个时期都用到了。从杰克的反馈来看，他似乎更关注从变向到加速的过渡而不是加速本身。因此，黛安试图在杰克冲向二垒的整个过程中，让杰克保持专注力从而维持下肢蹬地的冲刺水平。

　　从上文中不难发现，教学沟通循环体系为教练在指导训练的过程中与运动员进行沟通提供了方法，教练在过程中的每一步都会使用一种稍微不同的沟通方式。就像化学家试图合成解毒剂一样，教练也在试图生成更好的训练理念来指导运动员。因此，只有在能帮助教练"提示动作"和运动员"实践动作"的情况下，方可进行"描述动作""示范动作"和"总结动作"。随着运动员水平的提高，我们应该注意到"DDCDD"，也就是所谓的大循环这时要开始精简，只留下"CDD"3个环节，即"提示动作""实践动作"和"总结动作"，简单来说，精简后的循环就是小循环（见图4.2）。[3]

　　清楚方法和前提后，我们已准备好通过所用的提示来引导运动员的注意力。不过，在继续讲述相关内容之前，我想先说明一件事。

**　　除非另有说明，下文将讨论的内容都与指导环节中"提示动作"部分的用语相关。**

　　需要说明的是，这是教练在运动员做动作之前输入他们大脑的最后一个想法，有助于运动员的运动表现和运动学习；这也是在比赛的关键时刻教练所推崇的一种心态。

大循环（DDCDD）			小循环（CDD）		
描述动作 对动作的 扩展描述		**示范动作** 对动作的 亲身示范	**提示动作** 引导注意力集中 在动作上的短语	**实践动作** 在做动作时 保持注意力集中	**总结动作** 考虑运动员和 教练的反馈
内容		方式			内容
内部或 外部语言		沉默，强调单个词语， 或用A/B两种示范	最后一个短语 是外部提示 或比喻	沉默，用一个词语 或者一种声音强调 运动的节奏	提问、评估和合作

图4.2　教学沟通循环体系

---

3 重要的是要认识到有完整的文本专门用于描述、演示和反馈细微差别安排。因此，在某些情况下，你可能会保留反馈，例如，允许运动员在评论之前通过一项技能进行多次重复练习，这就是所谓的总结或例常反馈。这些反馈流程，就像他们经常提到的那样，决定着你提供给你的运动员的时间和信息类型，所有这些都是为了支持他们对学习过程的自我参与度。虽然有很多关于这个话题的书，但我推荐尼古拉·霍奇斯和马克·威廉姆斯[32]所著的《运动中的技能习得：研究、理论和实践》(Skill Acquisition in Sport:Research, Theory, and Practice)。

第1节　提示的产生

1974年发生了很多重大事件。穆罕默德·阿里（Muhammed Ali）在"丛林之战"中一举击败乔治·福尔曼（George Forman），重获重量级拳王头衔；斯蒂芬·金（Stephen King）发表了他的处女作《魔女嘉莉》（Carrie）。然而这些事件都不是最重大的，因为这一年我们还见证了最重要的关于教练的图书之一——《网球的内心游戏》（The Inner Game of Tennis）[78]的诞生。该书的作者蒂莫西·加尔韦原本是哈佛大学英语系的学生，后来转行成为职业网球运动员。《网球的内心游戏》销量超过100万册，一直是教练推荐的最佳阅读书目之一。

加尔韦是哈佛大学网球队前队长，他在《网球的内心游戏》一书中列举了他作为职业网球运动员时经常遇到的一些问题，示例如下。

> 我知道该怎么做，可是怎么也做不好。
>
> 我在练习的时候做得挺好的，可是一到比赛就乱了套。

加尔韦注意到"（他）正在自行纠正没被指出的错误"和"口头指令（实际上）降低了预期纠正发生的可能性"。加尔韦的观点和当时的传统执教观念形成了对比，传统执教观念强调的是教学数量而非质量。为此，加尔韦开始写关于内心游戏的文章，旨在打破"抑制表现的思维习惯"。

加尔韦观点的中心思想是"学习如何获得最明确的预期结果"的重要性。他宣称"图像胜于声音，展示胜于言语，少言胜于多语"。尽管当时并没有太多科学依据支持他的这一观点，但是我们知道，加尔韦的直觉没有错。

事实上，加尔韦的直觉和我们先前的叙述完全一致，无论是口头的还是非口头的，有效的提示都应该用生动形象的心理画面来准确地表达动作结果。画面无论是来自快速示范，还是来自丰富的视觉语言，都无关紧要，关键是它能把注意力集中到训练指导上。加尔韦指出，"集中精力就会没有闲心去考虑身体的完成情况"。他还提到，"如果你正在全神贯注地思考自己的运动动作，那么你几乎不可能感知到或者看到任何东西"。

尼克·蔡特博士在《思维是平的》（Mind Is Flat）[79]一书中提到，"需要有意关注的任务和问题会调动神经机制，而神经机制中的每一部分一次只能完成一件事"。这一惊人的论断在现实中有迹可循，例如我们在阅读时一次只处理一个单词，在观看画面时一次只处理一种颜色，在思考时一次只处理一个想法。因此，同时体验到内心与外部环境提供的一切感觉，只不过是一种幻觉，是一种心灵魔法。大脑就像一盏聚光灯，只能感知它所照射或者与之互动的东西。正如第2章所述，教练必须具备吸引运动员注意力的能力，因为大脑一次只能专注于做一件事。[4]

蔡特无疑会认同加尔韦的观点，他说："要想专心致志，就必须学会把注意力集中在某处。不能放任注意力不管，一定要集中注意力。如果头脑冷静的作用是使身体呈现出最佳运动表现，那么这时我们就应该考虑两个问题，即将注意力集中在哪里及如何集中注意力。"虽然加尔韦给出了很多深刻又实用的建议，但是直到24年后，它们才变成科学所需的论据。

---

4 重要的是，我们必须认识到，我们能够同时专注于多种事情的感觉只是一种感觉。事实上，正是我们能够轻松快速地从一个焦点转移到另一个焦点，才让我们产生了具有无限注意力窗口的错觉。然而，在运动的世界里，思想是与它们所影响的模式一起存在的，我们不能要求大脑在任何给定的动作时刻考虑一个以上的想法或提示。

水中的伍尔夫

每个科学家都希望自己拥有一个熠熠生辉的巅峰时刻，但是很少有人经历过。幸运的是，加布里埃尔·伍尔夫博士恰好是那些为数不多的科学家之一。

如果你拿起加布里埃尔·伍尔夫博士的著作《注意力和运动技能学习》[80]，你就会看到封面上的帆板运动员。虽然一本关于运动的书上有一张关于运动的图片很常见，但是选择一名帆板运动员当封面图片似乎就有些奇怪了。读到这本书的第 2 章时，你还能再次看到一名帆板运动员。

伍尔夫在书中讲述了一名帆板运动员的故事，他正在尝试学习一种名为"力量型顺风转向"（power jibe）的新技能。在下水执行这个复杂的动作之前他买了一本杂志，这本杂志上有这种新技能的详细说明和图片展示。为了让你理解杂志上的说明，我从一个帆板网站上找到了类似的指南[81]。

- 第 1 步：双手就位，掌心向下，放慢速度然后打开船帆。
- 第 2 步：将后脚从固定绳中伸出，踩在帆板的下风横杆上。
- 第 3 步：操纵帆杆，一旦帆杆开始咬合，就要把重心置于其上，弯曲膝盖，身体倾斜并尽量保持风帆直立。

此外还有 7 个步骤，但我想你现在已经大致了解这一技能了。

帆板运动员的工作记忆中早已存储着这些详细的步骤，因此他可以在水上练习一整天。在数小时的练习中，这位运动员努力取得预期的进步。随着一次又一次地尝试执行力量型顺风转向技能，帆板运动员的挫败感不断增强，他发现自己几乎不可能同时做到控制身体、保持帆板平衡、翻转风帆并享受运动过程。帆板运动员不可避免地意识到两点内容：（1）严格遵循杂志上建议的每一步是徒劳的；（2）专注于帆板的运动比专注于自己身体的运动更加有效。

有了新的方向后，这位运动员重新回到了水面上，只是这次他决定专注于帆板的运动而非自己身体的运动。大脑没有了多余的关注点，就只会专注于一个明确的目标——移动和翻转帆板。这时这位运动员便迎来了巅峰时刻，练习也很快变得顺利起来。结论很明显：如果运动员在学习一项新技能的时候关注过多的事情或者错误的事情，那么他花在"水"中的时间就会比花在"风"中的时间多得多，会做很多无用功。

读完伍尔夫分享的故事后，你可能跟我一样在想，她为什么要把这样一个晦涩难懂的动作讲成故事。我的意思是，这个故事虽然与书的主题相关，但想用一个故事引出自己的观点，最起码应该使用人们都熟悉并能感同身受的动作吧。如果你这样想，那你就错了！

因为这不是一个为了证明自己的观点而随意编撰的故事，而是一个真实的故事。你会在情节转折中发现这位帆板运动员不是别人，正是加布里埃尔·伍尔夫博士本人。她表示，1996 年她在意大利加尔达湖上的这段经历引发了她的好奇心。伍尔夫想知道，伴随着她注意力的转移而发生的变化是否是一次性的，还是说自己已经发现了注意力和掌握技术动作之间的根本关系。

既然阿基米德（Archimedes）能在浴缸中发现浮力，牛顿（Newton）能通过掉落的苹果发现重力，那伍尔夫为什么就不能在帆板运动中发现注意力和掌握技术动作之间的关系呢？

Steps1-3 reprinted by permission from P. Bijl, "10 Step Plan to the Perfect Power Gybe." Accessed Sept 6, 2019.

1998年

当时伍尔夫是德国慕尼黑著名的马克斯·普朗克研究所的研究员，她刚结束帆板练习就迫不及待地想要验证自己的理论。伍尔夫对自己将注意力从身体转移到帆板后发生的变化非常感兴趣，她想知道，与关注身体本身相比，关注动作的效果是否会带来更好的运动表现和运动学习效果。

为了验证猜测，伍尔夫和她的同事马库斯及沃尔夫冈·普林茨进行了一项研究，他们让受试者在一个滑雪模拟器上完成为期3天的障碍滑雪训练。任务很简单：把一个踏板放在一组由松紧带拴着的轮子上，让受试者尽可能将踏板推到弯曲轨道的左右两侧（见图4.3）。踏板在两个方向上距离中心的最大距离为55厘米。受试者将尝试在3天内逐步增加他们推动踏板的距离。

图4.3　加布里埃尔·伍尔夫使用的滑雪模拟器
源自：G. Wulf, *Attention and Motor Skill Learning* (Champaign, IL: Human Kinetics, 2007), 9.

该研究包括22个90秒的测试，在第1天和第2天分别完成其中的8个测试，剩下6个测试在第3天完成。研究人员比较了每天第一个和最后一个测试时踏板被推动的平均距离，以便检查不同测试之间和测试过程中的变化。研究人员会在第1天和第2天为受试者提供特定的注意力提示，我们称之为"习得期"。而在第3天没有任何提示或提醒，我们称之为"保持期"。

33名没有使用滑雪模拟器的经验的受试者被随机分为3组，每组代表不同类型的注意力。第1组，即外部专注组，要在踏板的外轮上施力；第2组，即内部专注组，要在外侧脚上施力；第3组，即正常专注组或对照组，对他们没有任何要求，注意力像往常一样即可。

他们按照各自的注意力提示进行了两天的训练后，各组之间出现了明显的差异（见图4.4）。所有受试者在训练前的平均移动距离均为20厘米，训练后外部专注组的平均移动距离为47厘米，而内部专注组和正常专注组的平均移动距离分别为35厘米和41厘米。第3天，在没有任何暗示、提示或者提醒的情况下，明显的获胜方出现了，那就是外部专注组。该小组一直遥遥领先，实验结束时的平均移动距离远大于结果差不多的另外两组。

可以想象，伍尔夫及其同事欣喜若狂，现在凭直觉提出的假设有了科学依据。和将注意力从身体转移到帆板上能帮助伍尔夫提高帆板冲浪的水平一样，受试者在研究中把注意力放在踏板上而不是脚上时，能达到最佳水平。尽管有了这一令人振奋的发现，但是伍尔夫并没有高兴多久，因为她第1次试图发表这项研究结果时就遭到了审稿人的质疑和期刊的退稿。诚然，就算是伍尔夫自己也很难相信存在如此细微的注意力差异，但是事实就是如此，"差之毫厘，谬以千里"，一个小的差异可能导致结果完全不同。幸运的是，并非所有的尝试都失败了，其中一个审稿人要求伍尔夫及其同事再用一个不同的实验印证他们的发现。若能再次证明他们的发现，那么他们将首次发表关于外部专注的提示带来的学习效果比内部专注的提示带来的学习效果好的文章。否则，他们将回到起点。[5]

---

5 值得注意的是，在1998年沃尔夫发表这篇论文之前，其他一些学者也研究了注意力对运动表现的影响。然而，沃尔夫的这篇论文是我所知晓的第一篇明确比较了内部关注和外部关注如何在有意识的情况下影响身体外在运动表现和动作学习的论文。

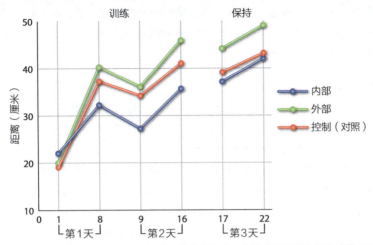

图4.4 内部专注组、外部专注组和正常专注组的平均变化幅度。在滑雪模拟器上训练（第1天和第2天）和保持（第3天）

源自：G. Wulf, M. Hoss, and W. Prinz, "Instructions for Motor Learning: Differential Effects of Internal Versus External Focus of Attention," *Journal of Motor Behavior* 30, no.2(1998): 169-179.

接受挑战后，伍尔夫及其同事着手选择一项新的运动技能进行实验评估。研究小组基于之前的平衡和姿势控制这一主题决定使用稳定器，这是单轴平衡板的专业术语。除了运动技能不同之外，伍尔夫使用了一个相似的方案。需要注意的是，这16名受试者并不熟悉这项技能，他们将参与一项为期3天的实验，共21个90秒的测试，每天做7个。这项任务要求单轴平衡板尽可能保持静止，在这种情况下，频繁的小调整会比偶尔的大调整产生更好的效果。

受试者按照惯例被分配到不同的注意力小组。这次要求外部专注组"关注红色标记（放在脚前的带子），尽量将标记保持在相同的高度上"；要求内部专注组"关注自己的双脚，尽量把双脚保持在相同的高度上"。注意，两组受试者在测试时均直视前方，因为伍尔夫不想让他们将集中在双脚和带子上的视觉注意力与精神注意力混淆。与滑雪模拟器实验不同的是，实验的前两天，这些小组的平衡能力在提示下增强的程度都差不多。但是在第3天没有提示的情况下外部专注组再次表现突出，其平衡能力的增强程度比内部专注组高得多。

伍尔夫及其同事带着确凿的实验证据再次拜访了《运动行为杂志》（*Journal of Motor Behavior*）的工作人员，该杂志在1998年的夏天，也就是伍尔夫开始学习帆板运动的两年后，刊载了《运动学习指南：内部专注和外部专注的差异效应》（*Instructions for Motor Learning: Differential Effects of Internal Versus External Focus of Attention*）[82]。在那时这些发现似乎有些微不足道，且应用起来非常受限。就像当初审稿人对伍尔夫的质疑一样，其他教练不理解把注意力集中在轮子或一些细枝末节上与提高运动员的成绩有关系也是情有可原的。随后教练们很快就能意识到，轮子和带子只是一个引子，真正蕴藏在这些简单提示中的，是教练的说话之道。

运动的开始

距伍尔夫里程碑式的研究已经过去了20多年，外部专注带来的有益现象源源不断地涌现了出来。美国国家医学图书馆称，数据显示，自1998年至今已经完成了160项关于内部专注与外部专注的原始研究。由此可见，伍尔夫帮助建立了运动学习领域有史以来最完整的研究叙述之一。就像考古学家一笔一笔地还原埋在地下的遗骸一样，伍尔夫和跟随她的研究人员用一项又一项的精确研究继续揭示提示、意图和行动之间的相互作用。

来自实验室

1998年，伍尔夫在发表论文不久后开始了一系列后续研究。有趣的是，她的下一项研究的合伙人不是别人，正是那个建议她进行二次实验的审稿人——查尔斯·谢伊。她对伍尔夫的研究结果很感兴趣，谢伊和伍尔夫[60]着手重新印证和改进最初的发现，他们决定使用和之前相同的稳定器实验。他们把受试者分成4组，每组训练两天，在第3天完成保持测试。其中两组接收伍尔夫在1998年使用的提示，另外两组通过电脑屏幕接收有关稳定器的连续视觉反馈，并被告知"屏幕上的线条代表他们的脚"（内部反馈组）或者"屏幕上的线代表他们脚前的那条线"（外部被反馈组）。

与试图"保持脚在相同高度上"的内部专注组相比，"保持脚前线条在相同高度上"的外部专注组能够更好地稳定单轴平衡板，这证实了1998年的研究结果。有趣的是，接收视觉反馈的两个组的情况相同，即外部反馈组的效果优于内部反馈组。总的来说，这些发现进一步回应了外界的质疑，即在训练过程中外部专注确实会比内部专注产生更好的学习效果。但是个人偏好是否会对学习效果产生影响呢？当然，任何类型的专注的效果都取决于个人对它的喜爱程度。

为了回答这个问题，伍尔夫、谢伊和帕克（Park）[76]想出了一项绝妙的研究来检验专注偏好对学习的影响。研究人员使用与伍尔夫1998年实验中相同的稳定器任务和提示，设计了两个实验，目的是测试受试者们对外部专注有效性的直觉。在实验1中，不熟悉稳定器的17名受试者在第1天交替采用内部专注（即"脚在相同高度上"）和外部专注（即"脚前的线条在相同高度上"），并在第2天用自己喜欢的专注方式训练。受试者在第3天完成保持测试。随后研究人员采访他们自主选择了哪种专注方式。结果显示，12名受试者选择了外部专注，5名选择了内部专注。而那些选择外部专注的人比选择内部专注的人表现出更强的平衡控制能力。在实验2中研究人员发现了同样的现象，证据表明，给出选项后，大部分人会选择外部专注。这进一步印证了伍尔夫在帆板运动中的发现。

伍尔夫等人紧接着揭示了一些有趣的现象，进一步印证了关于外部专注的益处的猜测。到2017年，他们已经完成了两次系统性的审查，并且得出结论，即外部专注有助于增强平衡能力[36, 49]。如果你仍对这个结论心存疑虑，那么请想一想，你在刚开始学一项对平衡能力要求很高的运动技能时会想什么。无论是在冲浪、玩滑板还是在滑雪，你肯定不会默念"头、肩、膝、趾、膝、趾"，至少不会一直想这些；反而会不由自主地想到"滑板、平衡、找到技巧、找到技巧"。

来自领域

伍尔夫及其同事证明了外部专注可以增强平衡能力，虽然这是一个良好的开端，但是他们认为，仍需把关于外部专注的益处的理论延伸到所有的运动类型中。基于此，伍尔夫等人开始研究内部专注提示和外部专注提示对学习运动技能的不同影响。

就在谢伊和伍尔夫重复1998年伍尔夫设计的实验的同一年，伍尔夫、劳特巴赫（Lauterbach）和图尔（Toole）[70]设计了一项研究，以检验专注的类型对高尔夫球初学者学习击球时的影响。21名受试者被随机分为两个小组，一个是内部专注组，专注于"手臂的摆动"；另一个是外部专注组，专注于"球杆的摆动"。运动目标是将球击入一个直径为45厘米、距受试者15米的圆形洞口中。受试者用9号杆在第1天（训练阶段）完成了80杆，第2天（保持阶段）完成了30杆。研究结果表明，在练习和记忆的过程中，外部专注组击球比内部专注组要准确得多。

由于外部专注的好处似乎具有普遍性，伍尔夫及其同事想了解不同类型的外部专注提示是否会影响结果。为此，他们设计了两个实验来评估两种不同的外部专注的提示对学习网球正手击球和高尔夫切削球的影响[75]。在第一个实验中，36名网球初学者被随机分配到专注于"接球"或者"发球"的小组中。告知专注接球组成员要注意"球从发球机到球拍的轨迹"，而告知专注发球组成员要注意"球的预期轨迹，并想象球被击出后落在目标上"。由于这两种提示都需要外界对球的关注，所以在训练测试中击球的结果并无差异。但是在保持测试中，专注发球组略胜一筹。这是因为专注发球的提示体现了"击出球"这一最终目的，而专注接球组的提示则没有做到这一点。

在第二个实验中，伍尔夫及其同事重新运用了伍尔夫、劳特巴赫和图尔在1999年设计的高尔夫击球任务。26名高尔夫球初学者被随机分为两个小组，一个是近距离观测组，关注"球杆的摆动"；一个是远距离观测组，关注"球的预期轨迹，并想象球落到目标点上"。结果显示，在训练和保持测试中，近距离观测组有明显的优势。综上所述，我们可以看出，虽然外部专注提示比内部专注提示更能促使运动员取得更好的成绩，但教练仍需根据运动员的任务和经验水平找到最佳的外部专注提示。我们将在第5章探讨这一问题，并讨论教练在确定引导运动员的注意力的最佳提示时应该考虑的因素。

随着继续对运动领域进行研究，越来越多的结论都证明了外部专注的有利影响。从篮球[1, 77]到棒球[15, 28]、从足球[22, 73]到游泳[23, 62]，研究结果一致表明，外部专注比内部专注更能带来出色的运动表现和学习效果。加布里埃尔·伍尔夫在她于2013年发表的研究报告《注意力集中和运动学习：15年回顾》（*Attentional Focus and Motor Learning: A Review of 15 Years*）[91]中对外部专注的影响做出了如下总结。

> 这种影响的广度体现在它对不同技能、不同专业水平和不同人群的普遍适用性，以及它对运动表现的效果和效率的影响。显然，指导和反馈用语上的细微差别都对运动表现和运动学习的效果有显著的影响。

这是一个提示

此时，大家肯定有很多疑问。我最初阅读关于专注和提示的文献时也遇到过这些问题，但我相信接下来的内容可以为你答疑解惑。首先，让我们罗列出一些关键定义，它们将总结到目前为止讨论过的内容，并指导大家继续对提示进行探讨。

你可能已经发现"注意力集中"这个词的应用范围之大，使用频率之高。它原本是运动学习文献中的专业术语，用来描述受试者在执行一项运动技能时的关注点，这种关注点可以由教练提示，也可以由自己选择。人们把**注意力集中**定义为"个体有意识地将注意力集中在明确的思想或感觉上，努力以更优异的表现完成任务"。因此，教练可以用语言引导运动员的关注点和意图，希望语言能转化为思想，思想能变成行动，这些行动最终将优化运动员的学习效果。

内部提示和外部提示

在我们对研究结果的讨论中，参考了两类专注点，即内部专注和外部专注。与**内部专注**相关的提示（后文简称内部提示）要求个人专注于自己身体的某个部位（如肌肉、关节和四肢）或者相关的运动过程（如"激活"某块肌肉或"伸展"某个关节）。而与**外部专注**相关的提示（后文简称外部提示）要求个人专注于运动情景的某个特征（如"腾空"或"击球"）或者相关的运动结果（如"冲过终点线"或"射门"）。为了理解内部提示和外部提示的区别，大家可以想象这样一个场景，一名教练与一名运动员正在进行纵跳训练，与从马库斯短跑训练中观察的结果一样，这名教练注意到运动员在起跳时并未将髋部伸展到最大限度，他认为这个不规范的动作会影响运动员的跳跃高度。据此，教练确定了有助于提高髋部伸展程度的5个提示。请判断以下5点提示分别是内部提示还是外部提示。

提示A	"专注于蹬地"	（内部提示/外部提示）
提示B	"专注于伸腿"	（内部提示/外部提示）
提示C	"专注于用力伸展髋部"	（内部提示/外部提示）
提示D	"专注于跳得更高"	（内部提示/外部提示）
提示E	"专注于向天花板跳跃"	（内部提示/外部提示）

大家是怎么选的？能否从外部提示中发现内部提示？区分二者的关键在于要确定句子的主体是身体还是外部环境。例如在提示A中，让运动员"蹬地"就是外部提示，因为它是与环境（地面）的相互作用。相反，提示B和提示C是内部提示，因为"伸腿"和"用力伸展髋部"强调的是身体本身的动作。提示D和提示E侧重于"跳得更高"和"向天花板跳跃"，它们都将注意力放在运动结果上，并再次与环境相互作用，反映外部专注。尽管这5点提示都针对同一个错误动作，即不完全的髋关节伸展，但是用语却截然不同。这对运动表现和运动学习有实质性的影响。

继续介绍与提示相关的内容之前，我们先来处理大家的一些固有观念，这些观念可能深深扎根于你的思维中。回顾你作为教练的经历，我想你会开始思考所有你认为内部提示有益的场景，即使当时内部提示并非最佳选择。例如一名运动员刚刚康复，内部提示是否会对他完成一些特殊动作和任务（如臀桥）有帮助？再如一名运动员想要增肌，内部提示是否会帮助他实现这一目标？那么，那些想要调整动作细节的运动员呢？难道他们不需要通过内部提示放大他们想要纠正的错误吗？对于这些问题，教练需要多思考一会儿。因为接下来我们会讨论内部提示的作用。现在回想此前探讨过的内容，我们知道有证据充分证明，当想要优化运动技能的表现和学习效果时，外部提示比内部提示更具可衡量的优势。这并不意味着教练不能用内部提示提高运动员的运动技能水平，只是跟外部提示相比，提高程度会稍逊一筹。因此，基于目前为止我们讨论过的任务性质，可以轻易得出这样一个结论，即教授一个复杂的多关节动作时，教练应该在指导环节的提示动作部分构思一个外部提示。

回到关于提示的讨论上来，现在让我们改变策略，给教练一个可以自己策划提示的机会。请看下面的文本框，在"动作名称"一栏上写下教练选择的动作；在"动作错误"一栏上写下教练的提示可能针对的错误或技术的某个方面；在"内部提示1"和"内部提示2"两栏上写下关于内部提示的示例；在"外部提示1"和"外部提示2"两栏上写下关于外部提示的示例。注意，同时写下内部提示和外部提示并不是因为它们有相同的好处，这种情况并不存在，而是因为我想让教练轻松地区分不同的提示类型，以便教练在自己的执教用语中加以分辨。

动作名称：＿＿＿＿＿＿＿＿＿＿＿＿＿＿＿＿＿＿＿＿＿＿＿＿＿＿＿＿＿

动作错误：＿＿＿＿＿＿＿＿＿＿＿＿＿＿＿＿＿＿＿＿＿＿＿＿＿＿＿＿＿

内部提示1：＿＿＿＿＿＿＿＿＿＿＿＿＿＿＿＿＿＿＿＿＿＿＿＿＿＿＿

内部提示2：＿＿＿＿＿＿＿＿＿＿＿＿＿＿＿＿＿＿＿＿＿＿＿＿＿＿＿

外部提示1：＿＿＿＿＿＿＿＿＿＿＿＿＿＿＿＿＿＿＿＿＿＿＿＿＿＿＿

外部提示2：＿＿＿＿＿＿＿＿＿＿＿＿＿＿＿＿＿＿＿＿＿＿＿＿＿＿＿

提示的连续性

明确了解了内部提示和外部提示的区别后，接下来就可以讨论我所说的教练提示的连续性了。虽然研究结果显示，选择某个提示是一个非黑即白的过程，但是真实事件表明，还有多种内部提示和外部提示值得我们考虑。图4.5展示了从内部提示到外部提示的5个连续提示。

① 狭义内部提示　　　"竭尽全力伸展髋部"

② 广义内部提示　　　"竭尽全力向后伸腿"

③ 混合提示　　　　　"竭尽全力将腿压向地面"

④ 近距离外部提示　　"竭尽全力蹬地"

⑤ 远距离外部提示　　"竭尽全力冲向终点"

图4.5　教练提示的连续性

▶ 狭义内部提示

狭义内部提示要求运动员专注于某块肌肉的运动（如单腿下蹲——"挤压臀部"）或者单个关节的运动（如冲刺——"屈髋"）。该提示可能会以牺牲整体为代价，而优先考虑局部。

▶ 广义内部提示

广义内部提示要求运动员专注于肢体的动作（如冲刺——"伸展或向后蹬腿"）或身体的某个区域（如下蹲——"保持背部和脊椎挺直"）。该提示不针对任何肌肉或者关节的运动，它为肢体或身体的某个区域在训练中的运动和空间定位情况提供了一般性指导。[6]

▶ 混合提示

混合提示要求运动员专注于身体部位和环境之间的相互作用（如冲刺——"把膝盖顶向终点线"，卧推——"拳头仿佛要打穿天花板"）或者身体部位和环境之间的位置关系（如平板支撑——"保持身体与地面平行"）。注意，在传授像综合格斗这种格斗类运动、英式橄榄球和美式橄榄球这种高强度对抗类运动的技术时就要用到混合提示。例如，教练会在教授正面铲球时，可以使用"肩膀穿过对方胯下"或者"脸对脸"等提示来表示肩部和头部的安全位置。在这种情况下，对方的身体就会成为目标环境的一个特征。在某些情况下，当混合提示以外部提示结束，将运动员的注意力吸引到环境的某个特征上时，我们可以把混合提示视为外部提示的"近亲"。[7]

▶ 近距离外部提示

近距离外部提示要求运动员专注于附近的环境特征，如俯身——"把哑铃拉至口袋处"，横向跳跃——"蹬地跳起，平稳落地"。但是，如果涉及器械，无论是与运动有关的，如球、球棒或球拍，还是与表现有关的，如哑铃、杠铃或药球，器械通常会成为运动员的关注点。如果不涉及任何器械，那么运动员的关注点就会是周围的环境，如墙。

▶ 远距离外部提示

远距离外部提示要求运动员专注于远处的环境特征。在这种情况下，"远"是相对于任务目标而言的，而是否使用器械会对任务目标产生影响。

• 有器械运动。使用单个器械如球、标枪、铅球、杠铃和药球，或使用两个器械如球和球棒、球棍或球拍的运动或者某些训练通常需要分别完成，运动员经常用末端释放动作将器械向特定方向移动或者投射，尽可能远地投掷，传球给队友击中目标或者射门。基于对速度、准确性和距离的高度重视，运动员的注意力必须集中在正确的地方。近距离外部提示要求运动员专注于器械本身，而远距离外部提示则要求运动员专注于运动轨迹（例如器械在空中或地面上的路径）或者目标（如队友或对手），有

---

6 混合提示、近距离提示和远距离提示的内部提示的分类，组成了在当前可查阅文献中的所有提示类型。然而，除了凯文·贝克尔和彼得·史密斯的"立定跳远运动表现中的注意力集中效果研究：远距离和近距离的内部提示影响区别"一文外，其他研究者一直尚未关注到这种区别。我希望本书会激发更多的专业研究人员检查这种区别，正如我的经验认为的那样，在对于运动表现和动作学习的影响方面，近距离的内部提示不如远距离内部提示更有效。

7 纵观针对各种关注提示（内部关注+外部或内部关注+类比）的研究，还没有人能精确地说明同时包含内部关注和外部关注的语言提示。出于这个原因，我猜测，这种混合性的提示，如果以外部关注结束时会更像外部关注提示，而以内部关注结束时会更像内部关注提示。当我在自己的实践尝试中发现，使用混合提示的情况只是使用纯粹的外部提示和类别之外的极少数情况。要注意的是，这种混合提示类型与在描述部分使用内部提示语言、在指导时使用外部提示语言的执教循环过程是不一样的，因为混合提示要求所有的提示内容在一个短语框架内。

时这一目标还可以是终点。

• 无器械运动。有些运动无须器械，如短跑、自由体操，以及一些跳跃练习，如单脚跳、双脚跳、纵跳；还有一些运动，器械无法离身，如单板滑雪、冲浪和双板滑雪，运动员有时需要用末端释放动作，尽可能远地移动或弹射身体，并在着陆前有充足的腾空时间完成一系列特定的动作。在这种情况下，由于运动员是一个抛物体，所以近距离外部提示要求运动员专注于蹬地时产生的作用力，而远距离外部提示则要求运动员专注于运动轨迹或终点线、终点距离及着陆点等目标。

通过上述连续提示可知，教练用来指导运动学习的用语就像相机上的变焦功能一样，它将运动员的注意力吸引到最微小的动作单元上，并使运动员逐步达成最终的任务目标。虽然研究表明身体的轮廓在内部和外部焦点之间形成了边界，而且这一观点从根本上来说是正确的，但是不同程度的专注会产生不同的实际影响。因此，在第5章中，我们将讨论注意事项，以确定最适合任务和运动员经验水平的外部提示的等级，同时考虑内部提示在整个指导描述环节中的作用。

为了保证我们对这一理念在应用方面的理解，您将看到如下所示的一个连续提示的示例，应用于足球运动中的铲球和横向躲避，重点强调了动作的推进或伸展阶段。

动作名称： 铲球和横向躲避

动作错误： 铲球和横向躲避过程中，长时间接触地面时不完全伸展或无法保证速度；髋关节、膝关节和踝关节过度弯曲；身体向铲球腿侧弯

狭义内部提示： 专注于快速伸展膝盖

广义内部提示： 专注于快速伸展腿部

混合提示： 在用力跳离地面时专注于绷紧腿部

近距离外部提示： 当越过防守队员时，专注于用力跳离地面

远距离外部提示： 当越过防守队员时，专注于用力跳到无人的区域

请你模仿上述示例，选择一个新动作和一个教练经常纠正的关于该动作的错误，并针对动作错误提供5个连续提示。

动作名称： _____

动作错误： _____

狭义内部提示： _____

广义内部提示： _____

混合提示： _____

近距离外部提示： _____

远距离外部提示： _____

提示的注意事项

有可靠证据证实了外部提示的优势，在深入研究这些证据之前，教练应该考虑一下内部提示在指导环节中的作用。还记得吗，它由5个关键的指导步骤组成："描述动作""示范动作""提示动作""实践动作"和"总结动作"。正如前文所述，在教授运动员一个新动作时，教练必须完成整个指导环节，我们称之为"大循环"。然而，一旦运动员对所学技能产生有效认知，教练就可以删减一些不必要的步骤，只完成"提示动作""实践动作"和"总结动作"即可，这就是"小循环"。

诚然，我们不可否认外部提示的好处，但它并不能改变这一事实，即在最初教授运动技能时，仅提供外部提示往往不够。例如，教练首次指导运动员如何深蹲时，最重要的是使运动员在做动作之前知道如何准备，特别是安全方面的准备。这需要教练描述和示范如何蹲在杠铃横杆下、退回到架子上、调整脚部位置、调整姿势，然后开始深蹲。与之类似的是，管理机构通常会要求指导铲球的教练帮助运动员理解正确的姿势，从而习得安全有效的动作技巧。在这两个例子中，我们可以看到，指导环节中的"描述动作"部分对于解释该如何做至关重要，它能帮助运动员全面理解训练任务。而"示范动作"和"提示动作"部分则为如何做提供了见解，即抓住一个焦点。

虽然我不建议教练在指导环节的"描述动作"部分中使用不必要的内部提示，我的意思是教练在说明动作的重要特征时，不能忽视以身体为导向的词汇的作用，尤其是当运动员偏离规定的身体姿势和位置，会面临明显的受伤风险时。因此，教练在考虑提示的连续性时，更应该在指导环节的"描述动作"部分使用内部提示，在"提示动作"部分使用外部提示。注意，该建议同样适用于教练进行视频分析，以及与运动员进行技术交流。因为这两种情况都需要关于生物力学（是什么）的解释，因此教练要使用有针对性的内部提示。此外，教练还需要用外部提示来调和运动员的思想和动作（怎么做）。现在让我们来看一下教练应该如何使用指导环节中的前3步，也就是"描述动作""示范动作"和"提示动作"来指导运动员深蹲。

▶ 第1步：描述动作

"今天，我们来练习杠铃后蹲。"

"在我做示范的时候，你要记住以下5个步骤。"

"第1步，位于杠铃正下方，让它位于你双肩的中心。双手握住杠铃杆，整个肩臂呈现出'W'形。"

"第2步，紧握杠铃杆，慢慢站起，然后后退，使自己处于杠铃架的中心。"

"第3步，双脚分开，距离比肩稍宽，并向外侧张开。"

"第4步，用可控制的速度尽可能下蹲。下蹲的同时挺胸抬头，保持躯干紧绷。"

"第5步，保持相同的姿势，用可控的方式站起来。"

▶ 第2步：示范动作

以上要点可以在示范动作之前提出，并在示范动作的过程中再次强调。有些教练可能会在示范动作的过程中提出这些要点，但是这样做只在动作完成速率较慢的时候有效果。否则，"描述动作"应该与"示范动作"分开进行，以免运动员分心。

▶ **第3步：提示动作**

"在进行前几组练习的时候，我会在你身后放一个较低的箱子。"

"专注于下蹲，你只需轻碰箱子中心，而不是坐在上面。"

总之，如果不对动作进行描述，这样会使运动员学习起来更加困难，或者增加运动员受伤的风险，所以教练必须描述动作要领。当描述一个动作时，要言简意赅，优先采用有生动视觉效果的语言，并尽量少用引导运动员专注于内部的语言。无论如何，一定要做示范，这样运动员才会将动作具象化，明白动作要领。因此，教练要一直通过示范来更新运动员大脑中关于动作的视觉形象。教练应该在运动员做动作时通过提示或者引导性提问，如"你认为应该关注……才能做到……？"，鼓励他专注于外部。

第2节　提示的不利影响

虽然加布里埃尔·伍尔夫博士在1998年进行的研究表明了外部专注的好处，但心理学家依然怀疑有效运动是目标导向型注意力的副产品。在1890年出版的《心理学原理》一书的第2卷[83]中，心理学家威廉·詹姆斯对注意力和运动的作用做出了如下阐述。

我们越不去想自己的双脚在横梁上的位置，在横梁上走得就越好……只有关注目标所在的位置，才能够实现目标；如果你一直在想自己的双手，那么你很可能无法实现目标。

这是有记录的最早的描述外部专注优于内部专注的语句之一。然而，并非只有詹姆斯这么认为，此后有很多人都强调了外部专注的好处，同时建议大家关注运动表现，而非运动本身。蒂莫西·加尔韦就是一个主张这种观点的人。提到网球的时候，加尔韦是这样描述注意力的。

打网球打到"忘乎所以"的人对球和球场有更清晰的认识，甚至在必要时能更清楚地了解他的对手。但是他没有意识到要给自己很多指示来思考如何击球、如何纠正刚才的错误动作或者如何重复刚才做过的动作。

谈到自己对指导和提示的看法时，加尔韦持以下观点。

我认为技术知识的最佳用途，是向期待的目标传递一个提示。这个提示既可以用语言表达，也可以用行动演示，但最好将它看作目标的一个近似值，仔细注意每一步就能发现。

虽然已有大量证据证实了詹姆斯、加尔韦和伍尔夫的直觉，但是我们并未探索支撑外部专注的优势的机制。幸运的是，一家多样化的研究机构为这个简单而高雅的理论的诞生创造了条件。

运动理念

开车时，你的注意力是在踩油门的脚上还是前方的道路上？打字时，你的注意力是在敲击键盘的手指上还是在键盘上？踢球时，你更关注腿部的动作还是你要传球的人？这些问题及无数与之相似的问题反映了运动的基本特征，即人们根据目标进行运动。

现在请你思考一下，如果动作不是实现目标的工具，那它又会是什么呢？如果动作不是表现人们内心目的和需要的手段，那它又会起到什么作用呢？你可以仔细思考，能否确认一个有意识且自发的行动，而不是根据预期目的所产生的行为。即使是形式抽象又多样的舞蹈，也是由音乐引导进行的。因此，运动就是一种达到目的的方法，在这种情况下，为了达到不同的目的，就要验证不同的方法。

正如阿明（Armin）和克劳迪娅·斯科特（Claudia Scott）在《思维–运动行为简史》（*A Short History of Ideo-Motor Action*）[84]中所述，该观点最早由英国内科医生托马斯·莱科克（Thomas Laycock）提出，他在治疗恐水症患者时发现，当他们触碰、看见或者想象水的时候，他们会下意识做出一些动作，例如痉挛、喘气和抽搐。莱考克猜测，即使那些想法只是想象出来的，它们也会以某种方式与运动动作联系在一起，并嵌入其中。

尽管莱考克为思维和行动之间的联系提供了早期证明，但这一发现是由其同事威廉·卡彭特（William Carpenter）首次命名的。1852年，卡彭特及其同事将类似于莱考克所述的这种现象称为**思维–运动行为**，即一种由思维（观念）触发的行为（运动）。

在莱考克和卡彭特研究神经系统受损患者的思维–运动反射的时候，创立了教育学学科的哲学家约翰·赫尔巴特（Johann Herbart）通过独立思考得出了一套关于思维–运动行为的整体理论。赫尔巴特想要展示思维与身体之间的联系，他认为运动受预期的感官结果，也就是与达到的目的相关的感觉体验控制。因此，一旦有了运动的感觉体验，那么它就会成为运动系统在下次行动时使用的范本。例如，若一个人有了第一次行走的体验，他就会继续走以获得和第一次相同的感觉体验。

在实践中，我们的注意力如果确定了目标，大脑就会预判实现这一目标应做的动作。这些动作被记录在感觉范本中，也就是说，这些是应该发生的。然后运动系统开始规划动作，再对照感觉范本查核动作。随后动作就会伴随着每次运动不断更新，直到实际发生的事与应该发生的事相吻合。这样，我们的行为就会按照自己的想法（目标）进行，且会在实现目标之前不断更正（见第3章）。

约束行为假说

伍尔夫于1998年出版的著作在结尾处说明了在当年她自己设计的实验中，受试者在滑雪模拟器上躲避障碍的能力和在稳定器上的平衡能力增强的原因。她参考了合著者沃尔夫冈·普林茨的"行动效应假说"[52]，得出结论："如果按照预期的结果，而不是具体的动作模式来规划行为，应该会更有效。"这听上去是否很熟悉？普林茨其实是一个精选研究团队中的一员，该团队还包括伯恩哈德·霍梅尔（Bernhard Hommel）[33]、马克·让纳罗[35]和丹尼尔·沃尔珀特[67]。他们为莱考克和赫尔巴特在150多年前提出的设想提供了新的理论和实证支持。

伍尔夫的发现以行为执行的思维–运动理论作为解释的基础，她着手回答以下问题：为什么外部专注比内部专注能更好地优化运动表现和运动学习效果？在内部专注的影响下，运动系统会发生什么变化？

为此，2001年，伍尔夫与南希·麦克内文和查尔斯·谢伊[85]合作。他们使用和1998年相同的稳定器实验设计方案以及提示方案，不同的是，他们在这次实验中增加了一个小变化。当内部专注组的受试者将注意力放在保持"双脚平行"上，外部专注组的受试者将注意力放在保持"标记物平行"上时，研究人员会随机发出一个听觉信号，每个小组的受试者必须通过按手持的触发器以最快的速度做出反应。"触发反应时间"表明了受试者在内部专注和外部专注时的注意力需求。也就是说，人们可以合理地假设特定专注点所需的注意力越少，做出反应的所需时间就会越短。伍尔夫及其同事的实验结果显示，外部专注组比内部专注组更快地触动触发器，其反应速度也更快，这证明了他们之前的假设及发现。这一结果同样适用于冲刺起跑，那个时候的反应时间决定着比赛结果[34, 36]。

总的来说，这一结果证明了外部专注比内部专注所需的注意力更少，所以专注于外部的运动员有更多精力去做其他事，如击打棒球、击打网球或率先撞线。但是这怎么可能呢？这并非因为外部提示短于内部提示。大多数研究都会让提示内容与提示长度相匹配，并用一到两个字区分专注的类型。

对于这个问题，我想了很多次，终于有了眉目。内部专注之所以会增加反应时间，是因为它需要运动员变换专注点。而若专注于外部，运动员仅需关注一个专注点即可。举个例子，请教练思考以下两个指导跳远的提示。

内部提示A："通过髋部迅速发力。"

外部提示B："迅速发力跳离地面。"

思考内部提示A时，我希望教练问自己一个问题：髋部是参与跳远的唯一部位吗？答案当然是否定的。因为如果没有膝盖、脚踝、躯干及身体其他部位的帮助，一个人根本无法起跳。因此，假设我们正在谈论多关节运动，那么内部提示总会使单个关节的动作目标与整体目标不一致。也就是说，运动员必须快速切换放在髋部上的注意力和放在跳远结果上的注意力，从而生成需要注意力系统参与的竞争需求。外部提示B则要求将任务目标代入注意力提示中。运动员要想跳得远，就需要很大的推力。因此"迅速发力跳离地面"能够解释实现这一目标所需的方法，继而达到目的。原则上，一个有效的外部提示可以帮助运动员确定与环境（如地面、运动器械或对手）最契合的方法，以达到预期目标。此外，一旦运动员产生了关于运动技能的思维模式，大致掌握了该技能的动作要领，并且经验丰富，那么他们就可以花更多时间专注于运动结果本身，如"跑得快""跳得高""扔得远""打到这

通过髋部迅速发力

迅速发力跳离地面

里""击中那里"等。因此，如果运动员的注意力越过身体范围，放在环境或者结果的相关特征上，他们就能节约注意力资源，专注于对实现目标最有利的部分，让身体做最擅长的事，从而自行完成运动。

2001年，伍尔夫及其同事[74, 92]得出了类似的结论，他们还给这一结论命名。至此，**约束行为假说**就这样诞生了，它是一个简单而严谨的理论，认为内部专注"通过干扰'通常'负责调整运动的自主运动控制过程来约束运动系统"，而外部专注则"使运动系统更自然地自我组建，不受自主控制的干扰约束，从而更有效地学习和展现运动技能"[74]。教练可能会注意到，约束行为假说很好地反映了前文所说的"变焦谬论"，即运动员越关注细小的局部，就越难完成整体动作。我们在之前也详细讨论过，大脑在任何时刻都只能专注于一个方面。因此，我们越能有效地确定目标，身体就越能很好地完成它。

在随后的几年里出现了大量证据，这些证据足以消除外界对外部专注的好处的质疑。书面记载的示例清楚地表明，从跑步到冲刺、从肌肉到动作，外部专注一直参与其中。

肌肉

如果我们深入研究运动控制力，那么我们应该在我们所能看到的任何地方都能找到关于外部专注的好处的证据。首先，让我们来探讨一下运动的微观单位、肌肉的活动和动作。就像两个人一起跳舞必须要用同一首歌一样，肌肉也必须通过协作来完成一个共同的目标。这时肌肉需要在正确的时间，以正确的力度，与其他参与运动的部位协作。因此，如果一块肌肉失去活性或过度活跃，它就会影响运动的节奏和协调性，继而产生一系列不良后果。

为研究注意力对神经肌肉功能的影响，万斯（Vance）及其同事[63]提出了一个简单的问题：内部专注和外部专注是如何影响肌肉活动的？为此，他们进行了一项简单的实验，即让受试者完成双侧肱二头肌弯举。和教练在练习中进行提示一样，每位受试者需完成10次重复动作，将内部专注的注意力集中在"肱二头肌"上，外部专注的注意力集中在"杆"上。肌电积分（iEMG）的测量结果显示，与内部专注相比，外部专注会加快杆的速度，减弱肌肉活性。很显然，研究结果表明了专注类型对肌肉的影响。注意，在弯举的向心阶段，内部专注会使得肱二头肌和肱三头肌更加活跃。所以肘关节周围的肌肉共同收缩的幅度就会增大，这便解释了在内部专注时杆的速度降低的原因，即在弯举运动中肱三头肌越用力，肱二头肌举起杆的难度就越大。

这一结果一直沿用至今，我们发现该实验结果被多次使用[53]并被一再扩充。例如，洛塞及其同事[40]进行了一项类似于坐着抬高小腿的实验，他们让受试者将脚掌压向一个有角度的受力踏板，将外部专注的注意力放在"推踏板"上，内部专注的注意力放在"收缩小腿肌肉"上。研究人员观察到，当比目鱼肌的活跃度在这两种情况下相同时，胫骨前肌会在受试者专注于内部的时候更加活跃。在另一项实验中，洛塞和他的团队再次证实了这些发现，并表明在肌肉达到最大自主收缩限度的30%、60%和100%时，外部专注能提高力的产生的准确性。有趣的是，洛塞观察到力的产生方面的误差与肌肉协作收缩的水平相关。这意味着，关节两侧的肌肉越是同时发力，主要肌肉，也就是小腿肌肉，就越难准确地产生力。

为了总结这些发现，我们可以想象两个篮球运动员正准备灌篮。当接近篮圈时，他们会把负荷放在腿上，以产生更大的力。在直立行走的时候，运动员的髋部屈肌应减少发力，这样髋部伸肌才能够很好地发力。还有一种情况是，两组肌肉均发力，这就好比人们在高速公路上踩着刹车驾驶汽车，一组肌肉会阻碍另一组肌肉的活动。假设有两位球员，要求球员A"专注于通过髋部迅速发力进行跳跃"，要求球员B"专注于向篮板迅速用力跳跃"。基于此前的实验证据，我们就能知道，球员A好像"踩着刹车开车的人"，球员B则可以"自由地变换到5档加速"。

刹车驾驶这一概念在运动学中被称为**冻结自由度**，其字面意思是，关节周围的肌肉的协作限制了运动。这一概念最初是1967年由尼古拉·伯恩斯坦在他的著作《动作的协调和调节》（*The Coordination and Regulation of Movements*）[93]中提出的，它基于这样一种观点：刚开始学习一项技能时，身体追求的是稳定，而非流畅；然而，随着时间的推移，不断学习使得一度僵硬的关节开始变得灵活起来，这样能产生一种更有效的协调模式[64]。

这种概念应该与你的直觉相符。请你回想自己第1次踩上滑板、穿上溜冰鞋或准备好使用其他需要保持平衡的设备时的情景。那个时候你会感觉自己好像被冻住了一样，完全无法活动，只希望风不会把自己吹倒。这时的你有点像《绿野仙踪》（*The Wizard of Oz*）中的铁皮人，他因为关节生锈而无法动弹，直到多萝西（Dorothy）给他的关节上油。在运动中，练习是能让关节自由活动的油，有人可能会说，那就多练习，给关节多上点儿"油"，让它灵活地活动吧。

可以将观察到的内容对应我们之前分享的发现，例如罚球投篮[77]、投掷飞镖[31, 41, 42]，以及跳跃[69]。我们可以看到，内部提示触发了外部控制机制，这类似于最初学习运动技能时使用的机制。如果不再对运动进行不必要的细节控制，外部提示就会触发一种更自主的运动控制机制，这种机制基于这样一个事实，即只要有一个想要达到的明确目标，运动系统就会非常擅长组织运动。

运动

既然我们已经研究了肌肉在外部专注情况下的运作方式，那我们现在就可以对运动机制进行深入观察了，也就是通过整体研究注意力和运动之间的相互作用。基于先前对将注意力集中于肌肉上的影响的研究结果，洛塞及其同事[40-42]开始将研究结果扩展到调节运动上。在投掷飞镖的任务训练中，受试者将内部专注的注意力放在"手臂的运动"上，将外部专注的注意力放在"飞镖的飞行"上，并且在二者之间进行交替练习。同教练的预期一致，外部专注会产生更高的准确度，肱二头肌的活跃程度会降低，这也和上文的研究结果相同。

运动系统实现这一结果的方式出人意料，因为洛塞及其同事观察到，虽然外部专注使得飞镖在飞出时的低速运动变化较小（这说明准确度提高了），但同一个受试者在投掷过程中的肩膀角度变化会更大。因此，与内部专注相比，外部专注可使身体自动识别飞镖速度和肩部运动的最佳适度度，从而使飞镖击中靶心，达到预期目标。这一发现被称为**功能可变性**[47]，它表明运动系统会通过增加运动员必须完成的运动次数来降低预期结果（如射门、投篮、击球、举重等）的可变性。

这一发现引起了洛塞及其同事的兴趣，他们进行了一项后续研究，旨在观察这个结果是否可以被复制或延伸。在这项研究中，受试者使用了4种注意力类型：放在"手臂的运动"上的内部专注的注意力，放在"飞镖出手"上的混合专注的注意力，放在"飞镖的飞行轨迹"上的近距离外部专注的注意力，放在"靶心"上的远距离外部专注的注意力。正如预计的那样，在近距离外部专注和远距离外部专注情况下的射靶准确度都比内部专注和混合专注要高。注意，研究人员在分析参与运动的关节的变化时发现，与内部专注相比，外部专注会导致更高的功能可变性。该研究结果进一步证明了外部专注能够较好地控制动作，通过提高身体对运动的适应程度，来降低运动结果的可变性。

该结果虽然表明了注意力与运动之间的相互作用，但这并不稀奇，也没有什么说服力。反而，教练们一直觉察到，而且研究人员也经常观察到，有经验的运动员能找到方法。从锤击[14]到手球[57]，从跳高[38, 59]到射击[53]，在这些运动中，运动员的表现表明，专家可通过提高过程中的可变性来降低结果的可变性。这不足为奇，否则，克里斯蒂亚诺·罗纳尔多（Cristiano Ronaldo）如何能在应对后卫防守的同时运球；而拉斐尔·纳达尔（Rafael Nadal）又如何能在非常规位置击中几乎不可能接住的球，与此同时还能把球打到对手无法接住的位置？

诚然，洛塞及其同事的发现提供了有力的证据，这些证据表明在投掷飞镖时，外部专注是做出最佳运动策略的基础。但此刻教练一定想知道，这些证据是否也能证明外部专注会影响其他运动的运动技能的执行。毫无疑问，答案是能。现已证明，在打高尔夫球[2, 16]、击球[28]、赛艇[50]、双脚跳[24, 65, 68]、单脚跳[20]、举重[58]和变向[12, 13]的过程中，外部专注都可以帮助运动员掌握运动技能，并给他们带来积极的影响。更重要的是，阿利·戈克勒和安妮·本杰明拿出了一系列有力的证据，表明在跳远[24]和侧滑步[13]时，外部专注可以规避与前十字韧带断裂（ACLR）相关的生物力学风险。这一发现对那些有前十字韧带断裂风险和正在从前十字韧带断裂中恢复的人来说意义非凡[25]。

如果我们综合分析前两节的研究结果，一切都会变得明了，即身体是按照指令运动的。当教练给运动员一个专注于某个关节或某块肌肉的内部提示时，身体会利用该提示，通过提高拮抗肌的活性来抑制关节的运动。如果给运动员一个外部提示，运动员就可能找到可行的运动轨迹，从而降低结果的可变性。这样一来，外部提示就像一辆双悬挂的山地自行车，让运动员专注于目标和运动轨迹，而身体由于处于脱离座椅的完全悬浮状态，便可以自由调整以适应环境的要求。

思维、大脑和身体

社交平台上有一段由《环球邮报》（*the Globe and Mail*）[89]发布的名为"选择音乐而不是药物，一个人重新训练大脑以克服肌张力障碍"的视频。该视频讲述了一位名叫费德里科·比提（Federico Bitti）的意大利记者的故事，他患有局部肌张力障碍。这是一种影响运动的自主控制的运动障碍，患者经常会不自主地收缩肌肉，致使身体和脖子向一侧旋转和抽动。

比提没有接受药物治疗，也不愿意做手术，于是他将这场与肌张力障碍长达10年的斗争交到了多伦多的临床医生华金·法里亚斯（Joaquin Farias）的手中。比提在描述法里亚斯医生的治疗方案时说："有时候你只需要把身体当作一个完成大脑指令的工具就可以了。"这种治疗方法以行动为基础，在该方案的指导下，比提的病情发生了多年来从未出现过的改变。更令人惊喜的是，当比提偶然听到麦当娜（Madonna）的单曲《流行》（*Vogue*）时，这加速了他病情的改善。比提说道，某天他走在街上听着这首1990年的热门歌曲时，注意到伴随着音乐的节拍，自己的步伐变得更加顺畅了。他对这一变化感到非常兴奋，并且想知道还有哪些动作可以随着这一音乐节拍一同被解锁。

第2天去接受治疗时，比提迫不及待地向法里亚斯医生展示了他回家不久后给自己拍的视频。法里亚斯惊叹道："天啊，这是你的治疗方法……这就是你的治疗方法，我是说当你跳舞时，你就会成为另外一个人。"在视频中，大家可以看到近乎健全的比提伴随着《流行》，无可挑剔地跳着麦当娜标志性的舞蹈动作，那个画面只能用令人着迷来形容。随后，法里亚斯解释了跳舞治疗对比提如此有效的原因，这给此类病症的其他患者带来了希望。

这个视频发布后，比提和法里亚斯在TEDx上都做了演讲。令人惊讶的是，在题为"肌张力障碍：通过运动和舞蹈重新连接大脑"的演讲过程中，比提摆脱了困扰他多年的颤抖和不自主运动的症状，演讲表现堪称完美。比提的故事振奋人心，但他的经历并非个例。许多患有类似病症的患者，尤其是帕金森病患者，也通过将注意力从内部转移到外部的方式缓解了病情（见第3章）。

对于神经系统完好无损的人来说，他们拥有一个健全的身体，它在多数情况下能按照指令完成动作。所以大家理所当然地认为，当想要做一个动作时，身体绝对不会做完全不同的动作。例如在准备开门的时候，身体不会颤抖和抽搐。然而，对于某些人来说，他们无法体验无运动障碍者所享有的这种运动特性，取而代之的则是颤抖、抽搐和不自主运动。虽然目前还没有治疗这类病症的灵丹妙药，但是人们依然在对专注于掌握运动技能的影响的研究中看到了很大的希望。

假设此刻有一位钢琴家，想象他的手指在琴键上飞舞，每个指头都在舞动，仿佛有自己的灵魂。当听众沉浸在从钢琴流泻而出的曼妙之音中时，听众从未想过，若不是神经系统控制着肌肉的舒张与收缩，自己便不会有机会享受这琴声。这种现象被称为周围抑制，就是让参与运动的肌肉中的神经元抑制周围肌肉中不参与运动的神经元。因此，钢琴家在按C键时便不会误按旁边的D键。

神经系统完好无损的人自然不必顾虑这一问题，但是对于运动障碍患者来说，他们无法抑制周围不参与运动的肌肉，以致出现颤抖或者做出其他无关的动作。出现这种情况并非因为周围肌肉神经系统受损，研究人员认为这与基底神经节和动作回路或计划回路的功能障碍有关[54]（见第3章）。幸运的是，我们可以简单地将注意力从控制运动转移到追求结果上，也就是从内部专注转变为外部专注，以此来避免或减少这种错误的发生。

库恩（Kuhn）及其同事[42]发现，钢琴家专注于外部的动作结果（如按琴键）比专注于内部的动作过程（如伸缩手指）更能增强周围抑制。前两节中的研究表明，外部专注的注意力根据运动目标来调整神经肌肉信号。患有多种运动障碍病症的患者将运动目标放到环境之中，利用声音引导步伐的频率[55]，利用视线引导步子的长度[61]；或者在关节处贴上标签，并专注于标签上写的动作名称，而非身体本身的运动[6]。在这些情况下，患者的病情能得到不同程度的缓解。

虽然许多运动障碍都会影响自主运动，但是现在，外部专注能够作为一种有效的治疗方案，让患者可以根据环境控制自身的运动。同样，我们能够躲避急速驶近的汽车，或者不假思索地接住突如其来的投球。我们可以让大脑经常平衡这种由环境引导的运动方式。我们需要认识到自己没有能力一次一步或一个关节地自主控制动作，然后学会专注于外部。只有那些有运动障碍的患者才能完全理解这一点。

第3节　压力的影响

想象自己在一个四周都是白墙的房间里，没有杂色、声音和气味。当你感到好像坠入一片虚无时，注意随之而来的平静。每次的呼吸都要比上一次更深、更缓慢，抛开紧张情绪，去除杂念，直到你感到自己绝对存在……然后花点时间，做10次深呼吸，闭上眼睛，让自己沉浸在这样的情境中。

感觉平静吗？接下来继续想象。

你现在仍然被白色包裹着，同时感觉到一阵从远处传来的微弱的震动声，离你越来越近。然后向下看，这时从你身下长出了郁郁葱葱的绿草，它们向四面八方蔓延开来，十分茂盛，甚至可以轻而易举地将你托举起来，地板由此变得生机勃勃。紧接着，当你的视线向上方、向远处投去时，你会看到白色的线条开始从绿草中穿过，像某位看不见的画家的手，让你清楚地意识到自己在哪里……原来是一个足球场。这时，白色的墙壁被一个暴力的动作冲破了，一个体育场拔地而起，吞噬了足球场周围的空间。随后，6万名疯狂的观众充满期待的尖叫声打破了寂静，这震耳欲聋的声音令人窒息。此刻你正处于混乱的中心，这里距球门约11米，一名守门员站在一旁准备扑救。每个人都盯着你，你感到自己心率上升，突然意识到现在你要进行点球，于是你向前助跑射门。

当思维从安宁变为压迫、从平静变为混乱时，你会作何反应？你认为眼前的足球是一种亟待征服的挑战，还是一种需要避免的威胁？最后是否射中了？可以这么说，无论反应如何，当教练观察历来运动员的成败时刻时，教练都可以举出很多个人或队伍的例子。以1993年的温布尔登网球决赛为例，有人可能认为斯特菲·格拉芙（Steffi Graf）最后奋起反击，从1∶4落后变为最后一局6∶4领先；而其他人会觉得亚娜·诺沃特纳（Jana Novotná）其实输于压力。同理，人们可能会认为，尼克·福尔多（Nick Faldo）在周日以丢了5杆分数的总成绩成为1996年大师赛的冠军，或者说格雷格·诺曼（Greg Norman）是因为失去了6杆的领先优势而与冠军失之交臂。同样，在2017年的超级碗比赛中，一部分人会认为新英格兰爱国者队崛起了，而更多的人会说亚特兰大猎鹰队惜败了。不管是哪个例子，最起码有一件事是明确的，即历史上有很多这种命运般的逆转。但是这是为什么呢？一名运动员或一个队伍是如何在短短几分钟内，从一个难以逾越的领先位置跌入难以置信的败局的呢？

连胜和连败

美国亚利桑那州立大学教授罗布·格雷也提出了同样的问题。在开始分析格雷教授的研究之前，我们需要先了解一下背景知识。第1章讲过，任何运动员或者任何人从无经验变为有经验，几乎都会从需要思考动作的学习认知阶段过渡到无须思考动作的自主阶段。费茨和波斯纳[21]的学习模型理论得到了强有力的实证支持，其中就包括我们在第3章中讨论过的研究结果，该结果表明我们在学习一个动作时，最初依赖大脑的执行（思考）区域，例如掌管认知功能的前额叶皮层，而且随着练习次数的增加，这种激活便转移到与自主控制运动相关的大脑区域，例如掌管自主运动功能的初级运动皮层[40]。当你把这些研究结果与本书关于外部专注有利于自主运动的讨论放在一起思考时，你便不会再惊讶于与注意力和高压表现之间的相互作用相关的理论的出现了。

教练可以把压力下的表现视为一个连续体。在该连续体的一端，有些人的表现比预期要好得多，我们可以称之为"超常发挥"；而在另一端，有些人的表现则明显低于预期，我们可以称之为"发挥失常"。如果连续体的两端代表了两个极端，那么中间则代表运动员的平均表现水平或者预期表现。由于人们无法用力量、速度或技能的显著变化来解释两种极端的表现，所以任何显著变化都必须隐藏在思维中。如果是这样，我们就可以认为注意力的转移导致了短暂的超常发挥或发挥失常。现在让我们回到格雷提出的简单的问题上：棒球运动员在连胜或连败时应该专注于什么？

　　为了解答该问题，格雷[26]设计了 3 个相关联的巧妙实验。在实验 1 中，他让 10 名专业棒球运动员和 10 名业余棒球运动员在虚拟击球模拟器中练习，该模拟器已通过现场比赛验证，可以模拟真实的击球场景[27]。每组运动员在 3 种不同的练习条件下进行训练，每种条件下挥棒 100 次。格雷使用了所谓的双重任务场景来评估注意力对击球表现的影响。也就是说，在球出现在屏幕上之后 300~800毫秒，会响起一个可听见的音调。击球者需要判断音调频率的高低（双重任务：外部环境）或球棒应该上挥还是下挥（双重任务：外部技能）。值得注意的是，击球者在判断音调频率的时候，将无法把大部分注意力集中于运动技能的训练上；而在判断球棒的运动方向时，则会产生相反的效果。与费茨和波斯纳的学习模型理论相一致的是，格雷发现，专业运动员们在判断音调频率时表现得更好，并未专注于挥棒本身；而业余运动员则在专注于球棒的运动方向时表现得更好。该结果很直观，并映射了约束行为假说，即一个人关于某项技能的经验越多，就越少关注执行该技能的过程。

　　研究表明，经验水平和专注类型会影响运动表现。格雷想知道正常情况下出现的连胜和连败，是否也与类似的注意力转移有关。为此，格雷让相同的 10 名专业击球者进行了另一组练习——完成500 次挥棒。在同一个双重任务中，每次完成挥棒后，随机让击球者判断音调频率的高低或挥棒方向。随后格雷开始回顾和观察他们连续击中球或者连续击球失误的过程。格雷能够分析击球者在判断音调频率和挥棒方向上的准确性，这能表明在挥棒过程中击球者的专注点。结果很明显：当一名专业击球者连续击球失误时，他们判断球棒的运动方向的能力便有所增强。这意味着他们更加关注技能的执行；当一名击球者连续击中球时，他们判断球棒的运动方向的能力就会减弱，这表明他们的注意力集中在该技能的结果特征或者其他地方上，至少不会集中在该技能的执行情况上。

　　有明显迹象表明，表现不佳可能归因于对技能执行情况的过分关注，所以格雷需要考虑最后一个影响运动效果的因素——压力。为此，格雷在与之前相同的条件下又招募了 12 名专业棒球运动员，让他们在低压力和高压力下各完成 200 次挥棒，并用金钱和与同龄人的比较来增加压力。事实证明，不仅运动表现会受到压力的负面影响，而且表现水平的降低还与准确判断球棒的运动方向的能力增强有关。因此，格雷发现，专业运动员集中在技能上的注意力和击球表现水平降低之间有着明显的联系。

压力下的表现

　　格雷的观察结果通常属于所谓的"注意力窒息理论"。"窒息"是一种由压力引起运动员正常的动作控制和执行方式发生改变，从而使运动表现水平远低于自己能力水平的行为[8]。简言之，当一个运动员在压力下窒息时，这是因为他们在错误的时间专注于错误的事情，这是一种注意力上的错误。尽管没有绝对的共识，但有证据指出了多种导致水平失常的原因，这些证据可分为**注意力分散理论**或**专注技能理论**。注意力分散理论认为，高压环境会让运动员把注意力转移到不相关的想法上，例如担忧、后悔或负面情绪，从而降低表现水平。专注技能理论认为，压力会增强运动员的自我意识，进而使运动员专注于控制或监督运动技能的执行[18]。然而，正如格雷[26]和罗伊·鲍迈斯特（Roy Baumeister）[5]、理查德·马斯特斯[44]和沙恩·贝洛克[9-11]等人所指出的那样，实验结果似乎更倾向于解释内部专注，因为压力会不断促使运动员增强对动作的有意识控制，而这样做实际上不利于他们达到预期的表现效果。

考虑到前文对约束行为假说的讨论，我相信你的想法与该结论并没有什么出入。然而，这里仍然有一点细微的差别需要考虑。大家应该还记得，格雷[26]使用了一个与运动表现相关的外部专注因素——挥棒动作，以及一个与运动表现不相关的外部专注因素——音调频率。一方面，业余运动员受益于专注于球棒的运动方向，这不足为奇。因为他们正在学习通过专注于球棒与球的互动，来控制自己的动作。另一方面，同专注于与运动表现不相关的音调频率相比，专注于球棒对专业运动员来说弊大于利。这可能出人意料，但是经过进一步研究，结果显示这是完全合理的。一旦专业运动员成功地将他们的挥棒动作自动化了，球棒就会变得与动作本身没有区别。因此专业运动员可以把更多的注意力放在与技能执行本身无关的技能的相关特征上，如投手、发球、发射角度和终点。注意，这并不是棒球运动独有的现象。因为任何运动，无论有没有器械，都会有类似的连续注意力，这些注意力起初会放在运动技能的执行上，并且会不可避免地回到如何达到运动目标上。此外，即使我们用一种音调分散了专业运动员的注意力，但专业运动员专注于技能的想法最终仍会抑制表现效果。

为给予罗布·格雷的研究以最后的肯定，我们再来思考一下他与布鲁克·卡斯塔涅达（Brooke Castaneda）在2007年所做的研究，研究对象为"专注对不同水平的棒球运动员击球表现的影响"[86]。与格雷在2004年进行的实验相似，研究人员各招募了一组专业和业余的棒球运动员。与"变焦镜头"的类比相似，研究人员让击球者在4种不同的专注条件下完成40次挥棒，条件范围为从远距离外部专注到近距离内部专注。他们使用与之前相同的音调，提示击球者判断音调的高低（侧重于环境：无关），击球路径在目标点的左方还是右方（侧重于环境：远距离外部），挥棒动作是向上还是向下（侧重于技能：近距离外部），或者手臂运动方向是上还是下（侧重于技能：整体内部）。此次研究结果与格雷2004年的研究结果一致，并且还实现了一定的拓展。结果表明，专业运动员在专注于外部时表现最好，而业余运动员在专注于与该技能有关的事情时表现最好。也就是说，专业运动员越关注自身，表现就越不好。这意味着专注于球的运动路径使他们正常发挥或超常发挥，而专注于手部动作则会导致他们发挥失常。而业余运动员在两种侧重于技能的情况下表现得一样好，好于侧重于外部专注时的表现水平。虽然我们将在下一章更详细地讨论这种经验可能产生的现象，但它的要点其实很简单，即尤其是在压力下，自主性越高的一项技能，专注于它就越不利于发挥。

减压

关于减压的书已有很多了，我们在这里只是简单一提。如果教练想了解更多相关内容，我强烈推荐沙恩·贝洛克的《窒息》（*Choke*）一书。如果你的时间不够，你可以去看她的主题为"为什么我们会在压力下窒息，以及如何避免这种情况"的TED演讲[90]。话虽如此，但我希望你能了解内部专注对运动表现和学习效果的影响，与专注于技能对经验丰富的运动员在压力下的运动表现的负面影响之间的相似之处。这种相似之处是如此明显，以至于加布里埃尔·伍尔夫和丽贝卡·卢思韦特[71]将内部专注导致的发挥失常称为微窒息。我在了解了这个概念之后，才意识到窒息和专注不仅相关联，而且研究人员从两个不同的角度对同一现象进行了相当细致的研究。

教练们说什么

我们来分析一下研究人员的 3 个观察结果。首先，研究证据和我自己的经验表明，教练在教授运动技能时，会出于偶然或有意选择，优先考虑使用内部提示而不是外部提示。对田径[51]、拳击[30]、舞蹈[29]和各种大学体育项目[19]的教练行为的研究已经证实了这一点。这表明教练们更倾向于使用内部提示，其使用频率远超研究结果所示，因此，他们要求运动员在训练和比赛中至少间接地专注于控制自己的身体动作。

运动员想什么

其次，运动员更倾向于关注他们熟悉的提示，至少在短期内，他们的表现要好于让他们专注于不熟悉的提示[45]。这种结果并不令人感到奇怪，因为教练教授运动技能的用语会在运动员完成动作时的脑海中进行复制。因此，如果你想了解一名运动员的内心想法，只需听取教练的说法。尽管有此发现，但教练仍需保持警惕，如果给运动员提供内部和外部提示，并允许他们在两种提示之间切换，研究证据和直觉都表明，大多数人将无一例外地选择外部提示，但关键是要有这样做的选择权[76]。更重要的是，如果一组运动员已经确定了自己偏好的提示，但教练要求他们在最后几轮练习中转变提示的类型，那些从内部提示转到外部提示的运动员将会看到自己的进步，而那些从外部提示转到内部提示的运动员将发现自己的表现变差[66]。这表明，尽管运动员在短期内选择自己熟悉和偏好的提示很重要，但是毫无疑问，随着时间的推移，转移到外部提示最终会使运动员比单纯依赖内部提示达到更高的运动表现和运动学习水平。

尽管如此，大多数运动员的大脑里都存有很多与内部专注相关的想法，并且随时准备尝试，这样做的后果现在应该显而易见了。如果一名运动员在学习过程中用大部分时间喝着内部提示的"迷魂汤"，那么他们就在无意中摄入了令人窒息的"原料"。运动员一旦能够自主执行运动技能，就可能会将与内部专注相关的想法暂时搁置一旁。但在运动激烈时，他们仍然会重新想起这些想法。请想象一下，在一场比赛的关键时刻，一名一直都在接受内部提示的运动员脑海里会想些什么——"这个球至关重要，我要踢中它，不能让球队失望。就像教练经常说的那样，低头，保持紧绷，髋部绷紧，脚背击球"或者"这一球是为了胜利，抬起手肘，手腕绷紧；抬起手肘，手腕绷紧"。虽然正常情况下可能不会有这些与内部专注相关的想法，但我们知道压力会促使人们专注于内部，从而导致运动自主性变差和表现失误[39]。因此，我们可以假定，运动员接受关于微观控制动作的指导越多，他们就越有可能在压力下采取内部专注的控制策略。

青霉素加压

最后，如果运动员将来面对窒息的风险与教练目前的执教方式有关，那么教练现在就有必要找出增强他们抗压能力的方法，这本身就是一项重要的训练。请注意，就像你不会被未咀嚼的食物噎住一样，你也不能因未思考的想法而苦恼。因此，如果教练只使用内部提示来描述一个动作需要达到的水平，或者优先使用外部提示来提示一个动作，那么他们就会训练自己的运动员，使运动员在执行运动技能的过程中专注于结果，特别是在进行模拟比赛的训练时。

尽管这还需要进一步的研究，但初步研究结果俨然支持这一结论。例如，翁（Ong）及其同事的研究[48]表明，那些在训练中运用外部专注的运动员，在诱发压力的测试中没有出现表现失误。参考约束行为假说，研究人员得出结论，外部专注会促进自主控制模式，从而使运动员不容易分心，而导致运动员分心的那些想法通常会在压力下干扰大脑。

重要的是，类比被证明也具有类似的抗干扰作用，因为如果初学者使用类比学习运动技能，而非使用明确的内部提示和外部提示，那么他在完成一项次要任务，如倒着数数的时候，更不容易出现失误[87, 88]。虽然这听起来很奇怪，但让运动员在做动作时倒着数数，不仅能使他产生一定的压力，还能让研究人员评估其完成动作的自主性。因此，类比和外部提示一样，似乎都可以提高运动的自主性和精神的专注程度，让运动员在压力下也能表现良好。

因此，无论教练是刚从事教学，还是已经拥有丰富的经验，正确的外部提示或类比不仅会增强运动员的表现能力，还可能保证运动员在关键时刻不出现失误。

总结

就像投资银行家拿出一定数额的钱，投资他认为能为自己带来最大收益的股票一样，教练也需要拿出一定的注意力，投入他们认为能产生最优学习效果的思想和行动。为此，教练必须了解他们用来吸引运动员注意力的提示可能产生的预期价值。只有在评估完成后，投资银行家和教练才能做出明智的决定。

本章的目的是让教练自己经历这个评估过程，使之有机会了解如何有效吸引运动员的注意力。我认为，外部提示可以为运动员的注意力投入带来最高的回报，而内部提示的效果比较差，在某些情况下还会带来损失。我们讨论了得出这一结论的历史进程，同时研究了从实验室到赛场、从肌肉到运动的大量实验证据。借用美国《国家地理》（National Geographic）杂志的说法，我们考察了注意力在其"自然栖息地"的表现，结果表明运动员在压力下会转向内部专注，这会直接导致运动员的表现水平降低。不过，不用担心，因为研究结果还表明，运动员的抗压能力在一定程度上取决于教练的执教能力，即让运动员先在训练中，继而在比赛中保持外部专注的能力。

我们将提示定义为在运动员做动作之前，输入他们大脑的最后一个想法。同时我还想给教练一点单方面的建议，即应始终以外部提示的方式指导运动员。但是我们并未完全摒弃内部提示，反而还讨论了它在指导环节中的作用，以此来鼓励教练在必要时使用内部提示描述动作，同时利用自己庞大的外部提示语言库来指导该动作的练习。这样做的结果就是指导环节为教练提供了一套一致的指导语言，以确保教练在正确的时间向运动员提供正确的信息。

即便如此，我们还未讨论设计有效的外部提示的过程。教练将运动员的注意力转移到身体之外实际上只是一个开始，要想真正了解如何构建丰富的指导语言库，我们必须对提示进行深入的剖析，并向教练介绍3D提示语模型。

有效提示

第 5 章

构建提示：入门

我们在上一章提出了一个基本问题：运动员在运动时应该专注于什么？对于该问题，我们得出的结论是，注意力是投入运动学习的本金，当运动员关注运动结果而非运动过程时，他们所得到的投资回报就会非常高。这就像大脑地图上的坐标一样，先设定一个目标，并让运动员的身体多次组织和规划最佳运动模式，以获得预期结果或达成既定目标。

表面上，这个结论看上去似乎代表着我们任务的终点或结束，但只要教练优先考虑使用外部提示而非内部提示，运动员就会迅速提高运动表现和运动学习水平。虽然这种说法通常是正确的，但它并不是全部的事实，这时如果我提出相反的建议，该建议就会对教练造成误导。实际上，提示的最终效果取决于教练是否有能力让自己的指导语言适用于运动员，并准确代表期望的动作的含义。我们在讨论指导语言的特殊性之前，应该先构建一个过程，来选出和优先考虑教练想要在提示中突出强调的动作。

我并非此意

我们都有过事与愿违的训练经历。我们都会在一开始秉持最佳的指导目标，观察运动员的运动方式，针对一个错误动作运用一种提示，然后错误越来越糟或者出现新的错误。发生这种情况的原因有很多，最常见的原因之一就是变化的优先顺序列表。教练以前只针对运动员的错误动作，现在又创建了一个相似的模式，这比设计用来激励运动员的首要提示更麻烦。因此，为确保教练设计有效的指导语言，现在有必要回顾一下我们在第1章中论述的"3P运动表现模型"，并将这一模型延伸到动作错误优先原则上。

在第1章中，我们讨论了3P的概念：姿势（position）、爆发力（power）和模式（pattern）。我认为这是一种简单的启发方式，也是一种心智模型，它可以帮助教练确定自己是否在处理一个身体问题或者协调问题，这些问题可以分别同汽车的性能及司机的能力水平进行类比。在进行类比时，我认为姿势就是分配必需的敏捷性和稳定性来完成动作的能力；爆发力，即我们展现相关的力量和爆发力素质的能力，"姿势"和"爆发力"代表了运动表现的两个身体基础，如果受到限制，则必须作为优先事项处理，或者与"模式"并行处理。而模式就是我们协调动作以达到目标的能力。这3个"P"的相互作用使我得出结论，教练指导一种模式的能力，受限于运动员所能做到的姿势和可使用的爆发力范围。基于本书的目的，我将把内容重点放在关于口头指导模式的策略上，同时清楚地认识到，影响运动员协调性的不仅仅是教练输入他们大脑的想法。

在此，我想简要讨论分析"模式"的方法。在本书中我一直强调，只有准确的提示才有效。这意味着教练可以成为一名提示专家或文字游戏的高手，把提示设计得非常巧妙。但如果教练在设计提示的时候，忽略了可指导的主要动作错误，提示便失去了意义。因此，教练需要确保自己的指导语言根据实现目标所需的技术[8]来反映运动目标[9]。若想保证此过程的准确性，教练必须根据问题本身判断运动问题的症状。

为了说明这一观点，可以假设在一个晴朗无云的夏日早晨，你坐在公园湖边的长椅上，公园里到处都是晨跑的人。每当一个晨跑者从你眼前经过时，你大脑中的生物力学机制都会不由自主地形成一些看法。根据你的判断，每个晨跑者都有运动风险，他们个性化的运动"模式"尤为突出。虽然许多晨跑者都存在明显的运动问题，但你注意到这个晨跑者存在3个很明显的问题：（1）躯干过度前倾，很容易摔倒伤到门牙；（2）为了避免摔倒，双腿前摆幅度过大；（3）小腿后踢过高，像是田径热身活动中的踢臀动作。总之，这个晨跑者就像刚从失控的滑板上冲出去后正在试图减速的样子，正如你在下面看到的。

示例中的晨跑者在生活中其实有很常见，我们都见过他们在小区里跑步、在公园里慢跑，或在周末的5000米赛跑中从我们身边经过。同时我们也会在诊所中看到这类人，不正确的跑步方式导致他们患有膝关节肌腱炎、髂胫束综合征或足底筋膜炎等会威胁他们的跑步生涯的病症。所以，教练从自己的角度出发，应如何纠正他们的动作错误？是让他们把背挺直、缩短步幅，还是让他们抬起膝盖？教练很清楚，如果尝试设定能够同时纠正以上3个错误的指导语言，那一定会以失败告终，因此教练必须选择其一，针对一个错误进行设定。但愿他们可以做出正确的选择。

这个场景对于教练来说非常熟悉。运动员会出现各种复杂的动作错误，教练需要确定出现的是哪种错误，如果进行纠正，教练需将这一动作重新组织成一个想要的模式。虽然教练有足够的工具来评估这种模式下运动员的身体要素，但他们经常用自己的眼睛来协调表面次序。因此，教练需要学习和掌握自己教授的运动技能，并尝试理解基础的生物力学、生物生理学和生物运动学属性。在理解一项运动的概况时，教练应重视需要增强的身体素质和需要指导的协调能力。

设计有效提示的前提是对错误进行判断和优先排序的过程。而且，正如我们已经讨论过，并将继续讨论的有效提示的原则一样，优先原则也同样值得讨论，这是一种可以帮助教练理解他们针对的是动作错误还是不断重复的错误策略，我们称之为……

A　前倾

B　过高

C　前摆

先"姿势"后"模式"

俗话说"你不能在独木舟上发射大炮",意思是,如果发射大炮产生的后坐力超过了独木舟的稳定性,那么独木舟会随着炮弹的发射而运动。同理,在跑步过程中,如果髋部的动力超过了躯干的稳定程度,那么任何作用于地面的动力都会使运动员做出不必要的动作。

教练通常将这种结构上的失误称为"能量泄漏",即本应由关节产生能量和动作,该关节却在特定动作中静止不动。因此,"先'姿势'后'模式'",有时被称为"实现远端移动性的近端稳定性",即建议教练在确定动作产生的"模式"之前,应优先考虑与动作抑制姿势相关的错误。一旦教练觉得已经建立了稳定的动作基础,那么教练就可以通过确定所需动作的范围、节奏或时间,以及执行该动作的速度来寻求"模式"。

我在此重申,许多"能量泄漏"现象可能与敏捷性、稳定性、力量和爆发力相关,然而教练将根据协调性,而不是能力,来考虑"先'姿势'后'模式'"的含义。值得注意的是,无论是偶然为之,还是自己主动地选择,如果动作长时间没有受到干预,运动员就会选择身体自主协调的方式来进行运动调节。要想改变这些自主的运动调节方式,可以通过一些提示将一个全新的运动模式植入运动员的大脑中,这样可以获得更有效的结果。随着时间的推移,这种吸引力逐渐变为自动性,也就是说运动员可以自然而然地实现良好的运动效果,那么此时一种升级的"模式"就出现了。

现在请教练思考一下,自己大脑中的优先排序原则是否也能应用于晨跑者。正如上文所述,教练会注意到以下3个错误。根据"先'姿势'后'模式'"原则,在下表右列中圈出应该优先考虑的第1、第2或者第3个动作错误。

错误1	躯干过度前倾	优先排序	1 2 3
错误2	双腿前摆幅度过大	优先排序	1 2 3
错误3	收腿时过度踢臀	优先排序	1 2 3

　　大家对自己的答案满意吗？如果从"先'姿势'后'模式'"原则入手，我们很快就可以发现躯干（错误1）应该保持垂直和稳定，从而给腿部运动提供一个稳定的支撑平台，方便腿部上抬和前伸，这应该是教练的首要任务。就像敲击弯曲的钉子会导致钉子进一步弯曲一样，如果试图用不正确的躯干姿势向地面施力，这样会导致前文描述的那种不正常的、错误的腿部动作。纠正这一错误的方法可包括"躯干保持挺拔""躯干向上拉伸""拉紧运动服的拉链""跑步时抬头挺胸，带有骄傲的情绪"或"跑步时系好腰带"。注意，一方面，纠正躯干姿势可以明显改变其他两个错误；然而，另一方面，这些改变并不彻底，我们仍然需要清理"模式"。因此，从"姿势"转移到"模式"，教练现在需思考如何纠正错误2和错误3。

　　最后两个错误基本上与向前摆动幅度过大和向后收腿时小腿踢得太高有关，教练应要求晨跑者尽量避免这种前摆幅度过大和后踢过度的动作，而进行上下蹬的动作。蹬的动作会使步幅内收，让晨跑者像钉子一样直直地用更大的力撞击地面。为此，教练可以想象地上平铺着一条毯子，如果捏住毯子的中心将它提起，形成一个帐篷的形状，教练就会注意到毯子的边缘会一起向中心靠近。教练如果将这个类比映射到晨跑者身上，可以把毯子的边缘想象成他的双脚在迈步时前摆和后收的最远点。为了把这两点拉近，晨跑者需要专注于自己抬膝的高度和速度，教练可以将膝盖当作"毯子"的中心。这样做，大家会看到一个更有效的收腿策略，因为晨跑者需要加速顶膝，而不是让自己的腿部朝更远的地方前摆和后收。因此，教练会优先考虑纠正错误3，因为错误2可以自行纠正。在这种情况下，教练的提示备用语可能会有"想象你的膝盖上贴着一条胶带，然后把胶带甩向天空"，"像是能撞碎一块玻璃一样向前摆腿"，"想象膝盖上顶着一杯茶"，"从地上弹起"，"攻击空气"或"将大腿推向天空"。

　　虽然"先'姿势'后'模式'"原则可能并不适用于每个运动场景，但是我的经验和许多现有的生物力学实验结果均表明，教练"在担心如何建造房子之前，应该先打好地基"。此处我们其实可以进行更多探讨，但鉴于已有大量书籍涵盖了技能结构和生物力学方面的内容，这里便不再赘述了。所以，接下来我们将了解教练应如何将自己的执教语言同运动员的思想相结合。

你是何意

　　虽然判断需要重点指导的动作错误是一个限制速度的步骤，但是真正的挑战是教练能否从提示中获取解决方案。举个例子，请教练回顾一下自己的经历，可以从"为了使提示更有效，运动员需要理解提示的含义"开始，回想一个自己经常教的动作，再想一个用于教授或者纠正该动作的提示。接下来请教练在大脑中翻翻"名片盒"，是否能想到有哪个运动员对该提示反应不佳？答案很可能是能的，而且经过进一步的研究，教练还可能会想到一些需要自己调整指导语言或者改变指导策略，以使其发生所期待的变化的运动员。在这种情况下，我们可以说提示的含义准确表达了目标动作。否则，它对任何人都不会起作用。但是，这一结论似乎无法应用于反应迟钝的运动员身上，因为他们会遗漏指导语言中的某些东西。出现这一情况的原因有很多，其中最简单的原因就是运动员要么不熟悉或者曲解了提示的内容，要么被提示内容或者前后语境迷惑，从而造成理解障碍。

　　为说明这一情况是如何发生的，我列出了一些教练在指导快速动作时用来表示动作的常用动词。在每个动词旁边都会有一个空行，读完每个词语后，请注意自己大脑中浮现出来的景象，并在空行上将其写下来。

完成后，请将自己的答案和我的答案进行比较。

爆发：_____

打断：_____

爆裂：_____

重击：_____

击打：_____

冲击：_____

陷入：_____

砰：_____

爆炸：_____

粉碎：_____

捶打：_____

发射：_____

　　大家对这些动词的理解和我的一致吗？有些动词可能让教练想起了一种常见的视觉场景；然而，我猜教练的大脑中浮现出的对自己来说有独特感觉的画面反映了其过去的经历。就像我们对一个常见词的见解不同一样，教练的提示也会在运动员的大脑中描绘出一幅不同于教练自己的理解的画面。然而，通常情况下，这并不妨碍运动员理解和正确解释教练所讲的内容。举个例子，假设教练正试图帮助运动员在横向跳跃时产生更大的爆发力，并提示他们"迅速发力跳离地面"。在这个场景中，教练选择了"爆发"这个词，因为他们感受过建筑物爆炸时产生的爆发力，继而把这种爆发力的图像映射到自己希望运动员在跳跃过程中产生的爆发力上。只要运动员能想象或感受到同样强烈的爆发力，例如他们最近在视频网站上看了关于爆炸的视频，所以大脑中出现了爆炸的画面，那么提示的完整性就能得以保持，并且应该是有效的。

　　当运动员曲解提示的含义时，便会出现一系列问题。例如，假设教练正在教一名运动员在奥运会举重项目中如何抓起杠铃，也就是抓举（见图5.1）。为了有效抓起杠铃，运动员的手腕一开始在拉杠铃时需要保持中位，接着举过头顶时需要稍微伸展。这个动作通常被称为"翻转"，因为杠铃杆实际上是运动员双手向上抓握，在快将其举过头顶时翻转的。为了强调这个动作，教练提示运动员"抓紧杠铃"，就像"抓紧杠铃举到定点位置"一样。在教练的大脑里，掰断（snap）这个词可能意味着一个物体被折断成两个，例如折断一根铅笔；或者两个物体合成为一个，例如按下按钮。这两种情况都与一种快速、尖锐的声音或感觉有关，如"砰""啪""咔嚓"等。在训练抓握杠铃的过程中，第2个提示描述了目标动作，也描述了对球杆的解释，因为手和前臂应该通过手腕接合在一起，使杠铃在运动员重心支撑点的上方被抓紧，这也阐述了提示所需要的解释。抛开这个逻辑，教练可以设想这样一个场景：最好的情况是运动员不理解教练的意思，最坏的情况是运动员曲解了整个提示。运动员可能

图5.1　抓举

| 准备姿势 | 第1步上拉 | 第2步上拉 |

会觉察到教练希望他把杠铃向后举而非向上举，也就是说手腕要"打开"而不是"合在一起"，从而导致手腕过度伸展，在动作结束时伤及肩部。

　　有些运动员可能会经过多次提示才能实现目标效果。每个有效提示的背后都会有更多甚至没有影响到肌肉的无效提示。教练通常会认为这是运动员自身的问题，因此会有许多如"学得慢""不听话""初级运动员"等针对运动员理解力的委婉说法。虽然对于教练和运动员来说，沟通是一件双向的事情，需要双方共同参与，但长期以来运动员一直在充当教练沟通失败的替罪羊。

　　就像约翰·伍登说的那样："在他们掌握之前，你都不算教过他们。"在这里同样可以说，直到运动员已经理解了，教练才算开始沟通了。按照这个逻辑，教练有责任及时发现运动员对提示的误解或曲解，并做出适当的纠正。对于教练来说，从运动员的表情、姿势和动作中判断出他们的理解情况并不难。除此之外，还有一个更有效的方法，即教练在设定一个新提示时，让运动员养成"用自己的语言描述提示"或"阐明该提示对自己的意义"的习惯。这样教练就可以在运动员完成动作前得到反馈，了解他们对训练提示的理解和掌握情况。

　　一旦教练意识到，每一个提示就像在审判，而运动员的经验和感知就像法官、陪审团和刽子手一样，那么他们就可以开始设定提示了，从而不断做出有利的判决。然而，若想做到这一点，教练就必须认识到，即使清楚自己所教的动作和想纠正的错误，他们仍需一种能使自己的指导语言适合运动员的方法和框架。如果忽略了这一点，就相当于步入了另一类教练的行列，这类教练人数不少，适合他们的指导理念是更大声、更频繁地陈述同一个提示。

　　我们先来简单探讨一下教练应如何调整自己的指导语言来更改提示以适应运动员的需要。首先要记住一点，任何情况下都有效的提示是根本不存在的，因为这与我们理解语言的能力有关。因此，教练生活的时间、生活的地点、与之共同生活的人以及交往的人都会直接影响提示的内容。没有人会指责教练在训练指导中使用经过自己实践检验的提示；但若教练在运动员不理解提示时不进行调整，这

| 第3步上拉/翻转 | 抓握 | 定位 |

种情况就属于教练失职。说到底，教练应该是无私的沟通者，必须从他人角度出发思考问题，这意味着他们需要探索能表达运动员自身体验的语言。

现在请教练重新考虑如何指导抓举中的抓握部分，看看能否改进提示"抓紧杠铃"并增强运动员的理解能力。若想保留提示的含义，教练不妨尝试使用减少、增加或转变提示的方法。

减少提示

原则上，为避免给运动员的工作记忆造成不必要的负担，教练一般会用最少的语言传递出最多的信息。这就需要他们学会并使用所谓的**精简提示**，即努力用最少的词传达最多的信息。如果教练曾经在指导运动员深蹲之前做过一长串的赘述，如"好的，现在记住，我希望你一直保持胸部挺直。然后专注于髋部下降至低箱，保持膝盖对齐，再低一些，感受下肢的力量，用下肢发力"，这时运动员就会目光呆滞地望着教练，似乎在说："你到底想让我做什么？"然后教练便知道精简提示的重要性了。我们都有过这种赘述的行为，但我们应该为运动员提供一个总结性的提示，即在训练中仅使用一到两句外部提示，便能阐明下一次重复训练时需要优先考虑的想法。

此外，有效提示通常可以被精简成一两个动词。例如，短跑运动员的教练最初可能会提示他们"尽你所能爆发式地向后蹬地"，这清楚地阐明了运动员需要做什么，即"向后蹬地"；以及如何做，即"尽你所能爆发式地"。就像人类语言的大多数特征一样，一种通俗易懂的"俚语"就此出现。教练可以把提示缩短为"爆发式地离开地面"，精简而不失其意义。最终教练可能会将提示精简成一个词语"爆发"，并用一声响亮的拍手声来表达该提示所指导的快速用力的动作。

上述示例的共同特点是，教练可以在保留提示含义的前提下精简提示。现在来考虑一下上文提到的有问题的提示"抓紧杠铃"，大家是否认为这是一个精简过后的备用词？如果这时教练认为运动员曲解了它的本意，如把杠铃向后抓紧，而不是向上抓紧，那么他就有理由断定该提示传达的信息并非过多，而是过少。所以在这种情况下，更可取的解决办法就是适当增词。

增加提示

过多的信息会影响工作记忆，但太少的信息可能会导致理解不到位。例如，思考短跑运动员在听到经过精简的提示之后，根据提示"爆发"做出的动作能否与根据提示"尽你所能爆发式地向后蹬地"做出的动作同样流畅。现在，假设一名短跑运动员加入了精英短跑运动员训练组。大家可以设想这样一种情况：教练要求运动员们在开始冲刺前"爆发"，但是忽略了一点，那就是刚加入训练组的短跑运动员根本不知道他应该在什么地方"爆发"以及如何"爆发"。因此这名运动员在考虑该提示时心存以下疑虑并不奇怪："是向上爆发还是向前爆发？""是手臂爆发还是腿部爆发？或二者同时爆发？""朝终点爆发还是远离起点爆发？"最终，这名短跑运动员只能靠自己，他需要合理地猜测教练所给提示的含义。此时这名运动员可能会猜对，感知到教练想让他"向着终点爆发"；也可能会猜错，认为该提示是让自己专注于"爆发式腿部动作"，这种动作在空中的爆发速度比在地面上更快；更有甚者可能会放弃整个提示，仅仅做到"快跑"。

事实上，如果教练在传达提示之前花点时间设计一个高质量的描述和示范方式，这种混淆和曲解的情况大都可以避免。但是要想让提示发挥作用，其需要传达两条基本信息：其一是"做什么"，其二是"如何做"。也就是说，运动员为达到目标应该做什么动作，如"向后蹬地"；以及应该如何做这个动作，如"尽你所能爆发式地"。如果教练只告诉运动员"做什么"，那么运动员就要自己思考应该如何最好地完成这个动作，如"有力地""逐渐地""迅速地"或"悄悄地"。同理，如果教练只告诉运动员"如何做"，那么运动员就要自己确定最合适的动作目标，如"活动这里、活动那里"或"到这里、去那里"。因此教练很快就能意识到这些运动员抓错了重点，他们此时可以展开说明"爆发"，提供一个更详尽的提示，例如"很清楚，我希望你专注于爆发式地用力蹬离起跑器。"

如果把这个逻辑应用到提示"抓紧杠铃"上，我们从中可以看到，它的问题在于没有说明明确的目标，也就是没有明确"做什么"。具体而言，因为"snap"这个词可以解释为"折断成两部分"或"咬合"，所以运动员可能会把这个提示理解为手腕和手臂应抓紧两部分，使杠铃向后倾斜，从而影响杠铃的最终位置。为了避免这种情况的发生，教练首先要明确目标，增添对"位置"的解释，使"做什么"变得更清楚。例如"把杠铃朝着天花板高举"，它含蓄地说明了抓举杠铃所需的技术，即把杠铃向上举，而不是向后抓紧。我们将会在第6章讨论到，如果教练用一个类似的场景做类比，这样可以增强这个提示的视觉效果，例如"把杠铃朝着天花板高举，就像拧湿毛巾一样"。通过使用类比，教练给出了一个生活化的让手腕用力的动作场景。假设运动员曾经拧过毛巾，他们就可以把拧毛巾的感觉和抓举杠铃的感觉联系起来。教练通过利用运动员现有的运动记忆，减少了学习障碍。

转变提示

如果增加或减少提示不起作用，而教练恰好正使用一个过时的提示来纠正运动员的动作错误，那么这种情况下教练就需要考虑更新自己的提示语言库。不同于外部提示，内部提示有一个语言量的上限，因为可用短语的数量与人体可用关节和肌肉的数量相同。例如，教练告诉运动员"专注于伸展髋部"，这样就从根本上触及了内部提示的基础。假如这个提示不起作用，那又该怎么办呢？幸运的是，教练可以利用自己的外部提示语言库，以及无数种方式指导相同的动作。其原因可以归结为外部提示的语言特性及即将讨论的类比方法。

现在进一步阐释该观点，大家可以设想一个棒球教练正试图帮助投手更好地把腿从投手丘上向后撤，以使其有更大的投球空间。为此，教练要求投手要专注于"用力伸展髋部和膝盖"。虽然该提示描述得足够到位，但它与整个投球动作脱节，并且可能需要重新组织语言。所以这种情况下教练需要运动员使其髋部、膝盖和脚踝配合上身运动，以确定技能目标，并明确实现目标的方法，即通过快速向本垒推进使水平爆发力达到最大。基于这些信息，教练便可开始设计针对投手们的不同运动习惯和偏好的多种外部提示。如果教练质疑"设定多个提示仅选其一"的有效性，那么不妨提醒他们，这就像他们在买鞋之前多试穿几双一样，运动员也希望在确定提示之前有机会多尝试几种提示。若此时教练对此观点持开放态度，那么教练便可以考虑多用几种提示，这些提示虽有不同，却都保留了教练希望传达的核心含义（见下一页）。

虽然这些提示针对的是下肢动作，但其用语并不与"准确迅速地投球"这一最终目标相悖。因为每个提示中蕴藏的能量和方向都与投掷动作的核心相对应，该核心即前进的动量。教练需要做的就是探索不同的方法，使运动员的髋部、膝盖和脚踝快速伸展，我们知道这将会增强运动员的水平爆发力，并且通过上身和下身的衔接配合加快运动员的投球速度。教练将具有相同意义的不同提示分门别类，这样能够快速满足每个运动员的不同需求，并且在任何需要运动员专注的时候，教练可以从这个提示语言库中提取合适的提示。

我们再回到举重训练之中，看看"转变提示"作为最后一种提示方法，应该如何应用于抓举技术提示"把杠铃朝着天花板高举"上。注意，杠铃垂直加速时是做这个动作的关键时刻，此时手臂从弯曲的高拉姿势过渡到伸展的抓握姿势，上半身保持挺直和稳定，以此承受和控制头顶的杠铃。[1]

"为加快投球速度，我需要你进攻投球区，你要在下一次投球时专注于……"

"……在投手板处爆发"　　　　　　　　　"……向本垒爆发"

"……迅速撤离投手板"　　　　　　　　　"……用力推本垒板"

1　当提示"把杠铃朝着天花板高举"时，表明杠铃杆始终都在垂直上升。但事实上，随着杠铃杆上的负载越来越大，杠铃杆的垂直运动会变少。因此，在杠铃杆的垂直运动结束时，运动员需要在杠铃杆下方接住并支撑住杠铃杆，此时其动作会到达一个临界点。在这个临界点，有效动作提示通常会从"把杠铃杆举向天花板"变成"在杠铃杆下方接住杆"。尽管两个提示中的动作机制是一样的，但后者会为完成接住头顶上方的杠铃杆而改变训练者的意识策略。

"把杠铃朝着天花板高举"

"将杠铃朝天花板上提"　　　　　　　"垂直上举，抓紧"

"用力上举，使身体位于杠铃正下方"

现在，请你像第4章所描述的内容那样，选定一个动作，该动作的核心技术错误或结果，以及在此运动过程中用来指导动作或纠正错误的提示。画好图表后，请在下方的横线上写出3个含义相同的外部提示，并试着增加、减少或者转变提示。在转变后的每条提示下方，圈出自己使用的策略。

动作名称：_____

动作错误或结果：_____

基本提示：_____

转换提示1：_____

圈出策略　　　增加　　　　减少　　　　转变

转换提示2：_____

圈出策略　　　增加　　　　减少　　　　转变

转换提示3：_____

圈出策略　　　增加　　　　减少　　　　转变

大家是怎么填写的？大家觉得这个练习是简单还是困难？虽然有些人可能会发现自己天生有一种设计提示的天赋，但绝大部分人都不擅长于此。实际上，我就属于那种已经习惯于使用自己的一套指导语言的人。我发现我很难将自己拽出惯用提示的舒适圈，而且即便走出舒适圈，我也很容易再次使用之前僵化的提示。但是这个问题并没有吓倒我，教练们也不要知难而退，因为提示是一种习惯，而习惯则可以通过正确的方式发生改变。

教练们应该对推动变化的实证工具和系统非常熟悉。营养学家根据运动员的大量和微量营养需求制订膳食计划；体能教练设计精确细致的训练方案，以确保每次重复、每组动作和负荷都能在一段时间内产生预期的效果；治疗师根据运动员身体受伤部位所需的恢复时间和康复训练，来规划康复训练过程中的各个阶段。在这个过程中，每个环节分工明确，每个人各司其职。因此，如果你已经认识到用来告诉教练应该"做什么"的这一体系的重要性和必要性，那么在逻辑上难道不应该有一套同样重要和必要的体系来告诉教练应该"如何做"吗？

第1节　3D提示

一般我在赶飞机的时候会提前到达机场，尤其是在一个不熟悉的城市赶飞机时。如果大家和我一样，那么这就意味着你要在前一天晚上预约凌晨4点的出租车之前，查看航班时间。仔细回忆一下大家就会发现，其实生活中有很多事情都是通过类似的"预计"来提前进行规划的。

例如，你会根据自己要去的地方在路上花费的时间和约定的到达时间设定早晨的闹钟；你会根据距离下一次会议所剩的时间，决定是去街对面的三明治店还是在路边的沙拉店吃午餐。即使是在体育运动中，以足球和橄榄球为例，运动员也必须迅速判断出自己是否有足够的助跑空间来射门或得分，或者是否更适合传球。在这些情况下，我们都在考虑经验要素——空间和时间。

无论是思考还是行动，我们都是在一个空间，即一个环境中进行的，并且需要在一定的时间内完成。虽然空间和时间通常是我们潜意识中的领域，但这并不会减少它们对行为的影响。例如，你在吃晚餐的时候思考需要用多快的速度将椅子放在奶奶身后；或者思考你需要跑得多快，才能在电梯门关闭的最后一刻挤入电梯。在这两种情况下，你的大脑都在根据亟待探知的空间和时间来计算动作目标。

长期以来，学者们一直认为空间和时间是人类思维的基础。例如，哲学家伊曼努尔·康德（Immanuel Kant）有一个经常被世人引用的观点："空间和时间是一个框架，它们限制意识并构建其对现实的体验。"阿尔伯特·爱因斯坦（Albert Einstein）也赞同这个观点，他说："空间和时间是我们思考的模式。"伊曼努尔·康德和阿尔伯特·爱因斯坦的言论都能说明有大量的学术理论支持这一观点。然而，在自己的思维空间里仔细回忆，你会发现无数基于时间的示例，在过去、现在和未来的广阔图景中构建了现实世界。

那么为什么该观点对我们很重要呢？它和提示又有何关系呢？简单来说，如果所有的运动都可以用空间和时间来描述，而且所有的思维都受到空间和时间结构的约束，那么我们就能认为教练的提示应该包含一个类似的运动诱导DNA。正如人类的DNA是由功能承载基因组成的一样，提示也有自己的遗传密码，它由距离、方向和描述的基因组成[31]。

众所周知，一个能够定位和导航的GPS需要具有坐标、经度和纬度这3个要素。同理，提示也需要一定的距离和方向来确定应该专注于某个事物的空间。距离和方向共同描述了需要"导航"的物理空间，告诉运动员要到达的位置及"导航"所需的心理空间，即专注的焦点。然而，在我们所述的内容中，空间信息仅占1/2，因为提示还要传达时间信息。如果提示未涉及时间，运动员将无法知道如何在特定空间中进行最佳运动——"我不知道应该快还是慢"。幸运的是，为说明时间信息，提示必须用行动语言对动作进行描述，如"捶地面""推杠铃"或"疾速扑向进攻球员"；还可以使用类比，如

"像锤钉子一样捶打地面""像将人推到车外一样推杠铃"或"疾速扑向进攻球员,就好像要将他们埋进土里一样"。总之,3D [即距离(distance)、方向(direction)和描述(description)]共同创建了心理模型和框架。教练可以用它们迅速调整指导语言,从而满足个人对达到预期运动效果的需求。

在分别深入研究每个"D"之前,大家先来看几个示例,要确保在这些示例中都能找到这3个"D"。以下是3条提示,它们对每个"D"都做了适当的标记。

描述　　**方向**

"专注于用肩膀推动对方髋部侧口袋的位置"

距离

接下来大家将看到另外3个动作，请补充相关内容，我们会在最后给出答案。

▶ 例1

针对所给提示选择填写"距离""方向""描述"。每个词语只能填一次。

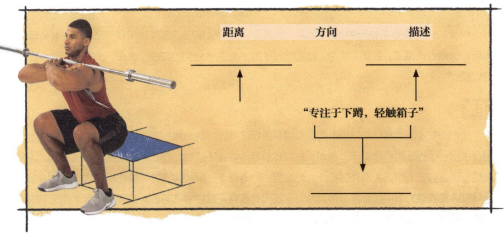

▶ 例2

阅读提示，画3条线连接提示中的相关词语和距离、方向及描述。每个词语只能使用一次。

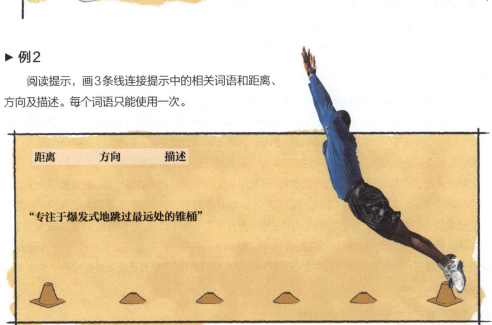

▶ 例3

设定一个动作及动作错误或动作结果，并在最后一行上填写一个包含3个"D"元素的外部提示。仿照例2中的方式，分别画3条线连接提示中的相关词语和3个"D"。每个词语只能使用一次。

动作名称：_____

动作错误或动作结果：_____

提示：_____

距离　　　　方向　　　　描述

学会如何判断每条提示中的"DNA"后就可以讨论教练应该怎样利用每个"D"来服务运动员和自己的指导语境了。在第4章中，我们已经了解了给提示分类的方法。现在，大家先思考设计提示的过程。

距离

我们在第4章中将提示与相机的变焦镜头进行了类比，认为教练在将运动员的运动情况完全放大时会得出一个近距离内部提示，例如，在传球过程中专注于手腕动作；教练在将运动员的运动情况完全缩小时会得出一个远距离外部提示，如在传球时专注于预期的接球者。虽然研究结果清楚地表明运动员应该将注意力集中在外部，但迄今为止还没有任何证据能够证明近距离和远距离外部提示的相对优势。不过，幸运的是，关于这个问题始终存在一项权威的研究。

为保证教练们能了解得更加清晰准确，我们会以器械运动（如高尔夫球和棒球）和无器械运动（如短跑和跳跃）为例，讨论在关于这两类运动的提示中所传达的距离。

器械运动

高尔夫球和棒球这两种运动，在研究专注距离对运动学习和运动表现的影响方面特别有用。回想一下伍兹夫及其同事[19]的一项实验。他们在实验中发现，高尔夫球初学者在专注于"球杆像钟摆一样摆动"时，比专注于"球的运动轨迹和……目标"时的击球精准度要高。前者是近距离外部提示，而后者则是远距离外部提示。这项实验初步表明专注距离对外部专注是有影响的。

研究人员想知道，既然高尔夫球初学者似乎能从近距离外部提示中获益，那么职业高尔夫球手是否也能从中受益。为此，贝尔（Bell）和哈迪（Hardy）[32]招募了33名职业高尔夫球手，他们之间的注册成绩"差点"（用于评价高尔夫球手成绩的专业术语）低于9.4。他们将这33名受试者分成3组，并设置了3种提示，分别是内部提示"手臂的运动……还有……手腕的屈伸动作"，近距离外部提示"在挥杆时，尤其在击球过程中要使球杆和击球方向成直角"，以及远距离外部提示"球的飞行

答案
例1：距离="箱子"；方向="下"；描述="轻触"
例2：距离="锥桶"；方向="跳过"；描述="爆发式地"

轨迹……还有……运动员预期击球的方向"。在这3种提示中，每个小组任选其一进行练习。与伍尔夫的实验类似，受试者试图将球击到尽可能靠近20米标志旗处。根据选择的专注类型，受试者先进行了10杆击球热身，接着在正常情绪状态下进行了3组10杆击球，又在高度焦虑的状态下进行了2组10杆击球。实验结果不出所料，在这两种情况下，两个外部专注组的击球精准度都明显高于内部专注组。然而，与我们对距离的讨论有关的是，比起近距离外部专注，职业高尔夫球手在远距离外部专注时表现最佳。

如果我们将这些发现同罗布·格雷在棒球运动中的发现综合考虑，我们便能看出专注点和距离之间的联系。简言之，当外部专注点是运动结果（远）而非运动器械（近）时，专业运动员的运动表现就会得以优化，而新手则恰恰相反[8, 20]。对于专业运动员而言，远距离外部专注的好处是减少了对动作不必要的有意控制。要知道，多余的有意控制对有经验的专业运动员的危害程度远甚于无经验的新手[3]。结合此前我们对"窒息"的探讨，这一发现其实是有道理的。因为新手并没有什么经验，他们仅需做好在运动器械上完成的动作即可，且能从中获益；而专业运动员早已将运动器械融入自己的运动记忆中了，他们认为，对自己的动作坚信不疑并且制订一个明确的目标去完成它是很明智的。这并不是说专业运动员不能从近距离外部专注中获益，因为事实上他们确实能从中获益（例如，30），只不过当他们的目标是自己的运动表现时，特别是在高压的训练或比赛中，教练应该优先考虑远距离外部专注，其次是近距离外部专注，从而让预期的运动结果更加明确。

在此澄清一下，我并不认为我们有充足的证据，而且我的经验也不能表明专业运动员在任何情况下都需要专注于远处的目标。在很多情况下，特别是需要改进动作技术的时候，专业运动员则需要专注于球棒、球杆或球拍的运动。然而，随着运动员运动技能水平的提高，他们的注意力也可以从器械转移到运动结果上。

无器械运动

假设你现在正在参加美国职业橄榄球联盟选秀大赛训练营，并且刚刚踏上起跳板的跳远线，几分钟前看到自己的头号对手创造了训练营的新纪录后，你便不自觉地心跳加速，因为你知道自己在平时训练中的成绩向来都能打破这个纪录。随后你便向训练伙伴点头示意，他们在新纪录附近随意放置了一个小标志，给你一个视觉标记。此刻你应该平复心情，深吸一口气，蓄力后猛然爆发出来。

这个场景虽然是虚构的，但它并非毫无根据。每当我的运动员排队准备跳远时，大家都可以用迷你标志来标记每个人的最好成绩。同样，当运动员们走上垂直弹跳测试器时，他们无一例外地要求我拿走装置上低于自己最佳水平的标尺，仅保留那个代表最佳水平的标尺。那么，为什么这种现象在跳跃运动中如此普遍呢？是什么原因让运动员觉得自己在有视觉目标时运动，能比没有视觉目标时表现得更好呢？

为了回答这个问题，杰瑞德·波特及其同事进行了一系列研究，想看看专注距离是否会影响跳远距离。在研究中，波特及其团队[33]发现，与专注于内部提示"尽可能迅速伸展膝盖"相比，没有跳远经验的大学生专注于外部提示"尽可能远离起跳线"时，跳远距离明显更远。于是波特又招募了另一组大学生来研究增加专注距离的效果[22]。在使用和之前相同的近距离外部提示的基础上，波特又增加了一个远距离外部提示，让受试者专注于"尽可能地跳至距离起跳线3米远的锥桶处"。有趣的是，波特发现受试者在远距离外部专注时，明显比近距离外部专注时跳得更远。在最后一项研究中，波特招募了专业运动员，并采用了前两项研究中的提示[21]。结果显示，专业运动员在外部专注时的跳远距离远超内部专注时的跳远距离，且在远距离外部专注时跳得最远。这与我们在"器械运动"部分讨论的结果一致。因此，波特及其同事发现，无论是运动员还是非运动员，远距离外部专注时的运动效果都比近距离外部专注时的运动效果更好。

如果把器械运动和无器械运动的研究结果结合起来，我们便能看出这种距离"基因"的形式和功能。首先我们必须认同，掌握在某种程度上是一种能力。它能够影响一项运动的结果，而无须有意识地考虑运动过程。因此，无论是否涉及器械，我们都可以说，运动员的运动经验越多，就越有可能从远距离外部专注中获益；反之，运动员的运动经验越少，则越有可能得益于近距离外部专注。大家记住，这些都是可考虑的因素而非强制要求，因为教练完全可以将这一领域的研究扩展到更大的运动库中。也就是说，研究结果清楚地表明[2]提示中的距离因素会对运动表现造成实质性的影响，因此，要想改变提示的模式或功效，就应该将距离视为可调整的变量之一[9]。

"专注于向天花板爆发式跳起"

"专注于从地板上爆发式起跳"

调整距离

教练可能会从前文讨论的示例中注意到，提示很少会明确地指出距离。更确切地说，提示中的人、地点或者事物统称为名词，从而使运动员专注于此。例如，请教练思考上图所示的两个提示，它们的目的是指导运动员在垂直跳跃中增加跳跃高度。

两个提示的基本目标是一致的，都是为了最大限度地增加跳跃高度。为达到这一目标，一方面要求运动员专注于要到达的位置，因为运动员需要向天花板跳跃；另一方面要求运动员专注于起跳，因为他们需要从地板向上跳跃。因此，名词是距离的根源，教练如果想要提高或者降低运动员的注意力，就应该变更提示中的名词。

与本例流程一致，请教练考虑另一组关于击打网球的提示。

例1
"专注于用球拍中心击球"

例2
"专注于将球击到底线内"

---

2 注意，一些证据表明，可获得性（可达到的目标）能够影响最终的成绩结果。例如，谢丽尔·科克的研究表明，当外部提示比内部提示更可能导致受试者水平跳跃距离增加时，在受试者的最远跳跃位置设置一个标志盘的效果，要优于将标志盘设置在一个固定位置处（比如3米）。这表明，可获得性在外部提示当中具有重要作用。也就是说，相比明显难以企及的目标，如果给受试者设置一个可能达到的目标，他更可能会付出更多的努力来尝试。因此，在一些基于爆发力的练习或活动中，需要考虑这种关于距离参数的设置因素。

在上文中我们提到，跳跃提示会使用一个单独的名词来表述距离。与无器械运动不同的是，对于器械运动来说，提示通常会使用两个名词，将器械或球的运动与运动结果联系起来。正如例1中将球拍和球的结合视为一个近距离外部专注点，因为球拍的运动是运动模式的一个反馈。例2则是远距离外部专注，因为运动员集中在运动结果上的注意力基于对球和底线的共同关注。与前一组提示一样，名词是调整专注点位置的关键，这样可以控制提示中的"变焦镜头"。

方向

为确保提示准确地表达教练想要运动员运动的空间，教练可以在距离因素的基础上增加一个方向因素。如果距离表示运动员应该将注意力集中在空间内的哪个位置，那么方向则表示他们应该向空间内的哪个点移动。为说明提示中的这一因素，请教练思考右图所示的示例。

例1

"专注于将哑铃推离长凳"

例2

"专注于将哑铃推向天花板"

当两种提示都要求运动员做一个爆发式动作时，例1提示的是"推离……"，例2提示的则是"推向……"，二者存在明显的方向上的差异。有趣的是，提示也会从近距离转向远距离，例如从"将哑铃推离长凳"到"将哑铃推向天花板"。其实这不足为奇，因为距离和方向共同决定了运动员运动的空间。因此，指导运动员向某物移动的提示基本上都是远距离外部提示，而指导他们远离某物的提示则几乎都是近距离外部提示。这也是合乎逻辑的，因为我们通常会从近处移向远处。下面再举几个示例来阐述这一点。

"上拉离开地面"
——和——
"拉向自己的口袋处"

虽然大多数提示都明显涉及方向因素，但实际上没有关于该主题的研究，所以我们无从得知，对于跑步运动来说，最有效的是专注于起跑，还是专注于冲刺。如果我们把波特及其同事的研究重新定义为评估方向，而非评估距离，那么我们就有可能得出一些结论。请你回想一下，研究人员在运动员跳远过程中使用了近距离外部提示"尽可能跳离起跳线"，和远距离外部提示"尽可能跳向锥桶"。在近距离外部提示中，我们可以看到"跳离起跳线"是一个远离参考物的提示，而"跳向锥桶"则是一个靠近参考物的提示。因此我们可以得出这样的结论，相较于近距离外部提示，远距离外部提示能产生更好的跳远表现，如同靠近的外部提示比远离的外部提示能产生更好的跳远成绩。

尽管该结论在波特的研究中是成立的，但我要提醒教练们的是，在更多的研究证实该结论之前，不要过度依赖这个结论。我建议教练考虑自己所指导的动作的性质，并评估变更提示中的方向因素是否有助于增强运动员对这个动作的理解力和执行力。例如，"投球"是一种需要上下肢协作运动的全身动作。以投球为例，教练完全可以在提示下肢动作时，要求投手蹬地远离投球区或者靠近本垒；但他一定不会让投手投球离开投球区。然而，针对上半身的提示则会使投手专注于投手板上的球，这就需要教练考虑在提示中加入一个靠近的方向因素。这说明教练指导的技能或技能中的一部分，最终决定了是否可以调整专注的方向以做出有效的控制。

让我们再思考两个示例来印证这一点。例如，哑铃推举动作会受到方向变化的影响，因为运动员可以专注于将哑铃推离地面或推向天花板，这两种提示都要求运动员专注于哑铃的垂直运动路径。虽然我们的直觉正确表明，由于哑铃实际上是朝天花板移动的，那么教练在开始时使用一个"到达"的提示是合理的。但是将专注点设定为从地板、地面或位于被举起的哑铃下方的其他物体上"出发"也未尝不可。需要注意的是，大多数举重动作都是有方向的，你可以将重物从地面推向天花板，也可以将其从一面墙推向另一面墙。

"爆发式离开跑道"
——和——
"爆发式冲向终点"

"跳离地面"
——和——
"奋力跳向空中"

　　与之相同的逻辑也适用于无器械运动技能，因为一个人可以离开地面靠近天空，或者离开起点靠近终点，例如短跑、跳跃和敏捷性运动。同样，即使这个动作是非动态的，就像任何姿态的桥式动作或平板支撑一样，教练也可以通过提示"伸展"或"延长"来让运动员将提示作为脊柱姿势的参照选项。在这种情况下，教练提示运动员"从头到脚，专注于向远离身后墙壁的方向伸展"和"从头到脚，专注于向靠近面前墙壁的方向延长"同样有效。因此，无论动作是静态还是动态的，需要器械还是无须器械的，在适当的时候教练都可以利用方向设定运动的参照点。这样一来，教练便能把"方向基因"视为提示中的"指南针"。

　　正如教练在变更提示中的"距离"时，会将名词作为语言调整的一部分，教练在变更提示中的"方向"时，同样也要将介词作为语言调整的一部分。教练可以参考前面提到的示例以及下面的词语列表，其中包含提示中最常见的介词。

离开	朝向
来自	到达
超出	进入
脱离	穿过

在这些词语中选择一个或多个填入下列提示中的空白处，给出一个方向。

"当你举哑铃时，专注于_____天花板"

"专注于加速球_____墙壁"

描述

继续用DNA进行类比，我们可以说，除了定义运动空间之外，距离和方向还赋予提示一种视觉效果，并遵循清晰全面的外部提示来负责呈现心理意象。教练告诉运动员"_____离地面"或"杠铃_____天花板"，在身体完成动作之前，创建一个虚拟的环境考虑该动作。然而，正如空白处所示，提示还需要最后一个要素，即描述。

如果说距离和方向赋予提示"可见的能量"，那么描述就赋予提示"可运动的能量"。也就是说，例如"推""蹬""抓握"和"击打"这样的动作动词，描述了动作应该执行的方式，为提示注入了生命力，并在这个过程中定义了3D提示语模型的时间或节奏。正如我们已经讨论过的内容，动词赋予提示能量和活力，也是人们最为敏感的词类。教练可以回想一下之前的动词实验。尽管我们读的都是同一个动词，但大脑对这些动词的理解却有着不同程度的差异。因此，关键就是要确定一个动词，它应按照预想的那样被运动员解读，并且传达教练希望看到的运动员在运动空间中运动时所使用的运动时机。一旦学会有效完成这一点，教练就会看到运动员能够很轻松地理解提示，就像"轻轻碰一下开关灯就亮了"一样轻松。提供精确、高效的提示，似乎能让教练直接进入运动员的运动系统，直接和他们的神经元对话。

谈论运动

请大家阅读下列4个词语列表，然后简单留意一下自己大脑和身体的状态，花一点时间考虑每组词语。

▶ 词语列表1	▶ 词语列表2	▶ 词语列表3	▶ 词语列表4
捕获	徒步	坐	抓握
搏斗	游泳	斜倚	挤压
敲击	滑翔	放松	打架
逃跑	漂浮	睡眠	冲刺

你留意到了什么？这些词语是留在了书上，还是跳进了你的大脑中？看完这些列表里的词语后，你有什么身体反应？大家是否注意到，在阅读词语列表1和词语列表4之后，紧张感有所增加；或者在阅读词语列表2和词语列表3后，紧张感有所减轻呢？无论你的体验是什么，我都希望你能够进行反思并且将其牢记于心。

现在让我们再来思考一下下面4组词语列表，同之前一样，请阅读每组词语并注意自己的身心反应。

▶ 词语列表1	▶ 词语列表2	▶ 词语列表3	▶ 词语列表4
房间	天井	床	酒吧
椅子	球	书桌	长凳
桌子	伞	灯	架子
杯子	草坪	地毯	板子

大家这次的体验怎么样？和刚才相似还是不同？这些列表中的词语是讲述了一个故事还是引发了你的情感反应？此时你的大脑中可能会出现一个图像，但我确信你在阅读这些词的时候，肯定不会产

生刚才阅读那几组词语时产生的身体和情感反应。大家同意吗？通过对比这两类不同的列表，我们便能理解为什么动词如此重要，它们是提示的核心，并赋予语言生命。如果没有动词，我们又如何能坐在椅子上、躺在草坪上、在书桌前写字或者举起杠铃呢？

虽然对大多数人来说，结果看起来微不足道且显而易见，但这正是故事发生有趣转折的地方。不知道你是否还记得，在第3章我们谈到了丹尼尔·沃尔珀特，提到了他的TED演讲"大脑的关键因素"。正如我们所讨论的那样，沃尔珀特博士提供了一个非常有说服力的说法，即我们拥有大脑的唯一原因就是为了控制。受神经科学和运动控制的影响，他认为大脑作为一个工具而存在，可以让我们按照马斯洛需求层次理论生存，从饥饿到饱腹，从外部到内部，从危险到安全。虽然这是大脑存在的一个重要原因，但我们知道，大脑不仅能控制自身，而且很擅长控制他人。

弗里德曼·普瓦穆勒博士是德国柏林自由大学语言神经科学专业的教授。2016年，普瓦穆勒博士为严肃科学网站录制了一段视频，在视频中他提出了一个问题，即"语言有什么用"。对此他回答道，"语言是行动的工具，是协调他人运动的工具"[34]。虽然教练或许会觉得这是一个巧妙的比喻，但普瓦穆勒博士认为这是事实，是一个与沃尔珀特博士观点相同的声明。正如沃尔珀特博士认为我们拥有大脑是为了控制自己一样，普瓦穆勒博士认为我们拥有语言是为了控制他人，而且他有证据证明该观点。

为了理解大脑是如何从语言中获取信息的，普瓦穆勒博士及其同事进行了一系列研究，在受试者处理书面和口头语言时观察他们的大脑内部。他们[35, 36]在研究中发现，当受试者读到如"踢""跑""跳"这类与下半身相关的动词，或如"按""举""抓"这类与上半身相关的动词时，大脑运动皮层中负责控制这些动作的特定区域就会被激活。与我们对关于运动控制的思维–运动理论的讨论一致，动词中包含的想法触发了负责将它们转化为运动的大脑区域的活性。

普瓦穆勒及其同事受到这一发现的鼓舞，开始研究与动词相关的大脑区域被经颅磁刺激激活时，受试者是否能更快地识别出动作并对其做出反应。果不其然，当运动皮层中与上半身或下半身运动相关的区域被激活时，受试者可以更快地识别出与这些身体区域相关的动词。这印证了早期关于这一问题的发现，并表明大脑通过激活负责执行这些动作的大脑区域，来确定一个动词的意义，这种现象通常被称为**体验认知**。

虽然理解如何从单个动词中提取含义很重要，但我们知道，自己很少在实际生活中单独使用动词。因此，研究人员将这些发现应用于动作语句，或者在语境中所说到的动词上。这对提示而言非常重要，因为如果教练经常使用脱离语境的动词，这样就会使运动系统几乎无法运作。例如，我们通常会将"加速"一词与下半身联系在一起，而将"推"这个词与上半身联系在一起；然而，提示运动员在卧推时"加速推举杠铃"或者在短跑时"蹬离地面"也是完全可以的。因此，一个动词的含义其实是多样化的，人们通常根据上下文中的其他词语来阐明其预期的含义。

关于这一点，拉波索（Raposo）及其同事[37]开始研究大脑如何处理具有不同含义的动词，例如"踢"这类单个动词、"踢球"这类在句子中表示字面意义的动词或踢水桶（kick the bucket）[3]这类有寓意的表示非字面意义的动词。与普瓦穆勒的研究结果类似，拉波索发现单个动词和在句子中表示字面意义的动词激活了与负责执行这些动作的身体部位相关的运动皮层中的区域，而当受试者处理表

---

3 "Kick the bucket"是俚语，意为"死掉""翘辫子"，带有戏谑的口吻。——译者

示非字面意义的动词时，则不会激活相关的运动皮层。因此，大脑和身体一样，也是根据特定性原则运作的，通过调动在物理世界中负责处理这些词语的相关大脑区域，从单词和句子中获取动词的含义。这直接证明了 3D 提示语模型的重要性，因为每个"D"要素都相互支持、相互配合，共同明确提示中动作的含义。

与该结论一致的是，范·达姆（Van Dam）及其同事[38]发现，负责运动的大脑区域对"移动""攻击""抓取"这类基本动词，和"推""打""抓"这类特定动词的反应是不同的。这表明，提示中的动词越具体，大脑中需要参与的与产生相应特征相关的区域就越多。这一发现非常有价值，因为它支撑着提示特异性的需要，以及实现该特异性的提示模型的需要。因此，教练在指导短跑中的"冲刺"时，可能会提供一个基本的提示，即"快速冲刺"。然而，这个提示缺乏细节，这会使运动员在没有教练指导的情况下练习冲刺技术。如果想要提示清晰一些，教练就会策划一个特定的提示，要求运动员"在冲刺时冲出赛道"。我们可以发现，特定的提示仍然体现了"快速冲刺"这一目的，但它是通过外部指示来实现的，而排除了内部指示的干扰。因此，只要一个动作是通过外部事物的帮助完成的，并与运动的最终目标一致，那么该动作结果就具有一定的技术性。

为了建立动词和运动动作之间的功能联系，研究人员开始研究他们是否可以通过控制动词所呈现出来的时间，来增加或减少运动行为。在一系列绝妙的研究中，维罗妮卡·伯兰杰（Véronique Boulenger）及其同事[39, 40]让受试者在两种不同的条件下完成基本的任务。

▶ 条件 1

实验开始时，受试者将手放在一个垫子上，眼睛盯着屏幕。当看到一个白色十字时，研究人员便要求他们伸出手去抓住垫子前面 40 厘米处的一个圆筒。一旦他们的手离开垫子，就会有一串字母出现在屏幕上。如果这些字母组成了一个英文单词，那么受试者就需要继续抓取圆筒；如果这些字母没有组成一个英文单词，受试者就需要将手放回到垫子上。

▶ 条件 2

条件 2 下的实验内容和条件 1 相同，唯一的不同是，屏幕上直接出现的不是一个白色十字，而是一串字母。受试者需要根据这些字母来完成相应的动作。如果这些字母组成了一个英文单词，受试者就需要抓住圆筒；如果字母没有组成一个英文单词，他们就要将手一直放在垫子上。

在条件 1 下，与看到名词时相比，受试者看到动词的时候，手抓向圆筒的速度会有所减慢。这表明，受试者的大脑在他们执行动作时，对动词的处理方式干扰了运动。你可以回过头来考虑一下大脑成像，就能知道理解动词的含义和做出目标动作是在大脑中同一块运动区域内完成的。如果大家认识到这一点，那条件 1 下的实验现象就能说得通了。这其实与拍脑袋、揉肚子一样，因为这两种情况都需要运动皮层同时履行互相冲突的职责。

在条件 2 下，结果则恰恰相反。受试者在看到动词的时候，手抓向圆筒的速度会比他们看到名词时更快。此外，条件 2 下的手腕加速度明显快于条件 1。因此，我们可以得出结论，当动词在运动前传递给运动员时，它们可以触发和激活他们的运动系统；而当动词在运动中传递时结果则正好相反。对于教练而言，结果已经很明确了。我们不仅需要选择和提示中前后句子相关的动词，还需要认识到，最好在运动员进行运动之前将动词传达给他们。如果教练把该结论和之前关于注意力的讨论结合起来，那么这便是一个很直观的建议了。因此，除非教练使用类似于"砰、砰、砰"这样的拟声词，或"推、推、推"这样的动词来提示节奏，否则教练在运动员执行整个动作的过程中，应该保持安静。

让人运动的语言

我们已经讲过语言和运动系统之间的相互作用，这清楚地表明了若将动词融入动作中，二者将相辅相成。至此，我们探讨的内容开始变得有意思起来，因为研究人员已经得出结论，语言中的动作实际上可以渗透到运动员的运动系统中，从而使他们自动完成最细微的动作。如果你回想一下自己的生活经历，你便能够理解这一说法了。在生活中，无论是歌曲中的歌词、演讲中的词句，还是教练的提示，大家都经历过身体和情感被语言支配的时刻。

为了证明这是一种物质现象，而并不只是一种简单的说辞，维克多·弗拉克（Victor Frak）、塔吉纳·纳齐尔（Tatjana Nazir）及其同事[41, 42]进行了一系列研究。研究人员让受试者在听动词和名词的同时，握着一个装有测力仪的圆筒。值得注意的是，研究人员发现，当受试者听到一个动词时，握力会自动增大；但是他们在听到名词时，握力却没有发生变化。与此同时，研究人员还发现，受试者在听到肯定句中的动词时，例如"菲奥娜（Fiona）举起了哑铃"，握力会增大。而当听到含有相同的动词的一个否定句时，例如"菲奥娜没有举起哑铃"，握力不会增大。这一发现再次证明了前后语句的重要性。后来研究人员还发现，当受试者站在测力台上，相较于阅读一些表达低体力活动的句子，例如"拳击手正背着他的健身包"，他们在阅读表达高体力活动的句子，例如"拳击手正背着大沙袋"时，身体左右摆动的幅度会增大[26]。

综上所述，我们可以肯定，语境中的动词与运动系统中的常用语言最为类似。尽管如此，请大家注意一个重要的事实，如果你回顾本书列举的示例，或者自己阅读论文选集，你都不会找到任何可归类为内部提示的内容。因此，我们所找到的例证与一系列研究结果，显然与外部提示的内容一致，特别是与3D提示语模型一致。此外，这一研究结果也适用于下一章的主题，即类比。但研究中使用的很多句子都需要一项运动来进行对照，也就是说，需要将句子中描述的动作映射到自己的运动系统中来帮助教练进行理解。因此，动作缺失如上所述。

操控描述

现在我们再探讨一点，便可结束对"描述"部分的讨论了。请大家简单地思考一下教练在提示中选择和运用动词的策略。如前所述，运动系统对前后语境中的动词具有极高的敏感度。因此，提示越能说明指导动作的运动特征，运动员的大脑就越容易将提示语传递到四肢。虽然有些教练可能会被误导，用这种方法作为一种引导，向运动员提供一系列运动规则。但我们很清楚这种方法的局限性。教练必须将指导动作的运动特征隐藏在一个容易引起运动员注意的提示中，并且使用动词是隐藏运动特征的最佳选择。

为了说明这一点，让我们分析一下关于哑铃卧推的两条看似合理的提示。

提示1
"专注于将哑铃推向<u>天花板</u>"

提示2
"专注于猛推哑铃，使其'<u>穿透</u>'天花板"

在分析之前，请大家表达自己对这两条提示的看法（圈出任意一条提示）。

哪种提示能产生更大的爆发力？	提示1	提示2
哪种提示能促使运动员更有效地控制哑铃？	提示1	提示2
哪种提示能引发运动员更强烈的情绪反应？	提示1	提示2

我想大家一定能够凭借直觉很快地回答这3个问题。而且，根据我们之前讨论过的内容，大家的答案肯定是有理可循的。因为语言包含在赋予它们生命的运动系统中。这就是语言，尤其是动作语言，会触发我们的心理反应的原因。

现在让我们一起来分析上文中的两条提示。当你听到"猛击"这个词的时候，你会想到什么？没错，有人或东西被击打了。那听到"猛推"这个词的时候呢？其意思大致为某人或某物被推了。那么哪个词的运动速度更快呢？"击"表达的是快速运动，接触受力物体的时间短；而"推"则表示缓慢运动，接触受力物体的时间长。通过类比，我们的大脑会映射出击打和推搡的场景和画面，并迅速想出与这两个动词的含义一致的动作。因此，如果运动员是一个初学者，或者身上有很重的负荷，此时我想让他完成一个缓慢且可控制的动作，那么我会选择使用"推"这个词去提示。而如果我追求的是运动员的速度和力量，此时我想让他完成一个快速、猛烈的动作，那么我就会选择"击"。并不是说哪个动词更好，这只是一个为教练想要指导的动作特征而找到的最佳动词示例。

为了确保教练理解这个概念，现在再来看一个示例。大家应该记得我们之前提到过的，句子中的动词含义可以被语境以及前后句改变。因此，有时教练就需要通过改变提示中的"距离"和"方向"，来改变运动系统对动词含义的理解。例如，请观察下面两条对冲刺训练的提示，看看自己是否能发现二者在用语上的技巧差异。

下面有3个问题需要大家思考（圈出任意一条提示）。

哪种提示更适合力量不足的运动员？	提示1	提示2
哪种提示更能缩短运动员的触地时间？	提示1	提示2
哪种提示更适合蹬地力量较大的运动员？	提示1	提示2

大家可以发现，这两条提示中的动词是一样的。然而，通过改变介词，给提示加入"方向"要素，我们便立即改变了动作的生物力学机制。通过提示"进入"某物，是在表示让运动员朝一个方向用力，这可能会使他在地面上产生更大的力。相反，通过提示"离开"某物，是在表示让运动员的双脚触地后迅速抬起，以缩短其触地时间，并增强其离开地面的反应能力，即在冲刺时用更小的力触地。

正如我们所看到的那样，每一个"D"要素在提示中都具有一定的生物力学作用。然而，"描述"和动词能赋予提示以能量，将语言转换为行动。因此，教练如果能正确使用动词，就可以通过操控"距离"和"方向"来调整提示，以适应运动的需要。教练让这3个"D"要素共同发挥作用的能力十分重要，所以接下来我们将谈论一些最终原则，来设计下一条最佳提示（见图5.2）。

图5.2 3D提示语模型

1个、2个或3个"D"要素

文字是传达意义的载体，是交流思想的载体。因此，只有当教练和运动员对指导语言的意义达成共识时，清晰的沟通才会有效。归根结底，文字是一种符号，除了我们赋予它们的意义外，它们本身没有任何内在意义。这就是为什么我们必须敏锐地意识到，人们会根据自己的经验来理解和解释语言的意义。语言和大多数事物一样，是由环境决定的，因此，我们不能保证他人理解的意思就是自己所表达的意思。

虽然没有教练会指望自己给运动员的第1个提示总是正确的，但他们有责任适应运动员的语言偏好和指导动作的周围环境。幸运的是，3D提示语模型就是为了满足这种灵活的指导需求而设计的。然而，了解了关于每个"D"要素的原则并不意味着运动员能从教练使用的这个模型中受益最大。因此，我们将制订一系列有效运用该模型的原则。

原则1：从3个"D"要素开始

我们之前讨论过，提示各式各样：有的短，有的长，有的是拟声词"砰"，而有的是拟声词"嘭"。说到底，这与提示的形式与形态无关，而和从提示中提取的含义有关。也就是说，含义才是最重要的。不管怎样，教练必须从词语开始，从提示开始，然后根据运动员的反应来斟酌和组织自己的语言，直到语言合适为止。因此，教练第1次给运动员提示时，最好从这3个"D"要素开始，以降低运动员产生误解的可能性。

这里有两个关于壶铃训练的示例，我们可以利用这两个示例来讨论应用3D提示语模型的原则。

说明　该提示的目的是为了使运动员完成髋关节屈伸动作，而非蹲姿。如果运动员处于蹲姿，壶铃就会朝向下方。然而，让运动员后摆壶铃使其碰到墙壁，可提高其屈伸髋部的可能性。

描述1　描述2

"落地时，通过地面 缓冲来平稳地 停止动作"

距离+方向　描述3

说明　该提示的目的是让运动员通过可控的减速来提高下肢的稳定性，要求运动员在与身体相对的地面上减速，实施物理学的制动机制，提高外部专注程度。如果运动员具备运动所要求的灵活性和稳定性，那么该提示要求的应该是屈髋而非屈膝的动作，这有利于运动员减速和保护膝关节。我们使用3个相关动词和一组头韵（注：相连单词的开始字母或发音相同。）来增强运动员的记忆力和注意力。

　　现在请教练使用与前文提到的相同的形式，设计两个3D提示，并明确动作和动作错误或结果。在最后一行填写一个包含了所有"D"要素的提示，并像前文示例中的提示那样，在目标词语下面画一条横线，并将其和相对应的"D"要素连接起来。

3D提示练习1

动作名称：_____

动作错误或结果：_____

提示：_____

距离　　　　方向　　　　描述

3D提示练习2

动作名称：_____

动作错误或结果：_____

提示：_____

距离　　　　方向　　　　描述

原则2：改变"D"要素

一旦教练确定了所谓的基本提示，教练就可以像给吉他调音一样，开始以相同的方式调整自己的提示语言。在给吉他调音的时候是每次调一根弦，同理，教练在调整自己的提示语言时，也要一个词一个词地调整。不过，大家需要清楚两个要点。

第1点，除非教练的提示效果适得其反，或者导致运动员产生了不良的运动模式，否则教练的语言应该让运动员记忆深刻。虽然我不了解具体的实施规则，但我建议教练允许运动员在2~3组动作中尝试某个提示。这也是教练增强自己倾听能力和观察能力的时机，同时，教练也可以评估提示和动作质量之间的联系。利用这些非言语的实证和运动员的言语反馈，教练可以掌握所有必要的信息，以此来判断下一次训练时是否继续采用或修改该提示。

第2点，教练通常需要在以下两种情况下转换提示。

（1）如果已经有结果表明教练的提示没有起作用，这时教练采取了两种策略：换汤不换药，依然专注于同一个动作错误用基本提示，只不过换了一种说法；意识到自己的提示是错的，而且是自己的基本提示导致了动作错误，于是换了一个基本提示。当采取后一种策略时，请回到原则1；当采取前一种策略时，请开始改变3个"D"要素。

（2）如果教练的提示效果非常好，但是他注意到提示的作用正在减弱，我们可以称这种情况为"提示疲劳"。这时，教练需要想出一个新的提示来维持自己针对动作的特定部分想要达到的提示效果。在这种情况下，教练就要开始改变"D"要素了。

改变"D"要素是什么意思呢？其实很简单。教练可以通过使用一个新的动词、改变提示的方向、控制专注距离或使用任何组合来改变提示。注意，这种做法并没有什么特定的规则，教练可以转变其中的任意一个"D"要素，也可以转变3个"D"要素，当然还可以想出一个全新的提示，但是这个原则仍然适用，因为教练仍然在改变"D"要素。

有一个很巧妙的方法可以帮助大家理解这一点。假设有一个密码锁，上面有3个刻度盘。现在，假设每个刻度盘代表一个"D"要素。在基本提示的基础上，大家要对距离、方向和描述的正确组合做出合理猜测。如果3个"D"要素组合正确，密码锁就会被解开，出现一个新的动作。然而，对于运动员来说，如果提示中3个"D"要素的组合是错误的，那么该密码锁就不会被解开。因此，与开任何锁一样，教练只需尝试新的"D"要素组合，直到密码锁被解开为止（见图5.3）。

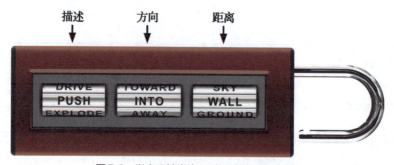

图5.3　以密码锁类比3D提示语模型的应用

如果将这些相同的提示应用于训练，让我们看看会是什么样的。

基本提示
"在动作的最后，要让壶铃碰到身后的墙壁"

提示选项1
"在动作的最后，将壶铃'推入'身后的墙壁"

提示选项2
"在动作的最后，让壶铃的底部向后摆，远离 衣领"

基本提示
"落地时，通过缓冲来平稳地 停止动作"

提示选项1
"落地时，减速 下降"

提示选项2
"落地时，缓冲"

　　请根据上文给出的两个基本提示，看看是否可以通过改变3个"D"要素，来构建另外两个提示选项。不过要注意一点：只写下教练在实践中会用到的提示。

3D 提示练习 1

动作 1 | 基本提示: _____

动作 1 | 提示选项 1: _____

动作 1 | 提示选项 2: _____

3D 提示练习 2

动作 2 | 基本提示: _____

动作 2 | 提示选项 1: _____

动作 2 | 提示选项 2: _____

原则 3：先精简再查看

如果教练已经有效运用了前两个原则，那么我们就可以假设，教练已经为自己试图指导的内容和方式设计了一个或多个有效提示。我们还可以认为此时教练已经和运动员达成了共识，运动员能够理解教练的提示。通过这些提示语，教练在运动员的头脑中植入了关于该动作的想法，并且运动员已经完全接受了它。基于这一点，这时教练可以精简提示或整合提示，在保留其意义的同时，避免对运动员的动作记忆造成负担。值得注意的是，精简提示可以提高动词的地位，使运动员优先考虑动作。此外，教练还可探索各种语言技巧，如使用头韵和押韵，以提高记忆的持久性[23]。这一切都是为了设计一个能够简明扼要地传达意义的提示，尤其是在比赛中。

让我们再次回顾上述提示，看看是否可以让语言变得简短有力。你会注意到我设计了一个关于壶铃甩摆的提示和一个关于侧向单腿跳跃的提示。

基本提示

"在动作的最后，将壶铃'推入'身后的墙壁"

精简提示

  或 或

说明　精简提示的第 1 步是剔除所有不必要的信息，即运动员知道自己手里拿着壶铃，墙就在他们身后。我们可以把提示分解到只剩动词或者作为心理目标的名词。注意，教练可以在运动员运动的时候，将动词喊出来以引导节奏。通过引导节奏，我的意思是教练可以用某种方式表达这个词，来提示动作持续的时长。例如在提示"推"这个动作时，教练可以延长"ui"的发音来表示运动员应该将壶铃推到墙上所用的时间，此时可以说"推——"，同时在尾音处加重语气，来提示壶铃向前过渡所用的时间。

头韵[4]升级：推（push）、击（punch）和停（pause）。

说明　本提示在不增加字数的情况下扩展了句子的含义。推这个动词就是基本提示中的意思，击参照的是壶铃向前的加速度，停则强调的是壶铃应该从身后甩到身前并悬住的时刻。该策略对双向运动（即向上和向下运动、向心和离心运动、缩短和延长运动）非常有效，特别是那些连续的、与速度相关的和有节奏的运动。

尾韵[5]升级：敲（tap）和折（snap）。

说明　我们再次扩展了提示的含义。敲这个词现在参照了模拟敲击墙壁的想法，支持着基本提示的意图。翻转这个词指的是壶铃向前摆出，以及使上下肢折成垂直的状态，从而让壶铃从身后甩到身前。

基本提示

"落地时，通过缓冲来平稳地 停止动作"

精简提示

　落地或　

说明　在精简提示中，教练可以去掉"落地时"，因为运动员现在很清楚这是目标动作的一部分。同样，教练也不再需要用"落地时"来描述运动员应该如何着地。教练可以选择最适合描述运动员和地面之间的相互作用的词语，或者更简单地说，教练可以描述相互作用本身、互动本身。但前提是，运动员要知道参照点是地面。

头韵升级：挺直（stiffen）、稳定（steady）、停止（stop）。

说明　我们能够观察到，头韵是如何用一种令人难忘的形式来描述一个动作的各个阶段的。在这种情况下，挺直是教练希望运动员在落地时保持的姿势；稳定则要求运动员能够控制住落地时的动作；停止则通过描述动作目标，来把"动作原因"放在"动作内容"中。

尾韵升级：停止下降（stop the drop）。

说明　这里教练使用尾韵来加深运动员的记忆而又不失提示的本意。此时，停止一词表示动作的突然终止。下降一词也巧妙地增强了提示的

4 指英语中单词的首字母发音相同的押韵方式。——译者
5 指英语中单词最后一个音发音相同的押韵方式。——译者

情感和力量。停止和下降的含义相似，二者都表示朝向地板的运动不受控制。因此，停止下降会给人强烈的紧迫感，如果运动员需要落地并迅速跳向一侧，那么使其产生这种紧迫感很重要。

现在，请你从上文中选择一个基本提示，看看是否能利用头韵和韵脚想出两条新的精简提示。要注意一个规则：只写下你真正会用到的提示。

3D 提示练习1

动作1 | 基本提示： _____

动作1 | 提示选项1： _____

动作1 | 提示选项2： _____

3D 提示练习2

动作2 | 基本提示： _____

动作2 | 提示选项1： _____

动作2 | 提示选项2： _____

教练可以发现，如果我们没有从原始的3D提示开始，那么精简提示也就没有什么价值了。然而，一旦提示建立了一层含义，教练便可以压缩和精炼语言，以提高传达效率，同时减轻运动员的记忆压力。值得注意的是，这种方法不仅适用于个人运动，同样也适用于团体运动。当教练试图找到在比赛和场上呼叫中的通用语言时，简短有力的语言会更有用。

一个有效提示的最终标志是它与动作本身冗余的速度。它的意思是，提示越快地影响到大脑，将动作常态化，运动员就能越快地剔除多余的提示语言。在某种程度上，我们可以把提示看作运动的燃料，最好的提示会留下有限的"认知污染"，同时为运动系统提供可持续的信息能量来源。我们希望指导运动员训练的语言，能够帮助他们成为独立自主的运动者，而不是让他们过度依赖提示语言。

第2节　提示技巧

为了理解本节内容，我想先解决可能萦绕在教练大脑中的一些问题。大家可能已经注意到，尽管我在本书的叙述中使用了相当多的类比，但我还未在提示示例中引入类比。对此我有一个简单的理由：我们需要先理解3D提示语模型，并且使用我所说的**现实提示**，或涉及运动员周围环境的提示，然后才会理解**模拟提示**的作用，或者利用这些类比提示，将动作同运动员大脑中的虚拟场景结合起来。因此，大家会发现，类比是掌握运动技能的基础，所以我会在第6章专门介绍它。

当你开始使用本书中的一些策略来设计自己的提示时，我猜你在针对某些动作或特定错误设计提示时，会遇到一些问题。也就是说，教练在确定运动模式时，会发现自己除了设计内部提示之外别无选择。例如，若想使运动员在臀桥和壶铃挥摆训练中充分伸展髋部，教练应该如何使用一个外部提示呢？同样，指导短跑时教练应该如何提示脚踝背屈和屈髋动作，或者举重下蹲时的脊柱位置呢？这些问题困扰了我很多年，因为它们提到的动作与环境特征没有明显的联系，这让我不得不使用"髋部朝天"或"保持脊椎挺直"之类的提示。有些运动员可能无法充分理解这些提示。诚然，到目前为止，我所使用的绝大多数提示都参照了完整动作，并在提示中加入了动作技术方面的信息。不过，我知道大家仍然需要利用语言策略来处理完整动作中的部分环节。不要担心，因为接下来的内容会告诉大家一些细节。那么就让我们直接切入主题吧，我会详细讲述我最喜欢的一些提示，它们会帮助大家增强执教能力，即使是十分细节的动作也不在话下。

转变提示

正如我们在第4章讨论的那样，转变提示并不意味着我们必须完全摒弃所有内部提示。若是如此，那就非常可笑了。转变提示需要教练需要清楚何时将指示放在指导叙述中合适的位置。就我自身而言，如果我使用内部提示，那么它就属于指导环节中的"描述动作"部分或场外视频分析环节。尽管内部提示有它自己的"归属"，但运动中仍然存在一些棘手的特征，通常是独立的关节运动，这使我们难以应用外部提示来确保运动员输出的最后的想法超出了身体范围。

为此，请大家试着为下面的运动情景策划一个外部提示。你可以假设教练已经用内部提示解释了动作中的错误，即"描述动作"。然而，他们想要确定一个可以指导运动员执行动作的外部提示，即"提示动作"。规则同之前一样，请只写下你真正会使用的提示。

情景1

一位教练正在和一名运动员一起研究运动员在垂直跳跃中双腿落地时的着地技巧。教练注意到运动员总是用脚尖着地，从而导致他失去平衡，不自觉地向前迈一步。教练想要想出一个外部提示，而不是简单地说"脚踝背屈"。

外部提示：_____

情景2

一位教练正在训练一名运动员冲刺跑前9米加速时的脊椎姿势，教练不会说"挺胸""脊柱挺直"或"后背保持平直"之类的话。然而，目前他给运动员的外部提示，例如"保持长时间"和"保持笔直"并不起作用，因为运动员在冲刺时仍然处于脊背弯曲的状态。教练想要设计一个有效的外部提示。

外部提示：_____

　　如果你以前从未尝试过这样做，那么我能理解你可能遇到的任何困难。然而，随着看问题的视角的快速转变，我们的感觉可以从有限到无限，而这只需要一些布料和胶带。

提示衣着

　　我刚开始当教练的时候，曾痴迷于训练运动员的脚踝背屈动作。因为这个脚踝中立姿势在力学机制上有利于缓冲和产生力，所以我经常在讲解跳跃时的着地技巧或短跑中的蹬地技巧时，大喊"脚趾向上"或"稳定脚踝"。然而，在我读了加布里埃尔·伍尔夫于1998年发表的那篇文章后不久，我就开始重新考虑这种做法，并探索关于外部提示的新方法。

　　虽然在短跑中针对"蹬地"或在举重时针对"爆发式地举起杠铃"的外部提示，于全身运动而言很是直观，但对于纠正单关节的动作来说，可能就没有那么明显了。为解决这个问题，我总是会想，如何在不提及关节的情况下提示关节运动？因而我不可避免地回想起伍尔夫在她早期的平衡实验中使用的提示，即"将你的脚保持在相同高度上"与"将标记保持在相同高度上"，并意识到外部提示不仅可以是精简细微的，也可以与运动员的身体紧密相关。

　　事实证明，运动员衣着正是我在设计提示时遇到的问题的解决方法。当教练不想在提示中提到关节时，衣着就是指导关节运动的工具。我在意识到这一点之后，便在跳跃训练中，使用"把鞋带向上拉"来代替"脚趾向上"；用"把鞋带绑在袜筒上"来替代"稳定脚踝"。随着运动员的衣着继续影响着我的提示语，我很快发现，大多数髋部动作都可以用"腰带扣""腰带"或"侧口袋"来提示；有关髋部伸展的提示，则可以变为"牵引腰带扣"；而关于弯曲髋部的提示，则可以用"向腰带鞠躬"或"向腰带扣鞠躬"来指代。同样，在谈及中立位的脊椎时，教练可以完善一下自己的语言，说"拉

"拉长T恤"

"牵引你的腰带"

上夹克拉链""拉长T恤""绷紧你的上衣"或者简单地说"昂首挺胸"，这个提示无须提及衣服。我们可以借助日常衣物来简化动作信息，仅仅使这些信息停留在身体的周边，并为最细节的动作提供一个明确的外部目标。

虽然在所有的提示工具中，衣着算得上是一种非常有用的工具，但它并不是我们可以用来将动作的细微差别从运动系统中剥离的唯一提示工具。大家可能会发现，为了能够让运动员冲破运动瓶颈，使用几条胶带可能更有用。

提示胶带

我第一次听说用胶带提示动作，是在看威尔·吴博士发布的一段视频的时候，他是美国加利福尼亚州州立大学长滩分校的教授，在提示和运动表现方面有所建树。在视频中，吴博士展示了如何在关节上使用胶带，帮助运动员在保持外部专注的同时简化运动问题。在我再次看这个视频时，大脑里充满了各种想法，并且我相信自己的运动员一定能从该策略中受益。于是，我立刻决定开始将这种新方法应用到自己的运动员身上。

我观察到的最深刻的动作变化之一，是在短跑起跑时使用胶带解决了运动员的姿势问题。当时离美国国家橄榄球联盟联赛开赛仅剩几周了，而这位运动员还在以一种屈背的姿势起跑，这极大地限制了他前两步奔跑时能够产生的力。我已经试过了自己能想到的所有提示，然而这些提示并不能解决这位运动员的起跑姿势问题，所以这时我剪下了两条胶带。

为解决自己的起跑姿势问题，这位运动员已经做好了一切准备。我解释说我们将尝试一种稍微不同的方法来矫正他的姿势。首先我在他的背部正上方贴了一条胶带，从肩膀一直贴到腰部。又在他的腰上贴了另一条胶带，贴到腰带处即可。这里我用的是人们用来缠住或绑住脚踝的运动胶带。然后我问他："告诉我你怎样才能让这两条胶带靠得更近。"他回答说，挺直背部。我又问他："告诉我你怎样才能使这两条胶带离得更远。"对此他用弓背的动作作为回答。看到这位运动员的回答和我预期的完全一样，我接着为他的下一次短跑给出了一个提示："好，在下一次冲刺起跑时，我希望你在冲出起跑线的时候专注于使这两条胶带靠在一起。"这位运动员得意地笑了笑，表示他知道我的意思，然后他做出三点支撑的姿势准备起跑。我在一旁看着，希望这个方法能奏效。在他起跑后不久，结果就

显现出来了。至少在我看来，他不仅很快地纠正了自己的姿势，还完成了我们几周以来一直追求却难以做到的中位脊椎姿势。当他走回来时，他脸上的笑容告诉我，他理解了我的意思，而且这个方法奏效了。

尽管我早在任何研究出现之前，就已经成功地使用了这种方法，但当詹姆斯·贝克尔（James Becker）和威尔·吴[43]发表了一份证明这种方法的有效性的初步研究报告时，我仍然感到非常高兴。研究人员对4名优秀的跳高运动员进行了研究，这些运动员在助跑过程中需要改进姿势，研究人员让这些运动员使用常规的专注策略进行跳高，并以此作为基准参照。研究人员再使用一种新的提示策略进行一系列的干预跳跃。注意，所有的跳跃动作都是按照运动员在训练中习惯使用的标杆高度进行的。具体来说，研究人员在每位运动员肚脐前的衬衫位置贴了一条运动胶带，并提示运动员在进入助跑弯道时"用胶带牵引"。在使用该提示进行了两次试验之后，运动员们又做了一次重复试验，作为测量后的测试。经过一系列的评估分析之后，结果显示，"提示胶带"使运动员保持直立跳跃的姿势，加快了其进入倒数第2步的水平速度，以及起跳腾空时的垂直速度。总之，这些研究结果与我自己使用胶带进行提示的经验相符，并为更多的研究奠定了坚实的基础。例如，阿卜杜勒拉普尔（Abdollahipour）等人[1]使用胶带标记来改进体操空中动作的研究，德·乔治（De Giorgio）等人[12]关于使用彩色胶带来改进足球技术的研究。

虽然我们会在最后3章再次提到胶带的使用技巧，但我现在想告诉大家一个非常简单的方法，以便有效地应用"提示胶带"。根据我的经验，对于任何给定的提示场景，大家所需要的胶带都不会超过一到两段。通常，当教练想要将既定的某个关节或身体部位与环境特征相对应时，教练只会使用一条胶带；当教练想要提示涉及两个关节的特定技巧时，教练就会使用两条胶带。因此，如果我想让运动员在短跑过程中更好地屈髋和前摆膝盖，那么我可以在运动员的膝盖上贴一条胶带，告诉他们"把胶带推到终点"。同样，回到运动员起跑时让其脚踝背屈的示例，我可以很容易地在运动员的鞋带上贴一条胶带，告诉他们"把胶带贴到云端"。如果我想在运动员的身体内部做调整时，例如在髋部运动时让脊柱保持中立位，我可以在运动员的背部正上方和正下方各贴一条胶带，然后简单地告诉他们在运动时"保持胶带呈直线对齐"或"让胶带贴紧"。我们可以继续这样做，然而，但愿这些示例能够很好地说明这个技巧，以便教练能够将其应用到自己的执教训练中去。

第3节　阐明内部提示

多年来，我曾有机会就内部提示可能带来的好处提出许多具有挑战性的问题。站在运动学和解剖学的立场上，当教练在研究结果中寻找漏洞，试图找到内部提示优于外部提示的情况时，我一点也不惊讶。然而到目前为止，我还未发现一个论据或一篇文章，能够提供令人信服的证据来反驳本书的论点。

其实大家真的没有必要进行内部和外部之争，因为这两种提示在指导环节中都有用。正如罗布·格雷在"感知与行动"（Perception & Action）播客上经常提及的那样，内部提示有利于描述动作，也就是"动作的内容——是什么"；外部提示有利于指导动作，也就是"动作的方式——怎么做"。出于这个原因，我在指导环节中的"描述动作"部分，对内部提示采取了"按需"策略，同时让外部提示完全占据"提示动作"部分。也就是说，如果我是你，我还是希望熟悉一下能够证明内部提示可通过动作来引导思维的最有力的论据。因此，接下来我将概述自己收到的 3 个有趣的问题。

思维 - 肌肉联系

问题 1

既然研究表明内部提示比外部提示能更大程度地激活肌肉，那么是否应该使用内部提示来促进肌肉生长呢？

我喜欢这个问题，因为它把我带回到了最初的执教时期。其实我最早关于提示的许多想法，都来自与健美运动员的合作。为了解答这个问题，我们需要了解肌肉生长的两条主要途径：张力介导途径和代谢介导途径[28]。张力介导途径得益于通过举起重物或加快重物的运动速度使肌肉产生更大张力的能力，而代谢介导途径则得益于健美运动常见的高容量、高负荷举重方案，从而提高了肌肉的活性。

证据清楚地表明，外部专注能够使运动员增强动作力量[15, 18]、加快运动速度[27]、增强运动耐力[4, 17]以及改善运动学机制[13, 14, 25]。而内部专注相较于外部专注对肌肉的激活程度更高[6, 7]。很多学者根据这一发现，提倡在力量训练中进行集中注意力的训练，他们在研究中引用了"思维 - 肌肉联系"的观点，尤其是当训练目标是增加肌肉维度时[5, 24]。

尽管没有证据表明内部专注能够最大限度地增强力量、爆发力或加快速度，但有一项研究指出，内部专注可能有利于上肢肌肉生长。布拉德·舍恩菲尔德（Brad Schoenfeld）博士以及他的同事[44]让 30 名未经训练的男性（他们被分为内部提示组和外部提示组）参加了一项体能训练研究（每周 3 次，每次练习 4 组，每组重复 8~12 次），其中包括站姿肱二头肌弯举和坐姿蹬腿。两组分别使用内部提示（"收缩肌肉"）或外部提示（"增加重量"）。因此，两组之间唯一的区别就是使用的提示类型不同。8 周后，结果表明内部提示组的上肢肌肉得到了生长，然而，其下肢肌肉却没有发生这种变化；同时，在力量方面也没有得到显著性改善。但是，绝对分数显示，外部提示组的下肢力量增强得更多，而上半身则没有出现此现象。

那么我们该如何平衡这一发现和目前为止我们所讨论过的内容呢？其实很简单，那就是让这些证据同运动目标相结合，共同指导教练的提示策略。如果运动员正在进行单关节运动，而教练想要极大地提高运动员局部肌肉的活性，那么让运动员专注于内部是可以接受的，甚至是可取的，尤其是对上肢而言。然而，研究结果清楚地表明，当运动员正在进行多关节运动，且以运动员的力量、爆发力增强，速度加快，或运动效率提高作为训练目标时，教练应该使用外部提示。

专业建议

问题 2

当运动员的经验增加，尤其是他们的细节动作技巧需要得到改进时，难道就不需要对他们进行内部提示了吗？

这是一个棘手的问题。然而，我相信这些证据可以帮助我们知道答案。研究结果一致表明，与那些经验较少或没有经验的运动员相比，也就是和新手相比，经验丰富的运动员对内部和外部提示之间的差异没有那么敏感。实际上，这意味着，当教练让一个经验丰富的运动员根据无指令提示、内部提示或外部提示做动作时，越来越多的结果显示，在某些甚至所有的情况下最终效果并没有区别[11, 29]。

例如，我自己的研究[45]表明，经验丰富的短跑运动员在训练10米加速跑时，对无指令提示，如"尽你最大的能力"；内部提示，如"专注于尽可能把腿往后蹬"；外部提示，如"专注于尽可能把地面往后推"的反应是相似的。对此，当太阳马戏团的杂技演员在舞台上进行基本平衡表演时，伍尔夫也提出了类似的观点[29]。

那么我们该如何解释这些无效发现呢？有没有什么方法能让专业运动员不受内部提示的影响，甚至从内部提示中获益呢？我们已经讨论过，而且很多研究都表明，内部提示无论是对专业运动员还是对新手[16, 30]而言都有一定的弊端。那现在该怎么办？我相信有两种方法可以检验伍尔夫和我自己的研究团队观察到的无效发现。当教练在任何时候和专业运动员一起训练时，特别是在一个测试阶段的短暂时间内，教练必须认识到，观察到**天花板效应**的可能性很大，或者运动员的表现已经非常好，以至于在一个测试阶段内几乎察觉不到任何由提示引起的变化。考虑到在高水平短跑决赛中观察到的细微差距，通过这个场景来解释我的发现并不是没有道理的。

正如我在《经验水平对专注及短跑成绩的影响》（*Experience Level Influences the Effect of Attentional Focus on Sprint Performance*）中概述的那样，这是一种抽象的概念，它的前提是，无论是内部提示还是外部提示，经验丰富的运动员都能更好地抵制提示中多余的语言带来的影响，并提取提示的核心意义。因此，运动员并非完全根据提示中的任何词语做动作，而是理解了其中更深刻的含义，将内部或外部提示转化为他们在完成该动作时通常使用的共同精神语言。因此，包括我自己在内进行的这些研究，通过检验这一现象发现，控制条件导致的运动结果与提示条件相同。实际上，当教练在短跑训练中提示运动员"摆动你的腿"和"蹬地"时，运动员可能会从两个提示中凭经验体会到相同的含义；从本质上说，他们其实已经领会了要点[10]。专业运动员不应过度依赖内在提示，因为没有证据表明他们对这些提示有更好的反应。我认为专业运动员的动作已经非常成熟并且在大脑中根深蒂固，他们不太容易受内部提示的影响而导致运动成绩下降。相比之下，新手反而更依赖于对提示的字面理解，所以不太可能自行重新理解提示的含义。这使他们能够从外部提示中受益，同样，他们也会受困于内部提示。

如果教练仍然想了解关于改进这些细节动作技巧的方法，那么我想提醒大家的是，我们依旧可以在视频分析中或教学沟通循环体系的"描述动作"和"总结动作"部分叙述这些变化，并使用之前在"提示动作"部分提到的，基于衣着与胶带的提示技巧来突出动作技巧的细微差别。此外，我相信大家会发现，我们在第6章对类比的讨论很有启发性，当涉及动作的细微差别时，教练可以将它们放在特定的提示中进行处理。

身体意识

问题3

我们难道不需要身体意识来发展和完善运动方式吗？如果是，这难道不是一种内部专注的形式吗？就像我专注于自己的身体感受一样。

　　毫无疑问，我在做关于提示的演讲时，总会有人举手问我对身体意识的看法，并暗示他们认为我在内部提示方面的立场，与"精神状态促进自我意识"的观点相对立。但是，其实我认为身体意识对运动员的整体运动健康至关重要，并且应该包含在整体训练环境中。之所以这么说，是因为尽管我们的第一印象可能会有所暗示，但身体意识与内部提示其实并不一样。

　　当教练给出内部或者外部提示时，教练是在要求运动员完成运动动作。当教练要求运动员保持专注时，教练是在要求他们观察运动动作。因此，教练需要清楚目标动作，否则怎么能够知道如何去做呢？有时在研讨会上，我会把这解释为基于命令的提示，即自上到下：把感觉目标放在训练的动作中。也就是说，我们一直在讨论的那些提示与基于专注的提示相比，更需要运动员意识的参与，即自下到上：整理一下刚刚经历的运动感觉。实际上，我个人非常热衷于通过建立一个共享的词语表来增强运动员对自己身体的感觉。这包括之前与运动员一同训练时，提出的一系列基于专注的提示，这些提示描述了运动员对运动的整体感觉。麦克弗森（McPherson）、科林斯和莫里斯（Morris）[46]将它们称为基于整体或节奏的提示。这些提示的共同特点是，它们往往都是单音节词，代表整个动作的时空特征。例如，下面是一个基于专注的提示列表，我用来帮助运动员描述他们在短跑时的感觉。

轻	重
快	慢
放松	紧绷
松	紧
平衡	不平衡
中位	旋转
延长	压缩
高或长	短
大	小

　　当我第一次使用这种方法时，我会在教学沟通循环体系中的"总结动作"过程中有针对性地问运动员一些问题，如"你触地的时候感觉是轻还是重""你感觉髋部是放松还是紧绷""你感觉自己的躯体是挺拔还是弯曲"等。我发现使用这种方法比简单地问运动员"你感觉怎么样"要有用得多。如果教练问运动员"你感觉怎么样"，他们往往会用蚊子一般的声音回答"挺好"。随着时间的推移，运动员将会接受这种方法，甚至还能自己描述，这样一来，在每次训练之后他们就可以热烈且有效地同教练讨论该运动。

　　值得注意的是，随着运动员的运动经验不断丰富，教练可以开始使用基于感觉或情绪的提示语言，就像使用我们已经讨论过的外部提示一样。例如，我可能会提示运动员在下一次训练时要感受到身体的伸展或放松。但是现在并没有提供任何有关运动员想要达到这种运动状态的力学信息。因此，教练不能将此与内部提示混淆。这种提示明确了一个感觉终点，即教练希望运动员在运动过程中或者运动结束时达到的状态或感觉。因此，就像在骑自行车时，重力为骑行效率提供反馈一样，这些基于感觉或情感的词语，包括我们使用的动词，也可以提供有关运动员如何运动的实时反馈，从而使运动员能够自我纠正和思考，直到思维和动作合为一体。

总结

　　提示是教练用来为运动员的大脑导航和引导其思维的工具，教练希望运动员能达成一个理想的运动目标。然而，教练在选择合适的指导工具之前，必须先明确想要运动员呈现的最终运动状态。为此，教练的提示必须精准，并且教练要不断增强自己的执教能力，以优先考虑通过训练提高运动员的身体素质，以及指导运动员改善运动方式。教练可通过设计3P运动表现模型和利用"姿势"优先于"模式"的原则，提高让运动员准确达成运动目标的可能性。

　　考虑到运动目标，教练需要具有为训练过程选择最佳提示所需信息的能力。然而，就像旅行途中会有一系列未知数一样，教练需要随时准备调整提示以应对训练中的未知数。因此，如果一个提示无法发挥作用，教练就需要一个合适的工具来让提示重新发挥作用。关于这种工具，我向大家介绍了3D提示语模型，其中"距离""方向"和"描述"类似于遗传物质，是提示中的3个要素，将简单的文字变成了运动动作。考虑到这3个"D"要素，我们还讨论了有效运用该模型的3个原则：从3个"D"要素开始、改变"D"要素以及"先精简再查看"。这3个原则就像一本用户手册，确保运动员从3D提示语模型的应用中得到最大帮助。

　　我们发掘了内心深处的"Macgyver"[6]，讨论如何利用衣着和胶带来找出运动系统内不同姿势的细微差别。就像贝尔·格里尔斯（Bear Grylls）在野外生存时拿着一把瑞士军刀一样，教练可以用衣服和几条单面胶带，利用清晰的提示完成具有挑战性的动作指导。然而，借用哲学家阿尔弗雷德·科日布斯基（Alfred Korzybski）的观点，我们知道"地图不是领土"，还有很多未知的东西等待我们去了解。但无论如何，我们可以利用现在所学的知识来提升我们的执教水平，同时弥补不足，继而将自己成功的可能性从偶然变为自主选择。

　　为说明这一点，我们将继续冒险，到达旅行的最后一站，讨论类比的使用方法，以及人类用旧方式理解新事物的能力。我们将进入想象的世界，在教练使用相关经验指导运动员的动作表现时，探索可能发生的各种情况。

---

6 指美剧《百战天龙》，该剧主人公是一名脑力超群、善于运用高科技的特工。此处意指运动员处于头脑清晰、能力超群的状态。——译者

第6章

运用类比

类比：入门

我们在类比方面所考虑的语言，根据所有的说法来看，在本质上其实都是字面意思。我的意思是，我之前分享并鼓励大家设计的外部提示强调了运动环境的文字特征，如"把杠铃移到这里""把球踢到那里""将杠铃推向天花板"或"冲出起跑线"。当然，像"推开（蹬离）地面"和"爆发式地举起杠铃"这样的提示则需要一些想象力，毕竟一个人不能真的推开地面或者让杠铃爆发，但语言本身呈现出来的只是字面意思。

众所周知，字面意思并不总是语言的真实含义。当教练指导一名运动员，特别是一名年轻的运动员第一次做一个动作时更是如此。教练会发现自己总是会说一些"像那样运动""这有点像"或"你见过吗"之类的话，试图帮助运动员利用之前的运动经验来理解现在所学习的动作。因此教练可能会将"挺直"替换成"僵如木板"，将"跳高"替换成"跳得像勒布朗（LeBron）那样高"或将"向上跳起"替换成"像装了弹簧高跷一样突然跳起"。因为每个提示都解释了运动的特征，即"变得挺直""变长"或"突然跳起"，并且用运动员已知的人或者物做类比，如"木板""勒布朗"和"弹簧高跷"。而且，虽然大家可能会觉得，用这些常见的语言会让我们的老师很失望，但我们都非常熟悉一个生动的类比会有什么效果，如果它能说话，那么它一定会说"哦，我明白了"或"我现在知道你的意思了"。

那么，这种非文字性语言对分析运动的复杂性有何帮助呢？运动员如何能在加速时通过想象自己是一架飞机，来加快冲刺速度呢？或者，在举重过程中，运动员又是如何通过想象自己在关车门时提着两袋很重的食品来进行髋关节屈伸动作的呢？这些问题的答案就根植在大脑的先天能力中，即用旧的方式理解新事物，或者用已知理解未知，也就是大脑的类比能力。

类比和它的朋友们，也就是暗喻、明喻和惯用语，是基于某种共同的特征或关系来比较两种事物的方法。虽然本章着重于讨论语言类比，但教练可以确定的是，当需要表达一个含义时，大脑几乎每时每刻都在使用类比。要不然你怎么知道把手是用来拉的、旋钮是用来扭的、按钮是用来按的、楼梯是用来走的以及椅子是用来坐的呢？当然，当你第一次接触到这些生活中的寻常物品时，你不得不自己琢磨应该怎么操作。无论是出于偶然的机会还是你主动要求，你最终都从父母那里学会了如何使用这些日常用品。所以此后你肯定不会再看到旋钮就拉、看到把手就扭了。相反，你的大脑会参考有关旋钮和把手的长期记忆，并通过类比告诉自己"这有点像那个"，然后就好像"这个新动作"实际上是"那个旧动作"一样。

大家会发现，类比是一种帮助我们理解含义的心理要素。就像线粒体为细胞提供能量一样，类比也会为我们的大脑提供能量，使我们能够利用联想和比较来扩展和完善我们对世界的认识，以及我们在世界中的活动方式。然而，在深入讨论如何设计以运动为中心的类比之前，让我们首先考虑大脑如何依赖这些机智的"含义创造者"，这是很有启发意义的。这样一来，你就会明白语言如何与它们所激发的思维、想象和情感密不可分，以及为什么同样的词语一些人能够理解清楚，而使另一些人却完全混淆不清。

然而，在继续讨论之前，我有必要声明一下。为了理解大脑如何借助类比理解含义，我对我们将要探讨的内容进行了自由发挥。因此，建议想要简单了解并在实践中取得明显效果的教练们，直接跳到本章第 1 节"心理地图"。

从无到有

瑞士出生的让·皮亚杰（Jean Piaget）被认为是他那个时代最具影响力的发展心理学家之一。皮亚杰提出了许多理论，其中最著名的当属他的认知发展理论。时至今日，这些理论仍然影响着心理学家如何看待我们从牙牙学语的婴儿，到能说会道、可直立行走的成年人的转变。我们感兴趣的是皮亚杰关于语言的起源，以及我们的语言潜能被激发的过程的研究。

在皮亚杰和英海尔德（Inhelder）合写的著作《儿童心理学》（*The Psychology of The Child*）中，他们深刻地指出，"如果儿童可以部分地诠释成人，那么也可以说，儿童发展的每一个阶段都部分地诠释了其成长过程中的各个时期"[20]。因此，如果想要了解语言的本质，我们必须首先了解我们用来构建它的开发工具。

与动物界中许多哺乳动物不同，人类来到这个世界上是孤立无援的，完全依赖于我们的父母。当想到一头小长颈鹿在出生后的一个小时内就能行走时，你就会惊奇地发现，像人类这样的动物并不存在什么能够交流或者躲避潜在捕食者的有效方式，但是即便如此，在这种情况下我们仍然发展到了今天。

对于牙牙学语的婴儿来说，虽然他们刚生下来的时候没有语言能力，但他们有很多有用的反应能力。注意，这包括吮吸反射，即当婴儿的上颚被触摸时，他们会条件反射性地吮吸；还有抓握反射，即婴儿会条件反射性地抓住任何拂过他们手掌的东西。上述条件反射以及其他一些条件反射，为婴儿提供了来到这个世界上的工具，并成为日后发展成复杂动作和语言的基础。

与这些反射共同起作用的还有我们大量的感官工具，5 个最常见的感官工具是视觉、嗅觉、听觉、味觉和触觉。这些感官工具让婴儿真真切切地感受到了现实世界，帮助他们构建他们即将体验的世界。然而，在认知发展的早期阶段，婴儿的思考能力有限，也就是说，他们只有在经历某件事的时候才会有所思考。不过，婴儿不能长时间集中注意力，因为他们的注意力总是会被新奇的事物吸引。这也就是为什么我们安抚哭泣的婴儿时，在他们面前摇晃新玩具会让他们停止哭泣。那么问题来了，婴儿头脑里的认知是如何从无到有的呢？

对此，你可以问问自己，在没有实质性经验基础的情况下，你将如何认知世界并与之互动，更不用说谈论和思考了。从逻辑上来讲，大家都办不到。因此，当婴儿出生时，他们在第 1 年以及之后的所有时间里，都在认知周围的环境，并根据他们所处的环境建立"感官 - 运动表征"。换言之，就像黑胶唱片和盒式磁带刻录了音乐家的曲子一样，人类的感觉运动系统也复刻了自己的生活经历，这种能力为婴儿提供了语言表达所需的心理表征或记忆。为更好地理解该观点，请思考以下 4 个观察结果，这些观察结果记录了从婴儿第一次看到香蕉到他们第一次说出香蕉这个词语的过程。

▶ 观察1

婴儿会在一系列不同的时刻，逐渐在视觉上知道香蕉是黄色的；在触觉上知道它表皮光滑，剥开后的果肉有纹理；在嗅觉上知道它们有一种淡淡的清甜味道；在味觉上知道香蕉是甜的；在听觉上知道，在咬香蕉的时候一般不会发出声响。这些经验结合在一起，便是婴儿首先用感官工具来定义的香蕉。

▶ 观察2

随着时间的推移，婴儿会通过他们对香蕉的感官体验来理解它。因此，婴儿在看到香蕉的时候可能会哭，因为之前看到香蕉的画面会在大脑中回放，使他们想要再次体验这种感觉。

▶ 观察3

一旦婴儿充分理解了香蕉的概念，那么即使没有人在场，他们也会哭着要吃香蕉，因为现在香蕉的概念已经超越了婴儿的经验。这就是大家将孩子2~3岁时的过渡期称为"糟糕的两年"的原因之一。蹒跚学步的孩子会先产生想要学习的心理，随后才慢慢地能用语言表达出来。

▶ 观察4

婴儿必然会意识到，他们可以通过指着香蕉，或者把香蕉拿给父母来表达自己的意愿，这对所有人来说都是一个更好的表达方式。所以，之前婴儿会通过哭声表达自己的意愿，再过一段时间，他们俨然已经能够熟练地说出词语"香蕉"，或者只说"香"或"蕉"。

该示例强调了关于认知发展的几个关键特性。在生命的早期，思维通过行动表达出来，因为正是通过行动，我们才能对世界有大致的认知，并建立起我们需要在其中谈论和互动的心理表征。这些动作使大脑中有了足够的感官信息之后，我们就可以开始通过思维来融合自己对事物的想法和认知。此时大家周围的外部世界已经融入内部世界之中，为语言的出现奠定了基础。

为总结并填补一些空缺，人类具有刺激运动的条件反射。这种条件反射行为借助我们的感官，让我们开始了对世界及其提供的感官信息的探索。随着每一次体验，感官信息被映射到我们的神经系统中，让我们形成对世界的大致的心理认知，从而使我们能够预测未来的状态。例如，当看到一个苹果和一根香蕉时，我们的大脑会迅速回想起吃这两种水果时的体验，因此我们能够毫不犹豫地选择自己喜欢的那一个。随着时间的推移，条件反射行为会转变为自主行为，增强我们抑制新感官体验的能力。我们开始模仿别人或者玩过家家的游戏，试图让自己成为妈妈、爸爸、医生或小狗。不要认为这只是一个孩子玩的游戏，因为每一个有所象征的行为都能在生活经历中体现出孩子深刻的想法。等再长大些，语言便出现了，并被应用于这些已有的经历上。至此，语言和经验便密不可分了。我们可以说经验类似于我们对某一事物的感觉，感觉类似于我们对它的想法，想法类似于我们对它的语言。这意味着对于经验、认知和语言来说，自始至终都是在类比，并且语言只有作为它所代表的感官体验时才有意义。

经验的产物

如果语言与它所反映的经验联系在一起并由其定义，那么我们就会希望在大脑中能有所体现。因此有个合理的假设可能是，如果行为的出现先于语言，而语言是建立在与这些行为相关的感知之上的，那么大脑中负责行为和感知的区域将与负责理解语言的区域重合。为此，我们需要一些证据证明该假设是成立的，例如当听到一个类似于"赶紧跑，就好像有条毒蛇在身后追你"这样的比喻时，大脑的视觉和运动区域就会被突然调动起来，仿佛这个场景是真的一样。

本杰明·贝尔根在他那诙谐而通俗易懂的著作《行胜于言》(*Louder Than Words*)中，带领我们在阅读的过程中开启了一次史诗般的旅程，并充分证明了人类大脑理解含义的方式，即通过"模拟体验语言所描述的事物的感受"[3]。伯根使用"模拟"一词，或者更确切地说是**模拟体验**，并没有什么隐喻的含义。他的字面意思是，"当人们听或读到一个句子时，运动和感知系统会使他们想象出这个场景，并做出句子中描述的动作"[3]。

教练们可能会非常熟悉这种说法，因为我们此前已经证实了负责产生动词的大脑区域，同时也可以处理这些动词。因此，当我们听到"出拳"这个词或实际挥拳时，大脑便会借助同一片运动区域来理解和执行这个动作。然而，大家可能会有所疑虑，这些内容与类比和帮助人们更好地运动有什么关系呢？

在回答这个问题之前，请大家先思考以下问题。

"瓶子火箭"装置和垂直跳跃有什么共同之处？

_____

_____

桌子和俯卧撑有什么共同之处？

_____

_____

锤子和短跑有什么共同之处？

_____

_____

思考完之后，大家觉得将物体同动作做比较是否有困难？或者能否找出它们的共性呢？其实不难做到。大家通过思考就会发现，像分开麦粒和谷壳一样把相似的东西和不同的东西分开是一件很容易的事情。例如，当你在比较"瓶子火箭"装置和垂直跳跃时，你是否发现这两个概念都涉及了一种快速向上的运动？同样，当比较桌子和俯卧撑时，你是否又注意到二者都涉及一个平坦的表面？而思考锤子和短跑之间的关系时，你的大脑是否把短跑运动员的胳膊或者腿，想象成了通常用来击打物体的锤子？虽然大家可能会用不同的词来描述这些事物的相似之处，但是其核心含义肯定不会差得太远。

我是不是成功读到大家内心的想法了？但其实并没有。恰恰相反，我们刚刚进行的思考，是大脑倾向于去"主动探寻"，找出隐藏在看似不同的表面下的相似之处。正是在这个关键时刻，类比的作用便开始浮现出来了。具体来说，类比以大脑无限的联想能力为基础，通过将我们熟悉的事物特征映射到不熟悉的事物上，以便我们学习不熟悉的事物。举个例子，孩子们学习"1+1"时，并不是通过在纸上潦草地写着毫无意义的数字，或者死记硬背来进行的，而是使用了"🍎+🍎"或"⛄+⛄"的学习方式。在这种情况下，两个苹果或两个雪人可以作为两个概念的类比，加深孩子们的理解和记忆。随着时间的推移，孩子们知道了"1+1"不仅代表了我们能看到的东西，还代表了不能看到的东西，例如时间、速度、空间和力量。这表明，类比可以帮助我们从旧事物的角度理解新事物，还可以帮助我们从具体的角度去理解抽象含义。

下列事实证实了后一个观察结果，即在学习语言时，儿童会先掌握具体的名词，如椅子、球、楼梯和床，然后才掌握相关的动词，如坐、扔、爬和躺，相比之下，这些动词更加抽象[9]。仔细想来，该观察结果并不令人惊讶，因为如果不先了解运动的具体内容和方向，那么要理解一项运动将是多么困难。这再次表明，具象为抽象提供了"支柱"。

如果我们仔细审视语言，我们就会发现有很多事实都能证明这种"支柱"无处不在。否则你会如何竞选、如何把握一个想法以及如何抓住一个面试机会呢？同样，如果没有大脑的类比能力，你不可能认输，不可能逆来顺受，也不可能在紧要关头解决问题。道格拉斯·霍夫施塔特（Douglas Hofstadter）和伊曼纽尔·桑德（Emmanuel Sander）在《表面与本质：类比是思维的燃料和火焰》（*Surfaces and Essences: Analogy as the Fuel and Fire of Thinking*）中阐述了与类比相关的内容。

> 如果一个人从来不相信什么类比，那么他怎么能理解这个世界上的任何事情呢？在面对新情况时，除了运用自己过去的经验，还能依靠什么来做决定呢？所有情况，从最大和最抽象的情况到最微小和最具体的情况，事实上都是新的。没有一种思维不是深深扎根于过去的。[12]

这个观点我们很难反驳，因为大家会非常普遍地使用类比（准确地说是比喻），例如每25个词就能用上一次类比[5, 11]，或者每分钟大约使用6次类比[8, 15]，这进一步证明了大脑确实会进行类比。

猜字游戏

但是对于运动来说呢？很明显，人们的很多认知都是通过重复的想法得出的，但是我们还不清楚大脑是如何将一个熟悉的类比转变成有意义的行为的。不过，所幸我们通过之前的讨论，已经为解答这一问题奠定了基础。所以现在我们来将注意力放回"模拟"这种行为上来。

大家小时候玩过猜字游戏吗？对于那些不熟悉这个游戏的人来说，当有人默默地用肢体描述一个词语或短语时，他们团队中的每个人都疯狂地猜测这会是什么词语或短语。例如，在我和孩子们一起玩的时候，我的女儿可能会假装自己拿着缰绳在房间里飞奔，我们会喊出"马"；或者我的儿子可能会在房间里爬来爬去，时不时停下来闻一闻玩具，我们这时会不假思索地说"狗"。成年人可能会尝试表现出一些短语，例如"进行表演""爬梯子"或"向右转身"。在这两种情况下，猜字游戏说明了我们非常善于将语言转换成它所代表的动作或事物。

如前所述，我们之所以能这么做，是因为通过模拟能够快速表达语言的含义，激活大脑中需要提前执行这些动作的部分。当大脑通过将语言转换回最初产生的"感官–运动表征"来获取含义时，这种神经重叠可以实现思维与行为之间的无缝过渡。一旦语言被转换回原始形式，大脑就可以自由地进行联想，从而增强我们对这些信息进行理解和整合的能力。这就是为什么我第一次给女儿看篮球时，她能本能地说道："哦，有点像足球。"同样，这也是为什么我3岁的儿子能够理解像"站着"一样竖直拿网球拍和像"躺着"一样横着拿网球拍的区别，并且很快能意识到后者更容易将球打过网。以我的女儿为例，她的大脑识别出了足球的原始特征：圆圆的、是橡胶做的、有弹性以及非常轻盈，并把它们类比为我称之为"篮球"的东西。而我的儿子能够用自己理解的"站立"和"躺着"的姿势来理解如何握网球拍。在这两种情况下，我的孩子们都用类比的方法来熟悉新事物。

这些示例充分说明了为何类比法在教学中如此有效。大脑就像电脑一样可以解压一个类比文件，提取并仿照其原始特征，留下相似的内容，以便在随后的行为中由运动系统重新利用。换言之，大脑可以将类比的事物转换成运动系统中的相同部位和动作。因此，脊椎可以成为"朝任意方向拉动的链条"，髋部可以是"一个不洒水的水桶"，而我们的腿则是"全速运转的气缸活塞"。

运动

如果大脑通过激活负责感知的区域，自动从语言中识别出动作，那么我们可能会希望看到这种"认知启动效应"能够影响实际的动作。一种被称为"动作–语句匹配效应"的现象验证了我们的期望。具体来说，读完一个类似于"关闭抽屉"或"把球递给杰瑞（Jerry）"这样向前运动的句子后，你会更快地通过向前伸手完成动作，表明这个句子是有意义的。而当读到类似于"打开抽屉"或者"杰瑞把球递给你"这样向后运动的句子时，结果则相反[10]。

这种效应为大脑获取基于行为的语言特征提供了有力的支持，并使大脑在处理该语言之后部署一个类似的动作[4]。重要的是，这一证据表明，语言确实可以让大脑活跃起来，教练可以通过类比法，来帮助运动员用熟悉的行为去了解一个陌生的动作。

图片

尽管提示的运动特征很重要，不管它们是否以类比的形式出现，教练也希望自己的语言能传达关于特定身体部位的信息。因此，当提示运动员"像铅笔一样笔直地站着""像拉扯一根带子的两头一样伸展"或"像火柴一样划过地面"时，教练有必要清楚，运动员的大脑能否想象出这些类比对象的位置和形状，并准确地将它们共同的本质特征应用于训练的动作。

为了验证这一点，研究人员让受试者读一些清楚表明垂直运动的句子，例如，"丹尼斯（Dennis）把钉子钉进地板里"。或让他们读一些清楚表明水平运动的句子，例如，"丹尼斯用锤子把钉子钉到墙上"[18]。在确认他们理解句子后不久，研究人员会将一个物体投射到屏幕上，受试者需要通过按下按钮来作为回应，表示这个物体在前面的句子中提到过。结果表明，当物体与句子中描述的物体处于同一方向时，受试者做出判断的速度更快。因此，当读到"约翰（John）把铅笔放进杯子里"这句话时，受试者可以判断出铅笔是处于垂直方向的，而对于"约翰把铅笔放进抽屉里"这句话，结果则相反。

该研究结果表明，大脑会判断出参照物体的方向，从而感知对应运动的方向。随后该研究小组将这一发现延伸到形状上，表明人们在阅读有关物体形状的词语时，也会调动大脑去感知它[19]。这意味着如果运动员正在努力尝试给定的动作姿势，例如铲球时身体向后倾，那么他可能会从类比中受益，该类比会将他们的注意力吸引到一个具有相似形状和方向的熟悉事物上，例如桌面。因为大脑感知到原始参照物的形状和方向，运动系统可以快速地在铲球过程中呈现出"像桌子一样保持平直"或"不要倾斜桌子"的身体姿势。

特洛伊木马

虽然本章的重点是类比，但我们在此考虑的研究结果和见解同样适用于文字性语言的处理。类比是模拟的，文字性语言也同样可以模拟。所有的语言都是通过"感官–行为"的模仿功能发出的，反过来，它也为我们理解某件事时产生的感觉提供了基础。那么，究竟是什么让类比在运动学习中如此有效呢？

一个设计巧妙的类比，不像文字提示那样明确地强调一个主要的动作特征，它可以在不用大量增加语言的前提下，暗示运动员注意一些动作特征。例如，请大家思考一下有关垂直跳跃的类比"像弹簧一样猛然弹起"，在这条提示中隐藏着大量的动作要求因素，如果用其他的提示，就需要一次一个因素地进行具体说明。首先，任何使用过弹簧的人都知道，对弹簧施加的力越大，得到的力就越大。这种表达方式恰到好处地表达了我们希望运动员从地面上弹起的爆发力。其次，当弹簧垂直承重蓄力时，将会垂直弹出，这形象地说明了跳跃的方向。此外，大脑很容易将该类比引申到"弹簧高跷"上，想象出踩在弹簧高跷上的人，跳过各种障碍物并向高空腾起的场景。最后，弹簧的蓄力功能非常强大，这有助于在着陆过程中起到很好的缓冲作用。因此，尽管基础类比的目标是"跳起"，但如"像汽车的悬架一样稳定着陆"或"像山地车上的避震系统一样缓冲着陆"这样的引申提示也会浮现在大脑中，这些提示可以用来制造更丰富的视觉效果。总而言之，这个类比有以上3个方面。如果教练愿意，就像特洛伊木马一样，教练可将这3个方面的提示放在一个提示中。

正如我们刚才所看到的，类比通过在大脑中呈现一个场景或图像，将其与目标动作进行比较。随后大脑便能够模拟由提示触发的动作（这样做）和感知（那样感觉），从而使运动员能够根据提示来完成目标动作。因为类比中包含了事物的运动和结构特征，运动员便能够比在通常的文字提示中获得更多有关该运动的信息。因此，就像人们常说的"一幅画胜过千言万语"一样，类比也是如此。

所有这一切在于找到"正确的"类比。教练可以以自己为研究对象，考虑一下本书给出的类比示例。如果说有些类比对你有帮助，有些则没有，但这样说公平吗？毫无疑问，教练一定会说"公平"，但是这没什么大不了的，因为我的执教经验、训练方式以及模拟方式，都与大家的不同。这并非好与坏、对与错的问题，这只是在为该动作和运动员的表现找出最佳类比。这就是"个性"如此重要的原因，因为每个运动员的语言系统中都有自己独特的运动经验，他们可以用这些经验来理解提示的含义。因此，对于同一个动作，针对一个运动员，可以提示"像瓶子的活塞一样飞出"；针对另一个运动员，则可以提示"像子弹一样冲出"。我们现在回到起点，试着创建一个模型，使教练们可以用它来确保提示中的类比与运动员息息相关。

第1节　心理地图

我们从前文中得知，思维需要依靠类比。无论是我的女儿将篮球和足球做比较，还是我将垂直跳跃比作弹簧运动，大家都能够看出人类的类比能力是十分强大的，我们能通过明显的因素来类比，例如物体的圆形形状，还能够通过不明显的因素来类比，例如物体蓄力和释力的能力。而且，尽管大家能够轻而易举想出一个类似于"当你起跳时，要像西部电影中的牛仔抓住手枪一样"这样巧妙的类比，但要想出一个"像_____一样避开防守者"这样的类比则困难得多。然而，我们也不一定要通过这种方式去比较。一旦教练掌握了类比的相关知识和技巧，教练就可以很快地想出许多大家都熟悉的比喻，从而帮助运动员将他们当前的运动模式转换为一种新模式。

为使大家更容易理解类比的内在运作方式，让我们来探究一系列行为，它们将有助于激发教练的类比能力，并为其提供3种不同类型的类比方法，用于自己的指导训练中。请大家想出每个行为的类比参照物，我们称之为**基础**；以及找出相关运动，我们称之为**目标**。这里没有什么规则，大家只需将自己想到的所有相关对照都写下来即可。为帮助大家理解并进行练习，我在每部分的开头都提供了一个示例。

活动1：基于场景的类比 示例

类比： "就像你正悬挂在悬崖边上一样，使劲将身体向上拉。"

基础类比： 在悬崖边上向上拉

目标动作： 正手引体向上

比较来源：

这个类比提供了两个主要的参照物，一个是情感上的，将影响运动员的努力程度；另一个是运动学上的，将影响运动员的动作技巧。情感上的参照物来自对跌落悬崖的恐惧和求生的本能，这会激发出运动员更大的潜能和控制力。运动学上的参照物来自这样一个事实，即运动员悬挂在悬崖边上的姿势类似于引体向上的姿势，因为身体不能向前摆动，所以运动员必须直接向上牵引，这就减少了运动员在拉拽过程中，通过臀部向前运动来产生动力的任何尝试。

请你思考

类比： "就像把沉重的建筑碎石从身上推开一样卧推杠铃。"

基础类比： 把沉重的建筑碎石从身上推开

目标动作： 杠铃卧推

比较来源：

_____

_____

_____

_____

类比： "就像你正在被人追逐一样冲出起跑线。"

基础类比： 被人追逐

目标动作： 加速或冲刺

比较来源：

_____

_____

_____

_____

　　进展如何？你能为这两个类比找到一个或多个相关的比较来源吗？你是否注意到，正如标题中提示的那样，每个类比都将目标动作对照到需要相同动作的场景中？如果没有，请再回到上一页仔细看看。你会发现悬挂在悬崖边缘、推开沉重的碎石和逃离追击者，这些行为都能很好地对照在引体向上、杠铃卧推和冲刺运动上。在这些我们称之为"基于场景的类比"的示例中，我要求大家考虑一个类似的场景，该场景能够突出某动作在运动中的特征。在引体向上中，这些特征包括伴随着攀崖式上拉时产生的肾上腺素，以及垂直上拉时的运动技术约束。卧推和冲刺的类比同样也能激发运动员的潜能，通过刺激视觉效果，从而爆发出更大的力量。更重要的是，为了成功地将压在身上的碎石推开，你必须在垂直方向上产生巨大且集中的力；当被人追赶跑上山时，你必须积极摆腿，大步向上跑，否则你可能会摔倒。如果你是运动员，你将会以"我能想象这是什么感觉"的方式自动体会到这些隐含其中的特征。然而，如果你是一名教练，那么你需要明确地设计出一个类比，将其映射到目标动作的特征上——这需要你做一些整合。

　　既然我们已经了解了"基于场景的类比"，那么接下来请想出一个常用的动作，看看是否可以使用这个策略设计一个类比，并找出可以让运动员做出相应反应和动作的比较来源。

基于场景的类比："＿＿＿＿＿＿＿＿＿＿＿＿＿＿＿＿＿＿＿＿＿＿＿＿＿

＿＿＿＿＿＿＿＿＿＿＿＿＿＿＿＿＿＿＿＿＿＿＿＿＿＿＿＿＿＿＿＿＿＿**"**

基础类比：＿＿＿＿＿＿＿＿＿＿＿＿＿＿＿＿＿＿＿＿＿＿＿＿＿＿＿＿＿

目标动作：＿＿＿＿＿＿＿＿＿＿＿＿＿＿＿＿＿＿＿＿＿＿＿＿＿＿＿＿＿

比较来源：

＿＿＿＿＿＿＿＿＿＿＿＿＿＿＿＿＿＿＿＿＿＿＿＿＿＿＿＿＿＿＿＿＿＿＿＿

＿＿＿＿＿＿＿＿＿＿＿＿＿＿＿＿＿＿＿＿＿＿＿＿＿＿＿＿＿＿＿＿＿＿＿＿

＿＿＿＿＿＿＿＿＿＿＿＿＿＿＿＿＿＿＿＿＿＿＿＿＿＿＿＿＿＿＿＿＿＿＿＿

＿＿＿＿＿＿＿＿＿＿＿＿＿＿＿＿＿＿＿＿＿＿＿＿＿＿＿＿＿＿＿＿＿＿＿＿

＿＿＿＿＿＿＿＿＿＿＿＿＿＿＿＿＿＿＿＿＿＿＿＿＿＿＿＿＿＿＿＿＿＿＿＿

＿＿＿＿＿＿＿＿＿＿＿＿＿＿＿＿＿＿＿＿＿＿＿＿＿＿＿＿＿＿＿＿＿＿＿＿

活动2：基于约束的类比 示例

类比： "短跑冲刺时，每一步的最后都像是把一杯茶放在膝盖上并保持平衡。"

基础类比： 把一杯茶放在膝盖上

目标动作： 全速冲刺

比较来源：

不要因为我在示例中用到了"膝盖"而感到诧异，我很清楚在这个类比中我提到了身体部位。大家可能认为，提到身体部位的提示属于内部提示，这时运动员的约束作用不大，并且失去了任何对动作有意义的参考。事实上，在这个类比中，使用"膝盖"类似于使用"一杯茶"，因为这两个词都指的是空间中的物体。因此，这一提示便勾勒了我们需要做的仿照动作，以达到让一杯茶在膝盖上保持平衡的目标。该目标显然需要我们高抬腿，使大腿与地面平行，这对冲刺的运动员来说是一个最佳姿势。

请你思考

类比： "前蹲，就像每个卧重板前面恰好有一个垂直的柱子。"

基础类比： 每个卧重板前面恰好有一个垂直的柱子

目标动作： 前蹲举

比较来源：

_____

_____

_____

_____

类比： "倒踩踏板，就像你不想把头上的一碗汤洒出来一样。"

基础类比： 头上的一碗汤

目标动作： 倒踩踏板

比较来源：

_____

_____

_____

_____

我喜欢称这些为"虚拟现实"类比，因为教练要求运动员假设存在一个物体或对身体的约束。这提醒大家将实际的运动场景，与假设的有约束行为的相同场景进行比较。因此，我们可以将这些类比称为"基于约束的类比"，这是一种著名的基于约束的运动技能学习方法。这种类比是通过建立一个心理规则来起作用的，该规则用于指导运动员应该如何进行运动。虽然这些类比缺乏活动1中的情感力量，但它们会对运动的方式产生有利影响。在短跑示例中，"把一杯茶放在膝盖上"为运动员提供了完成前摆时的大腿高度信息。值得注意的是，如果摆动腿没有充分抬高，本应该像桌面一样平直的大腿就会向下倾斜，从而导致精致的茶杯从桌子上滑落，摔在地板上。而在举重时前蹲的示例中，"垂直的柱子"提醒运动员注意运动障碍物。在这种情况下，障碍物需要精确地位于杠铃的垂直运动路径的前方，以限制杠铃向前移动的距离，因此，身体可以垂直前蹲。在倒踩踏板的示例中，教练使用了与短跑运动中相似的类比逻辑。也就是说，要在头上放一碗汤，需要头部保持水平和静止，这是学习后退技巧的运动员所看重的能力。如果你不喜欢用"一杯茶"或"一碗汤"来类比也没关系，你也可以用其他事物来类比，只要这个类比在运动员的头脑中能得到准确的体现就行了。

既然我们已经了解了基于约束的类比，现在请大家思考另一个自己经常教的动作，看看是否可以使用这个策略设计一个类比，并找出可以让运动员做出相应反应和动作的比较来源。

基于约束的类比："_____

_____"

基础类比：_____

目标动作：_____

比较来源：

_____

_____

_____

_____

_____

活动3：基于物体的类比　示例

类比："向一侧跨步，就像躲开墙上弹过来的橡胶球一样。"

基础类比：躲开从墙上弹过来的橡胶球

目标动作：向一侧跨步或改变方向

比较来源：

在这里，我们将一个橡胶球反弹产生的动力和运动员改变方向所需的动力进行比较。值得注意的是，橡胶球也被一些人称为"超级球"，它是由致密的橡胶制成的，能够储存和释放巨大的能量，孩子们可以在数小时内一直玩这个小球，看看它可以弹多高。橡胶球的这一特性很好地对应了运动员为了避开对手而撞向地面时产生的作用力。

请你思考

类比："就像跷跷板固定在一个点上，并保持较长时间。"

基础类比：被固定在一个点上的跷跷板

目标动作：罗马尼亚硬拉

比较来源：

_____

_____

_____

类比："就像喷气式飞机起飞一样，在冲刺过程中腾空。"

基础类比：喷气式飞机起飞

目标动作：冲刺或加速

比较来源：

_____

_____

_____

_____

在这里，我们探索了被称为"基于物体的类比"。这种类比是迄今为止最抽象的，因为它要求运动员将无生命物体的特征映射到自己的身体上。然而，这种类比也给了教练巨大的发挥空间，因为教练可以考虑给定对象的形状、材质或行为，其可以解释一种运动技能的微妙特征，而这在以人为中心的语言中是无法实现的。因此将橡胶球的运动和运动员的侧跨步动作进行比较，比单独用一个动词能描绘出更生动的画面。同理，当想到跷跷板时，你会联想到一块笔直的板绕着一个固定的轴，这类似于运动员笔直的身体固定在髋部上一样。更重要的是，如果你在《危险边缘》（*Jeopardy*）节目中选择了"200美元的快速的东西"之后，主持人亚历克斯·特里贝克（Alex Trebek）会读到"快速加速，它坚实的框架沿着固定的距离逐渐上升"，如果你疑惑于"尤塞恩·博尔特是谁"，这就像疑惑于"喷气式飞机是什么"，没有人会责备你。关键是，当我们提到一个事物时，大脑就能很快获取该事物的所有特征。一旦它出现在大脑里，我们就可以将其和想要联系的动作结合起来，然后，大脑中就出现了出自动画片《瑞克和莫蒂》（*Rick and Morty*）中的角色们，也就是橡胶球男孩、跷跷板伍德曼先生和人体喷气式飞机。撇开玩笑不谈，就像大家在参照物中看到的那样，运动员的大脑可以在提示内容产生含义的过程中对其进行处理，从而让自己的动作呈现出橡胶球、跷跷板和喷气式飞机的相关特征。其结果是大脑已经综合了动力学和运动学的相关特性。我们或许还能发现，尤其是和孩子们在一起玩耍时，我们会把人类的动作和其他动物的动作进行比较，例如，"像兔子一样跳跃""像熊一样爬行"或者"像猫一样轻盈落地"。因此，教练可以以动物为基础来创造类比，让运动员的大脑将动作与这些动物结合起来。

既然我们已经了解了基于物体（或动物）的类比，现在请大家思考另一个自己经常教的动作，看看是否可以使用这个策略设计一个类比，并找出可以让运动员做出相应反应和动作的比较来源。

基于物体（或动物）的类比："＿＿＿＿＿＿＿＿＿＿＿＿＿＿＿＿＿

＿＿＿＿＿＿＿＿＿＿＿＿＿＿＿＿＿＿＿＿＿＿＿＿＿＿＿＿＿"

基础类比：＿＿＿＿＿＿＿＿＿＿＿＿＿＿＿＿＿＿＿＿＿＿＿＿＿＿＿

目标动作：＿＿＿＿＿＿＿＿＿＿＿＿＿＿＿＿＿＿＿＿＿＿＿＿＿＿＿

比较来源：＿＿＿＿＿＿＿＿＿＿＿＿＿＿＿＿＿＿＿＿＿＿＿＿＿＿＿

＿＿＿＿＿＿＿＿＿＿＿＿＿＿＿＿＿＿＿＿＿＿＿＿＿＿＿＿＿＿＿＿

＿＿＿＿＿＿＿＿＿＿＿＿＿＿＿＿＿＿＿＿＿＿＿＿＿＿＿＿＿＿＿＿

＿＿＿＿＿＿＿＿＿＿＿＿＿＿＿＿＿＿＿＿＿＿＿＿＿＿＿＿＿＿＿＿

＿＿＿＿＿＿＿＿＿＿＿＿＿＿＿＿＿＿＿＿＿＿＿＿＿＿＿＿＿＿＿＿

结构 – 映射

　　教练在发现类比方面要比在设计类比方面做得更好。不管这句话在此前是否正确，刚才我们所介绍的内容应该都能使教练差不多学会设计类比。基于这个原因，我们现在可以充分考虑类比的构成以及区分有效类比与无效类比的方法。

　　德卓·根特纳博士是美国伊利诺伊州埃文斯顿市西北大学的心理学和教育学教授。在根特纳的众多成就中，最著名的是关于类比的开创性工作，她于1983年在文章《结构映射：类比的理论框架》（ *Structure-Mapping: A Theoretical Framework for Analogy* ）[21]中明确阐述了这一点。正如标题所示，根特纳提出了**结构 – 映射**这一概念来解释大脑是如何通过类比来促进人们学习的，那便是将我们熟悉的事物的特征映射到不熟悉的事物上。这就是孩子们认知事物的方式，如"这是我的球桶"或"这个抽屉是装洋娃娃的，而那个是放积木的"。而在概念的认知上也是如此，因为人们可以把对圆形的认知放在对球的认知上，就像他们可以把对橘子或太阳的认知运用到一个球上一样容易。同样，每个人都能在真正的爆炸场景中认识到"爆炸性"的概念，就像人们与外人争吵或防守队员在断球后付出努力一样容易。因此，类比操作系统允许我们把不断变化的外部世界映射到不断接纳新事物的内部世界之中。

　　但是当我们使用类比时，我们实际上参照了什么呢？根特纳认为，我们在任何做这些比较的时候，都在对照**物体 – 属性**和**物体 – 动作**，前者代表了一个事物的特征，例如，高、短、强、弱等，而后者代表了事物之间的相互作用，例如，推、击、跳舞、反弹这类至少一个物体与另一物体产生的相互作用。实际上，物体 – 属性在很大程度上是不可变的，或者说是静态的。它就是物体呈现出来的样子。物体 – 动作则暗示着运动及其出现的可能性，例如金属撞击岩石会产生火花，就像脚与地面相碰会让人跑起来一样。如果回顾一下上文中的示例，大家就会发现我们从"基础类比"对照到"目标动作"的含义，是以属性和动作的形式出现的。以喷气式飞机为例，我们想要对照到"冲刺"上的喷气式飞机的属性是一个长而坚实的飞机框架，而想对照到"冲刺"上的喷射动作是加速和逐渐抬升。

　　物体 – 属性和物体 – 动作通过相互协作来确定类比的整体效果和适合度，于是根特纳接着讨论了二者协同运作的方式。为了说明这一点，请大家想象一个电脑程序来对自己的类比进行评级，我们可以称之为"类似"。"类似"是一个简单的程序，教练需要输入"基础类比"和"目标动作"。有了这些信息，该程序会将"基础类比"和"目标动作"进行比较，并评估二者之间的对照情况。这种评级基于共同属性和共同动作的数量，它们各自在单独的滑动标尺上显示，其中最左边的位置表示没有重叠，最右边的位置表示完全重叠。为说明类比的最佳形式，让我们思考一些关于该程序的示例。

▶ 完全重叠

我们可以看到，当基础类比与目标动作相同时，我们便无法访问新的信息。这强调了类比和动作应具有相似性。例如，如果我们使用一个基于约束的类比，其有一个直接的"动作对动作"的比较，例如"膝盖上放着一杯茶"就包含了策略上的差异，该提示含蓄地提醒运动员，在这种情况下抬膝的重要性。

▶ 没有重叠

如果没有显著的属性或行为将类比与动作联系起来，那么我们就无法从比较中提取出有用的信息。虽然有时会有重叠，但这种重叠只有教练才清楚，因为他们熟悉这种比较，而运动员却不熟悉。因此，只有类比中包含运动员熟悉的事物，他们才能从中获取动作的特征。

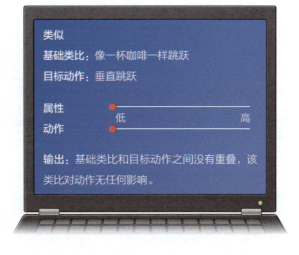

▶ 动作重叠

如果动作重叠，那么类比便能强调动作的方向或速度，例如移动到这里或那里，运动速度快或慢；然而，这些类比对于直接改变一个特定的身体形态可能不那么有效。这时我们可以使用基于场景的类比，将类似的动作包含在动作重叠的示例中。值得注意的是，这些类比可以通过提示一些完成动作的方式，从而直接影响运动员的动作模式，例如，快速、缓慢、从容、忙乱、渐进或疾速。

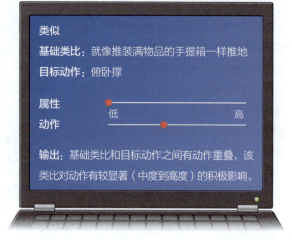

▶ 属性重叠

如果属性重叠，那么类比可以用来强调一个特定的身体形态，例如，长或短、挺直或放松；然而，除非该类比提醒运动员注意相关动作，否则它对实际运动方式的影响有限。映射属性对于运动员的身体姿势尤为重要。例如，基于物体的类比通过对材质（如钢铁般坚硬）或形态（如铅笔般笔直）的对照，可以非常有效地促使运动员改进身体姿势。因此，教练可以利用属性重叠。

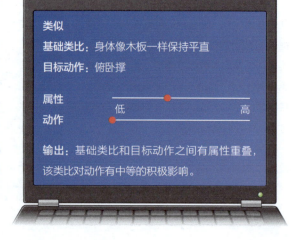

▶ 动作和属性重叠

如果动作和属性重叠，那么基础类比可能会对目标动作的方向和方式产生积极影响。然而需要注意一点，重叠过多的类比可能会变得过于笼统，这样就会缺乏一个必要的用来提醒运动员注意目标动作的特定动作特征的对照物。也就是说，我们此前讨论的基于场景和基于约束的类比应该平衡好重叠和对照，以确保将正确的信息传递给运动员。

没有绝对完美的类比，只有对于运动员来说完美的类比。所以如果我用"一杯茶"作为提示，你可能会根据运动员的情况把它换成"一杯咖啡"。但是如果最终的目标是要求"每一步的最后使杯子在膝盖上保持平衡"，那么我们都能照旧遵循在跑步时抬高大腿的规定。这体现出了根特纳的结构 - 映射理论的价值。一旦了解了自己指导的动作的特性，教练便可以从看上去无穷无尽的类比参照物中进行选择，关键是要确保参照物突出的属性或动作和希望运动员在运动过程中关注的动作属性及其身体姿势保持一致。基于此，下一节将引导教练了解隐藏在类比中的运动特性。

第2节　相似度

著名的哲学家和理论家汉娜·阿伦特（Hannah Arendt）曾经说过，"讲故事是揭示含义，而不犯对其下定义的错误"[1]。同样，我们也可以说类比揭示了复杂性，而没有犯解释它的错误。这一观点有助于进一步说明这样一个事实，即类比就像外部提示，它能够在不借助复杂知识的情况下提示复杂的动作。因此，我们可以在不了解机械结构的情况下驾驶汽车，那么同样也可以在不了解身体结构的情况下进行运动。

不管怎样，用类比帮助运动员进行训练的教练不会对身体结构一无所知。与运动员不同的是，教练有必要对自己指导的动作的特征有全面的了解，这对他们来说无疑是大有裨益的。这些知识帮助教练发掘具有与这些运动特征类似的特征的事物，使这些特征愈加显著。然而，教练在开始挖掘这些类比参照物之前，必须先明确他们要针对的动作或者运动属性。为此，我们将再次借助3P运动表现模型进行说明。

大家可能还记得，所有的类比都将动作或属性从一个我们熟悉的参照物映射到一个我们不熟悉或不太熟悉的运动目标上。我们注意到"属性"在本质上往往是静态的，它们能够反映出身体形态或身体状态，如"通过将上肢变成'W'形来伸展肩袖部位"或"绷紧肌肉，使躯干变得挺直，就好像时刻准备着承受迈克·泰森（Mike Tyson）的迎面一拳一样"。根据3P运动表现模型，哪个"P"能够同时兼顾身体形态和身体状态？没错，是"姿势（position）"。记住，"姿势"代表的是运动员必须达到的特定身体位置或形态，以实现给定的运动目标。例如，教练希望运动员在冲刺的时候保持脊柱伸直；而在前翻时，保持脊柱弯曲。原则上，如果有些身体姿势应该在运动中保持不变，例如在蹲下时保持脊柱的中立；或者在特定的时间点应呈现出特定的姿势，例如在短跑中触地时，身体呈现出"4"字形姿势，那么能够囊括这些"姿势"信息的类比即为有效类比。

与"属性"相比，"动作"参考的是身体内部的动态关系，例如，一组关节之间如何通过相互作用产生运动；以及身体和外部环境之间的动态关系，例如，作用于地面的力的大小和方向。我们经过再次思考，便可以很容易地看到3P运动表现模型中的"爆发力"和"模式"如何表现出教练在类比中希望强化的动作。我们在前文中说过，"爆发力"指的是达到运动目标所需的必要的力量和爆发力素质（运动学）。因此，类比可以帮助运动员通过它所引发的想象来表现出这些素质。例如，像"如火箭发射那样"冲出起跑线。实际上，包含"力量"信息的类比会用不同的动词来告知运动员一个动作的速度。

"模式"指的是与目标动作一致的协调素质（运动学）。因此，类比可以用一个相关的示例来说明运动的模式。教练可以要求一名参加奥林匹克举重比赛的运动员想象他们面前有一堵墙，也就是提供一个基于约束的类比，它将直接影响杠铃的运动。同样，如果一个棒球投手偏离了自己的投球路线，那么他可以想象自己在一条狭窄的走廊上投球，这样就可以利用一个基于场景的类比来纠正自己的投球路线。在这两个示例中，类比为运动员呈现出了一种视觉效果。如果用与真实场景相同的强度关注模式，那么在大多数情况下，这种视觉效果肯定会影响模式的组织。

在这里，我们可以称之为**相似原则**，即类比会在某种程度上影响运动员在一项运动中的表现，它代表该运动的相关特征。如前所述，这些特征包括属性（姿势）和动作（爆发力和模式）。因此，在设计类比时，教练可以用3P运动表现模型来核对各种类型的类比，以验证在影响运动的过程中，所选择的类比包括了哪几个特征。通过使用相似原则，教练将成为观察到运动的相关特征以及设计影响这些特征的类比的关键。

为使教练进一步了解该原则的应用方法，以下有两个示例需要大家思考。其中，示例1已经完成且供大家参考。在每个示例中都有1个动作的图片和4种类比提示，教练需要选出自己认为最适合该动作的提示。注意，合适的类比提示可能不止一个。一旦做出选择，请使用3P运动表现模型来标记映射到动作上的特征。

▶ 示例1: 跳跃

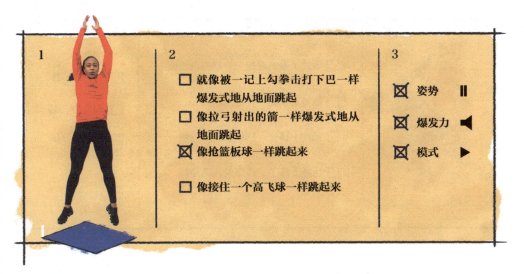

我们在示例1中可以看到,有些类比提示似乎适合示例1图中的运动,而另一些则绝对不适合。注意,虽然"上勾拳"可能会与运动员在跳跃时上半身的动作一致,但当它指向需要"爆发式地从地面跳起"的下半身动作时,它就没有意义了。同样,对于大多数运动员来说,"像拉弓射出的箭一样从地面跳起"也无法使其达到运动目标,因为箭往往是水平飞行的,而跳跃则是垂直的,二者方向并不一致。然而最后两个类比都基于场景,都是有意义的。因为它们将一个相关的运动动作对照到训练的运动技能上。因此,"像抢篮板球一样跳起来"或"像接住一个高飞球一样跳起来"最大限度地对照了垂直方向的运动。在这两种情况下,类比反映了教练要求的"姿势""力量"和"模式"。因为对于"姿势"来说,这两种类比提示都是跳跃;对于"力量"来说,这两种类比提示都最大限度地体现了垂直方向上的运动;而对于"模式"来说,这两种类比提示依然是跳跃。这两种类比提示都使大脑模拟出一个相似的动作,从而突出强调训练的目标动作。运动员如果按照提示中的方式去做,那么他将最大限度地提高跳跃高度。假如教练想要在落地或跳跃本身的技术细节上训练自己的运动员,那么教练就需要设计一套不同的类比提示。其实方法差不多,关键是要确保类比的场景能够包含目标动作的关键技术特性。

现在请大家思考下面这个动作,选择最合适的类比,并确定该动作的特征: 姿势、爆发力或模式。

▶ 示例2：冲刺

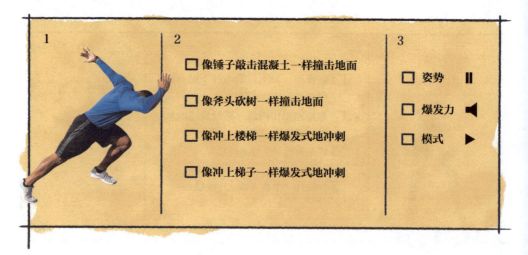

在示例2中，大家可能注意到有两个类比提示能够对照到冲刺上，另外两个稍微有点偏离。注意，用锤子敲击混凝土是垂直方向上的运动，而用斧头砍树是一种水平运动。诚然，这两种类比提示都能体现出运动员在冲刺中所需的"爆发力"；运动特征的差异表明，横向挥砍的斧头将提供一个更有相关性的类比。同样，冲上楼梯需要运动员平衡垂直和水平方向上的注意力，与冲上梯子相比，前者与冲刺的重叠程度要大得多，后者是一种偏向垂直方向的运动。因此，如果教练认为"像斧头砍树一样撞击地面"和"像冲上楼梯一样爆发式地冲刺"比其他选项更适合提示冲刺，那么他可能也会注意到，除了"模式"的对照特征之外，这两种类比提示还能体现出有效冲刺所需的"爆发力"特征。

有了"相似原则"，大家便可以很好地策划并出具有代表性的类比提示了。就像使用3P运动表现模型来描述和优先考虑运动特征一样，我们也可以使用同样的3个因素来设计一个反向运动对照。为确保运动员能够接受并认可教练的类比提示，教练还需要考虑最后一点。

第3节　熟悉度

现在我们来玩一个配对游戏。在这里，大家会发现以下6张图片的旁边都有两个选项，分别是A选项和B选项。在浏览完每张图片后，请选择能够描述图片的选项。

你一定会发现自己要么全部选择A选项，要么全部选择B选项。对于大西洋西岸的朋友们来说，你们肯定更倾向于选择A选项，而大西洋另一边的朋友们则会毫不犹豫地选择B选项。这就是英式英语和美式英语的区别。我此前一直喜欢把我买的东西放在美式英语中的"trunk"，而非英式英语中的"boot"；我也喜欢把垃圾放在"garbage can"，而非"waste bin"。然而，在2016年搬到爱尔兰并加入爱尔兰橄榄球队后，这些偏好很快发生了变化，我对英式英语普遍性的认识也发生了改变。如果你从未去过爱尔兰或英国，那么你可能并不理解我的意思，所以现在我来解释一下。

在大西洋以东，你去度假的时候不会说"go on vacation"，而会说"go on holiday"；在机场排队的时候，你会说"stand in a queue"，而不会说"stand in a line"；在酒店乘电梯的时候，你想去2楼，却发现自己到了1楼（first floor）。此时接待员看到你很困惑，会解释说："我们把2楼叫作'first floor'，而这里是我们的1楼'ground floor'。"这是因为在英式英语里"ground floor"是指紧贴地面的那层楼，它上面的一层叫作"first floor"。在美式英语中，"first floor"是指紧贴地面的那层楼，它上面的一层是"second floor"。吃饭的时候，你会问服务员洗手间（bathroom）在哪里，他会告诉你："洗手间（toilet）在走廊尽头的左边。"当你吃完三明治想再点一份薯条时，你很快就会知道，这里的"薯条"（fries）就是美式英语中的"chips"，而美式英语中的"薯条"（chips）在这里代表的是薯片。而菜单上的"goujons"则代表着鸡肉条。

虽然英式英语和美式英语的这种差异可能看起来并没有什么不利影响，但是认真来讲，当我在爱尔兰结束自己游客的身份，继而转到教练的身份上时，我的观点发生了转变。我现在已经开始写这本书了，所以我很清楚语言特异性的重要性，但是即便如此，当类比提示无效时，我仍然感到十分惊讶。然而我并没有惊讶太久，而是很快便想出了解决方案。因为我意识到了地域差异问题，然后想出了与地域相关的短语，这样一来就能达到指导目的了。这意味着我用赛场取代了之前的体育场；不再提示运动员"切让"，而是提示"回避"；跑步时，不再提示他们"让防滑钉鞋直冲云霄"，而是"把跑步鞋抬到腰间"。随着时间的推移，我结识了我现在的球员，并把美式橄榄球的相关术语转换成与当地橄榄球相关的术语，把外来词语转换成了当地的行话。

虽然在国外做教练是对一个人语言能力的终极考验，但在某种程度上，每个教练都面临着类似的挑战。教练能够很快意识到，给出一个提示后，相较于运动员在听到提示后用不知所云的呆板眼神沉默地盯着自己的脸，他们点头或者喋喋不休地予以反馈无疑是最好的反应。因此，教练必须注意使自己的运动员能够对自己的指导语言十分熟悉，能够听懂自己给他们的提示。再理想一点的情况便是运动员能够在更深的层次上将自身情况与这些词语联系起来，我们可以称之为**熟悉原则**。

虽然这里很明确地给了教练建议，即了解自己的运动员，但是应该如何去做就不是那么明确了。例如，教练和运动员之间的互动往往局限于训练期间，这样一来二者便无法经常进行一些实质性的对话。况且，即便可以进行沟通，对话也往往只围绕训练内容而已，而非运动员的生活，这导致教练对运动员其实并不了解。因此，教练需要敏锐地把握好他们与运动员在训练和日常生活中的谈话信息。有了这些信息，教练可以通过运动员的叙述将指导用语转换成运动员熟知的语言，从而帮助运动员克服掌握运动技能的障碍。

文化

在运动员的谈吐和行为中都隐含着特定的文化。

在这里，我使用最广义的"文化"一词来反映塑造人们的价值观、信仰、行为和语言的环境和社会群体。值得注意的是，我对爱尔兰文化的不完全理解以及由此形成的口语化语言，最初阻碍了我与运动员的良好沟通。当然，类似的情况有很多，例如来自美国西雅图的教练训练来自新奥尔良的运动员，或者来自美国芝加哥的医生治疗来自圣迭戈的患者等，因为每个城市都有自己独特的语言特点，在此定居的人们会将这些特点代代相传。再加上家庭和当地社区的亚文化，你将真正融入这种文化。

我们都知道文化影响着运动员对类比提示的理解，而且一项非常绝妙有趣的研究进一步说明了这一点。香港大学的一个研究小组以乒乓球的正手动作作为目标动作，招募一批以英式英语为母语的人参加了一项模拟学习研究。研究人员要求被分配到类比组的受试者"假装用球拍画一个直角三角形，然后在画到三角形的斜边处时击球"。经过 300 次的练习，这组受试者表现出了很可观的学习效果，甚至当他们同时倒着数数的时候也能保持这种效果[14]。

有趣之处就在这。在一项相关的研究中，研究人员将这个"直角三角形"的类比提示翻译成汉语，并让一组以汉语为母语的人在相同的正手击球训练中使用这个类比提示[17]。然而，这一次研究人员却没有看到显著的学习效果。通过研究结束后受试者的反馈可知，大多数受试者对该类比提示感到十分困惑。这一发现引起了研究人员的兴趣，他们为使受试者达到最初的学习效果，开始寻找一个在文化上与这类受试者相契合的类比提示。在以汉语为母语的人的帮助下，研究小组将"直角三角形"换成了"一座山"，并招募了一组新的以汉语为母语的人，要求他们"像画一座山一样挥动球拍"。果然，这个新的类比提示奏效了，受试者达到了在最初的研究中的学习效果[16]。

该研究证实了我们此前的认知，并提醒教练，只有真正了解了有关运动员的一切，包括文化习俗、语言习惯等，才能了解有关运动的一切。记住，是运动员，而非教练对指导语言的使用和理解，决定了他们理解提示和类比的能力。这就是"听"对于设计类比如此重要的原因，因为设计吸引运动员的类比的方法就隐藏在运动员的语言偏好中。为此，教练需要让运动员自己想出一个类比，并让他们解释教练的类比对他们意味着什么，或者给他们提供一些类比来让他们选择。无论使用哪种方法，教练都能了解运动员的语言偏好，并确保所使用的类比都能契合自己的运动员，使他们能够理解这些类比。

时代

如果一个人的文化习俗和语言习惯反映了他在哪里长大，那么以他为代表的这一代人就反映了他们成长的时代。就像文化根植于语言中一样，一个人所处的时代也会影响他的思考和说话方式。例如，出生于20世纪90年代的孩子对于喜欢的东西，一般会称赞"酷"；在休息的时候，他们会说"找乐子"。然而，在进入21世纪后不久，我发现运动员们在准备训练时听到"怎么了，伙计"这样的信号时，他们会回答道："耍酷！"出生在特定时代的人会受当时的流行文化、技术、大事件和俚语的影响，他们对现在事物的看法在某种程度上建立在过去的基础上，受过去所处时代的影响。不然我们怎么会说"回到我那个年代"或者"现在的这帮孩子们"这种话呢？

在做私人教练时，我第一次敏锐地察觉到运动员的出生年代和他们的语言之间的联系。那些年我发现，虽然大学教会了我如何针对不同的运动目标来策划指导方式，但它并没有教会我应该怎样与不同的运动员进行沟通，而这些知识是需要通过实践来获取的。例如，我可能会在同一天内面对很多有训练需求的学员，如一位55岁的教授为铁人三项比赛做准备、一位25岁的工程系学生想要做瘦身运动、一位70岁的退休老人希望保持身体机能以及一位16岁的高中生为了进入校队而训练。在每种情况下，我都必须学会如何使自己的语言与他们的语言相契合，以及如何结合不同时代的语言特点为他们提供提示。

当我转行指导体能训练时，这种与指导对象有较大的年龄差异的情况变少了，因为我指导的运动员是一群年纪相仿、年龄差在10岁以内的人。由于早年间，我和我的运动员们处于同一年龄段，所以我们几乎不会有什么代沟。然而，随着时间的流逝，我年岁渐长，而我的运动员们却一直保持在同一个年龄段。年龄差距便不可避免地扩大了，于是我开始发现，看电影的时候我们的笑点不一致；健身房里播放的音乐我也不再熟悉。甚至有人向我解释道，"flossing"现在代表的是一种舞蹈，同时也是一种用来清洁牙齿的东西。

事实上，有时这种代沟感会突然变得十分强烈。例如曾经有一次，在美国国家橄榄球联盟联赛准备阶段结束前的一次训练之后，我同年轻的运动员们进行交流反馈，听他们关于训练的谈话，并为第2天的训练定下目标。还记得当时我对运动员们说："我们做得很好，然而，干草还没全部放在谷仓里。"我认为这句话很简单易懂，然而令我惊讶的是，其中一个运动员竟然脱口而出："这到底是什么意思？"这引得在场所有人开怀大笑。当这个运动员安静下来、我自己的笑声也平息后，我重新使用了这个隐喻，只不过换了一种说法，告诉他"你手机上的应用程序还没有下载完"，随之而来的便是他们了然的赞许和心领神会的笑声。

这些情况时时刻刻都在提醒着我，要想成为一名好教练，不仅需要学会书本知识，还需要有"街头智慧"，这意味着教练需要紧跟潮流，了解现在的运动员们喜欢的东西。而且，随着更新换代的速度不断加快，这是一个要么适应、要么消亡的问题。以音乐为例，在过去的50年里，我们从黑胶唱片发展到八轨唱片，从磁带发展到CD。现在，我们正处于数字音乐和流媒体的时代。同时期，我们的电话从座机发展到移动电话，而现在，手机发展为不仅是只能用来通信，这种智能设备几乎可以做任何事情，除了为我们做早餐。仅在过去的25年里，我们就见证了互联网的崛起、游戏玩家的职业化，以及无人驾驶汽车的出现。除此之外，现在的人们在网上交流自己喜欢的东西的次数，多于见面交谈。

这些变化有好有坏。然而，就像如果教练不紧跟研究和技术更新的步伐，专业水平就会下降一样，如果教练的语言不适应运动员的语言，其执教水平也会下降。这并不意味着教练必须放弃自己最喜欢的老歌，转而去听最新的流行音乐，而是意味着教练需要熟悉运动员所处的时代，并试图了解他们的生活经历。这样一来，教练将会获得更多的信息来创造有效的类比，而这些类比将符合运动员的语言习惯并被他们所理解，从而对他们大有裨益。

经验

诚然，文化和时代很重要，但它们并不代表全部，因为人的成长环境远不止于此。我们以个体的身份来到这个世界，每个人都有自己独特的倾向，这些倾向会影响我们的思维方式和行为方式，最终影响我们做出的决定。无论每一个决定是否正确，我们都从中获得了新的经验，而且它们会强化我们基于语言的感知和行为。

虽然任何经验都可以作为一个类比的参考，但有证据表明，最有价值的参考当属运动员自身的经验。这是说得通的，因为比起"橡胶球"这样的抽象类比，熟悉和不熟悉的运动之间的类比具有更大的结构重叠范围。这并不是说基于物体的类比没有价值，它们依然是有价值的，尤其是当教练试图传达出动作之间的细微差别时。然而，基于场景和约束的类比可能只是在前后相关的语境内，映射更多的运动特征。如果这是真的，那么一个人处理熟悉的动作语言的方式，和处理不熟悉的动作语言的方式不同也是合情合理的。

第4章提到的沙恩·贝洛克对"如何从语言中理解含义"很感兴趣，同时她自己也用模拟体现的方法进行了一些实验。具体来说，贝洛克及其团队很想知道个人的运动经历会如何影响他们处理"描述这些运动的语言"的方式。贝洛克及其团队招募了专业曲棍球运动员和没有曲棍球经验的新手来完成"语言-图像匹配任务"[18, 19]。这项任务的具体做法为阅读一个句子之后会看到一幅图像，然后按"是"或"否"键来表示该句子是否提到过关于该图像的内容。在该研究中，研究人员混合使用曲棍球和非曲棍球动作来测试专业运动员和新手，对以曲棍球为中心的语言的处理是否有所不同。结果表明，虽然在匹配非曲棍球图像时，专业曲棍球运动员和新手的速度和准确度相似，但在匹配曲棍球图像的时候，专业曲棍球运动员确实快一些[13]。从体现模拟的角度来看，该结果是合理的，因为专业曲棍球运动员已经有了相关的运动经验，因此他们能够比新手更快地模拟和识别出这些动作。然而，为进一步证明该结果的准确性，当我们观察这些专业运动员的脑活动时，我们期望看到他们在处理过程中表现出的差异。

为了验证这一点，贝洛克及其同事招募了另一组专业曲棍球运动员和新手进行研究。这一次，研究人员让这组受试者躺在功能性磁共振成像扫描仪上听与曲棍球动作以及日常动作有关的句子，例如，"曲棍球运动员完成了射门"和"一个人在推车"。结果表明，专业曲棍球运动员和新手的大脑对于与日常动作有关的句子的反应类似，但是当听到与曲棍球动作有关的句子时，专业曲棍球运动员的前运动皮层的激活程度始终大于新手[2]。专业曲棍球运动员的大脑会激活负责执行句子中描述的动作的大脑中枢，这对于我们思考前运动皮层在行为计划和自主运动中的作用来说，是非常有意义的。另外，新手则没有这种基于相关经验的运动记忆。因此他们需要用一般的感觉运动中枢，例如初级运动皮层来理解这些动作。这也正是研究人员通过研究得到的结果。

除此之外，当我们认识到，我们也能从专业舞者观看舞蹈教学视频中，观察到这种神经特异性时[6, 7]，我们便可以开始探究大脑之间的联系了，因为一个人的运动经验，即使在他不活动的情况下，也可以直接影响他的大脑处理视觉和听觉信息的方式。这表明作为教练，我们可以利用运动员的运动经历来设计类比，这些类比除了在概念上重叠外，还可能在神经学上重叠，从而让运动员更容易理解和学习运动动作。因此，当一名橄榄球教练比较深蹲和争球时的身体姿势时，运动员可以轻松地将其对其中一种动作的感觉映射到另一种动作上。同样，如果一个运动员能够在冲刺训练中取得良好的效果，且努力完成标准动作，那么教练就可以将类比应用于这些训练。这让运动员再次将其在过去经历的感觉映射到现在的体验上。教练在理解运动员的生活经历，尤其是那些运动经历之后，就有了设计有效类比所需的最后一个前提。

总结

类比是思考和学习的基础，就像氧气是呼吸的基础一样。无论是日常交流中隐含的类比，还是那些明显的旨在说服人们的类比，例如"不买这只股票就等于不要白得的钱"，它们都充分说明类比是交流的基石。尽管类比无处不在，但许多教练经常忽视这一有效的方法，哪怕有时使用了类比，那也是出于偶然，而非有意地选择运用。我希望在学习本章之后，教练能够真正地了解类比，清晰地认识到类比能够促进学习，是一种不可或缺的指导工具。

我们通过前文可知，最早的行为和感知形成了语言的感官基础。因此，我们会了解到从语言中理解含义，一部分是通过具体的模仿过程完成的。因此，运动员用来完成"踢球"动作和理解"踢球"一词的心理机制是一致的。从本质上说，大脑已经优化了处理效率，利用共同的"感官–动作大脑中枢"来运动、说话和思考。最终，人们大脑的运作模式就像收发室的运作模式一样，大脑会接收所有新的、输入的感官信息，并根据当前的心理范畴对其进行分类。

了解这些内容后，教练便能够利用现有的知识来帮助运动员学习新的动作。为进一步证明德卓·根特纳博士的研究结果，我们又讨论了大脑如何使用结构映射，将基础类比的特征映射到目标动作的相同特征上。因此，关节可以像上了油的铰链一样运动，肌肉可以像橡皮筋一样拉伸，并且速度可以像闪避汽车时一样快。在上述每种情况下，大脑都会对原始的感官–动作信息进行整合，并运用类比将其重新应用于后续的动作。

然而，为了有效实现这一目标，教练必须利用相似和熟悉原则（见图6.1）。前者是指类比和动作一定有共同之处。注意，类比必须能够表现动作姿势、爆发力或模式的变化。后者要求运动员必须熟悉类比描述的内容。跨越文化、时代和经验的维度，我们找到了设计这些个性化类比所需的"原材料"。要获得这些"原材料"，教练需要在训练运动员时，为他们提供有意交流和倾听的机会。

图6.1 设计有效类比的模型

第3部分
提示

距我第一次参加美国国家职业橄榄球联盟选秀大赛训练营，已经过去了10多年。在这段时间里，训练营为我提供了一个独特的机会，让我能够帮助数以百计具有潜力的选手成为职业运动员。我清晰地记得每一位运动员，也永远不会忘记他们的经历、奋斗、成功，乃至他们的失败。原因很简单，因为所有的一切，无论是经历还是奋斗，无论面对成功还是失败，在这段时间里，我都参与其中并且和大家一同感受。因此，关于教练有一个不可否认的事实，即教练自身的经历和运动员的经历相互交织、无法分割。教练在设计提示和训练方案以及形成反馈时，运动员负责专注、执行和反思，体现教练努力指导的效果和价值。因此，教练、体能训练师、治疗师和教师都有责任保持最佳状态，这样才能帮助运动员、客户、患者和学生获得最佳效果。

这种责任的严肃性始终存在。当我对训练计划的担心超过对球场上的运动员的表现的担心时，我就会感到胃痛。正是这种微弱的警示不断提醒我去关注眼神交流、肢体语言和动作，从而得到运动员对于指导效果的反馈。运动员不需要领导，他们需要的是一个商业伙伴，一个可以扮演自己的角色而不总是试图扮演他人角色的商业伙伴。所以一个优秀的教练非常清楚应该如何建立良好的人际关系，如果这一关系能够说话，它可能会说：

> "我是你和运动员之间的桥梁。我足够宽，可以作为双行道通行，但也经常用作单行道。当两个人试图理解对方时，我会变得宽广；当他们不理解对方时，我会变得狭窄。如果你尊重我，我就会成为一座坚实的桥梁，使指导语言具有一定的意义。如果你不尊重我，我将永远不会成为一座桥梁，你和运动员只能隔河相望、沟通困难、陷入混乱。其实，人们只需要大胆展现、认真观察、耐心倾听，并且大声说出自己的想法，就能获得我所能给予的全部回报。"

这样的关系是教练与运动员之间的桥梁。而且，尽管此前我们已经讨论过用基于动作的语言来构建这座桥梁，但教练对运动员的影响将远超其所教授的动作模式对运动员的影响。一个运动员不了解所有提示，他们也不应该了解。他们只需要明白这个提示是否有意义，是否对他们的运动方式有影响。因此，教练应该使用专门为运动员设计的提示，传递他们理解的信号，并关注他们的一言一行、一举一动。此外，如果这些提示始终能够使运动员的运动表现发生积极的转变，那么他们将会把自己和教练的关系与接下来的学习和动机联系起来。归根结底，教练只是在教授动作，但是为了高效指导运动员，教练必须使用一种支撑所有良好关系的沟通策略。

现在，我认为提示是联系的同义词。它是建立一种有效的"教练–运动员关系"的核心，同时对于训练过程和训练计划本身来讲也同样至关重要。然而，关于语言的挑战在于，证明语言有效性的证据对语言的接收者来说要比语言的创造者更加清晰。因此，教练需要将运动员作为反馈的来源，调整和更新语言，以满足他们的学习需要。大家在上一部分所学到的"3D提示语模型"就是为了帮助教练达到这一目的，使教练能够适应运动员不断变化的需求。

也就是说，让教练掌握适应性执教的艺术和掌握提示有所不同。因此，最后一部分将首先为教练提供一个路线图，旨在帮助教练使用此前讨论过的提示技巧，并形成一种习惯。我们将在此部分介绍多种动作序列，还会概述一些示例，这些示例均应用了本书介绍的技巧或策略。总之，第3部分包含的路线图和示例的基础是第2部分概述的"3D提示语模型"和第1部分探讨的科学理论。第3部分将会使教练有能力设计一门（习惯养成）课程，来更新自己的指导语言，从而使运动员在这种方式下的每一个环节都能有所收获。

习惯：入门

每个教练应该在体育馆找到适合自己的位置，我的位置是在教室前。在这一批教练刚刚学完我所教授的课程的最后一部分内容时，房间里仍然热闹非凡，因为每个人都在讨论他们为自己所选的动作设计的提示和类比。

大家都认为这门课程是成功的。因为教练的参与度很高，课程结构清晰，在课程中我们充分讨论了执教语言的细微差别。我做了自己该做的事情，那就是我指导，其他教练学习，至少我是这么认为的。

当大家终于安静下来时，他们抬起头看着我，等待我的总结发言。我提醒他们现在已经拥有了可以严格评估和更新执教语言的工具，随后询问他们还有什么疑问与不解。

沉默片刻之后，一个年轻人终于开口了，他对大家说："我有一个问题。我两年前就上过你的课，然后我发现这些信息非常有用。现在我有个问题不太明白，那就是接下来我应该做些什么，以确保在我指导运动员时能够贯彻这些理念？"

对于这个问题，我起初想回答他，"这只是开始"，并认为他需要"出去练习"，但后来我没有回答。因为我意识到自己忽略了一个非常重要的细节，即他已经上过这门课，而且，如果我题为"走进这个世界，让它变得更美好"的演讲在当时对他起作用，那么现在我的这门课又怎么会突然起作用呢？

我很快从回答变为提问，并请这位年轻人讲述自己在第 1 次学完我的课程后做了什么。他稍加思考后，分享道："两年前我上完这门课后，就迫不及待地开始在指导时使用外部提示和类比。在最初的几个星期里，我一直在尝试应用所学知识。然而，我发现自己未能设计出合适的提示时，就会重新使用我熟悉的提示，其中许多都是内部提示。大约一个月后，我就又恢复使用以前的提示方式。"

我对这位教练的回答进行了思考，感觉这种情况非常熟悉。从饮食到锻炼，从存钱到戒烟，人们有多少次是带着明确的动机，运用相关知识和方法开始做某事，只是为了摒弃旧习？但为什么在改变自己的执教方式上情况会有所不同呢？原则上，我们的执教习惯和我们的睡眠习惯、饮食习惯、驾驶习惯以及其他各种习惯一起构成了我们个性化的独特行为模式。这一事实发人深省，在听到这位教练的回答之前，我一直相信我所传授的内容足以帮助教练们改善自己的执教用语。

我不想用"好吧，这需要时间"或者"耐心和练习是关键"这样的场面话来应付这位教练提出的问题，于是我采取了一种稍微不同的方法替他解惑。我记得在场还有另一位教练参加了两年前的课程，她采用的类比让运动员专注了一整天。我很想知道我们能从她的执教经历中学到什么，于是便请她告诉大家自己变得如此擅长设计类比的原因。在场的所有人都对此抱有极高的兴趣，这位教练说道："很巧，我两年前也上过您的课，并且发现您讲的内容对我很有帮助。我其实一直喜欢使用类比，同时注意到运动员对类比的反应很好。所以这门课程算是为我提供了一种辅助支持，给予我设计类比的工具，而不是就在那等着它们凭空出现在我的脑海中。"此时我看教室里的人听得津津有味，感觉他们想要知道得更多，于是我请这位教练给我们讲讲她掌握这项技能的过程。她继续说道："起初呢，这种改变让我感觉很吃力，有时还很不舒服，因为我当时试图在现场就想出新的提示。但我还是坚持了下来，因为我知道收益大于成本。几个月后，我的提示已经到了不需要考虑就能脱口而出的程度。"

这两位教练有着相似的经历，他们在同一个体育馆工作、上同样的课、接收同样的信息。那么，为什么其中一个教练成功地改变了自己的执教语言，而另一个则失败了呢？虽然可能会有很多原因导致了这一结果，但我们可以肯定的是，很大一部分原因藏于行为改变的奥秘之中。

习惯的本能

有多少次你在读过一本书、参加过一门课程，或参加过一次会议之后暗下决心："这个方法好！我要立即开始使用它们"，结果却发现自己兜兜转转又回到了起点，但是并不清楚哪里出了问题？同样，你又有多少次看到，尽管运动员接受教育、制订计划，并且建立了问责机制，但他们仍未能调整自己的饮食、康复或睡眠习惯？其实行为改变对每个人来说都是困难的。而且，尽管教练每天都在努力帮助运动员改变他们的习惯，但这并不一定意味着教练能更好地改善自己的习惯。

因此，为了让这些语言进入运动员的脑海，我们来讨论一下教练应如何在需要的程度上改善自己的执教语言。为此，让我们拿出笔和纸，开始规划改善执教语言的路线，帮助教练制订一个路线图，引导教练从"我将要"转变为"我就是"。

习惯的形成

有一本名为《掌控习惯》(*Atomic Habits*)[1]的书非常实用，作者詹姆斯·克利尔(James Clear)在书中将习惯比作原子，说明了习惯是如何成为行为改变的最小且直接可控的单位。大家可以想象一个自己认为健康或者不健康的人，为了理解他们的行为，我们需要深入研究支撑他们行为的独特习惯。为此，我们先要根据其行为对健康的影响对行为进行分类，如饮食、锻炼、睡眠、压力管理和工作与生活的平衡。然后我们将每一类别的行为分解成与其相关的习惯，比如，饮食行为可能包括他吃早餐、午餐、晚餐和零食的习惯。一旦我们习惯了这一切，就可以观察到选择和行为，也就有了分析和改变的可能。

查尔斯·杜希格(Charles Duhigg)在他广受好评的《习惯的力量》(*The Power of Habit*)[2]一书中把**习惯**定义为一种选择，他认为它曾经是经过深思熟虑的、有意识的，现在却变成了我们无须思考就能自主做出的事情。因此，习惯代表了我们在生活中最常见的情况下做出的反射性决定。从我们早上起床后做的第一件事情，例如看手机、跑步、冥想，到晚上上床睡觉之前做的事情，例如看电视、洗澡或读书，习惯都代表着我们默认的行为。然而，正如杜希格所说，习惯的形成在一开始绝不是反射性的。无论是在学习骑自行车时，还是在努力提高执教语言水平时，每当面对一种需要我们做出决定的新情况时，例如移动到这里还是那里、应该这样讲还是那样说，我们都必须投入大量的精力和注意力。只有在重复的行为积累起来、陌生感消失之后，我们才能够不假思索地完成这些事情。

这种说法听起来应该很熟悉，因为它与我们之前讨论的运动学习过程基本相同。事实上，习惯的形成被认为是一种内隐学习，正如我们此前讨论过的内容，这是一种不需要我们的外显知识或许可的学习形式。这就是为什么如果不加以控制，我们就会养成满足自己当下需求的习惯，即"再也不会受伤"，而非我们最大的利益。这些问题的处理中并不存在恶意，我们的肩膀的一边没有什么恶魔，另一边也没有什么天使。大脑按照它的设计去做，它并不会因为受到任何事物的干扰而放弃做这些事，并且大脑内产生的解决方案往往是安全、简单且立竿见影的，例如，能点比萨就不做饭；我们可以等会再看那封邮件，先看看有多少人喜欢我们的自拍；我们可以明天开始去健身房，所以现在让我们多睡一会儿。如果我们经常听从内心的声音，当下所做的决定就会被大脑记住，自动进入我们的潜意识中，并加以保存。长此以往，习惯就这样形成了。

一旦习惯完全形成，且不再受意识的影响，它就会深深隐藏起来，不会轻易被人注意到。直到有一天我们决定挖掘它、审视它与完善它。然而，作为教练，我们有资格评论改变一种已经根深蒂固的习惯到底有多难。无论是一种运动还是一种习惯，它们在本质上没有区别。一旦某件事在头脑中深深扎根，那么改变它就会非常困难。事实上，很多人都认为，习惯已经无法被改变了。其实不然，我们只需说服大脑优先选择某某习惯，例如打包健康的午餐、安排日程、睡前冥想等。尽管培养新习惯并改正旧习惯十分困难，但这并非不可能。我们现在需要做的，就是了解是什么导致了这些自主决定的产生。

习惯循环

习惯的核心是决定。比如，决定去跑步，而不是看电视。因此，如果你总是在下班回家后去跑步，那么我们就可以说你已经养成了下班回家去跑步的习惯。问题是，为什么会出现这种情况？为什么有些人继续选择跑步，而另一些人则选择看电视？

为了回答这个问题，我们将参考詹姆斯·克利尔[1]和查尔斯·杜希格[2]的著作。这两位作者都在书中谈到了习惯形成的4个基本阶段。第1个阶段是**提示**。没错，在做出决定之前，在大脑或物理环境中会有某种东西提示我们去行动。对于习惯跑步的人来说，这个提示可能是他们回到家时，看到了门口的跑鞋。而习惯看电视的人可能住在公寓里，而电视则是他们回到公寓看到的第1个东西。

提示的作用原则上是触发第2个阶段——**渴望**，借用詹姆斯·克利尔的话来说，"渴望是每个习惯背后的动力。"如果西蒙·斯涅克（Simon Sinek）要描述一种渴望，他会说，这是一种习惯存在的原因、目的和理由。这种渴望驱使我们付诸行动去满足它。因此，习惯跑步的人会通过跑步来满足这种渴望。也许他们享受跑步时的快感，或者他们喜欢吃冰激凌，因而每晚绕着街区跑步只为吃一勺薄荷巧克力冰激凌。同理，习惯看电视的人可能会渴望从工作带来的精神压力中解脱出来，就像他们渴望看最新的电视剧一样。只要能为我们的第3个阶段——**反应**提供足够强的动机刺激，这种渴望便不再重要了。反应只是将习惯付诸实践的过程。

一旦反应开始发挥作用，它就激活了习惯形成的最后一个阶段，那就是**回报**。实际上，回报就是满足欲望的东西，它是目标的实现，相当于麦片盒底部的奖励。因此，习惯于跑步的人在跑步后得到的内啡肽的刺激就是他们获得的回报。而习惯于看电视的人每次沉浸在喜欢的电视节目中时，渴望释放压力的他们便也从中获得了回报。在这两种情况下，如果得到的回报足够丰厚，渴望阶段便会重新被激活，那么人们的渴望也会愈发强烈，并在他们下一次下班回家时给予提示。

如果习惯的形成过程缺少了其中一个阶段，它就会像缺了一条腿的桌子，无法进行下去。詹姆斯·克利尔[1]指出了与这一说法相呼应的几个要点。

> 如果一种行为在4个阶段中的任何一个阶段都完成得不够充分，那么它便不会形成习惯。缺少提示，习惯的形成就不会开始；渴望的程度减弱，你就不会有足够的动力去行动。如果行为变得困难，你便无法将习惯付诸实践；如果回报不能满足你的欲望，那么以后你就不会再这么做了。没有前3个阶段，行为就不会发生。没有这4个阶段，行为将不会重复。

总之，这4个阶段共同构成了查尔斯·杜希格[2]所称的习惯循环，即这个循环从渴望得到提示时开始，到反应得到回报时结束。而且，就像任何反馈循环一种，提示产生预期回报的频率越高，习惯就会变得越牢固。如果一种习惯是积极主动的，例如午餐吃沙拉，那么你就不太可能过度担心提示、渴望和回报。然而，如果习惯是被动的，例如换了一份工作导致你不得不开始用绿叶蔬菜替换前公司丰盛的自助餐，那么你会突然发现自己开始关注这个习惯循环的细节，尤其是当这一习惯使得你的腰变细了时。抛开示例的戏剧性不谈，如果我们意识到自己的某个习惯需要调整，那么我们首先应该确定能够促使自己调整习惯的提示和回报。只有这样，我们才能开始改变每一个阶段，直到形成一个新的习惯。

提示的习惯

既然我们已经了解了习惯是如何形成的，那么我们现在就可以开始设计路线图来改善自己的习惯。为此，我们必须先决定调整哪一种习惯，我们之前提到的那两位教练想要调整的就是提示的习惯。因为这对于教练来说是一种既有的习惯，教练无须创造一种新的行为，只需通过探索提示、渴望和回报来引导自己当前提示动作的方法。

你要提示什么？

我认为你不会觉得第1个问题很难回答。教练的工作原则上是帮助运动员更好地运动。因此，教练的提示依据是运动员的身体状态，以及运动员对教练所提供的信息的期望。而这些信息将帮助运动员更精准地执行一个给定的动作，并获得更好的运动表现。

你还能想到其他能够引发提示的因素吗？

_____

_____

_____

你的提示想要满足什么渴望？

　　虽然这个问题的答案似乎显而易见，但这里还有一些其他的可能性。第 1 种渴望可能是希望提示对运动本身产生积极影响。在这种情况下，如果教练的提示使运动员的运动表现发生了积极的转变，那么这种渴望就会得到回报并且得到强化。第 2 种渴望是你希望自己能够和运动员相契合，并且运动员能够领会你的意图。在这种情况下，教练希望能够得到一些反馈，这些反馈会表明运动员理解了提示，并重视教练的贡献。除此之外，你可能还会想到一些其他的渴望，但是我说的这两种渴望是最常见的，因为其中一种专注于运动表现，而另一种则专注于思维。

　　你还能想到想要自己的提示满足的其他渴望吗？

你使用什么类型的提示（反应）？

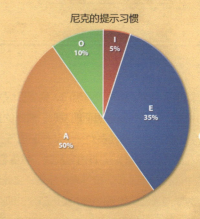

尼克的提示习惯

　　在前面的 6 章中，我通过列举多种示例得出了一个结论，即在有外部提示或类比的前提下，运动员的运动表现最好。然而大家知道，有许多人无论是出于偶然选择还是自主选择，最终还是使用了内部提示，其程度远超以往的证据和我个人的经验所显示的程度。因此，重要的是要正视自己当前的提示方式，并认识到它在提示的连续性中处于什么位置，例如在第 4 章中提到的，内部提示↔外部提示↔类比。通过这样做，我们便能筛选当前的提示习惯，并在此过程中确定需要保持、更新或完全抛弃的特征。

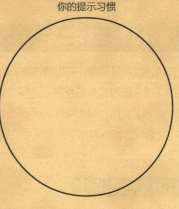

你的提示习惯

　　现在请你在右下方的空白饼图上画出代表你当前的提示习惯的扇面和相关百分比。右上方是我自己画的饼图示例。

　　O=其他（other）：没有明确针对动作的语句，如一般性的提示"出发吧！"，要求专注的提示"是时候集中精神了"，以及激励性的提示"你为此付出了很大的努力"。

　　I=内部提示（internal cues）：要求关注肢体、关节或肌肉运动的提示。

　　E=外部提示（external cues）：促使运动员关注某一结果，或与运动环境互动，以达到某一目的的提示。

　　A=类比（analogy）：将动作与运动员熟悉的场景、约束或物体进行比较，能够使运动员产生相应的心理意象的提示。

你的提示想要获得什么回报？

　　一旦你罗列出自己的渴望，这基本上就等同于列出了想要获得的回报。因此，假设你的渴望与前面提到的一致，你所追求的回报就包括协作、联系或两者都有积极的转变。一旦我们明确了自己渴望获得的回报，那么我们就会调整自己的反应和提示来努力获得它。然而，如果我们渴望的唯一回报，是因提示对我们有意义而产生的个人满足感，但是我们忽略了信息对运动员的影响，那么我们就无法获取所需的信息来知道是否需要调整自己的指导语言。我们在第1章中讨论了这一点，强调了教练对运动员的运动方式产生的影响的重要性，并利用沉默执教来检查运动员的训练情况。

　　回报的获得或缺失对你的提示方式有什么短期影响？

_____

_____

_____

　　如果此时大家还是没有明白，我想提醒大家注意一件事。具体来说，在本书以及我们对执教语言的讨论中，如果仔细想想便能发现，教练的提示习惯循环实际上包含在教学沟通循环体系中。（见第4章）也就是说，运动员对一个动作的执行，也就是"实践动作"；随后教练为下一个动作想出一个提示，即"提示动作"，其内容反映了教练希望在运动员身上看到的变化；然后看运动员在接下来的训练中能否有所进步，接下来依然是"实践动作"；最后再进行后续讨论，即"总结动作"。简单来说，教学沟通循环体系中的小循环部分，即"提示动作""实践动作"和"总结动作"，就是教练的习惯循环。而且，如果想要调整或者改善这个习惯，教练就需要制订一个行动计划。

习惯升级：3步法

　　在概述提示习惯循环的组成结构之后，教练现在可以考虑使用3步法来改变自己的习惯，这些改变后的习惯将成为教练的新常态。每个步骤都有一个推荐的"展示窗口"，其中第1步是为期1周的"观察"；第2步是为期4周的"行动"；第3步便是"完成"，会在此后的所有时间内一直持续。我希望这个计划能为教练提供策略和指导，因为我当初在学习重新培养自己的提示习惯时，就希望得到这样的指导。

📅 第1步│第1周│观察

　　当我要求大家思考自己现在使用提示的情况时，大家会用百分比饼图来表示，然而事实是，教练只有在实践中观察到自己的提示习惯，才能真正理解它们。为此，教练可以采用以下一种或多种策略，努力的程度由低到高，其中努力的程度与观察的准确性成正比。教练一旦确定了最合适自己的策略，就要在第1周观察自己的提示习惯并确立一个基本参照。

▶ 策略1：思考

教练需要在内心检视自己，关注自己的教学沟通循环体系中的"提示动作"部分，花时间去注意指导语言的数量和质量是如何影响运动员的运动方式的。为指导这种反思性练习，请在每次训练课程结束时或至少在每个训练日结束时回答以下问题。

- 数量：在指导运动员训练时，我平均使用了多少个提示？
- 质量：在指导运动员训练时，我使用了什么类型的提示？
- 影响：我的提示在改变运动员的运动方式方面效果如何？

当你开始思考和回答这些问题时，请注意当下语境对你的交流方式的影响。教练说得多少与否，根据的是此时在健身房还是球场上，强调内部专注还是外部专注的提示；训练对象是新手还是专业运动员；面对的是刚刚康复的运动员，还是准备参加比赛的运动员。最终，教练要确定哪些情况会使自己在"提示动作"部分，而非"描述动作"部分，过度提示运动员或者错误地使用内部提示。

▶ 策略2：写下来

虽然每个人都应该能够做到策略1，但有些教练会希望采取更严谨、更准确的方法。在这种情况下，教练仍会注意提示的数量、质量和影响。不过这一次，大家需要随身携带一个笔记本，最好在每次训练课程结束时或者至少在每个训练日结束时，回答以下问题。注意，这些问题专门针对的是教学沟通循环体系中的"提示动作"部分。

提示环节反思　　　　　　　　　　　　　　　　　　　　合计#/50＿＿＿

我在提示中主要使用的是外部指示和类比。

◻ 1　　2　　3　　4　　5　　6　　7　　8　　9　　10 🔋

我的外部提示对运动员的运动表现有积极的影响。

◻ 1　　2　　3　　4　　5　　6　　7　　8　　9　　10 🔋

我的类比对运动员的运动表现有积极的影响。

◻ 1　　2　　3　　4　　5　　6　　7　　8　　9　　10 🔋

我每次只提供一个提示，最大限度地降低信息超载程度。

◻ 1　　2　　3　　4　　5　　6　　7　　8　　9　　10 🔋

我的运动员能够对提示心领神会。

◻ 1　　2　　3　　4　　5　　6　　7　　8　　9　　10 🔋

每道题满分10分，总分是50分。请在每个问题下面给自己打分，然后计算总和。你的分数越高，就说明你当前的行为越符合本书所讨论的执教方法。注意，这会花费大家一些时间，直到分数稳定下来。一旦确定了这个稳定的分数，例如35分，那么你就有了我们之前提到的"基本参照"，也就是说，把你的分数乘以2，得到一个百分比，例如，35×2=70%。掌握基本参照后，你就可以有策略地使用这种反思性练习，来进行一段时间的尝试。

▶ 策略3：记录

尽管策略2十分有效，但它仍然容易受到记忆错误的影响。因此，为使自己更加深刻地进行自我反思，教练还可以选择在第1周把一次或多次训练课程录下来。大家可以使用视频和音频两种方式，不过这样做需要一些设备，并且通常需要第三人进行录制；还可以使用自己手机上的录音软件来自行录制[1]。无论使用哪一种方法，教练都可以获得课程备份，然后可以用策略2中提出的5个问题来进行分析。有时间且感兴趣的教练，还可以统计一下自己在训练中使用的内部提示、外部提示和类比的数量，从而确定自己的提示习惯。

第1周总结

第1周的目的是通过列出每个提示对运动员的运动方式的影响，简单了解自己当前的提示习惯，并注意以下几点。

- 哪种提示能够使运动员颔首微笑？
- 哪种提示能够最快地协调运动员的动作？
- 哪种提示会被重复使用？
- 如果有选择权，运动员会选择哪种提示？

如果你心中大致有数，那么本书所提到的科学理论就会浮现在你的脑海中。总之，这有助于让抽象的概念变得具体化，让教练清楚地了解自己的提示习惯，进而确定想要做出的任何改变。

第1周反思

经过第1周的学习，我希望你们能够意识到自己已经迈出了改进执教方式的第1步，这也是最困难的一步。不管你们是发现了一些指导盲点，还是发现自己很擅长提示，这都无关紧要。重要的是大家现在有了进步的基础，但是如果不进一步采取行动，那么这个基础很快就会消失。因此，为充分利用第1周结束后得到的成果，我制订了一些策略来帮助大家逐步改变提示习惯。

🗓 第2步 | 第2~5周 | 行动

虽然一部分教练会选择用强硬的手段彻底改变提示习惯，但大多数教练将会受益于更积极的方法。无论大家选择哪种方式，我都针对它们设计好了两种复合策略来帮助大家。第1种策略是"转换"，旨在帮助教练组织或者重新组织现有的语言库。而第2种策略是"预备"，旨在帮助教练升级以后使用的语言。

---

1 注意，在录制训练课程之前，要确保得到客户、学生、运动员或患者的同意，尤其是在对方是未成年人的情况下，这一点非常重要。

▶ 策略1：转换

使用这种策略时，我不希望大家把注意力放在想出新的提示上，而是要努力组织或者重新组织现有的指导语言。为此，请回想一下第4章提到的"指导环节"。我们注意到在描述一个动作时，可以使用内部提示和外部提示，而在提示一个动作时应该优先使用外部提示和类比。这使得运动员能够明白要做什么（"描述动作"部分）和如何做（"提示动作"部分）。然而，当教练在训练中使用了过多的内部提示时，这样会让运动员掌握更多的理论知识而不是专业技能，这样一来便会出问题。

教练可以使用一点小技巧来解决这一常见的问题。在接下来的两周里，教练在自己的教学沟通循环体系中的"提示动作"部分要注意何时使用内部提示，而非外部提示。假如教练发现自己不小心给运动员提供了一个内部提示，不要担心，也不要急着纠正它。此时教练只需让提示发挥作用，看看运动员作何反应，注意，我们在第1步中提出的问题，在这里便能够帮助教练思考。清楚运动员对内部提示的反应后，教练需要在下一组提示中，将其换成一个可比较的外部提示，或者运用类比。为说明如何做到这一点，请大家考虑下面的示例，它概述了宽握引体向上的提示转换。

这种转换有两个目的。首先，它将为教练提供一个合适的机会来比较内部和外部提示；其次，仅内部提示的出现，就会使教练在下一组训练中将其替换成一个等同的外部提示。这样做的最终目的是，逐步将教练的内部提示转移到教学沟通循环体系中的"描述动作"部分，使"提示动作"部分只包括外部提示和类比。

第1组 | 内部提示

"将身体拉至最高处时，挤压肩胛骨并向后、向下收缩"

转换

第2组 | 类比

"将身体拉至最高处时，像大力士一样（用力）掰弯横杠"

下面是一些需要记住的实用小技巧。

• 每次只提供一个提示的效果最佳。

- 你可以继续使用内部提示，但后面一定要使用外部提示或类比。例如，"你需要更快地蹬腿才能跳得更高。要做到这一点，我希望你专注于爆发式地从地面跳起，就像你要去触碰天花板"。

- 与专业运动员相比，外部提示优于内部提示这一点在新手的身上会更明显。这在一定程度上是因为，专业运动员的运动水平已经接近自身上限了，所以效果变化的幅度会很小。

- 内部提示并非无法提高运动员的运动表现水平，它只不过在程度和一致性上不同于外部提示。所以教练更容易依赖内部提示，因为它们会给教练一种虚假的安全感。

两周后，如果教练能够坚持下去，他就会成功地组织好自己的语言，将内部提示和外部提示归于"描述动作"部分中，将外部提示和类比归于"提示动作"部分中。随着转换的完成，教练的外部提示和类比会不断精进。教练现在可以把注意力放到如何升级和完善不断增加的外部提示和类比的策略。

▶ 策略2：准备

教练通过评估和调整自己当前的提示方法，此时已经在心里建立了一个"挂钩"，用以悬挂建立外部提示（见第5章）和类比（见第6章）的模型。所以教练差不多已经可以将这些策略应用于实际训练中了。然而，正如先会走才能学会跑一样，教练尝试在训练时组合提示之前，也要先精心设计一个提示，为训练做好准备。

这听起来很简单。在这最后的两周里，教练需要对训练前的计划做两次小调整。首先是将提示栏[2]添加到训练中的"动作名称""组别""重复次数"和"负荷"列中（见表7.1）。对于那些习惯使用Excel这样的表格系统的人来说，这应该很容易。但是，如果有人平时使用的是计划设计软件，那么他可能无法完成这件事。所以我建议教练把自己的提示记录在之前进行反思练习时使用的笔记本上，或者可以创建一个类似于表7.2所示的提示网格。

一旦教练为新设计好的提示找到了"归宿"，那么接下来教练就要确定自己将在何时何地设计它们。为此，教练需要确定一个"触发点"，即能够提醒自己计划提示的东西；一个"时间"，即何时开始计划提示；一个"地点"，即在何处计划提示。请看以下示例。

> **触发点：** 每周电话提醒—计划设计
> **时间：** 星期三下午2:00—4:00
> **地点：** 常去的咖啡店的桌子

现在，请教练确定自己的触发点、时间和地点，并以此来设计提示。

> **触发点：** _____
> **时间：** _____
> **地点：** _____

---

2 注意，在"提示栏"中的"提示"实际上只是提醒，而非描述性语言。要想了解提示和描述之间的区别，请参阅第4章和本章后面的"提示网格"部分。

一旦为设计提示创建了表格，教练就可以开始使用3D提示语模型搭配旧词汇来设计新提示了。但是注意，如果你还没有看过本书第5章和第6章，那我建议你翻到前面去熟悉一下3D提示语模型和设计有效类比的模型（见第129页的图5.2和第171页的图6.1）。

表7.1 整合提示栏的计划示例

动作名称	组别	重复次数	负荷	提示或类比	
A 前蹲	1	6	150磅（68千克）	1	4
	2	6	160磅（73千克）	2	5
	3	6	170磅（77千克）	3	6
A 宽握引体向上	1	6	+15磅（7千克）	1	4
	2	6	+20磅（9千克）	2	5
	3	6	+25磅（11千克）	3	6
B 单臂单腿哑铃 罗马尼亚硬拉	1	8	50磅（23千克）	1	4
	2	8	55磅（25千克）	2	5
	3	8	60磅（27千克）	3	6
B 单臂哑铃卧推	1	10	35磅（16千克）	1	4
	2	10	40磅（18千克）	2	5
	3	10	45磅（20千克）	3	6

表7.2 用于说明和确定特定动作的提示，以及相关动作阶段或错误的模板示例

动作名称		
动作阶段或错误	外部提示	类比
1	1	1
	2	2
	3	3
2	1	1
	2	2
	3	3
3	1	1
	2	2
	3	3

下面是一些需要记住的实用技巧。

- 在过分专注于尝试想出新提示之前，最好写下你现有的外部提示和类比。
- 当使用模型来设计新提示时，最好考虑一个常见的动作阶段或错误，或者考虑该提示针对的那个运动员。
- 该策略应该在两周后使用。通过记录提示，你便建立了一个提示语言库，并能够不断增强自身设计提示的能力。

第2~5周总结

用模型来设计提示的一个好处是，教练会变得非常善于使用它们。这在某种程度上类似于人们的大脑下载了一个新的软件，就像在《黑客帝国》（*The Matrix*）中尼奥（Neo）在离开矩阵的第一天下载功夫一样。而且，这还像尼奥必须通过在大脑中同墨菲斯（Morpheus）战斗来学习利用这项新技能一样，教练也必须在一系列精神斗争中，学习如何从头设计提示。一旦这个软件下载完毕，教练就会发现自己将不用再使用该模型，取而代之的是该模型开始支配自己。这时教练便可以马上知道，提示的距离是近还是远，以及这个提示是动作描述还是类比；甚至可以不假思索地操控一个提示，使之服务于运动员和他们正在学习的动作。

第2~5周反思

我要告诉大家的是，这个变化将在14天6小时54分后发生。只是学习却并非如此，教练在之前的策略中投入的精力越多，就会发现自己控制提示的能力越强，甚至可能会更快地说出提示，这就像在《黑客帝国》中尼奥所做到的那样。最后，教练要想心口如一，就必须接受挑战、投入时间，并接受变化所带来的不适感。

第3步|第6周及以后完成

关于最后一步，我们再次回顾一下詹姆斯·克利尔所著的《掌控习惯》。从书中提到的宝贵见解中，我发现他对习惯与特性之间的相互作用的探讨十分具有变革性。克利尔在讨论改变习惯时，概述了3个层次，他将其类比为"洋葱的层次"[1]。

最外层代表**结果**，也就是人们希望通过改变一种习惯从而达到的目标。而此时就教练而言，结果将包括改善协调、联系和执行情况。中间一层代表**过程**，即定义习惯的策略和反应。此时对我们来说，过程就是在提示时，关注外部提示和类比。最里面一层则代表**身份**，它反映了赋予习惯意义的信念和价值观。所以此处，身份与前面提到的结果和过程相关，即重视真理和进步，在执教水平上追求卓越。

克利尔[1]在总结这些层次时指出，"结果关于你得到了什么，过程关于你做了什么，而身份则关于你相信什么"。克利尔还认为，之所以很多人改变习惯的尝试以失败告终，是因为他们过度重视改变"结果"和"过程"，而不太重视改变"身份"。从本质上说，我们所做的每一个决定都体现了我们的身份，以及我们所看重的东西。因此，教练要想改变一种习惯就必须改变激发它们的"身份"。

因此，如果教练想要通过这种方法完全改变自己的提示习惯，教练就必须真心实意和发自内心地相信本书概述的观点。教练需要认识到，这并非一次性的培训策略，这一漫长的培训过程的目的是使自己成为一名更好的教练，这也正是第1步和第2步的目的。一旦你相信这些关于提示的概念，你就能够在自己的执教过程中利用它们设计提示了。我相信大家已经摩拳擦掌、跃跃欲试，并且准备好即兴发挥与随机应变了。运动员也会在完成一组动作后期待教练提供一个提示，使自己下一次能够完成得更好。我相信在这短短几秒内，大家能够快速使用所学的提示模型设计出提示。

在接下来的几周里，如果还没有开始训练，那我希望教练在开始训练后使用所学的方法来设计和调整提示。这意味着教练要根据亟待调整的提示的距离、方向或描述，实时设计一个类比，并对这一类比加以改动，以适应运动员的需要。最后一步会使教练掌握一个核心要素，那就是"漏洞"。教练只有发现了旧提示的漏洞，才能使新的提示习惯更加持久、坚如磐石。教练的行为表明，他们更重视提高自己的执教语言水平，而非害怕改变带来的不适感。

教练无可避免地会犯错误，要么会感到不适，要么有时候觉得自己的提示听起来很傻。这其实都很正常，因为每犯一次错，就相当于有了一个漏洞，只有通过漏洞，教练才能够发觉自己的提示习惯亟待调整，从而对其进行改善。我保证，如果大家能够坚持下去，那么大家就可以成功地改善自己的执教语言，运动员也会因此表现得更好。

寻找提示

俗话说"授人以鱼不如授人以渔"。作为一名教育工作者，我会尽我所能践行这句话。然而这落实起来并不容易，因为许多运动员更喜欢速战速决，他们会直接要求"告诉我要做什么""给我工具""给我看看示范"。事实上，考虑到教练必须处理的信息量与处理它们的能力，这种速战速决的方法也是可取的。

因此我发现，仅仅跟着一本书学习，并试图改变根深蒂固的提示习惯需要付出巨大的努力，何况许多教练多年来一直都没有注意到自己有这种习惯。大家如果读到这些话，便已然背离了本意，走上了一条艰难的道路，并丢掉了这种速战速决的方法。也就是说，大家还有很长的路要走。我相信大家现在已经掌握了提示的"路线图"，也有能力沿着"路线图"远航，但是不可否认的是，大家在前进的道路上仍需要帮助。

教练在很多情况下就像有抱负的渔夫。学习捕鱼固然是教练的目标，但如果在实现目标的道路上饿死，那么这个目标便变得毫无意义。因此，我认为有必要给教练展示一些现成的提示，这就相当于一个装满鱼的冰箱。在接下来的3章中，我会向大家展示我的执教思维，并与大家一起探索我的个人语言库，帮助大家根据自己的需求来发展执教语言。

第8章力量型动作提示、第9章爆发型动作提示和第10章速度型动作提示，教练会通过这3章学习27个运动技能的提示网格。每个提示网格都运用了第4章介绍的教学沟通循环体系作为指导，反映了我们在本书中讨论的原则和模型。为确保大家能从接下来的3章中有较多收获，我先来简述一下提示网格的逻辑，并给大家看一些示例。

提示网格

每个提示网格被分成两部分，共3页。第1部分，第1页，对应教学沟通循环体系中的"描述动作"部分和"示范动作"部分，并提供了有描述动作的示范用语。第1部分进一步分为"设置提示"和"执行提示"，前者提供短语，以帮助教练确保运动员在完成动作之前处于正确的姿势；后者也提供短语，以帮助教练描述该动作的执行方式。[3]

上肢推举 | 水平
双臂哑铃卧推
描述动作 + 示范动作

设置提示

坐："在选择合适重量的哑铃后，为了安全起见，你要在监护员的辅助下，坐在长凳的边缘，双手各握一个哑铃，并将它们垂直放置在大腿上方。"

摆动："坐姿端正并且确保用力握紧哑铃，慢慢地向后摆动哑铃，同时用大腿把哑铃推到起始位置，左边、右边，对，1、2。"

平躺："将哑铃放于肩膀上方，下背部慢慢压向长凳，然后躺平并伸展身体。"

绷紧："膝盖微微分开，身体成'Y'字形；脚跟置于膝盖正下方，用力踩压地面。"

执行提示

姿势："双脚用力踩地时，会有一种背部拱起的感觉。现在把这种紧张感集中在躯干上，身体保持紧绷状态，就好像你要准备出拳猛击一样。"

下放（吸气）阶段："保持哑铃水平，慢慢地把它们放下来并分开，就像是用一根很轻的弹力带连接着两个哑铃。把哑铃稳定在一个合适的高度上，使其和你的胸部中央对齐。"

上推（呼气）阶段："保持肌肉紧绷，将哑铃推向天花板。"

　　虽然"设置提示"会根据运动类型发生变化，例如，卧推会比垂直跳跃需要更多的提示。但"执行提示"则只需遵循一个公式即可。具体来说，就是在"执行提示"中，教练总是会看到对动作姿势的描述，因为在某种程度上，每个动作都会受到姿势的限制，参见第5章先"姿势"后"模式"原则。教练能够从"姿势"中，看到对动作的每个阶段的描述，其中每个阶段就是连续的动作顺序。例如，卧推有两个阶段：下放阶段和上推阶段。也就是说，重量从起始位置开始下降，随后再上升。相比之下，垂直跳跃则有3个阶段：蓄力阶段、爆发阶段和落地阶段，即运动员迅速下蹲蓄力，然后迅速爆发，最后平稳着地。[4]第1部分以描述性语言所基于的运动顺序结束，给教练提供了一个有视觉效果的示例来说明如何演示动作。

---

3 在"设置提示"和"执行提示"中，教练能够看到内部与外部提示的混合运用。这与教学沟通循体系中"描述动作"部分讨论的提示类型一致。然而请注意，外部提示和类比依然是重点。因此，如果有更简单或更有趣的表达方式，教练不必使用过多的内部提示。

4 教练会注意到，在第8~第10章中，描述"阶段"的指导语言会发生变化。这里的功能主要是选择描述不同敬意的速度。因此，"举起"用来描述较慢的力量型动作，而"爆发"则用来描述较快的爆发型动作。此外，我考虑根据常见的动作错误来设计动作提示，但是，根据阶段来设计提示是一种更普遍的方法。同时教练还可以针对不同阶段，确定在该阶段运动员常见的动作错误。

　　第2部分，第2页，对应到教学沟通循环体系中的"提示动作"和"实践动作"部分，并提供了两种类型的外部提示。第1种是经典提示，为姿势和每个动作阶段提供了4种提示。每一种提示都是基于第5章中的3D提示语模型设计的，因此，不同提示中的距离、方向和描述都是不同的。

　　第2种提示运用了第5章提到的提示胶带技巧，展示了教练通过将胶带[5]贴在运动员的身体上来指导动作细节的方法。每组提示前面都有对胶带放置位置的描述，描述了胶带指引运动员活动的部位，从而引导其身体的运动，如此一来，教练便无须使用内部提示。

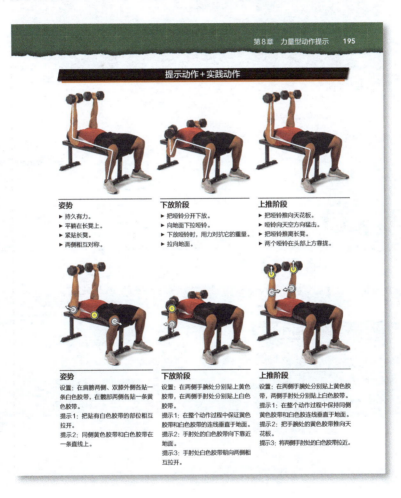

---

5 如第5章所述，教练可以使用运动胶带。但是注意，每次重复和每组动作只能使用一种胶带标识方向，这意味着如果采用一种标准的训练方法，教练一次只能针对一个动作阶段。注意，当这种做法奏效时，教练可以直接用运动员的衣服作为参照，以此来代替胶带，例如，以运动员的鞋子为参照，而不是在鞋子上贴一条胶带。

第3页仍旧属于第2部分,其概述了姿势和关于每个动作阶段的类比。每个类比都是基于第6章提到的设计有效类比的模型,也就是基于场景、约束或者物体设计的类比。每个类比都参考了一个运动动作或者运动特征,或者二者都参考了。

和第1部分以一个运动序列结束一样，每一组提示和类比最终都会锁定一组视觉效果。经典提示涵盖了生物力学机制，有助于将平面图像转换为动态运动。将胶带贴在运动员的身体上作为实用的标记，可加深教练对胶带的运动方向及方式的了解。这些类比通过丰富的视觉效果加以呈现，而这些视觉效果旨在反映运动员真正记住的图像类型。

此时教练可能会有疑问，怎么没有教学沟通循环体系中的"总结动作"部分？不必担心，从第4章中我们第一次提及"总结动作"起，这一部分内容就从未被遗漏。事实上，"总结动作"部分是一个流动的过程，为教练和运动员能够有效讨论前一个动作提供了机会。而讨论可以使提示得以保持、更新或者改变。因此，大家可以利用第1部分中的语言概述，对动作进行进一步的讨论。还可以从第2部分描述的提示中，提取出源自"总结动作"部分的提示。如此一来，教练便没有必要再把"总结动作"作为第3部分了。

总结

让我们回顾本章开始时提到的两位教练。第1位教练没能完全意识到他想要改变的习惯，而第2位教练却意识到了。根据我们在本章中学习的关于习惯形成（再形成）的内容，我们该如何解释这一情况，以及可以给第1位教练哪些建议呢？

一方面，在参加我的课程之前，第2位教练已经养成了在提示中使用类比的习惯。此时她渴望增强协调能力，即"回报"。而这种回报往往需要通过使用类比来获得，即"反应"。她基本上已经完成了"三步法"的第1步，并且意识到了语言和学习之间的关系。此外，第2位教练还涉及了第2步的一部分，因为她已经将有效提示融入了指导之中。所以，该教练的提示习惯是建立在一个坚实的基础之上的，她需要的相应策略能够将这种行为从偶然转变为自主选择。

另一方面，第1位教练却没有这种意识，他对执教过程的反思并没有达到与第2位教练相同的水平，这是他第一次学习这方面的信息，对期望实现的目标也没有一个清晰的计划。这位教练只要用一周时间来反思自己目前的提示方式，就能获得一些深刻的见解，即第1步；还会根据教学沟通循环体系中的"描述动作"和"提示动作"部分重新组织自己的语言，并从中受益，即第2步的策略1"转换"；以及使用提示构建的模型，来建立自己的提示库以促进学习，即第2步的策略2"准备"。总之，这些设置将会使教练更加相信提示原则，并且会慢慢地向他介绍将会成为新常态的一些变化。随着时间的推移，教练会更有信心将这些原则应用于现场执教场景中，并尝试那些过去他从未想到，或可能会习惯使用的提示，即第3步。

虽然那天我没能给这些教练解惑，但我永远感激他们，因为正是得益于他们的经历带给我的感悟，我才能得出这些结论。现在大家已经拥有了我所能给予的一切知识。毫无疑问，关于该主题还有很多内容，只是我已经知无不言、倾尽所有了。现在请大家利用学到的知识，开始行动吧。

力量型动作提示

本章包含了9种通常用来增强力量的练习动作。这些技能是按区域（如"上身"或"下肢"）、类型（如"推"或"拉"）、上身的方向（如"垂直"或"水平"）和下肢的姿势（如"单腿""双腿"或"分腿"）来分类的。虽然选择了特定的练习来说明每种运动技能，但重要的是教练要认识到，不应该规定每次训练的具体练习次数。

我们在第7章提到，练习动作可组成提示网格。每个提示网格可被分为两个部分，二者共同反映了第4章阐述的"教学沟通循环体系"。第1部分提供了辅助完成"描述动作"和"示范动作"部分所需的提示和图像，第2部分提供了辅助完成"提示动作"和"实践动作"部分的提示和图像。虽然提示网格简单易懂，但是第7章"提示网格"部分依然对其进行了详尽的解释（见第187页）。

注意事项

1. 动作描述，即"描述动作"部分有两个目的：（1）提供指导短语示例，教练可以用来描述动作或动作的一部分；（2）为教练提供有关生物力学机制的说明。注意，教练们只需根据自己的需求描述动作即可，内容不必多，也不必少。一旦运动员能够通过名称理解该动作，教练便可取消动作描述。这样做可以让教练专注于设计简短的提示，即"提示动作"部分，这将有效地引导运动员的注意力从一次练习延续到下一次练习。

2. 尽管我已经为每个动作阶段提供了多个外部提示和类比，但是教练实际上应该一次只给运动员提供一个提示。这样做是因为运动员的注意力和工作记忆会受到限制。因此，教练每次只能带领运动员学习一个动作、做一次练习和记住一个重点。

3. 示例中的提示和类比并非详细且全面的清单，所以我建议教练除了使用书中提供的提示和类比外，还应该自己设计提示和类比。大家可以使用第5章的3D提示语模型和第6章的设计有效类比的模型来帮助自己设计提示和类比。

上肢推举|水平|
双臂哑铃卧推
描述动作+示范动作

设置提示

坐："在选择合适重量的哑铃后，为了安全起见，你要在监护员的辅助下，坐在长凳的边缘，双手各握一个哑铃，并将它们垂直放置在大腿上方。"

摆动："坐姿端正并且确保用力握紧哑铃，慢慢地向后摆动哑铃，同时用大腿把哑铃推到起始位置，左边、右边，对，1、2。"

平躺："将哑铃放于肩膀上方，下背部慢慢压向长凳，然后躺平并伸展身体。"

绷紧："膝盖微微分开，身体成'Y'字形；脚跟置于膝盖正下方，用力踩压地面。"

执行提示

姿势："双脚用力踩地时，会有一种背部拱起的感觉。现在把这种紧张感集中在躯干上，身体保持紧绷状态，就好像你要准备出拳猛击一样。"

下放（吸气）阶段："保持哑铃水平，慢慢地把它们放下来并分开，就像是用一根很轻的弹力带连接着两个哑铃。把哑铃稳定在一个合适的高度上，使其和你的胸部中央对齐。"

上推（呼气）阶段："保持肌肉紧绷，将哑铃推向天花板。"

提示动作 + 实践动作

姿势

▶ 持久有力。
▶ 平躺在长凳上。
▶ 紧贴长凳。
▶ 两侧相互对称。

下放阶段

▶ 把哑铃分开下放。
▶ 向地面下拉哑铃。
▶ 下放哑铃时，用力对抗它的重量。
▶ 拉向地面。

上推阶段

▶ 把哑铃推向天花板。
▶ 哑铃向天空方向猛击。
▶ 把哑铃推离长凳。
▶ 两个哑铃在头部上方靠拢。

姿势

设置：在肩膀两侧、双膝外侧各贴一条白色胶带，在髋部两侧各贴一条黄色胶带。

提示1：把贴有白色胶带的部位相互拉开。

提示2：同侧黄色胶带和白色胶带在一条直线上。

下放阶段

设置：在两侧手腕处分别贴上黄色胶带，在两侧手肘处分别贴上白色胶带。

提示1：在整个动作过程中保证黄色胶带和白色胶带的连线垂直于地面。

提示2：手肘处的白色胶带向下靠近地面。

提示3：手肘处白色胶带朝向两侧相互拉开。

上推阶段

设置：在两侧手腕处分别贴上黄色胶带，两侧手肘处分别贴上白色胶带。

提示1：在整个动作过程中保持同侧黄色胶带和白色胶连线垂直于地面。

提示2：把手腕处的黄色胶带推向天花板。

提示3：将两侧手肘处的白色胶带拉近。

姿势

"想象有人要猛击你的腹部一样，保持身体紧绷。"

下放阶段

"手肘朝外、朝下，就像在按压弹簧一样，积蓄向上的能量。"

上推阶段

"向上推，就好像要打碎上面的一块厚玻璃一样。"

上肢推举|垂直|
双臂哑铃肩推
描述动作＋示范动作

设置提示

站立："选择重量适当的哑铃后，在需要时借助监护员的辅助，把哑铃举起来，使之悬停在肩膀上方。"

对齐："确保你的手肘在哑铃下方，哑铃要刚好在肩膀的上方，就像服务员托着两个托盘。"

直立："在下放哑铃之前，要使自己像大树一样直立，头部要像树枝一样向上伸向天花板，脚要像树根一样向下扎进地面，使整个躯干保持紧绷。"

执行提示

姿势："当你向地面下放哑铃时，你会有一种背部要拱起的感觉。但你需要保持身体挺直紧绷，就像有人要用球棒击打你的腹部。"

上推（呼气）阶段："将哑铃向天花板上推，直到哑铃的中部与肩膀的中部垂直对齐。"

下放（吸气）阶段："将哑铃慢慢下放，使其慢慢回到肩膀上方的位置，努力控制下放哑铃时的惯性，使哑铃像一座大厦里匀速下降的电梯一样。"

提示动作＋实践动作

姿势

▶ 昂首挺胸。

▶ 在支撑时挺直身体。

▶ 在支撑时保持用力。

▶ 身体不要被哑铃的重量压弯。

上推阶段

▶ 把哑铃垂直推向天空。

▶ 把哑铃推离地面。

▶ 推向天花板。

▶ 推离地面。

下放阶段

▶ 下放时，抵抗哑铃的重量。

▶ 下放时，控制哑铃。

▶ 下放时，使哑铃保持水平。

▶ 匀速下放哑铃。

姿势

设置：在胸部正上方贴一条黄色胶带，腰带上方贴一条白色胶带。

提示1：使胶带叠在一起。

提示2：上推时胶带不能移动，两种胶带要保持一定的间距。

上推阶段

设置：在两侧手腕处贴上黄色胶带，两侧手肘处贴上白色胶带。

提示1：保持黄色胶带和白色胶带的叠放位置。

提示2：把手腕处的黄色胶带推向天花板。

提示3：将两侧手肘处的白色胶带拉近。

下放阶段

设置：在手腕和手肘处分别贴上黄色胶带和白色胶带。

提示1：保持黄色胶带和白色胶带的叠放位置。

提示2：将手肘处的白色胶带拉向地面。

提示3：将两侧手肘处的白色胶带拉开并拉向墙壁。

姿势

"身体像树一样直立。"

上推阶段

"就像抬起一扇沉重的车库卷帘门一样向上推。"

下放阶段

"就像从较高的货架上抬下一个很重的箱子一样，慢慢下放哑铃。"

上肢提拉 | 水平 | 单臂单腿哑铃划船
描述动作 + 示范动作

设置提示

前倾："在选择重量合适的哑铃后，站于距离长凳约30厘米处。与支撑腿同侧的手握住哑铃。身体前倾，对侧腿向后抬，无负重手轻轻放在长凳上以保持身体平衡。"

伸展："身体前倾，躯干与地面接近平行，专注于从头到脚伸展，脚底伸向后方。"

弯曲："身体伸展，保持稳定，然后弯曲膝盖，使整个身体如同下降的电梯一样更接近地面。"

执行提示

姿势："从头到脚保持伸展，头部伸向前方，脚底伸向后方。"

上提（呼气）阶段："负重侧手臂伸直，将哑铃放在膝盖前面并向自己的口袋处上提，当拉至髋部以下且靠近髋部的位置时停止上提。"

下放（吸气）阶段："使身体保持伸展和水平姿势，将哑铃下放到起始位置，始终有控制地发力以对抗哑铃的重量。"

提示动作+实践动作

姿势

▶ 头部前伸，足部后伸。

▶ 伸展，一条腿向后伸。

▶ 在上提的过程中保持哑铃与地面平行。

▶ 在上提的过程中保持身体伸展。

上提阶段

▶ 把哑铃向口袋处上提。

▶ 把哑铃拉离地面。

▶ 把哑铃拉向天花板。

▶ 沿着一条垂直线上提哑铃。

下放阶段

▶ 对抗哑铃的重量。

▶ 缓慢下放哑铃。

▶ 下放哑铃时控制速度。

▶ 克服重力下放哑铃。

姿势

设置：在肩膀两侧和两只鞋外侧上贴一条白色胶带，在髋部两侧（外侧）分别贴一条黄色胶带。

提示1：将白色胶带拉开。

提示2：使各条胶带位于同一条直线上。

上提阶段

设置：在两侧手肘处分别贴一条白色胶带。

提示1：将胶带上提。

提示2：把胶带拉离地面。

提示3：通过胶带上提哑铃。

下放阶段

设置：在两侧手肘处分别贴一条白色胶带。

提示1：使胶带缓慢下降。

提示2：匀速下放胶带。

提示3：下放时使哑铃保持在胶带下方。

姿势

"身体用力伸展，就像朝两个方向拉一条铁链。"

上提阶段

"想象沿一堵混凝土墙上提哑铃，使哑铃做垂直直线运动。"

下放阶段

"对抗哑铃的重力，就像避免别人试图将哑铃从你手里拉出一样。"

上肢提拉|垂直|引体向上
描述动作＋示范动作

设置提示

抓握："用力握住单杠，双手之间的距离大于肩宽。"

保持："在开始上拉之前，让自己先静止片刻，以确保身体保持伸展和稳定的姿势，并且不再摇晃。"

执行提示

姿势："身体要从头到脚地伸展，头部伸向天花板，脚底朝向地面。"

上拉（呼气）阶段："双臂伸直，用力握紧单杠，沿直线上拉身体，直到下巴刚好越过单杠。此时，你可以选择伸直双腿，也可以在上拉过程中，上提膝盖呈坐姿。"

下放（吸气）阶段："将自己上拉至最高处并保持片刻后，慢慢回到起始位置，如果你上拉时抬起了双腿，下放时应该同时伸展身体。"

提示动作＋实践动作

姿势

▶ 伸展身体。
▶ 身体紧绷。
▶ 保持身体与墙面平行。
▶ 通过上拉与单杠相接。

上拉阶段

▶ 向天花板上拉。
▶ 向下拉杠，就像是要把它拉向地面。
▶ 上拉时用力握杠。
▶ 上拉的同时尽力拉弯单杠。

下放阶段

▶ 克服重力。
▶ 缓慢下降。
▶ 控制下降速度至回到起始位置。
▶ 下降时要对抗地心引力。

姿势

设置：在背部正上方（或胸部正上方）贴一条黄色胶带，在背部正下方（或腰带上方）贴一条白色胶带。
提示1：保持胶带的叠放位置。
提示2：上拉时，不要让两条胶带靠近。

上拉阶段

设置：在两侧手肘处分别贴一条白色胶带，在背部正中央贴一条黄色胶带。
提示1：将手肘处的白色胶带推向地面。
提示2：使背部的黄色胶带向单杠靠近。
提示3：使手肘处的白色胶带相互靠近。

下放阶段

设置：在两侧手肘处分别贴一条白色胶带，在背部正中央贴一条黄色胶带。
提示1：慢慢地让手肘处的白色胶带向外、向上呈弧形运动。
提示2：使背部的黄色胶带缓慢下放。
提示3：使手肘处的白色胶带相互远离。

姿势

"想象你紧贴一堵墙，保持身体伸展，沿直线上拉。"

上拉阶段

"想象你悬挂在悬崖边上，专注于上拉身体。"

下放阶段

"想象你悬挂在一根快要折断的树枝上，慢慢下放。"

下肢蹲起｜双腿前蹲
描述动作＋示范动作

设置提示

抓握："选好合适的杠铃杆后，在需要时借助监护员的辅助。直立，使自己的身体位于杠铃杆正下方，杠铃杆处于肩膀和颈部之间。放好杠铃杆之后，请选择你喜欢的握杠方式（如图中所示的交手顶杠）。"

退后："手肘向前，手臂像平放在桌子上一样，向上抬起杠铃杆，使其离开杠铃架上的挂钩。退后1步、2步，双脚分开，距离与肩同宽或稍微宽一点。脚部的具体位置和向外分开的程度应根据个人情况而定。"

执行提示

姿势："从头部到髋部保持伸展且用力，手肘一直指向前方，就好像要射出穿透墙壁的激光。"

下蹲（吸气）阶段："身体保持挺直向上，髋部慢慢向后移动，而膝盖慢慢向前移动，身体下放，就好像将要坐在一个低箱上一样。"

上抬（呼气）阶段："当你蹲至合适的高度时，专注于蹬踩地面，使身体恢复直立姿势。"

提示动作 + 实践动作

姿势

▶ 杠铃杆保持水平。

▶ 下蹲时保持上身挺直。

▶ 下蹲时保持上身伸展。

▶ 在整个下蹲过程中保持昂首挺胸。

下蹲阶段

▶ 下蹲。

▶ 使身体与地面靠拢。

▶ 向下向后蹲。

▶ 在杠铃杆后面坐下。

上抬阶段

▶ 抬离地面。

▶ 向天花板上抬。

▶ 在最低处迅速发力。

▶ 爆发式上抬，就像要将杠铃杆推入屋顶一样。

姿势

设置：在胸部贴一条黄色胶带，腰带上方贴一条白色胶带。

提示：下蹲时不要让两条胶带靠近。

下蹲阶段

设置：在髋部两侧（外侧）分别贴一条白色胶带，双膝处分别贴一条黄色胶带。

提示1：将髋部的白色胶带向下、向后拉。

提示2：将髋部的白色胶带推到膝盖处黄色胶带的后面。

提示3：使膝盖处的黄色胶带与鞋子对齐，在鞋子上方与鞋子在一条线上。

上抬阶段

设置：在髋部两侧（外侧）分别贴一条白色胶带，双膝处分别贴一条黄色胶带。

提示1：将髋部的白色胶带推向天花板。

提示2：髋部的白色胶带的移动应该先于膝盖处的黄色胶带。

提示3：使膝盖处的黄色胶带与鞋子对齐，在鞋子上方与鞋子在一条线上。

姿势

"脊椎就像一块平直的钢铁"。

下蹲阶段

"慢慢下蹲,就好像将要轻轻触碰一个装满炸药的箱子一样。"(使用一个真箱子有助于详细说明该类比。)

上抬阶段

"站立挺直,想象自己被夹在两堵墙中间。"(也可以在运动员面前放一根棍子,以使其产生自己面对着一堵墙的错觉。)

下肢蹲起 | 单腿深蹲至长凳
描述动作 + 示范动作

设置提示

站姿："站在一个箱子或者一条长凳前面大约30厘米处。站好后，抬起一条腿，使它悬停在地面上方。"

伸手："你可以像要给别人递药球一样伸出双臂，这会有助于你保持平衡。你还可以选择抱住一个重物，这时双手通常需要靠近胸部。"

执行提示

姿势："从头部到髋部保持用力伸展，并且双臂水平伸出。"

下蹲（吸气）阶段："昂首挺胸，髋部向后移动，膝盖向前移动。向身后的长凳下蹲，直到你感觉轻触长凳。"

站起（呼气）阶段："一旦轻触长凳，你就要专注于站起来并保持直立。"

提示动作 + 实践动作

姿势

▶ 站姿，昂首挺胸。

▶ 下蹲时保持身体伸展。

▶ 下蹲时保持身体挺直。

下蹲阶段

▶ 轻触长凳。

▶ 向下并向后蹲。

▶ 下蹲，轻触长凳，站起并保持直立。

▶ 向前伸手，后蹲至轻触长凳。

站起阶段

▶ 蹬地站起。

▶ 向屋顶方向站起。

▶ 在最低处迅速发力。

▶ 用力蹬地。

姿势

设置：在胸部正上方贴一条黄色胶带，腰带上方贴一条白色胶带。

提示：下蹲时，不要让两条胶带靠近。

下蹲阶段

设置：在髋部两侧（外侧）分别贴一条白色胶带，双膝处分别贴一条黄色胶带。

提示1：髋部的白色胶带向下并向后靠近长凳。

提示2：将髋部的白色胶带推到膝盖处的黄色胶带后面。

提示3：使膝盖处的黄色胶带指向前方。

站起阶段

设置：在髋部两侧（外侧）分别贴一条白色胶带，双膝处分别贴一条黄色胶带。

提示1：把髋部的白色胶带推向天花板。

提示2：髋部的白色胶带的移动应该先于膝盖处的黄色胶带。

提示3：使膝盖处的黄色胶带指向前方。

姿势

"下蹲时平举双臂,就好像抱着一个很重的药球。"(为了详细说明该类比,教练可以让运动员交替进行有药球和没有药球的训练。)

下蹲阶段

"想象你的膝盖能向前射出激光。"

站起阶段

"想象你站在悬崖边上,同时挺直身体站立。"(此时教练可以让运动员站在一条胶带上,以使其产生站在悬崖边上的错觉。)

下肢蹲起 | 后脚抬高分腿深蹲
描述动作 + 示范动作

设置提示

姿势: "选择重量合适的哑铃后,站在长凳前方。后脚着地,就像准备做分腿深蹲那样向前迈一步。将身体重心转移到前脚上,然后慢慢抬起后脚,必要的话需要调整一下自己和长凳的距离,最后把鞋面放在长凳边缘上。"(注意,基于哑铃的重量,一些运动员可能更喜欢把哑铃先放在地面上,做好分腿姿势后,再下蹲拿起哑铃。)

执行提示

姿势: "从头部到膝盖保持身体用力伸展,前脚支撑身体的大部分重量并且保持平衡,后脚保持稳定。"

下蹲(吸气)阶段: "保持挺直,后膝要向后、向下慢慢移向长凳,同时前膝要轻轻向前移动,从而下蹲。下蹲时,你会感受到身体重心在后移。"

站起(呼气)阶段: "当你蹲至一个合适的高度时,以和下蹲时相同的角度向上、向前移动。此时你应该站起,同时保持挺直,并再次将重心放在前脚上。"

提示动作+实践动作

姿势
▶ 下蹲时昂首挺胸。
▶ 下蹲时保持身体伸展。
▶ 下蹲时保持身体挺直。
▶ 下蹲时挺胸。

下蹲阶段
▶ 向下并向后蹲。
▶ 以同一个角度向后移动。
▶ 身体向下靠近地面。
▶ 下蹲时靠近长凳。

站起阶段
▶ 蹬离地面。
▶ 向下并向后蹬地。
▶ 站起的同时保持身体挺直。
▶ 向上起立，远离长凳。

姿势
设置：在肩膀两侧和双膝处分别贴一条白色胶带，髋部两侧（外侧）分别贴一条黄色胶带。
提示1：使胶带在运动过程中保持对齐。
提示2：髋部的黄色胶带始终在两条白色胶带之间。

下蹲阶段
设置：在双膝内侧分别贴一条白色胶带，双膝外侧分别贴一条黄色胶带。
提示1：将后腿膝盖处的白色胶带向下、向后拉到长凳下方。
提示2：将后腿膝盖处的白色胶带推到前腿膝盖处的黄色胶带后面。

站起阶段
设置：在髋部两侧（外侧）分别贴一条白色胶带，双膝处分别贴一条黄色胶带。
提示1：把髋部的白色胶带推向天花板。
提示2：把髋部的白色胶带推到膝盖处黄色胶带的上方。

姿势

"就像头上顶着一本书一样，在保持平衡的同时缓慢下蹲。"

下蹲阶段

"想象后腿膝盖是一把锤子的捶头，而你要捶击的钉子就在长凳下方的地面上。"（简短提示："用锤子敲钉子。"）

站起阶段

"想象你的髋部是一个拳头，它正向上猛击你的头顶。"

下肢提拉│双腿罗马尼亚硬拉
描述动作+示范动作

设置提示

抓握："选择合适的杠铃杆后，抓住杠铃杆，双手分开，距离略宽于肩。"

退后："用力紧握杠铃杆（图为正手握杠），身体用力伸展并保持中立。然后双腿用力慢慢伸直，将杠铃杆从杠铃架上抬离再退后1步、2步。"

执行提示

姿势："从头部到髋部保持身体用力伸展，双臂保持伸直，手肘向外，双手握紧杠铃杆。"

下放（吸气）阶段："保持躯干挺直，向后屈髋，就好像你在撞车门，身体前倾。膝盖应该微屈，但是在下放的过程中膝盖应保持稳定。"

站起（呼气）阶段："当下放杠铃杆到达合适的高度时，保持躯干稳定，恢复到直立姿势，髋部向上、向前移动的同时，用力蹬地。"

提示动作+实践动作

姿势

▶ 在杠铃杆上方俯身。

▶ 俯身时保持身体伸展。

▶ 上身最后与地面大致平行。

▶ 在俯身过程中保持昂首挺胸。

下放阶段

▶ 俯身，将裤兜向后藏起。

▶ 髋部向后靠近墙壁。

▶ 髋部向后远离杠铃杆。

▶ 臀部后面的裤兜朝向天花板。

站起阶段

▶ 挺直身体。

▶ 挺身站起，保持身体挺直。

▶ 将杠铃杆抬离地面。

▶ 将杠铃杆加速抬离地面。

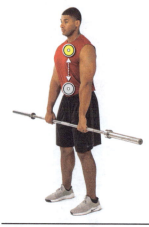

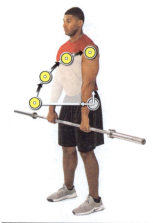

姿势

设置：在胸部正上方贴一条黄色胶带，腰带上方贴一条白色胶带。

提示1：俯身时不要让两条胶带靠近。

提示2：俯身时，使胸部正上方的黄色胶带远离腰部的白色胶带。

下放阶段

设置：在双肩外侧分别贴一条黄色胶带，髋部两侧（外侧）分别贴一条白色胶带。

提示1：把髋部的白色胶带向上并向后推向墙壁（或者推离杠铃杆）。

提示2：将髋部的白色胶带向后推离肩膀处的黄色胶带。

提示3：俯身，使肩膀处的黄色胶带和髋部的白色胶带对齐。

站起阶段

设置：在双肩外侧分别贴一条黄色胶带，髋部两侧（外侧）分别贴一条白色胶带。

提示1：将肩膀处的黄色胶带加速拉到髋部的白色胶带的上方（或加速拉向天花板）。

提示2：移动肩膀处的黄色胶带，将髋部的白色胶带上推。

提示3：肩膀处的黄色胶带的运动轨迹是1/4个圆。

姿势

"想象在跆拳道比赛中向对手鞠躬一样，在杠铃杆上方俯身。"

下放阶段

"屈髋，就像要撞上车门使其关闭一样。"

站起阶段

"抓握杠铃杆，用力上提，克服重力。"

下肢提拉|单腿罗马尼亚硬拉
描述动作＋示范动作

设置提示

站姿："选择重量合适的哑铃后，将重心转移到一条腿上，该侧腿（即支撑腿）稍稍屈膝。重心转移后，从头到脚呈一条直线，微微屈髋，非支撑腿向后移动，使其刚好离开地面。"

执行提示

姿势："从头到脚保持用力伸展，手臂一直伸直，手肘向后，握紧哑铃。"

下放（吸气）阶段："上身保持挺直，昂首挺胸，非支撑腿向后、向上抬起，抬起速度和上半身下降的速度保持一致。在整个运动过程中，支撑腿的膝盖应该保持微屈。"

站起（呼气）阶段："当哑铃下放到适当高度时，从头到脚依然保持中立姿势，然后用力蹬地，髋部向上、向前推，恢复起始姿势。"

提示动作+实践动作

姿势

- ▶ 下放时保持身体伸展。
- ▶ 身体从一面墙（竖直）向另一面墙（水平）伸展。
- ▶ 弯腰时始终保持上半身挺直，昂首挺胸。
- ▶ 下放哑铃的过程中上肢不能弯曲。

下放阶段

- ▶ 俯身，将裤兜向后藏起。
- ▶ 脚跟移动先于头部移动。
- ▶ 轻触身后的墙。
- ▶ 非支撑腿侧的脚跟向后、向上蹬墙。

站起阶段

- ▶ 站起的同时保持身体挺直。
- ▶ 快速站起。
- ▶ 使哑铃远离地面。
- ▶ 使哑铃加速远离地面。

姿势

设置：在双肩外侧分别贴一条黄色胶带，每只鞋的外侧分别贴一条白色胶带。

提示1：在弯腰下放时，不要让对侧的两条胶带靠近。

提示2：在弯腰下放时，肩膀处的黄色胶带应远离鞋子上的白色胶带。

下放阶段

设置：在双肩外侧分别贴一条黄色胶带，每只鞋的外侧分别贴一条白色胶带。

提示1：将鞋子上的白色胶带向上、向后推向墙壁，或使其远离哑铃。

提示2：将鞋子上的白色胶带向后推，使其远离肩膀处的黄色胶带。

提示3：在弯腰下放的过程中，同侧肩膀处的黄色胶带和鞋子上的白色胶带应保持对齐。

站起阶段

设置：在双肩外侧分别贴一条黄色胶带，每只鞋的外侧分别贴一条白色胶带。

提示1：将肩膀处的黄色胶带加速推到鞋子上的白色胶带的上方或推向天花板。

提示2：在起身时，将鞋子上的白色胶带推到肩膀处的黄色胶带下方。

提示3：肩膀处的黄色胶带的运动轨迹是1/4个圆。

姿势

"想象你的身体从头到脚是一根拉紧的弹力绳。"

下放阶段

"想象你的非支撑腿侧的脚跟上有一根粉笔,身后是一面砖墙,用脚跟在墙上从下向上画一条直线。"

站起阶段

"想象你的胸部有铁链连接着地面,向上站起时用力挣断铁链。"

爆发型动作提示

本章包含了8种通常用来增强爆发力的快速伸缩复合训练动作，这些动作练习按照类型（如"双脚跳""跳远""单脚跳""投掷""抛掷"或"传球"）、方向（如"垂直""水平"或"旋转"）以及起始姿势（如"反向动作"或"非反向动作"）划分。

正如第7章讨论的内容，动作练习可组成提示网格。每个提示网格可被分为两个部分，二者共同反映了第4章提到的"教学沟通循环体系"。第1部分提供了辅助完成"描述动作"和"示范动作"部分所需的提示和图像，第2部分则提供了辅助完成"提示动作"和"实践动作"部分所需的提示和图像。尽管提示网格简单易懂，但是第7章的"提示网格"部分依然对其进行了详细的说明（见第187页）。

注意事项

1. 动作描述，即"描述动作"部分有两个目的：（1）提供指导短语示例，教练可以用来描述动作或动作的一部分；（2）为教练提供有关生物力学机制的说明。注意，教练们只需根据自己的需求描述动作即可，内容不必多，也不必少。一旦运动员能够通过名称理解该动作，教练便可取消动作描述。这样做可以让教练专注于设计简短的提示，即"提示动作"部分，这将有效地引导运动员专注于从一次练习延续到下一次练习。

2. 尽管我已经为每个动作阶段提供了多个外部提示和类比，但是教练实际上应该一次只给运动员提供一个提示。这样做是因为运动员的注意力和工作记忆会受到限制。因此，教练每次只能带领运动员学习一个动作、做一次练习和记住一个重点。

3. 示例中的提示和类比并非详细且全面的清单，所以我建议教练除了使用书中提供的提示和类比外，还应该自己设计提示和类比。大家可以使用第5章的3D提示语模型和第6章的设计有效类比的模型来帮助自己设计提示和类比。

反向动作（CM）|双脚垂直跳
描述动作＋示范动作

设置提示

站姿："双脚分开，距离比肩稍宽。站直并且举起双臂，保持类似于足球中的抛界外球或者英式橄榄球中的边线发球的姿势。"

执行提示

姿势："保持身体用力伸展，身体从头部到髋部保持稳定不动；四肢要大幅度运动。"

蓄力（吸气）阶段："保持挺胸，髋部要向下、向后发力，屈髋，加速猛蹲，双腿就像两个垂直的弹簧一样均匀负重蓄力。与此同时，手臂要向下、向后挥动，以帮助髋部承受向下的力。"

爆发（呼气）阶段："一旦下蹲到合适的高度，即双腿（弹簧）蓄力（弹性张力）达到了最大值，就专注于向天空爆发式跳起，同时手臂加速向上挥动，就像在最高点接住一个球一样。"

落地阶段："跳起后的高度达到最大值之后，身体会开始下落。在落地之前，手臂向后、向下再次加速挥动，帮助屈髋，使身体呈蹲姿，以缓冲地面的反作用力。"

提示动作+实践动作

姿势

▶ 蓄力时保持身体用力伸展。
▶ 下蹲时保持挺胸。
▶ 下蹲和举起双臂时拉长上衣。
▶ 跳起时保持身体挺直。

蓄力阶段

▶ 蓄力，爆发式跳起。
▶ 拉低身体。
▶ 向后坐在脚后跟之间。
▶ 沿着一条直线下蹲。

爆发阶段

▶ 蹬离地面。
▶ 爆发式蹬离地面。
▶ 加速跳起。
▶ 爆发式跳起。

落地阶段

▶ 缓冲地面的反作用力。
▶ 身体拉向地面。
▶ 减慢下落速度。
▶ 落地缓冲时双臂向后甩。

姿势

设置：在胸部贴一条黄色胶带，腰带上方贴一条白色胶带。

提示1：准备蓄力时不要让两条胶带靠近。

提示2：准备蓄力时，胸部的黄色胶带应向上远离腰部的白色胶带。

蓄力阶段

设置：在髋部两侧（外侧）分别贴一条白色胶带，双膝外侧分别贴一条黄色胶带。

提示1：把髋部的白色胶带向后、向下推。

提示2：将髋部的白色胶带推到膝盖处黄色胶带的后面。

提示3：使膝盖处的黄色胶带朝向身体正前方。

爆发阶段

设置：在胸部贴一条黄色胶带，腰部中央贴一条白色胶带。

提示1：把胸部的黄色胶带推向天空。

提示2：将腰部的白色胶带猛地推向胸部的黄色胶带。

提示3：在跳到最高处时，两条胶带的连线垂直于地面。

落地阶段

设置：在髋部两侧（外侧）分别贴一条白色胶带，双膝外侧分别贴一条黄色胶带。

提示1：把髋部的白色胶带向下、向后推。

提示2：将髋部的白色胶带推到膝盖处黄色胶带的后面。

提示3：使膝盖处的黄色胶带朝向身体正前方。

姿势

"身体姿态像是拉上了一条拉链。"
（简短提示："向上拉链。"）

蓄力阶段

"就像按压弹簧一样加速下蹲，向上跳起时运用下蹲时积蓄的力量。"（简短提示："加载弹簧"或"加载弹簧"。）

爆发阶段

"爆发式跳起，就像在最高点接住橄榄球一样。"（简短提示："跳起来"或"接住球"。）

落地阶段

"想象膝盖是车灯，在落地时要使其始终指向前方。"（简短提示："车灯"。）

反向动作（CM）|水平跳
描述动作＋示范动作

设置提示

站姿: "双脚分开，距离比肩稍宽，站在起跳线后约30厘米处。站直并且举起双臂，保持类似足球中的抛界外球或英式橄榄球中的边线发球的姿势。"

执行提示

姿势: "保持身体用力伸展，身体从头部到髋部保持稳定不动，四肢要大幅度运动。"

蓄力（吸气）阶段: "保持挺胸，髋部要向下、向后发力，屈髋，加速猛蹲，双腿就像两个垂直的弹簧一样均匀负重蓄力。与此同时，手臂要向后、向下挥动，以帮助髋部承受向下的力。"

爆发（呼气）阶段: "一旦下蹲到合适的高度，即双腿（弹簧）蓄力（弹性张力）达到了最大值，就专注于向斜上方爆发式跳向远处，手臂向目标落地点加速挥动。"

落地阶段: "跳起后的高度达到最大值之后，身体就像投出的球一样，开始下落。准备落地时，双腿开始向上、向前收，就像对折身体一样。在落地之前，手臂必须再次向下、向后加速挥动，因为这样可以帮助屈髋下蹲，以缓冲地面的反作用力。"

提示动作 + 实践动作

注意：不同颜色的轮廓线
表示运动的不同阶段。

姿势

▶ 蓄力时保持身体伸展。

▶ 下蹲时保持挺胸。

▶ 下蹲时手臂向上举起，保持紧绷。

▶ 起跳时保持上身伸展。

蓄力阶段

▶ 下蹲且爆发式跳起。

▶ 蓄力时身体向前倾斜。

▶ 沿着一条直线蓄力。

▶ 下蹲时双手前后挥动。

爆发阶段

▶ 蹬地跳离起跳线。

▶ 推离地面。

▶ 向目标锥桶爆发式跳跃。

▶ 爆发式跳起，欲跳过锥桶。

落地阶段

▶ 向地面下落。

▶ 好像要将身体拉近地面。

▶ 放慢下降的速度。

▶ 像要划破空气一样挥动双手。

姿势

设置：在胸部贴一条黄色胶带，腰带上方贴一条白色胶带。

提示1：蓄力时不要让两条胶带相互靠近。

提示2：蓄力时使胸部的黄色胶带向上远离腰部的白色胶带。

蓄力阶段

设置：在髋部两侧（外侧）分别贴一条白色胶带，双膝外侧分别贴一条黄色胶带。

提示1：将髋部的白色胶带向下、向后推。

提示2：将髋部的白色胶带推到膝盖处的黄色胶带后面。

提示3：使膝盖处的黄色胶带一直朝向正前方。

爆发阶段

设置：在胸部贴一条黄色胶带，在腰带上方或分别在髋部外侧贴一条白色胶带。

提示1：将胸部的黄色胶带推向目标锥桶。

提示2：将腰带上方的白色胶带猛地推向胸部的黄色胶带。

提示3：当你跳离起跳线时，将两条胶带对齐。

落地阶段

设置：在髋部两侧（外侧）分别贴一条白色胶带，双膝外侧分别贴一条黄色胶带。

提示1：将髋部的白色胶带向下、向后推。

提示2：将髋部的白色胶带推到膝盖处的黄色胶带后面。

提示3：使膝盖处的黄色胶带一直朝向正前方。

姿势

"想象有一根弹力带阻碍着你的起跳并要把你拉向地面，爆发式跳起时，专注于保持身体伸展。"（简短提示："挣断弹力带。"）

蓄力阶段

"就像在滑雪跳台或坡道前一样，向前、向下蓄力。"

爆发阶段

"就像跃过一条湍急的河流一样爆发式跳起。"（限制条件：可以在地面上用锥桶、一条线或一条胶带来代表岸边。）

落地阶段

"想象你将跳到一个水坑里，要尽量不溅起水花。"（简短提示："让水面泛起涟漪。"）

反向动作（CM）|单脚垂直跳
描述动作＋示范动作

设置提示

站姿:"双脚并拢，将身体重心转移到一条腿上，然后抬起另一条腿，使其悬停在空中。站直并且举起双臂，保持类似于足球中的抛界外球或者英式橄榄球中的边线发球的姿势。"

执行提示

姿势:"保持身体用力伸展，身体从头部到髋部保持稳定不动，四肢要大幅度运动。"

蓄力（吸气）阶段:"保持挺胸，髋部要向下、向后发力，屈髋，加速猛蹲，支撑腿就像垂直的弹簧一样蓄力。与此同时，手臂要向后、向下挥动，以帮助髋部承受向下的力。"

爆发（呼气）阶段:"一旦下蹲到合适的高度，即支撑腿（弹簧）蓄力（弹性张力）达到了最大值，就专注于向上爆发式跳起，手臂加速向上挥动，就好像要在最高点接住一个橄榄球。"

落地阶段:"到达最高点之后，身体会开始下落。而手臂在落地之前必须再次向后、向下加速挥动，以帮助髋部在下落的过程中屈曲，使身体呈蹲姿，从而缓冲地面的反作用力。"

提示动作＋实践动作

姿势
▶ 下蹲时保持身体用力伸展。
▶ 下蹲时目视前方。
▶ 下蹲时要挺胸，向身体前方的墙壁展示上衣。
▶ 向天空方向伸展身体。

蓄力阶段
▶ 单腿迅速下蹲。
▶ 加速。
▶ 下蹲的方向要和鞋带呈一条直线。
▶ 下蹲蓄力时，双手前后用力挥动。

爆发阶段
▶ 用力蹬地。
▶ 远离地面。
▶ 向上跳起。
▶ 在空中加速。

落地阶段
▶ 落地无声。
▶ 向地面下落。
▶ 减慢下落的速度。
▶ 像要划破空气一样挥动双手。

姿势
设置：在胸部上方贴一条黄色胶带，腰带上方贴一条白色胶带。
提示1：下蹲蓄力时不要让两条胶带相互靠近。
提示2：下蹲蓄力时，使胸部的黄色胶带向上远离腰部的白色胶带。

蓄力阶段
设置：在髋部两侧（外侧）分别贴一条白色胶带，双膝外侧分别贴一条黄色胶带。
提示1：把髋部的白色胶带向下、向后推。
提示2：将髋部的白色胶带推到膝盖处黄色胶带的后面。
提示3：使膝盖处的黄色胶带朝向正前方。

爆发阶段
设置：在胸部上方贴一条黄色胶带，腰带上方贴一条白色胶带。
提示1：把胸部的黄色胶带推向天空。
提示2：将腰部的白色胶带向上迅速推向胸部的黄色胶带。
提示3：在最高点，两条胶带的连线垂直于地面。

落地阶段
设置：在髋部两侧（外侧）分别贴一条白色胶带，双膝外侧分别贴一条黄色胶带。
提示1：将髋部的白色胶带向下、向后推。
提示2：将髋部的白色胶带推到膝盖处的黄色胶带后面。
提示3：使膝盖处的黄色胶带朝向正前方。

姿势

"想象你的上衣正面有一个很大的数字54，在整个动作过程中必须确保他人始终能看到这个数字。"（简短提示："展示你的号码。"）

蓄力阶段

"就像在一条非常狭窄的小巷或走廊里，沿直线下蹲蓄力。"

爆发阶段

"就像试图触碰篮网的底部一样向上爆发式跳跃。"（简短提示："碰到篮网。"）

落地阶段

"就像在熟睡的婴儿的房间中落地一样，控制速度，保证落地无声。"（简短提示："不要吵醒婴儿。"）

Shhhh

反向动作（CM）|侧向跳
描述动作＋示范动作

设置提示

站姿："双脚并拢，将身体重心转移到跳跃方向对侧的腿上，然后抬起另一条腿，使其悬停在空中。随后站直并且举起双臂，保持类似于足球中的抛界外球或者英式橄榄球中的边线发球的姿势。"

执行提示

姿势："保持身体用力伸展，身体从头部到髋部保持稳定不动，四肢要大幅度运动。"

蓄力（吸气）阶段："保持挺胸，髋部要向下、向后发力，屈髋，加速猛蹲，支撑腿就像垂直的弹簧一样蓄力。与此同时，手臂要向下、向后挥动，以帮助髋部或支撑腿（弹簧）承受向下的力。"

爆发（呼气）阶段："一旦下蹲到合适的高度，即支撑腿（弹簧）蓄力（弹性张力）达到了最大值，就专注于向上、向一侧爆发式跳起，手臂加速向上挥动，就像要在最高点接住一个橄榄球。"

落地阶段："到达最高点之后，身体会开始下落。在落地之前，手臂必须再次向下、向后加速挥动，以帮助髋部在身体下落的过程中屈曲，使身体呈蹲姿，从而缓冲地面的反作用力。"

提示动作+实践动作

姿势
▶ 下蹲蓄力时保持身体伸展。
▶ 下蹲蓄力时要昂首挺胸看。
▶ 让所有人都能看到你上衣正面的号码。
▶ 跳起时保持身体挺直。

蓄力阶段
▶ 弯腰，爆发式跳起。
▶ 弯腰下蹲。
▶ 蓄力时向支撑腿侧下蹲。
▶ 弯腰下蹲时，双手要向后挥动。

爆发阶段
▶ 蹬地。
▶ 用力跳离地面。
▶ 飞越或者跨越拱门。
▶ 向一侧或向上跳至目标锥桶或者目标线。

落地阶段
▶ 轻轻落地。
▶ 向地面下落。
▶ 在快落地时开始缓冲。
▶ 在缓冲的同时，双手向后挥动。

姿势
设置：在胸部贴一条黄色胶带，腰带上方贴一条白色胶带。
提示1：下蹲蓄力时不要让两条胶带相互靠近。
提示2：下蹲蓄力时，使胸部的黄色胶带向上远离腰部的白色胶带。

蓄力阶段
设置：在髋部两侧（外侧）分别贴一条白色胶带，双膝外侧分别贴一条黄色胶带。
提示1：把髋部的白色胶带向下、向后推。
提示2：将髋部的白色胶带推到膝盖处黄色胶带的后面。
提示3：使膝盖处的黄色胶带朝向正前方。

爆发阶段
设置：在胸部贴一条黄色胶带，腰带上方贴一条白色胶带。
提示1：将胸部的黄色胶带向侧上方推。
提示2：两条胶带的连线在整个跳跃弧线上都处于垂直于地面的状态。

落地阶段
设置：在髋部两侧（外侧）分别贴一条白色胶带，双膝外侧分别贴一条黄色胶带。
提示1：将髋部的白色胶带向下、向后推。
提示2：将髋部的白色胶带推到膝盖处黄色胶带的后面。
提示3：使膝盖处的黄色胶带朝向正前方。

姿势

"想象有一条铁链连接了一侧肩膀和对侧脚,你要试图挣断束缚自己的铁链。"(简短提示:"挣断铁链。")

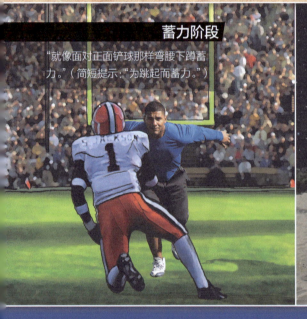

蓄力阶段

"就像面对正面铲球那样弯腰下蹲蓄力。"(简短提示:"为跳起而蓄力。")

爆发阶段

"向侧上方爆发式跳起,就像跳过一个火堆一样。"(简短提示:"跳过火堆。")

落地阶段

"想象自己在一片很薄的冰层上落地。"(简短提示:"别踩碎冰层。")

非反向动作（UCM）| 深蹲上抛
描述动作＋示范动作

设置提示

站姿："站立，双脚分开，距离比肩稍宽。手肘向下将药球抱在胸前，下蹲至1/4蹲到半蹲之间的位置。"

执行提示

姿势："身体从头部到髋部保持用力伸展，就像准备释放的弹簧。"

爆发（呼气）阶段："一旦下蹲到合适的高度，即双腿（弹簧）蓄力（弹性张力）达到了最大值，就要专注于向上爆发式跳起，同时尽可能用力迅速将球投至最高点。"

落地阶段："自然落地时目光看向球（身体挺直，髋部和膝盖稍微弯曲）。此时球应该垂直落下，你需要向一侧移动以避开球，不要试图接球。"

提示动作＋实践动作

姿势

▶ 保持身体伸展。
▶ 昂首挺胸。
▶ 双手托着球。
▶ 将球放在衣领前方。

爆发阶段

▶ 爆发式跳离地面。
▶ 蹬离地面。
▶ 使球加速冲向天空。
▶ 尽可能把球投高。

姿势

设置：在胸部贴一条黄色胶带，腰带上方贴一条白色胶带。
提示1：爆发式跳跃时不要让两条胶带相互靠近。
提示2：爆发式跳跃时，胸部的黄色胶带的移动先于腰部的白色胶带。

爆发阶段

设置：在胸部贴一条黄色胶带，腰带上方贴一条白色胶带。
提示1：把胸部的黄色胶带推向天空或球。
提示2：将腰部的白色胶带向上推向胸部的黄色胶带。
提示3：在球到达最高点时，两条胶带的连线垂直于地面。

姿势

"就像球被铁链拴在地上一样，你要使其挣断铁链。"（简短提示："拉紧并爆发式跳起。"）

爆发阶段

"想象你完全淹没在水中，然后爆发式跳出水面。"（简短提示："从水中跳出来。"）

非反向动作（UCM）|垂直上抛
描述动作＋示范动作

设置提示

站姿："站立，双脚分开，距离比肩稍宽。保持手臂伸直，屈髋，呈罗马尼亚硬拉姿势，双手持球高于地面，并且在双脚之间。"

执行提示

姿势："从头部到髋部保持身体用力伸展，上身应像餐桌一样保持平直。"

爆发（呼气）阶段："一旦下蹲到合适的高度，即双腿（弹簧）蓄力（弹性张力）达到了最大值，就要专注于向上爆发式跳起，尽可能高地用力迅速向上抛球。"

落地阶段："自然落地时保持身体挺直，目光看向球，髋部和膝盖略微弯曲。此时球应该垂直落下，你需要向一侧移动以避开球，而不要试图接球。"

提示动作＋实践动作

姿势

▶ 上身保持平直。

▶ 昂首挺胸。

▶ 在球的上方俯身（屈髋）。

▶ 使上身与地面接近平行。

爆发阶段

▶ 将球加速抛离地面。

▶ 垂直向上抛球。

▶ 把球抛向天空。

姿势

设置：在髋部两侧（外侧）分别贴一条白色胶带，双膝外侧分别贴一条黄色胶带。

提示1：屈髋俯身时，不要让髋部的白色胶带下降。

提示2：使髋部的白色胶带一直高于膝盖处的黄色胶带。

爆发阶段

设置：在胸部或双肩外侧分别贴一条黄色胶带，在髋部两侧（外侧）分别贴一条白色胶带。

提示1：将胸部的黄色胶带向上推向球或天空。

提示2：将髋部的白色胶带向上推向胸部的黄色胶带。

提示3：当球到达最高处时，两条胶带处在同一水平面上。

姿势

"想象你的髋部下方有几个叠起
来的箱子，它们会阻止你继续往
下蹲。"（简短提示："不要碰到
箱子。"）

爆发阶段

"想象你身后有一堵墙，沿着墙
壁垂直向上抛球。"（简短提示：
"将球沿着墙上抛。"）

非反向动作（UCM）|胸前传球
描述动作＋示范动作

设置提示

距离："在下蹲之前，先站直，双手抱药球面向墙壁。球和墙之间的距离应该是30~61厘米。初学这个动作时要先靠近墙壁，尤其是当药球弹性不好时。之后如果使用了弹性药球，可以向后退一步，专注于训练爆发式发力。"

站姿："站立，面对墙壁，与墙壁保持平行，双脚分开，距离比肩稍宽。手肘向下将药球抱在胸前，保持1/4蹲到半蹲之间的姿势。"

执行提示

姿势："从头部到髋部保持身体用力伸展，身体要像向上拉拉链一样向上伸展。"

爆发（呼气）阶段："当你下蹲至合适的高度时，想象墙上有一个目标点，该点就是你希望球击中的地方，且应与球平行。将注意力集中在目标点上，加速把球抛至墙上，躯干和下肢尽量保持不动。"

接球阶段："若药球没有弹性，就需要伸出双手接住它。若药球有弹性，那么当球从墙上弹回来时，需要屈肘来接球。"

提示动作+实践动作

姿势

▶ 将球举至衣领前方。

▶ 与墙保持一定的距离。

▶ 保持球在与胸部相同的高度上。

▶ 将注意力集中在你想让球击中的墙上的位置。

爆发阶段

▶ 将球推离身体。

▶ 沿一条直线推球。

▶ 让球加速击中墙壁。

▶ 让球穿透墙壁。

姿势

设置：在双肩外侧分别贴一条黄色胶带，每只鞋的外侧分别贴一条白色胶带。

提示1：保持肩部的黄色胶带和鞋子上的白色胶带叠在一起。

提示2：保持肩部的黄色胶带处于鞋子上的白色胶带的正上方。

爆发阶段

设置：在双肩外侧分别贴一条黄色胶带，双手外侧分别贴一条白色胶带。

提示1：将手上的白色胶带推向墙。

提示2：保持手上的白色胶带在肩部黄色胶带的前面。

提示3：将球推离肩部的黄色胶带。

姿势

"呈准备传球的姿势，就像要把篮球传给队友一样。"

爆发阶段

"想象有人用胶带捆住了你的上半身，把你的手臂固定在身体两侧。这时你要向墙壁用力传球，就像要挣破胶带一样。"（简短提示："挣破胶带。"）

非反向动作（UCM）|转体抛球
描述动作＋示范动作

设置提示

距离："在下蹲之前，先站直，双手持药球，左侧手肘朝向墙壁。手肘和墙壁之间的距离应该小于30厘米。初学这个动作时要先靠近墙壁，尤其是当药球弹性不好时。之后如果使用了弹性药球，可以向后退一步，专注于训练爆发式发力。"

站姿："站立，双脚的连线垂直于墙，双脚分开，距离略比肩宽。双手抱球位于远离墙壁一侧的裤兜外侧，然后保持1/4蹲到半蹲的姿势。使自己的身体稍微向球所在的方向旋转，上肢和髋部肌肉绷紧，要有一种紧张感。"

执行提示

姿势："从头部到髋部保持用力伸展，身体要像向上拉拉链一样向上伸展。"

爆发（呼气）阶段："当你下蹲至合适的高度时，想象墙上有一个与球平行的目标点，该点就是你希望球击中的地方。将注意力集中在目标点上，加速把球抛至墙上，髋部和躯干要像打网球一样旋转。"

接球阶段："若药球没有弹性，需要伸出双手接住它。若药球有弹性，那么当球从墙上弹回来时，需要屈肘来接球。"

提示动作＋实践动作

姿势

▶ 上身保持挺直，把球放低。
▶ 将球放在远离墙壁的身体一侧。
▶ 把球放在裤兜的旁边。
▶ 目视墙上你想让球击中的目标点。

爆发阶段

▶ 你的腰带扣和球都应该朝向墙壁。
▶ 让球沿直线运动。
▶ 抛球至墙。
▶ 让球穿透墙壁。

姿势

设置：在髋部两侧的正面分别贴一条白色胶带。
提示1：下蹲蓄力时要旋转身体，使远离墙壁一侧的髋部的胶带在靠近墙壁一侧的髋部的胶带后面。
提示2：旋转身体，直到球和远离墙壁一侧的髋部的胶带在靠近墙壁一侧的髋部的胶带后面。

爆发阶段

设置：在髋部两侧的正面分别贴一条白色胶带。
提示1：将远离墙壁一侧的髋部的胶带推向墙壁。
提示2：沿着远离墙壁一侧的髋部的胶带和墙壁的连线，加速抛球。
提示3：投球结束时髋部两侧的胶带都面向墙壁。

姿势

"下蹲蓄力时的姿势，就像
要挥动垒球棒的姿势。"（你
还可以参考网球、高尔夫球
和曲棍球来进行类比。）

爆发阶段

"抛球，使球猛击墙壁，像要把
球撞破一样。"（通过发出模仿
"重击"的声音，或在球击中墙
壁时拍手来强调这个类比。）

速度型动作提示

第**10**章

本章包含了10种通常与速度表现相关的运动技能，特别是在场地和球场运动中用到的技能。这些技能按照方向（如"直线"与"多方向"）和类型（如"加速""交叉变向"与"后退步"）来分类。

我们在第7章讨论到，动作练习可组成提示网格。每个提示网格可被分为两个部分，二者共同反映了第4章提到的"教学沟通循环体系"。第1部分提供了辅助完成"描述动作"和"示范动作"部分所需的提示和图像，第2部分则提供了辅助完成"提示动作"和"实践动作"部分所需的提示和图像。尽管提示网格简单易懂，但是我们依然在第7章的"提示网格"部分对其进行了详尽的解释（见第187页）。

注意事项

1. 动作描述，即"描述动作"部分有两个目的：（1）提供指导短语示例，教练可以用来描述动作或动作的一部分；（2）为教练提供有关生物力学机制的说明。注意，教练们只需根据自己的需求描述动作即可，内容不必多，也不必少。一旦运动员能够通过名称理解该动作，教练便可取消动作描述。这样做可以让教练专注于设计简短的提示，即"提示动作"部分，这将有效地引导运动员的注意力从一次练习延续到下一次练习。

2. 尽管我已经为每个动作阶段提供了多个外部提示和类比，但是教练实际上应该一次只给运动员提供一个提示。这样做是因为运动员的注意力和工作记忆会受到限制。因此，教练每次只能带领运动员学习一个动作、做一次练习和记住一个重点。

3. 示例中的提示和类比并非详细且全面的清单，所以我建议教练除了使用书中提供的提示和类比外，还应该自己设计提示和类比。大家可以使用第5章的3D提示语模型和第6章的设计有效类比的模型来帮助自己设计提示和类比。

直线速度 | 三点式起跑
描述动作 + 示范动作

设置提示

步法: "双脚站在起跑线上,间距与髋部同宽,后退1步、2步,双脚距离起跑线为1~1.5米。"

双脚姿势: "将优势腿向后伸直,膝盖下降,优势腿的膝盖位置与对侧腿的脚趾在同一平面上,或者稍微靠后一些,双脚间距与髋部同宽。然后呈跪姿,优势腿的脚趾弯折,垂直于地面。同时目光注视跑道。"

下落: "用双手定位,就像拿着两杯水,向前倾倒,手指放在起跑线的边缘。双手拇指和食指应与地面形成直角三角形,并且拇指与肩膀中央对齐。"

抬身蓄力: "慢慢地将髋部向上、向前抬起,就像身后有一堵墙。然后,将前方的手向后收回,双手与裤兜大致对齐。此时你的姿势应该如下方左侧第1幅图所示。"

执行提示

姿势: "从头部到髋部保持身体用力伸展,通过伸展身体保持张力。"

腿部动作(后蹬): "双腿以与前胫骨相同的角度向斜前方蹬地,同时躯干平行于前腿胫骨,一旦从头部到脚跟形成一条直线,就可以停止向前蹬地。"

腿部动作(前摆): "第1次后蹬之后,当一侧大腿开始前摆时,后腿要向后蹬离地面,直到前腿的大腿和上半身形成90度角为止。"

"'后蹬'和'前摆'同时完成,然后双腿交替,完成下一步的动作。"

手臂动作: "前臂伸直,同时手向前推起跑线。手臂就像一堵墙,而腿,尤其是前腿,要向后蹬,使身体紧绷。起跑时,向上的手臂要大幅度用力向前挥动,同时向下的手臂要用力向后挥动。这个动作可以让运动员打破静止惯性,激发其前进的动力。"

提示动作 + 实践动作

姿势

- ▶ 重心前压，伸展身体。
- ▶ 抬起并伸展身体。
- ▶ 推离起跑线。
- ▶ 保持身体伸展，降低重心。

腿部动作（后蹬）

- ▶ 从起跑线处爆发式冲出。
- ▶ 蹬离起跑线。
- ▶ 冲过障碍物。
- ▶ 向后蹬地。

腿部动作（前摆）

- ▶ 爆发式向上、向前冲。
- ▶ 从站姿开始猛冲。
- ▶ 向终点猛冲。
- ▶ 抬起身体时猛冲。

手臂动作

- ▶ 前臂向终点挥动。
- ▶ 手向墙壁挥动。
- ▶ 手向后用力挥动。
- ▶ 前臂向前用力挥动。

姿势

设置：在背部正上方贴一条黄色胶带，背部正下方贴一条白色胶带。

提示1：当你冲离起跑线时，两条胶带相互靠拢。

提示2：当你冲离起跑线时，两条胶带对齐。

腿部动作

设置：在后腿脚踝外侧贴一条白色胶带，前腿膝盖外侧贴一条黄色胶带。

提示1：将脚踝处的白色胶带推向地面。（强调后蹬）

提示2：将膝盖处的黄色胶带推向终点。（强调前摆）

提示3：冲离起跑线时，把脚踝和膝盖处的胶带连续快速拉开。

手臂动作

设置：在向后挥动的手上贴一条白色胶带，在向前挥动的手上贴一条黄色胶带。

提示1：把白色胶带向后推。

提示2：把黄色胶带向前推。

提示3：当你冲向终点时，使两条胶带相互远离。

姿势

"从头到脚，将身体想象成一条铁链。你要在向前冲时把铁链挣断。"（简短提示："挣断铁链。"）

腿部动作（后蹬）

"冲出起跑线，想象有一头猎豹在你身后两步远的位置追你。"（简短提示："摆脱猎豹。"）

腿部动作（前摆）

"冲出起跑线，就像爬山一样。"（简短提示："爬山"或"攀登"。）

手臂动作

"想象有人抓住了你的手腕。手臂加速挥动，就像要挣脱抓握一样。"（简短提示："挣脱抓握。"）

直线速度 | 加速
描述动作 + 示范动作

执行提示

概述："出于分析的目的，加速可以分为多个阶段，涉及指导时，教练必须认识到，运动员通常会用周期性或交替的方式，通过单一的动作加速。因此，教练可以把加速看作一种单向运动，即一侧腿向后蹬，有时也称其为'后侧力学'；而另一侧腿向前摆，有时称其为"前侧力学"。该运动技能的提示类似于三点式起跑，我们将针对每种腿部动作设计不同的提示。"

姿势："从头部到髋部保持身体用力伸展，通过伸展保持身体的张力。"

腿部动作（后蹬）："屈腿和屈髋后，开始向后蹬地，然后在同侧脚蹬地时继续做这个动作，在脚蹬离地面时结束这个动作。在后蹬的过程中，双腿以与躯干（胫骨平行于躯干）相同的角度向后蹬地。如果动作标准，运动员的脚会在重心的下方，或稍靠前一点的地方蹬地，从而产生足够的垂直方向的力使运动员蹬离跑道，以及产生足够的水平方向的力向前推动运动员。"

腿部动作（前摆）："该动作在脚蹬离地面时开始，在完成屈腿和屈髋之后结束。在前摆的过程中，大腿应该立即开始向前摆动，直到与身体形成80~90度角。这种向前的动作若有任何延迟（延迟的特征是脚跟向臀部运动，而非大腿向前运动），都会影响整体动作的协调性。

"当后蹬和前摆两个动作相互协调时，运动员就会从加速状态过渡到绝对速度状态，这个阶段他们会像喷气式飞机起飞一样逐渐加速。"

手臂动作："双臂和双腿应该向前和向后交替运动。手臂在向前运动时需要弯曲，就像对侧腿弯曲一样。而手臂在向后运动时需要伸展，就像对侧腿伸展一样。"

提示动作 + 实践动作

姿势

▶ 在你加速时保持身体伸展。

▶ 前冲时保持身体伸展。

▶ 身体上抬时要保持伸展。

▶ 前冲时要上抬身体。

腿部动作（后蹬）

▶ 向后蹬跑道。

▶ 爆发式蹬离地面。

▶ 推离地面。

▶ 通过后蹬向前冲。

腿部动作（前摆）

▶ 向空中猛冲。

▶ 冲向终点。

▶ 穿过终点。

▶ 冲离地面。

手臂动作

▶ 划破空气。

▶ 向空中用力挥动。

▶ 后侧手臂用力向后挥动。

▶ 将手臂砸向后方。

姿势

设置：在背部正上方和正下方分别贴上一条黄色胶带和白色胶带。

提示1：在整个冲刺过程中保持两条胶带在一条直线上。

提示2：在冲刺期间不要让两条胶带离得太远。

提示3：蹬离地面时，两条胶带要连成一线。

腿部动作

设置：在两侧脚踝的外侧或正面分别贴一条白色胶带，双膝外侧或正面分别贴一条黄色胶带。

提示1：将脚踝处的白色胶带推向地面。（强调后蹬）

提示2：把膝盖处的黄色胶带推向终点。（强调前摆）

提示3：蹬离地面时，使同一部位的两条胶带相互远离。

手臂动作

设置：在两侧手腕处分别贴一条黄色胶带。

提示1：胶带部位向后挥动。

提示2：胶带部位用力向后挥动。

提示3：将手腕处的胶带向后推过裤兜。

姿势

"加速时，要像从航空母舰上起飞的喷气式飞机一样逐渐加速。"（简短提示："成为喷气式飞机"或"追向喷气式飞机"。）

腿部动作（后蹬）

"向后并用力蹬裂跑道。"（简短提示："用力蹬裂跑道。"）

腿部动作（前摆）

"双膝用力前摆，就像要撞碎一块玻璃一样。"（简短提示："撞碎玻璃。"）

手臂动作

"想象双臂是锤子，双腿是钉子。用锤子去敲击钉子。"（简短提示："锤子"或"捶钉子"。）

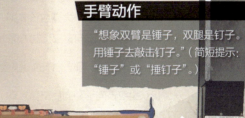

直线速度 | 绝对速度
描述动作＋示范动作

执行提示

概述："出于分析的目的，绝对速度可以分为多个阶段，涉及指导时，教练必须认识到，运动员通常会用周期性或交替的方式，通过单一动作加快绝对速度。因此，教练可以把绝对速度看作一种单向运动，即一侧腿向后蹬，有时也称其为'后侧力学'；而另一侧腿向前摆，有时称其为"前侧力学"。注意，这里考虑的提示通常适用于耐力跑，也可以用于短跑。因为这两项运动技能在某种程度上是相似的。"

姿势："从头部到髋部保持身体挺直，让腰带扣引导你的动作。"

腿部动作（后蹬）："前腿完成屈腿和屈髋后，后脚开始后蹬，在前脚着地时开始这个动作，并在后脚蹬离地面时结束。在后蹬的过程中，腿应该在重心的前面落地，从而产生足够的垂直方向的力使你蹬离跑道。你所处的位置与最大速度相关，最大速度决定了水平方向的额外力是否导致了速度的提高、不变还是降低。"

腿部动作（前摆）："该动作在后脚蹬离地面时开始，在后腿开始前摆时继续，随后在后腿完成屈腿和屈髋之后结束。在前摆的过程中，大腿应该立即开始前摆，直到与身体形成80~90度角。这种向上的动作若有任何延迟（特征是脚跟向臀部运动，而非大腿向上运动），都会不利于整体动作的协调性。"

"当后蹬和前摆两个动作相互协调时，你的后腿会在前脚后蹬的同时前摆。"

手臂动作："双臂和双腿应该向前和向后交替运动。手臂在向前运动时需要弯曲，就像对侧腿弯曲一样。而手臂在向后运动时需要伸展，就像对侧腿伸展一样。"

提示动作+实践动作

注意：彩色轮廓线表明不同
的动作阶段。

姿势

▶ 身体挺直。
▶ 身体向上伸展。
▶ 起身前冲时保持身体伸展。
▶ 让腰带扣引导你的动作。

腿部动作（后蹬）

▶ 蹬跑道。
▶ 向后蹬地。
▶ 蹬离跑道。
▶ 快而有力地蹬地。

腿部动作（前摆）

▶ 向天空猛冲。
▶ 冲破云霄。
▶ 把大腿抬向空中。
▶ 快而有力地猛冲。

手臂动作

▶ 划破空气。
▶ 在空中挥动。
▶ 手臂向后挥动。
▶ 将手臂砸向后方。

姿势

设置：在背部正上方和正下方分
别贴一条黄色胶带和白色胶带。
提示1：在整个冲刺过程中保
持两条胶带叠在一起。
提示2：在整个冲刺过程中保
持两条胶带对齐。
提示3：将背部正上方的黄色胶
带向上拉离正下方的白色胶带。

腿部动作

设置：在两侧脚踝的外侧或正面分别贴
一条白色胶带，双膝外侧或正面分别贴
一条黄色胶带。
提示1：将脚踝处的白色胶带向下推向
地面。（强调后蹬）
提示2：把膝盖处的黄色胶带向上推向
天空。（强调前摆）
提示3：当你蹬离地面时，使同一部位
的两条胶带相互远离。

手臂动作

设置：在两侧手腕处贴一条黄色胶带。
提示1：把胶带向后推。
提示2：把胶带用力向后推。
提示3：将手腕处的胶带向后推过裤兜。

姿势

"想像你正迎着狂风（或身处风道），保持身体伸展或前倾。"（简短提示："让风挡住你""在风中前倾"或"不要被风吹得后退"。）

腿部动作（后蹬）

"向下用力蹬跑道，就像要冲上一段坡度较大的楼梯一样。"（简短提示："上楼梯"或"用力蹬楼梯"。）

腿部动作（前摆）

"就像向上击打拳击挡板一样，膝盖或者大腿用力向前摆。"（简短提示："击打拳击挡板。"）

手臂动作

"你的手肘就像门把手，在手臂向后运动时关闭，在手臂向前运动时打开。"（简短提示："开关门。"）

多方向速度｜45度切步
描述动作＋示范动作

执行提示

概述："变向，是指运动员在一个方向上停止运动，即减速，以便在一个新的方向上运动，即加速。以45度切步为例，想象一名运动员正在寻找机会越过面前的防守队员。在防守队员左右两边都有空间的情况下，这名运动员决定采用45度切步来突破防守。虽然我们在专门研究关于"切步"的提示，但重要的是要认识到，执行该运动技能需要完成助跑、切步和过渡动作，因此这是一种变速运动，也是我们将要讨论的一种运动。"

姿势："你要与防守队员形成直角，这样不会让对方猜到你下一步的位置。你的姿势应与防守队员成直角，即"垂直"，身体还要保持挺直，也就是'昂首挺胸'。在开始蹬地时，你应该以'昂首挺胸'的姿势，朝着切步的方向运动，注意不要弯腰或向蹬地腿一侧倾斜。"

腿部动作（蹬地）："你要在接近防守队员时，视情况决定突然或者逐渐降低身体。充分降低（根据具体情况，高度大概是1/4蹲到半蹲对应的高度）身体后，你就用外侧脚的鞋钉用力踩地，使该侧脚保持固定不动，将自己的身体向左或者向右倾斜45度，往无人防守的空间蹬地加速。你可以将该动作视为一种有角度的加速步法。"

腿部动作（前摆）："在加速过程中，'蹬地'和'前摆'两个动作是连贯的，同样，它们在45度切步中应当也是连贯的。当外侧的蹬地腿把你推向目标方向时，内侧的摆动腿应该抬起并迈向新的方向，就像你的膝盖是车灯，你想让车灯指向你的目标方向一样。"

"如果动作规范，蹬地和摆动动作应连贯协调，使45度切步的下一步看起来就像直线加速的第1步一样。"

手臂动作："你的手臂对克服一个方向的惯性具有至关重要的作用。如此一来，你便能借着手臂的力量将惯性转到另一个方向上。就像加速时手臂和腿相对的协调运动，即外侧手臂和摆动腿的发力方向一致，而内侧手臂则与蹬地腿一样向后发力。"

提示动作＋实践动作

姿势

- ▶ 和防守队员形成直角。
- ▶ 切步时身体要坚实有力。
- ▶ 切步时要保持昂首挺胸。
- ▶ 切步时必须势不可挡。

腿部动作（蹬地）

- ▶ 蹬离地面。
- ▶ 蹬裂地面。
- ▶ 推离地面。
- ▶ 蹬地时身体要处于重心低位并保持躯干平直。

腿部动作（前摆）

- ▶ 用力冲向无防守的空间。
- ▶ 冲向防守队员的外侧。
- ▶ 沿着切步的方向或者向空位猛冲。
- ▶ 前摆时，身体要处于重心低位并保持躯干平直。

手臂动作

- ▶ 手臂猛挥。
- ▶ 划破空气。
- ▶ 变向时手臂形成扭矩。
- ▶ 手臂要朝奔跑的方向挥动或者伸出。

姿势

设置：在胸部正上方贴一条黄色胶带，腰带上方贴一条白色胶带。

提示1：在切步时使两条胶带相连。

提示2：把胸部正上方的黄色胶带推到外侧腿裤兜的内侧。

提示3：胸部正上方的黄色胶带的运动应先于切步动作。

腿部动作

设置：在两侧脚踝的外侧或正面分别贴一条白色胶带，双膝外侧或正面分别贴一条黄色胶带。

提示1：把脚踝处的白色胶带推向地面。（强调蹬地）

提示2：把膝盖处的黄色胶带推向无人防守的空间。（强调前摆）

提示3：在蹬离地面时，让身体两侧相对的胶带彼此远离。

手臂动作

设置：在两侧手腕上分别贴一条黄色胶带。

提示1：将外侧手腕上的黄色胶带推向无人防守的空间。

提示2：把外侧手腕上的黄色胶带挥向无人防守的空间。

提示3：把外侧手腕上的黄色胶带推过身体的中线。

姿势

"就像用一侧肩膀撞开一扇门一样，俯身倾斜。"（简短提示："破门而入。"）

腿部动作（蹬地）

"就像躲避攻击一侧脚踝的响尾蛇一样，向另一侧做切步。"（简短提示："不要被咬到。"）

腿部动作（前摆）

"想象你的膝盖是车灯，使其指向你前进的方向。"（简短提示："照亮道路。"）

手臂动作

"想象你的躯干是一个旋转的陀螺，将手臂挥过身体中线，朝目标方向旋转身体（陀螺）。"（简短提示："旋转陀螺。"）

多方向速度 | 侧跨步切步
描述动作 + 示范动作

执行提示

概述："变向，是指运动员在一个方向上停止运动，即减速，以便在一个新的方向上运动，即加速。以侧跨步切步为例，想象一名运动员正在寻找机会越过面前的防守队员。在防守队员左右两边都有空间的情况下，这名运动员决定采用侧跨步切步来突破防守，进入无人防守的空间。虽然我们在专门研究关于"切步"的提示，但重要的是要认识到，执行该运动技能需要完成助跑、切步和过渡动作，因此这是一种变速运动，也是我们将要讨论的一种运动。"

姿势："你要与防守队员形成直角，这样不会让对方猜到你下一步的位置。你的姿势应与防守队员成直角，即"垂直"，身体还要保持挺直，也就是"昂首挺胸"。在开始变向时，你应该保持'昂首挺胸'的姿势，朝着切步的方向运动，注意不要弯腰或向蹬地腿一侧倾斜。"

腿部动作（蹬地）："你要在接近防守队员时，视情况决定突然或者逐渐降低身体。充分降低（根据具体情况，高度大概是 1/4 蹲到半蹲对应的高度）身体后，你就用外侧脚的鞋钉用力踩地，使该侧脚保持固定不动，将自己的身体向左或者向右倾斜 90 度，冲向无人防守的空间。同时身体与奔跑的目标方向成直角。"

腿部动作（前摆）："在加速过程中，'蹬地'和'前摆'两个动作是连贯的，同样，它们在侧跨步切步中应当也是连贯的。当外侧的蹬地腿把你推向一侧时，内侧的摆动腿应该抬起并迈向一侧，指向目标方向的正前方。"

"如果动作规范，蹬地和摆动动作应连贯协调，使侧跨步切步的下一步看起来就像直线加速的第 1 步一样。"

手臂动作："你在向一侧猛冲加速时，应该通过切步快速交替腿部动作，让你的一侧手臂与对侧腿的动作保持一致。注意，你的手臂对于将侧向动量转换成线性加速度至关重要，因此，在你结束切步时需要保持手臂的高速挥动状态。"

提示动作+实践动作

姿势

- ▶ 与防守队员形成直角。
- ▶ 切步时身体要坚实有力。
- ▶ 蹬地时要保持昂首挺胸。
- ▶ 切步时必须势不可挡。

腿部动作（蹬地）

- ▶ 爆发式蹬离地面。
- ▶ 侧踏出路线。
- ▶ 向一侧蹬地。
- ▶ 迈步时身体要处于低位
  并保持平直。

腿部动作（前摆）

- ▶ 向一侧爆发式摆动。
- ▶ 向一侧摆动。
- ▶ 移动到防守队员外侧。
- ▶ 向一侧摆动时，身体要
  处于低位并保持平直。

手臂动作

- ▶ 向一侧移动时手臂放松。
- ▶ 手臂在切步时放松，在
  前摆时用力。
- ▶ 前摆时手臂向后挥动。
- ▶ 加速时手臂用力向后
  挥动。

姿势

设置：在胸部正上方贴一条黄色胶带，腰带上方贴一条白色胶带。

提示1：在整个运动过程中让两条胶带尽量相连。

提示2：把胸部正上方的黄色胶带推到外侧腿裤兜的内侧。

提示3：完成切步后，用胸部正上方的黄色胶带引导后续动作。

腿部动作

设置：在两侧脚踝的外侧或正面分别贴一条白色胶带，双膝外侧或正面分别贴一条黄色胶带。

提示1：把脚踝处的白色胶带推向一侧的地面。（强调蹬地）

提示2：把膝盖处的黄色胶带向上、向内推入一侧空间。（强调前摆）

提示3：在蹬离地面时，让身体两侧同一部位的胶带彼此远离。

手臂动作

设置：在两侧手腕上分别贴一条黄色胶带。

提示1：完成切步后把黄色胶带向后甩。

提示2：完成切步后把黄色胶带用力向后甩。

提示3：完成切步后，将黄色胶带推过你的裤兜。

姿势

"在向一侧迈步时，想象你面前有一堵墙，你必须向一侧迈步到门口才能出去。"（简短提示："走出门。"）

腿部动作（蹬地）

"想象你光着脚从一堆滚烫的炭火上迅速移开，向一侧迈步。"（简短提示："离开炭火。"）

腿部动作（前摆）

"一旦避开防守队员，进入无人防守的空间，你就要直线猛冲，就像在狭窄的走廊里冲刺一样。"（简短提示："一直猛冲。"）

手臂动作

"一旦你向一侧迈步避开防守队员，进入无人防守的空间，手臂就要加速运动，就像往身后扔一个物体（可填写物体名称）一样。"（简短提示："向后扔×××。"）

多方向速度|180度切步
描述动作+示范动作

执行提示

概述:"变向,是指运动员在一个方向上减速并停止运动,以便在一个新的方向上重新加速运动。有时某些体育运动会要求运动员练习这种高难度的运动技能,但以下描述与"专项敏捷性训练"有关,这是一项因纳入美国国家橄榄球联盟选秀大赛训练营而普及的测试。我结合执教原则,使用了许多有效提示,来帮助运动员掌握这个看似困难的运动技能。由于我们已经详细介绍了45度切步和侧跨步切步的多种提示,现在让我们进一步扩大关注范围,介绍包括接近、切步和过渡动作在内的180度切步。在这种情况下,这是一种交叉变向加速运动,也是我们将要介绍的一个动作技能。"

接近阶段:"简言之,我们将接近定义为切步动作前的3个步骤。第1步是'坐',第2步是'转',第3步则是'切'。第1步'坐'的要点是降低身体重心(呈1/4蹲至半蹲之间的姿势);第2步'转'要求运动员旋转、倾斜、俯身(呈1/4蹲或半蹲姿势);第3步'切'的要点是内侧转轴腿负重蓄力时,外侧腿冲过标记线。从'转'到'切'的转换应该快速完成。"

切步阶段:"如果接近的方法正确,动作规范,那么外侧的制动腿会刚好在线上或过线,而身体的大部分重量将会转移到内侧转轴腿上。在第2步"转"的过程中,转轴腿负重蓄力后,在第3步"切"就可以让你迅速蹬离标记线。"

过渡阶段:"和三点式起跑的前腿动作相似,内侧转轴腿完成负重蓄力后,第3步"切"只是给你提供推力来克服惯性。就像三点式起跑时,你首先会用双腿"蹬地"。一旦产生了足够的动力,你就会将紧绷的制动腿摆过你的身体,这就是所谓的交叉变向。在手臂的帮助下,这种交叉变向动作会让你达到一个强有力的加速状态。"

接近

切　　转　　坐

切步

过渡

提示动作+实践动作

注意：彩色轮廓线表示
不同的动作。

接近

切　　　转　　　坐

切步

过渡

接近阶段

▶ 坐下（坐）。
▶ 俯身倾斜（转）。
▶ 冲出标记线（切）。
▶ 出线时保持身体处于低位。

切步阶段

▶ 冲过并远离标记线。
▶ 跳过标记线。
▶ 远离标记线。
▶ 离开标记线时动作要轻巧。

过渡阶段

▶ 向终点爆发式冲刺。
▶ 用力蹬出内侧腿。
▶ 用外侧膝盖撞向终点。
▶ 外侧膝盖猛冲过裤兜。

接近阶段

设置：在腰带正上方贴一条黄色胶带。
提示1：当你俯身时，胶带转向×××
（选择一个在切步过程中你将要面对
的目标物体）。
提示2：当你过线负重蓄力时，将胶
带放低。

切步阶段

设置：在腰带正上方贴一条黄色
胶带。
提示1：保持腰部的黄色胶带在标
记线的内侧。
提示2：将腰部的黄色胶带推离标
记线。

过渡阶段

设置：在双膝外侧或正面分别贴一条
黄色胶带。
提示1：将膝盖处的黄色胶带推向终点。
提示2：使膝盖处的黄色胶带向前超过
裤兜。

接近阶段

"假设在训练室的上方有一个三角形屋顶，当你接近标记线时你位于屋顶下方。"（简短提示："到屋顶下面去。"）

切步阶段

"假设有一张面额为100美元的钞票在标记线上，你要比对手更快拿到这张现金。"（简短提示："拿到现金。"）

过渡阶段

"在边缘线过渡旋转时，保持双腿交叉和绷紧，就像脚下是峭壁一样。"（简短提示："紧靠峭壁。"）

多方向速度 | 交叉变向冲刺
描述动作＋示范动作

执行提示

概述："交叉变向动作是一种过渡动作，是指运动员在不降低速度的情况下，通过旋转身体，从面对一个方向过渡到面对另一个方向的动作。以交叉变向冲刺为例，我们可以以设想一个处于防守状态的运动员，在其内侧和外侧被突破后，必须快速交叉变向冲刺，以试图赶上进攻队员。尽管我们会特别关注关于交叉变向冲刺的提示，但更重要的是要认识到，要完成该整体动作，则需要完成接近（通常是侧滑步）、切步和过渡（即交叉变向冲刺）动作。"

姿势："一旦注意到进攻队员已经避开了你，那么你应该一直盯着他，同时昂首挺胸，仿佛在说'我不可能失败'。"

腿部动作（蹬地）："当意识到进攻队员正在向你的外侧移动时，你要迅速俯身或者下蹲，降低你的重心，并向他们的方向移动。在身体重心按照目标方向移动时，你的内侧蹬地腿应该蹬向进攻队员奔跑的方向。"

腿部动作（摆动）："我们知道在加速过程中，腿部的蹬地和摆动两个动作需相互配合协调。同样，它们也会在变向动作中相互协作。当内侧蹬地腿使你蹬向目标方向时，外侧摆动腿应该抬起并朝向新的方向，用力摆过身体。（假设膝盖是车灯，你要让车灯照向前进的方向。）"

"若动作正确规范，那么蹬地和摆动动作应连贯协调，从而使变向冲刺的下一步看起来就像直线加速的第1步一样。"

手臂动作："你的手臂在应对某方向的冲力方面具有至关重要的作用。如此一来，你便能借着手臂的力量转向另一个方向。就像加速时相对的手臂和腿能够协调运动一样，你的外侧手臂与摆动腿运动方向一致；内侧手臂会摆过身体，与向前蹬地腿的运动方向一致。"

提示动作 + 实践动作

姿势

- ▶ 追赶进攻队员。
- ▶ 跟踪进攻队员。
- ▶ 负重蓄力时保持身体伸展。
- ▶ 蹬地时保持昂首挺胸。

腿部动作（蹬地）

- ▶ 用力蹬离地面。
- ▶ 蹬离地面。
- ▶ 蹬地时身体要降低重心。
- ▶ 蹬地时保持身体平直。

腿部动作（摆动）

- ▶ 奋力追赶进攻队员。
- ▶ 追击进攻队员。
- ▶ 变向猛冲（朝向目标方向）。
- ▶ 变向猛冲时身体要保持重心在同一水平面。

手臂动作

- ▶ 前臂用力挥动。
- ▶ 前臂向后挥动。
- ▶ 转身时手臂产生扭矩。
- ▶ 奔跑时伸展手臂。

姿势

设置：在胸部正上方贴一条黄色胶带，腰带上方贴一条白色胶带。

提示1：在变向运动中，使两条胶带一直对齐。

提示2：将胸部正上方的黄色胶带推过内侧裤兜。

提示3：在做变向动作时，先用胸部正上方的黄色胶带引导动作。

腿部动作

设置：在两侧脚踝的外侧或正面分别贴一条白色胶带，双膝外侧或正面分别贴一条黄色胶带。

提示1：把脚踝处的白色胶带推向地面。（强调蹬地）

提示2：把膝盖处的黄色胶带推向冲刺的方向。（强调摆动）

提示3：在蹬离地面时，使身体两侧相对的胶带相互远离。

手臂动作

设置：在两侧手腕上分别贴一条黄色胶带。

提示1：让内侧的黄色胶带冲向冲刺的目标空间。

提示2：把内侧的黄色胶带挥向冲刺的目标空间。

提示3：把内侧的黄色胶带推过身体的中线。

姿势

"像导弹发射一样进行变向动作。"
（简短提示："发射。"）

腿部动作（蹬地）

"假设你正在和一名田径运动员赛跑，你需要运用交叉变向动作蹬地，以免被撞出跑道。（让运动员面对面，在给定的距离内比赛。）"

腿部动作（摆动）

"就像要用膝盖把棒球从一个低球座上击出一样猛冲。"（简短提示："击球。"）

手臂动作

"想象地上有一根弹力带把你的内侧手臂向后拉，在向外蹬地时要扯断这根弹力带。"（简短提示："扯断弹力带。"）

多方向速度｜交叉步跑
描述动作＋示范动作

执行提示

概述："交叉步跑是一种用来追赶对手的运动技能，该行为在防守场景中十分常见。在交叉步跑的场景中，设想一个处于防守状态的运动员，需要追赶向前奔跑的进攻队员来守住位置或者截停对方。在美式橄榄球比赛中，这种运动技能可以让防守队员在面对外接手时守住位置。同样，在橄榄球比赛中，交叉步跑也可以让防守队员迫使对手越界或回到内场，这样对手就有可能被防守队员或其队友攻破。交叉步跑在改变角度以向后追赶快速奔跑的对手方面，是一种十分有效的运动技能。"

姿势："始终把目光集中在对手身上，并且在追赶时保持昂首挺胸。"

腿部动作（蹬地）："当你意识到进攻队员正在奔跑时，你要迅速俯身或者下蹲，降低重心，并朝他们的奔跑方向移动。在身体重心按照目标方向移动时，内侧和外侧腿交替蹬地，使其向进攻队员奔跑的方向追赶。"

腿部动作（摆动）："我们知道在加速过程中，腿部的蹬地和摆动两个动作需相互配合协调。同样，它们也会在交叉步跑中相互协作。当内侧蹬地腿把你蹬向目标方向时，你的外侧摆动腿应该抬起并朝同一个方向摆动，用力摆过身体。（假设你的膝盖是手电筒，光线会照向前进的方向。）"

"若动作正确规范，那么蹬地和摆动动作会交替进行，使你能够以所需的角度向后加速运动。"

手臂动作："就像加速时一侧手臂和对侧腿会相互协调运动一样，与摆动腿相对的手臂向前挥动，而与蹬地腿相对的手臂则向后挥动。"

提示动作+实践动作

姿势
- ▶ 追赶进攻队员。
- ▶ 贴上进攻队员。
- ▶ 追赶时背部保持平直。
- ▶ 蹬地时保持身体伸展。

腿部动作（蹬地）
- ▶ 沿着标记线用力蹬腿。
- ▶ 反向追赶。
- ▶ 迅速蹬离地面。
- ▶ 蹬地时保持身体平直。

腿部动作（摆动）
- ▶ 封闭空间。
- ▶ 追赶空间。
- ▶ 沿标记线摆动双腿。
- ▶ 冲离地面。

手臂动作
- ▶ 划破空气。
- ▶ 挥向空中。
- ▶ 手臂向后挥动。
- ▶ 将手臂砸向后方。

姿势
设置：在胸部正上方贴一条黄色胶带，腰带上方贴一条白色胶带。

提示1：在奔跑过程中保持两条胶带对齐。

提示2：在奔跑时，保持胸部正上方的黄色胶带朝向进攻队员。

提示3：在奔跑时，胸部正上方的黄色胶带的移动在先。

腿部动作
设置：在两侧脚踝的外侧或正面分别贴一条白色胶带，双膝外侧或正面分别贴一条黄色胶带。

提示1：使脚踝处的白色胶带蹬向地面。（强调蹬地）

提示2：将膝盖处的黄色胶带摆向冲刺的方向。（强调摆动）

提示3：蹬离地面时，身体两侧的胶带相互远离。

手臂动作
设置：在两侧手腕上分别贴一条黄色胶带。

提示1：将黄色胶带向后挥动。

提示2：将黄色胶带用力向后挥动。

提示3：将黄色胶带推过裤兜。

姿势

"假设你有超人那样的特异功能，你用眼睛射出的激光瞄准进攻队员的髋部。"（简短提示："激光锁定。"）

腿部动作（蹬地）

"假设地面是一面鼓，每跑一步都会快速发出高声鼓点——嘣、嘣、嘣。"（简短提示："发出鼓点声"或"敲出鼓点"。）

腿部动作（摆动）

"一旦确定了标记线，就要想象它是悬崖边缘，而你在悬崖边缘奔跑。"（简短提示："在悬崖边缘。"）

手臂动作

"想象你的前臂是《终结者2》（*Terminator 2*）中T-1000机器人的金属刀片，用力挥动前臂，划破空气。"（简短提示："挥动前臂、划破空气。"）

多方向速度 | 后撤步转身冲刺
描述动作＋示范动作

执行提示

概述： "后撤步转身冲刺是一种过渡动作，是指运动员在不降低速度的情况下，通过旋转身体，从面对一个方向过渡到面对另一个方向的动作。以后撤步转身冲刺为例，我们可以设想一个通过后撤保持防守位置的运动员，在其两侧被攻破后，必须快速后撤步转身冲刺，以试图赶上进攻队员。尽管我们会特别关注关于后撤步转身冲刺的提示，但更重要的是要认识到，要完成该动作，则需要完成接近（通常是后退步）、切步和过渡（即后撤步接冲刺）动作。注意，交叉变向冲刺通常用于转体90度和135度之间的过渡，而后撤步转身冲刺通常用于转体90度和180度之间的过渡。使用哪种运动技能取决于运动员的身体素质、动作偏好和当时的情况。"

姿势： "一旦注意到进攻队员已经绕开了你，那么你应该一直盯着他们，并保持昂首挺胸，紧追进攻队员。"

腿部动作（蹬地）： "当意识到进攻队员正在向你的外侧移动时，你要迅速俯身或者下蹲，降低身体重心，并朝他们的运动方向旋转（外侧腿）。在追赶进攻队员时，你要从旋转过渡到蹬地，用外侧蹬地腿蹬地，从而朝进攻队员奔跑的方向追赶。"

腿部动作（摆动）： "我们知道在加速过程中，腿部的蹬地和摆动动作需相互配合协调。同样，它们也会在后撤步动作中相互协调。当你的外侧蹬地腿把你蹬向目标方向时，你的内侧摆动腿应该抬起并摆向新的方向。"

"若动作正确规范，那么蹬地和摆动动作便相互协调，从而使后撤步转身冲刺的下一步看起来就像直线加速的第1步一样。"

手臂动作： "你的手臂在传递一个方向的冲力方面具有至关重要的作用。如此一来，你便能借着手臂的力量将一个方向的冲力转到另一个方向。就像加速时相对的手臂和腿的协调运动一样，你的外侧手臂向前摆过身体，与摆动腿的方向一致；而你的内侧手臂则向后甩向蹬地腿。"

提示动作 + 实践动作

姿势

► 追赶进攻队员。

► 与进攻队员做"镜面练习"。

► 蹬地时背部保持平直。

► 蹬地时保持昂首挺胸。

腿部动作（蹬地）

► 向后爆发式蹬地。

► 蹬离地面。

► 通过转轴腿蹬地。

► 蹬地时保持背部平直。

腿部动作（摆动）

► 向身后爆发式摆动。

► 开启你身后的空间。

► 通过转轴腿摆动。

► 张开双腿挥动或扫动。

手臂动作

► 内侧臂的手肘用力向后挥动。

► 内侧臂的手肘向后挥动。

► 在你旋转时，手臂将产生一个扭矩。

► 转身时手肘挥向空中。

姿势

设置：在胸部正上方贴一条黄色胶带，腰带上方贴一条白色胶带。

提示1：后撤步时保持两条胶带相连。

提示2：后撤步时，将两条胶带向后推。

提示3：开始后撤步转身时，胸部正上方的黄色胶带应该紧追进攻队员。

腿部动作

设置：在两侧脚踝的外侧或正面分别贴一条白色胶带，双膝外侧或正面分别贴一条黄色胶带。

提示1：将脚踝处的白色胶带向后蹬向地面。（强调蹬地）

提示2：把膝盖处的黄色胶带摆向目标方向。（强调摆动）

提示3：蹬离地面时，身体两侧的胶带相互远离。

手臂动作

设置：在两侧手肘的后侧或外侧分别贴一条黄色胶带。

提示1：把内侧手肘上的黄色胶带向后甩。

提示2：向后挥动内侧手肘上的黄色胶带。

提示3：用力向后挥动内侧手肘上的黄色胶带。

姿势

"想象你的胸膛有一盏聚光灯（像钢铁侠一样），你要把光线一直对准进攻队员。"（简短提示："将光束对准他们。"）

腿部动作（蹬地）

"就好像在美式橄榄球中有防守队员拦截你一样，爆发式向后撤步远离。"

腿部动作（摆动）

"假设你的身体是一扇门，后撤时把门打开。"（简短提示："开门。"）

手臂动作

"就像朝身后猛击一个拦截你的假人一样，把你的内侧手肘向后或向周围推。"（简短提示："猛击假人。"）

多方向速度 | 后退步
描述动作 + 示范动作

执行提示

概述："后退步是一种用于追赶对手的运动技能，在防守场景中十分常见。在做后退步时，设想一个处于防守状态的运动员，需要追赶向前奔跑的进攻队员来守住自己的位置或者截停对方。在美式橄榄球比赛中，这种运动技能可以让防守队员在面对跑向前场的外接手时守住自己的位置。同样，在橄榄球比赛中，这种运动技能也可以让防守队员退回到防守线上。后退步是实现向正后方短距离移动的一种十分有效的方式，但是如果需要加速或者变向，可以使用交叉变向跑。"

姿势："在做后退步时，始终把目光集中在进攻队员身上，保持背部平直，昂首挺胸。"

腿部动作（蹬地）："当意识到进攻队员正在移动时，你要迅速俯身或者下蹲，降低你的重心，保持 1/4 蹲姿势。随着重心不断降低和身体不断前倾，你要以双腿交替的方式快速向前蹬地，从而向后移动。"

腿部动作（收腿）："一条腿蹬地的同时，另一条腿要抬起。这个微妙的动作技巧需要你弯曲膝盖，便于你再次快速伸展，并在下一步中蹬地。"

"头、躯干（姿态）和大腿应该保持稳定或不动，后退步中的任何动作都需要膝盖的伸展和弯曲，还需要手臂交替挥动进行配合。"

手臂动作："手臂的动作幅度要比冲刺跑时小得多，但是手臂仍然需要交替挥动。对侧腿蹬地时，手臂向前挥动；对侧腿抬起时，手臂向后挥动。"

提示动作＋实践动作

姿势

▶ 与进攻队员位于一条直线上。

▶ 始终在进攻队员的前方。

▶ 蹬地时背部保持平直。

▶ 蹬地时保持昂首挺胸。

腿部动作（蹬地）

▶ 快速前蹬。

▶ 迅速蹬离地面。

▶ 轻轻弹离地面。

▶ 蹬地时俯身降低重心。

腿部动作（收腿）

▶ 脚跟向后裤兜方向轻甩。

▶ 微抬脚跟。

▶ 脚跟位于腘绳肌的后面。

▶ 以最快的速度蹬高地面。

手臂动作

▶ 手臂用力挥动。

▶ 手臂快速挥动。

▶ 划破空气。

▶ 向空中快速挥动。

姿势

设置：在胸部正上方贴一条黄色胶带，腰带上方贴一条白色胶带。

提示1：做后退步时，不要让胶带相互靠近。

提示2：使胸部正上方的黄色胶带一直在腰部的白色胶带的前面。

提示3：确保进攻队员能看到你胸部正上方的黄色胶带。

腿部动作

设置：在两侧脚踝的外侧或正面分别贴一条白色胶带，双膝外侧或正面分别贴一条黄色胶带。

提示1：把脚踝处的白色胶带向地面。（强调蹬地）

提示2：使脚踝处的白色胶带在膝盖处的黄色胶带的前面轻轻弹起。（强调蹬地）

提示3：把脚踝处的白色胶带抬至膝盖处的黄色胶带的后面。（强调收腿）

手臂动作

设置：在两侧手腕的背面或外侧分别贴一条黄色胶带。

提示1：使黄色胶带向后甩。

提示2：使黄色胶带向后挥动。

提示3：将黄色胶带推进裤兜。

姿势

"想象你头上顶着一本书（或其他物品），注意不要让书掉下来。"（简短提示："让书保持平衡。"）

腿部动作（蹬地）

"想象你的裤子和脚跟之间连着一根弹力带，你要在后撤步时迅速拉伸这根弹力带。"（简短提示："拉伸弹力带。"）

腿部动作（收腿）

"想象你赤脚站在灼热的柏油路上，你要尽快抬脚离开路面。"（简短提示："抬离地面。"）

手臂动作

"把你的手臂想象成大钟里的钟锤，尽可能快地敲击大钟。"（简短提示："敲钟。"）

参考文献

第 1 章

[1] Bjork, EL, and Bjork, RA. Making things hard on yourself, but in a good way: Creating desirable difficulties to enhance learning. In *Psychology and the Real World: Essays Illustrating Fundamental Contributions to Society*. Gernbacher, MA, Pew, RW, Hough, LM, and Pomerantz, JR, eds. New York: Worth, 56–64, 2011.

[2] Brady, F. The contextual interference effect and sport skills. *Perceptual and Motor Skills* 106: 461–472, 2008.

[3] Cahill, L, McGaugh, JL, and Weinberger, NM. The neurobiology of learning and memory: Some reminders to remember. *Trends in Neuroscience* 24: 578–581, 2001.

[4] Farrow, D, and Buszard, T. Exploring the applicability of the contextual interference effect in sports practice. *Progress in Brain Research* 234: 69–83, 2017.

[5] Guadagnoli, MA, and Lee, TD. Challenge point: A framework for conceptualizing the effects of various practice conditions in motor learning. *Journal of Motor Behavior* 36: 212–224, 2004.

[6] Johnson, L, Burridge, JH, and Demain, SH. Internal and external focus of attention during gaitre-education: An observational study of physical therapist practice in stroke rehabilitation. *Physical Therapy* 93: 957–966, 2013.

[7] Kantak, SS, and Winstein, CJ. Learning-performance distinction and memory processes for motor skills: A focused review and perspective. Behavioural Brain Research 228:219–231, 2012.

[8] Morin, J-B, Slawinski, J, Dorel, S, Couturier, A, Samozino, P, Brughelli, M, and Rabita, G. Acceleration capability in elite sprinters and ground impulse: Push more, brake less? *Journal of Biomechanics* 48: 3149–3154, 2015.

[9] Porter, JM, and Beckerman, T. Practicing with gradual increases in contextual interference enhances visuomotor learning. *Kinesiology: International Journal of Fundamental and Applied Kinesiology* 48: 244–250, 2016.

[10] Porter, JM, and Magill, RA. Systematically increasing contextual interference is beneficial for learning sport skills. *Journal of Sports Sciences* 28: 1277–1285, 2010.

[11] Porter, JM, and Saemi, E. Moderately skilled learners benefit by practicing with systematic increases in contextual interference. *International Journal of Coaching Science* 4: 61–71, 2010.

[12] Porter, JM, Wu, W, and Partridge, J. Focus of attention and verbal instructions: Strategies of elite track and field coaches and athletes. *Sport Science Review* XIX: 199–211, 2010.

[13] Schmidt, RA, and Bjork, RA. New conceptualizations of practice: Common principles in three paradigms suggest new concepts for training. *Psychological Science* 3: 207–218, 1992.

[14] Shea, JB, and Morgan, RL. Contextual interference effects on the acquisition, retention, and transfer of a motor skill. *Journal of Experimental Psychology: Human Learning and Memory* 5: 179, 1979.

[15] Soderstrom, NC, and Bjork, RA. Learning versus performance: An integrative review. *Perspectives on Psychological Science* 10: 176–199, 2015.

[16] Weyand, PG, Sternlight, DB, Bellizzi, MJ, and Wright, S. Faster top running speeds are achieved with greater ground forces not more rapid leg movements. *Journal of Applied Physiology* 89: 1991–1999, 2000.

[17] Wulf, G. *Attention and Motor Skill Learning*. Champaign, IL: Human Kinetics, 2007.

[18] Wulf, G. Attentional focus and motor learning: A review of 15 years. *International Review of Sport and Exercise Psychology* 6: 77–104, 2013.

[19] Wulf, G, McConnel, N, Gartner, M, and Schwarz, A. Enhancing the learning of sport skills through external-focus feedback. *Journal of Motor Behavior* 34: 171–182, 2002.

[20] Young, W, McLean, B, and Ardagna, J. Relationship between strength qualities and sprinting performance. *Journal of Sports Medicine and Physical Fitness* 35: 13–19, 1995.

[21] PGA Tour. Funny golf tip from J.C. Anderson. December 2010.

第2章

[1] Anderson, BA. A value–driven mechanism of attentional selection. *Journal of Vision* 13: 7, 2013.

[2] Anderson, BA. The attention habit: How reward learning shapes attentional selection. *Annals of the New York Academy of Sciences* 1369: 24–39, 2016.

[3] Baird, B, Smallwood, J, Mrazek, MD, Kam, JW, Franklin, MS, and Schooler, JW. Inspired by distraction: Mind wandering facilitates creative incubation. *Psychological Science* 23: 1117–1122, 2012.

[4] Baker, J, Côte, J, and Abernethy, B. Sport-specific practice and the development of expert decisionmaking in team ball sports. *Journal of Applied Sport Psychology* 15: 12–25, 2003.

[5] Baker, J, Côté, J, and Abernethy, B. Learning from the experts: Practice activities of expert decision makers in sport. *Research Quarterly for Exercise and Sport* 74: 342–347, 2003.

[6] Bjork, EL, and Bjork, RA. Making things hard on yourself, but in a good way: Creating desirable difficulties to enhance learning. In *Psychology and the Real World: Essays Illustrating Fundamental Contributions to Society*. Gernbacher, MA, Pew, RW, Hough, LM, and Pomerantz, JR, eds. New York: Worth, 56–64, 2011.

[7] Brault, S, Bideau, B, Kulpa, R, and Craig, C. Detecting deceptive movement in 1 vs. 1 based on global body displacement of a rugby player. *International Journal of Virtual Reality* 8, 2009.

[8] Connor, JD, Crowther, RG, and Sinclair, WH. Effect of different evasion maneuvers on anticipation and visual behavior in elite Rugby League players. *Motor Control* 22: 18–27, 2018.

[9] Conway, AR, Cowan, N, and Bunting, MF. The cocktail party phenomenon revisited: The importance of working memory capacity. *Psychonomic Bulletin & Review* 8: 331–335, 2001.

[10] Coyle, D. *The Little Book of Talent: 52 Tips for Improving Your Skills*. New York: Bantam, 2012.

[11] Craig, A. Interoception: The sense of the physiological condition of the body. *Current Opinion in Neurobiology* 13: 500–505, 2003.

[12] Csikentmihalyi, M. *Flow: The Psychology of Optimal Experience*. New York: HarperCollins, 1990.

[13] Downar, J, Crawley, AP, Mikulis, DJ, and Davis, KD. A cortical network sensitive to stimulus salience in a neutral behavioral context across multiple sensory modalities. *Journal of Neurophysiology* 87: 615–620, 2002.

[14] Ericsson, A, and Pool, R. *Peak: Secrets From the New Science of Expertise*. Boston: Houghton Mifflin Harcourt, 2016.

[15] Ericsson, KA. Deliberate practice and acquisition of expert performance: A general overview. *Academic Emergency Medicine* 15: 988–994, 2008.

[16] Ericsson, KA, Krampe, RT, and Tesch-Römer, C. The role of deliberate practice in the acquisition of expert performance. *Psychological Review* 100: 363, 1993.

[17] Fan, J, McCandliss, BD, Fossella, J, Flombaum, JI, and Posner, MI. The activation of attentional networks. *Neuroimage* 26: 471–479, 2005.

[18] Fecteau, JH, and Munoz, DP. Salience, relevance, and firing: A priority map for target selection.*Trends in Cognitive Sciences* 10: 382–390, 2006.

[19] Fitts, PM. Categories of human learning. In *Perceptual-Motor Skills Learning*. Melton, AW, ed. New York: Academic Press, 1964.

[20] Fitts, PM, and Posner, MI. *Human Performance*. Belmont, CA: Brooks/Cole, 1967.

[21] Gallagher, W. *New: Understanding Our Need for Novelty and Change*. New York: Penguin, 2011.

[22] Gegenfurtner, A, Lehtinen, E, and Säljö, R. Expertise differences in the comprehension of visualizations: A

metaanalysis of eye-tracking research in professional domains. *Educational Psychology Review* 23: 523–552, 2011.

[23] Guadagnoli, MA, and Lee, TD. Challenge point: A framework for conceptualizing the effects of various practice conditions in motor learning. *Journal of Motor Behavior* 36: 212–224, 2004.

[24] Güllich, A. Many roads lead to Rome: Developmental paths to Olympic gold in men's field hockey. *European Journal of Sport Science* 14: 763–771, 2014.

[25] Hambrick, DZ, Oswald, FL, Altmann, EM, Meinz, EJ, Gobet, F, and Campitelli, G. Deliberate practice: Is that all it takes to become an expert? *Intelligence* 45: 34–45, 2014.

[26] Kahneman, D. *Thinking, Fast and Slow*. New York: Macmillan, 2011.

[27] Killingsworth, MA, and Gilbert, DT. A wandering mind is an unhappy mind. *Science* 330: 932–932, 2010.

[28] Levitin, DJ. *The Organized Mind: Thinking Straight in the Age of Information Overload*. New York: Penguin, 2014.

[29] Locke, EA, and Latham, GP. *A Theory of Goal Setting & Task Performance*. Englewood Cliffs, NJ: Prentice Hall, 1990.

[30] Locke, EA, and Latham, GP. Building a practically useful theory of goal setting and task motivation: A 35-year odyssey. *American Psychologist* 57: 705, 2002.

[31] Macnamara, BN, Moreau, D, and Hambrick, DZ. The relationship between deliberate practice and performance in sports: A meta-analysis. *Perspectives on Psychological Science* 11: 333–350, 2016.

[32] Magill, R, and Anderson, D. Augmented feedback. In *Motor Learning and Control: Concepts and Applications*. 11th ed. New York: McGraw-Hill Education, 2017.

[33] McVay, JC, and Kane, MJ. Why does working memory capacity predict variation in reading comprehension? On the influence of mind wandering and executive attention. *Journal of Experimental Psychology: General* 141: 302, 2012.

[34] Menon, V, and Uddin, LQ. Saliency, switching, attention and control: A network model of insula function. *Brain Structure and Function* 214: 655–667, 2010.

[35] Mooneyham, BW, and Schooler, JW. The costs and benefits of mind-wandering: A review. *Canadian Journal of Experimental Psychology/Revue canadienne de psychologie expérimentale* 67: 11, 2013.

[36] Paus, T. Primate anterior cingulate cortex: Where motor control, drive and cognition interface. *Nature Reviews Neuroscience* 2: 417, 2001.

[37] Petersen, SE, and Posner, MI. The attention system of the human brain: 20 years after. *Annual Review of Neuroscience* 35: 73–89, 2012.

[38] Posner, MI. *Attention in a Social World*. United Kingdom: Oxford University Press, 2011.

[39] Posner, MI, and Fan, J. Attention as an organ system. *Topics in Integrative Neuroscience* 31–61, 2008.

[40] Posner, MI, and Rothbart, MK. Research on attention networks as a model for the integration of psychological science. *Annual Review of Psychology* 58: 1–23, 2007.

[41] Ptak, R. The frontoparietal attention network of the human brain: Action, saliency, and a priority map of the environment. *The Neuroscientist* 18: 502–515, 2012.

[42] Raichle, ME. The brain's default mode network. *Annual Review of Neuroscience* 38: 433–447, 2015.

[43] Raichle, ME, MacLeod, AM, Snyder, AZ, Powers, WJ, Gusnard, DA, and Shulman, GL. A default mode of brain function. *Proceedings of the National Academy of Sciences* 98: 676–682, 2001.

[44] Raichle, ME, and Mintun, MA. Brain work and brain imaging. *Annual Review of Neuroscience* 29: 449–476, 2006.

[45] Randall, JG, Oswald, FL, and Beier, ME. Mind-wandering, cognition, and performance: A theorydriven meta-analysis of attention regulation. *Psychological Bulletin* 140: 1411, 2014.

[46] Smallwood, J, and Schooler, JW. The restless mind. *Psychological Bulletin* 132: 946, 2006.

[47] Sridharan, D, Levitin, DJ, and Menon, V. A critical role for the right fronto-insular cortex in switching between central-executive and default-mode networks. *Proceedings of the National Academy of Sciences* 105: 12569–12574, 2008.

[48] Tucker, R, and Collins, M. What makes champions? A review of the relative contribution of genes and training to sporting success. *British Journal of Sports Medicine* 46: 555–561, 2012.

[49] Uddin, LQ. Salience processing and insular cortical function and dysfunction. *Nature Reviews Neuroscience* 16: 55, 2015.

[50] Unsworth, N, and McMillan, BD. Mind wandering and reading comprehension: Examining the roles of working memory capacity, interest, motivation, and topic experience. *Journal of Experimental Psychology: Learning, Memory, and Cognition* 39: 832, 2013.

[51] Ward, P, Hodges, NJ, Starkes, JL, and Williams, MA. The road to excellence: Deliberate practice and the development of expertise. *High Ability Studies* 18: 119–153, 2007.

[52] James, W. *The Principles of Psychology*. New York: Dover Publications, 1890.

[53] Gladwell, M. *Outliers: The Story of Success*. United Kingdom: Hachette, 2008.

[54] Damasio, A. *Descartes' Error: Emotion, Reason, and the Human Brain*. New York: Putnam, 1994.

第3章

[1] Adolphs, R, Cahill, L, Schul, R, and Babinsky, R. Impaired declarative memory for emotional material following bilateral amygdala damage in humans. *Learning & Memory* 4: 291–300, 1997.

[2] Akkal, D, Dum, RP, and Strick, PL. Supplementary motor area and presupplementary motor area:Targets of basal ganglia and cerebellar output. *Journal of Neuroscience* 27: 10659–10673, 2007.

[3] Atkinson, RC, and Shiffrin, RM. Human memory: A proposed system and its control processes.In Psychology of Learning and Motivation. *Elsevier*, 89–195, 1968.

[4] Baddeley, A. The episodic buffer: A new component of working memory? *Trends in Cognitive Sciences* 4: 417–423, 2000.

[5] Baddeley, A. Working memory: Looking back and looking forward. Nature Reviews Neuroscience 4: 829, 2003.

[6] Baddeley, A. Working memory: Theories, models, and controversies. *Annual Review of Psychology* 63: 1–29, 2012.

[7] Baddeley, AD, and Hitch, G. Working memory. In Psychology of Learning and Motivation. *Elsevier*, 47–89, 1974.

[8] Ballanger, B, Thobois, S, Baraduc, P, Turner, RS, Broussolle, E, and Desmurget, M. "Paradoxical kinesis" is not a hallmark of Parkinson's disease but a general property of the motor system. *Movement Disorders* 21: 1490–1495, 2006.

[9] Barclay, JR, Bransford, JD, Franks, JJ, McCarrell, NS, and Nitsch, K. Comprehension and semantic flexibility. *Journal of Verbal Learning and Verbal Behavior* 13: 471–481, 1974.

[10] Bergson, H. *Matter and Memory*. New York: Macmillan, 1911.

[11] Biran, Md. *The Influence of Habit on the Faculty of Thinking*. Baltimore: Williams & Wilkins, 1929.

[12] Bower, GH. Mood and memory. *American Psychologist* 36: 129, 1981.

[13] Boyd, LA, and Winstein, CJ. Cerebellar stroke impairs temporal but not spatial accuracy during implicit motor learning. *Neurorehabilitation and Neural Repair* 18: 134–143, 2004.

[14] Broadbent, DE. *Perception and Communication*. New York: Pergamon Press, 1958.

[15] Buszard, T, Farrow, D, Verswijveren, S, Reid, M, Williams, J, Polman, R, Ling, FCM, and Masters, RSW. Working memory capacity limits motor learning when implementing multiple instructions. *Front Psychol* 8:

1350, 2017.

[16] Cahill, L, Haier, RJ, Fallon, J, Alkire, MT, Tang, C, Keator, D, Wu, J, and Mcgaugh, JL. Amygdala activity at encoding correlated with long-term, free recall of emotional information. *Proceedings of the National Academy of Sciences* 93: 8016–8021, 1996.

[17] Cahill, L, Prins, B, Weber, M, and McGaugh, JL. \gb\-adrenergic activation and memory for emotional events. *Nature* 371: 702, 1994.

[18] Casasanto, D, and Dijkstra, K. Motor action and emotional memory. *Cognition* 115: 179–185, 2010.

[19] Cowan, N. Evolving conceptions of memory storage, selective attention, and their mutual constraints within the human information–processing system. *Psychological Bulletin* 104: 163, 1988.

[20] Cowan, N. The magical number 4 in short–term memory: A reconsideration of mental storage capacity. *The Behavioral and Brain Sciences* 24: 87–185, 2001.

[21] Cowan, N. The magical mystery four: How is working memory capacity limited, and why? *Current Directions in Psychological Science* 19: 51–57, 2010.

[22] Craik, FI, and Lockhart, RS. Levels of processing: A framework for memory research. *Journal of Verbal Learning and Verbal Behavior* 11: 671–684, 1972.

[23] Craik, FI, and Tulving, E. Depth of processing and the retention of words in episodic memory. *Journal of Experimental Psychology: General* 104: 268, 1975.

[24] Cushion, CJ, and Jones, R. A systematic observation of professional top–level youth soccer coaches. *Journal of Sport Behavior* 24: 354, 2001.

[25] DeLong, MR, and Wichmann, T. Circuits and circuit disorders of the basal ganglia. *Archives of Neurology* 64: 20–24, 2007.

[26] Dijkstra, K, Kaschak, MP, and Zwaan, RA. Body posture facilitates retrieval of autobiographical memories. *Cognition* 102: 139–149, 2007.

[27] Doyon, J, Bellec, P, Amsel, R, Penhune, V, Monchi, O, Carrier, J, Lehéricy, S, and Benali, H. Contributions of the basal ganglia and functionally related brain structures to motor learning. *Behavioural Brain Research* 199: 61–75, 2009.

[28] Eichenbaum, H. *The Cognitive Neuroscience of Memory: An Introduction*. New York: Oxford University Press, 2011.

[29] Eichenbaum, H. Two distinct stages of memory consolidation. In *The Cognitive Neuroscience of Memory: An Introduction*. New York: Oxford University Press, 317–350, 2011.

[30] Elbert, T, Pantev, C, Wienbruch, C, Rockstroh, B, and Taub, E. Increased cortical representation of the fingers of the left hand in string players. *Science* 270: 305–307, 1995.

[31] Ford, PR, Yates, I, and Williams, AM. An analysis of practice activities and instructional behaviours used by youth soccer coaches during practice: Exploring the link between science and application. *Journal of Sports Sciences* 28: 483–495, 2010.

[32] Fried, I, Haggard, P, He, BJ, and Schurger, A. Volition and action in the human brain: processes, pathologies, and reasons. *Journal of Neuroscience* 37: 10842–10847, 2017.

[33] Fried, I, Katz, A, McCarthy, G, Sass, KJ, Williamson, P, Spencer, SS, and Spencer, DD. Functional organization of human supplementary motor cortex studied by electrical stimulation. *Journal of Neuroscience* 11: 3656–3666, 1991.

[34] Gaser, C, and Schlaug, G. Brain structures differ between musicians and non–musicians. *Journal of Neuroscience* 23: 9240–9245, 2003.

[35] Glickstein, M, and Stein, J. Paradoxical movement in Parkinson's disease. *Trends in Neurosciences* 14:480–482, 1991.

[36] Haslinger, B, Erhard, P, Altenmüller, E, Hennenlotter, A, Schwaiger, M, Gräfin von Einsiedel, H, Rummeny, E, Conrad, B, and Ceballos-Baumann, AO. Reduced recruitment of motor association areas during bimanual coordination in concert pianists. *Human Brain Mapping* 22: 206–215, 2004.

[37] Herculano-Houzel, S. The human brain in numbers: A linearly scaled-up primate brain. *Frontiers in Human Neuroscience* 3: 31, 2009.

[38] Isen, AM, Shalker, TE, Clark, M, and Karp, L. Affect, accessibility of material in memory, and behavior: A cognitive loop? *Journal of Personality and Social Psychology* 36: 1, 1978.

[39] Jahanshahi, M, Jenkins, IH, Brown, RG, Marsden, CD, Passingham, RE, and Brooks, DJ. Selfinitiated versus externally triggered movements: I. An investigation using measurement of regional cerebral blood flow with PET and movement-related potentials in normal and Parkinson's disease subjects. *Brain* 118: 913–933, 1995.

[40] James, W. *The Principles of Psychology*. New York: Dover Publications, 1890.

[41] Jenkins, IH, Jahanshahi, M, Jueptner, M, Passingham, RE, and Brooks, DJ. Self-initiated versus externally triggered movements: II. The effect of movement predictability on regional cerebral blood flow. *Brain* 123: 1216–1228, 2000.

[42] Kane, MJ, and Engle, RW. The role of prefrontal cortex in working-memory capacity, executive attention, and general fluid intelligence: An individual-differences perspective. *Psychonomic Bulletin & Review* 9: 637–671, 2002.

[43] LePort, AK, Mattfeld, AT, Dickinson-Anson, H, Fallon, JH, Stark, CE, Kruggel, F, Cahill, L, and McGaugh, JL. Behavioral and neuroanatomical investigation of highly superior autobiographical memory (HSAM). *Neurobiology of Learning and Memory* 98: 78–92, 2012.

[44] Lim, I, van Wegen, E, de Goede, C, Deutekom, M, Nieuwboer, A, Willems, A, Jones, D, Rochester, L, and Kwakkel, G. Effects of external rhythmical cueing on gait in patients with Parkinson's disease: A systematic review. *Clinical Rehabilitation* 19: 695–713, 2005.

[45] Lisberger, SG, and Thach, WT. The cerebellum. In *Principles of Neural Science*. 5th ed. Kandel, ER, Schwartz, JH, Jessell, TM, Siegelbaum, SA, Hudspeth, AJ, eds. New York: McGraw-Hill, 2013.

[46] Loukas, C, and Brown, P. Online prediction of self-paced hand-movements from subthalamic activity using neural networks in Parkinson's disease. *Journal of Neuroscience Methods* 137: 193–205, 2004.

[47] Magill, RA, and Anderson, DI. Memory components, forgetting, and strategies. In *Motor Learning and Control: Concepts and Applications*. 11th ed. New York: McGraw-Hill Education, 2017.

[48] Maguire, EA, Gadian, DG, Johnsrude, IS, Good, CD, Ashburner, J, Frackowiak, RS, and Frith, CD. Navigation-related structural change in the hippocampi of taxi drivers. *Proceedings of the National Academy of Sciences* 97: 4398–4403, 2000.

[49] Maguire, EA, Valentine, ER, Wilding, JM, and Kapur, N. Routes to remembering: The brains behind superior memory. *Nature Neuroscience* 6: 90, 2003.

[50] Manto, M, Bower, JM, Conforto, AB, Delgado-García, JM, da Guarda, SNF, Gerwig, M, Habas, C, Hagura, N, Ivry, RB, Mariën, P, Molinari, M, Naito, E, Nowak, DA, Ben Taib, NO, Pelisson, D, Tesche, CD, Tilikete, C, and Timmann, D. Consensus paper: Roles of the cerebellum in motor control—The diversity of ideas on cerebellar involvement in movement. *Cerebellum (London, England)* 11: 457–487, 2012.

[51] McGaugh, JL. Memory: A century of consolidation. *Science* 287: 248–251, 2000.

[52] McRobbie, LR. Total recall: The people who never forget. *The Guardian*. February 2017.

[53] Miller, EK, and Cohen, JD. An integrative theory of prefrontal cortex function. *Annual Review of Neuroscience* 24: 167–202, 2001.

[54] Milner, B, Corkin, S, and Teuber, H-L. Further analysis of the hippocampal amnesic syndrome:14-year follow-up study of HM. *Neuropsychologia* 6: 215–234, 1968.

[55] Nachev, P, Wydell, H, O'Neill, K, Husain, M, and Kennard, C. The role of the pre-supplementary motor area in the control of action. *Neuroimage* 36: T155–T163, 2007.

[56] Pessiglione, M, Seymour, B, Flandin, G, Dolan, RJ, and Frith, CD. Dopamine-dependent prediction errors underpin reward-seeking behaviour in humans. *Nature* 442: 1042, 2006.

[57] Potrac, P, Jones, R, and Cushion, C. Understanding power and the coach's role in professional English soccer: A preliminary investigation of coach behaviour. *Soccer & Society* 8: 33–49, 2007.

[58] Pulvermüller, F, Hauk, O, Nikulin, VV, and Ilmoniemi, RJ. Functional links between motor and language systems. *European Journal of Neuroscience* 21: 793–797, 2005.

[59] Rizzolatti, G, and Kalaska, JF. Voluntary movement: The parietal and premotor cortex. In *Principles of Neural Science*. 5th ed. Kandel, ER, Schwartz, JH, Jessell, TM, Siegelbaum, SA, Hudspeth, AJ, eds. New York: McGraw-Hill, 2013.

[60] Rizzolatti, G, and Kalaska, JF. Voluntary movement: The primary motor cortex. In *Principles of Neural Science*. 5th ed. Kandel, ER, Schwartz, JH, Jessell, TM, Siegelbaum, SA, Hudspeth, AJ, eds. New York: McGraw-Hill, 2013.

[61] Schacter, DL. Implicit memory: History and current status. *Journal of Experimental Psychology: Learning, Memory, and Cognition* 13: 501, 1987.

[62] Schacter, DL. The seven sins of memory: Insights from psychology and cognitive neuroscience. *American Psychologist* 54: 182, 1999.

[63] Schacter, DL, and Wagner, AW. Learning and memory. In *Principles of Neural Science*. 5th ed. Kandel, ER, Schwartz, JH, Jessell, TM, Siegelbaum, SA, Hudspeth, AJ, eds. New York: McGraw Hill, 2013.

[64] Schneider, D, Mertes, C, and Wascher, E. The time course of visuo-spatial working memory updating revealed by a retro-cuing paradigm. *Scientific Reports* 6: 21442, 2016.

[65] Scoville, WB, and Milner, B. Loss of recent memory after bilateral hippocampal lesions. *Journal of Neurology, Neurosurgery, and Psychiatry* 20: 11, 1957.

[66] Seidler, RD, Bo, J, and Anguera, JA. Neurocognitive contributions to motor skill learning: The role of working memory. *Journal of Motor Behavior* 44: 445–453, 2012.

[67] Squire, LR. The legacy of patient HM for neuroscience. *Neuron* 61: 6–9, 2009.

[68] Tulving, E. Episodic and semantic memory. In *Organisation of Memory*. Tulving, E, Donaldson, W, eds. New York: Academic Press, 1972.

[69] Tulving, E. How many memory systems are there? *American Psychologist* 40: 385, 1985.

[70] Tulving, E, and Thomson, DM. Encoding specificity and retrieval processes in episodic memory. *Psychological Review* 80: 352, 1973.

[71] Vaidya, CJ, Zhao, M, Desmond, JE, and Gabrieli, JD. Evidence for cortical encoding specificity in episodic memory: Memory-induced re-activation of picture processing areas. *Neuropsychologia* 40: 2136–2143, 2002.

[72] Wichmann, T, and DeLong, MR. The basal ganglia. In *Principles of Neural Science*. 5th ed. Kandel, ER, Schwartz, JH, Jessell, TM, Siegelbaum, SA, Hudspeth, AJ, eds. New York: McGraw-Hill, 2013.

[73] Wolpert, DM, and Flanagan, JR. Motor prediction. *Current Biology* 11: R729–R732, 2001.

[74] Wu, T, Kansaku, K, and Hallett, M. How self-initiated memorized movements become automatic: A functional MRI study. *Journal of Neurophysiology* 91: 1690–1698, 2004.

[75] Hebb, DO. *The Organization of Behavior: A Neuropsychological Theory*. Mahwah, NJ: Lawrence Erlbaum Associates, 2009.

[76] Schacter, DL. The seven sins of memory: Insights from psychology and cognitive neuroscience. *American Psychologist* 54: 182, 1999.

[77] Miller, GA. The magical number seven, plus or minus two: Some limits on our capacity for processing information. *Psychological Review* 63: 81, 1956.

[78] Foer , J. *Moonwalking With Einstein: The Art and Science of Remembering Everything*. New York:Penguin, 2012.

[79] Claparède, E. Recognition and "me-ness." In *Organization and Pathology of Thought*. Rapaport, D, ed. New York: Columbia University Press, 58–75, 1951.

[80] Graf, P, and Schacter, DL. Implicit and explicit memory for new associations in normal and amnesic subjects. *Journal of Experimental Psychology: Learning, Memory, and Cognition* 11: 501, 1985.

[81] Schacter, DL. Implicit memory: History and current status. *Journal of Experimental Psychology: Learning, Memory, and Cognition* 13: 501, 1987.

[82] Eichenbaum, H. To cortex: Thanks for the memories. *Neuron* 19: 481–484, 1997.

[83] Soderstrom, NC, and Bjork, RA. Learning versus performance: An integrative review. *Perspectives on Psychological Science* 10: 176–199, 2015.

[84] Foer, J. Feats of memory anyone can do. February 2012.

[85] Michael J Fox Parkinson's disease. April 2009.

[86] Wolpert, D. The real reason for brains. July 2011.

第4章

[1] Al-Abood, SA, Bennett, SJ, Hernandez, FM, Ashford, D, and Davids, K. Effect of verbal instructions and image size on visual search strategies in basketball free throw shooting. *Journal of Sports Sciences* 20: 271–278, 2002.

[2] An, J, Wulf, G, and Kim, S. Increased carry distance and X-factor stretch in golf through an external focus of attention. *Journal of Motor Learning and Development* 1: 2–11, 2013.

[3] Andrieux, M, and Proteau, L. Observation learning of a motor task: Who and when? *Experimental Brain Research* 229: 125–137, 2013.

[4] Andrieux, M, and Proteau, L. Mixed observation favors motor learning through better estimation of the model's performance. *Experimental Brain Research* 232: 3121–3132, 2014.

[5] Baumeister, RF. Choking under pressure: Self-consciousness and paradoxical effects of incentives on skillful performance. *Journal of Personality and Social Psychology* 46: 610, 1984.

[6] Beck, EN, Intzandt, BN, and Almeida, QJ. Can dual task walking improve in Parkinson's disease after external focus of attention exercise? A single blind randomized controlled trial. *Neurore-habilitation and Neural Repair* 32: 18–33, 2018.

[7] Becker, KA, and Smith, PJ. Attentional focus effects in standing long jump performance: Influence of a broad and narrow internal focus. *Journal of Strength & Conditioning Research* 29: 1780–1783, 2015.

[8] Beilock, S. *Choke: What the Secrets of the Brain Reveal About Getting It Right When You Have To*. New York: Simon and Schuster, 2010.

[9] Beilock, SL, and Carr, TH. On the fragility of skilled performance: What governs choking under pressure? *Journal of Experimental Psychology: General* 130: 701–725, 2001.

[10] Beilock, SL, Carr, TH, MacMahon, C, and Starkes, JL. When paying attention becomes counterproductive: Impact of divided versus skill-focused attention on novice and experienced performance of sensorimotor skills. *Journal of Experimental Psychology: Applied* 8: 6–16, 2002.

[11] Beilock, SL, and Gray, R. From attentional control to attentional spillover: A skill-level investigation of attention, movement, and performance outcomes. *Human Movement Science* 31: 1473–1499, 2012.

[12] Benjaminse, A, Otten, B, Gokeler, A, Diercks, RL, and Lemmink, KA. Motor learning strategies in basketball players and its implications for ACL injury prevention: A randomized controlled trial. *Knee Surgery, Sports Traumatology, Arthroscopy* 1–12, 2015.

[13] Benjaminse, A, Welling, W, Otten, B, and Gokeler, A. Transfer of improved movement technique after receiving

verbal external focus and video instruction. *Knee Surgery, Sports Traumatology, Arthroscopy* 26: 955–962, 2018.

[14] Bernstein, NA. *The Coordination and Regulation of Movements*. New York: Pergamon Press, 1967.

[15] Castaneda, B, and Gray, R. Effects of focus of attention on baseball batting performance in players of differing skill levels. *Journal of Sport and Exercise Psychology* 29: 60–77, 2007.

[16] Christina, R, and Alpenfels, E. Influence of attentional focus on learning a swing path change. *International Journal of Golf Science* 3: 35–49, 2014.

[17] Coker, C. Combining attentional focus strategies: Effects and adherence. *Physical Educator* 76: 98–109, 2019.

[18] DeCaro, MS, Thomas, RD, Albert, NB, and Beilock, SL. Choking under pressure: Multiple routes to skill failure. *Journal of Experimental Psychology: General* 140: 390–406, 2011.

[19] Diekfuss, JA, and Raisbeck, LD. Focus of attention and instructional feedback from NCAA division 1 collegiate coaches. *Journal of Motor Learning and Development* 4: 262–273, 2016.

[20] Fietzer, AL, Winstein, CJ, and Kulig, K. Changing one's focus of attention alters the structure of movement variability. *Human Movement Science* 62: 14–24, 2018.

[21] Fitts, PM, and Posner, MI. *Human Performance*. Belmont, CA: Brooks/Cole, 1967.

[22] Ford, P, Hodges, NJ, and Mark Williams, A. An evaluation of end-point trajectory planning during skilled kicking. *Motor Control* 13: 1–24, 2009.

[23] Freudenheim, AM, Wulf, G, Madureira, F, Pasetto, SC, and Corrêa, UC. An external focus of attention results in greater swimming speed. *International Journal of Sports Science and Coaching* 5: 533–542, 2010.

[24] Gokeler, A, Benjaminse, A, Welling, W, Alferink, M, Eppinga, P, and Otten, B. The effects of attentional focus on jump performance and knee joint kinematics in patients after ACL reconstruction. *Physical Therapy in Sport* 16: 114–120, 2015.

[25] Gokeler, A, Neuhaus, D, Benjaminse, A, Grooms, DR, and Baumeister, J. Principles of motor learning to support neuroplasticity after ACL injury: Implications for optimizing performance and reducing risk of second ACL injury. *Sports Medicine* 49: 853–865, 2019.

[26] Gray, R. Attending to the execution of a complex sensorimotor skill: Expertise differences, choking, and slumps. *Journal of Experimental Psychology: Applied* 10: 42–54, 2004.

[27] Gray, R. Transfer of training from virtual to real baseball batting. *Frontiers in Psychology* 8: 2183, 2017.

[28] Gray, R. Comparing cueing and constraints interventions for increasing launch angle in baseball batting. *Sport, Exercise, and Performance Psychology* 7: 318, 2018.

[29] Guss-West, C, and Wulf, G. Attentional focus in classical ballet: A survey of professional dancers. *Journal of Dance Medicine & Science* 20: 23–29, 2016.

[30] Halperin, I, Chapman, DW, Martin, DT, Abbiss, C, and Wulf, G. Coaching cues in amateur boxing: An analysis of ringside feedback provided between rounds of competition. *Psychology of Sport and Exercise* 25: 44–50, 2016.

[31] Hitchcock, DR, and Sherwood, DE. Effects of changing the focus of attention on accuracy, acceleration, and electromyography in dart throwing. *International Journal of Exercise Science* 11: 1120–1135, 2018.

[32] Hodges, N, and Williams, AM. *Skill Acquisition in Sport: Research, Theory and Practice*. New York: Routledge, 2012.

[33] Hommel, B, Müsseler, J, Aschersleben, G, and Prinz, W. The theory of event coding (TEC): A framework for perception and action planning. *Behavioral and Brain Sciences* 24: 849–878, 2001.

[34] Ille, A, Selin, I, Do, MC, and Thon, B. Attentional focus effects on sprint start performance as a function of skill level. *Journal of Sports Sciences* 31: 1705–1712, 2013.

[35] Jeannerod, M. The representing brain: Neural correlates of motor intention and imagery. *Behavioral and Brain Sciences* 17: 187–202, 1994.

[36] Kim, T, Díaz, JJ, and Chen, J. The effect of attentional focus in balancing tasks: A systematic review with

meta-analysis. *Journal of Human Sport and Exercise* 12: 463–479, 2017.

[37] Komar, J, Chow, J-Y, Chollet, D, and Seifert, L. Effect of analogy instructions with an internal focus on learning a complex motor skill. *Journal of Applied Sport Psychology* 26: 17–32, 2014.

[38] Lee, DN, Lishman, JR, and Thomson, JA. Regulation of gait in long jumping. *Journal of Experimental Psychology: Human Perception and Performance* 8: 448, 1982.

[39] Liao, CM, and Masters, RSW. Self-focused attention and performance failure under psychological stress. *Journal of Sport & Exercise Psychology* 24: 289–305, 2002.

[40] Lohse, K, Wadden, K, Boyd, L, and Hodges, N. Motor skill acquisition across short and long time scales: A meta-analysis of neuroimaging data. *Neuropsychologia* 59: 130–141, 2014.

[41] Lohse, KR, Jones, M, Healy, AF, and Sherwood, DE. The role of attention in motor control. *Journal of Experimental Psychology: General* 143: 930–948, 2014.

[42] Lohse, KR, Sherwood, DE, and Healy, AF. How changing the focus of attention affects performance, kinematics, and electromyography in dart throwing. *Human Movement Science* 29: 542–555, 2010.

[43] Marchant, DC, Greig, M, and Scott, C. Attentional focusing instructions influence force production and muscular activity during isokinetic elbow flexions. *Journal of Strength & Conditioning Research* 23: 2358–2366, 2009.

[44] Masters, RS. Knowledge, knerves and know-how: The role of explicit versus implicit knowledge in the breakdown of a complex motor skill under pressure. *British Journal of Psychology* 83: 343–358, 1992.

[45] Maurer, H, and Munzert, J. Influence of attentional focus on skilled motor performance: Performance decrement under unfamiliar focus conditions. *Human Movement Science* 32: 730–740, 2013.

[46] Miles, GF. Thinking outside the block: External focus of attention shortens reaction times in collegiate track sprinters. In *College of Science and Health Human Performance*. La Crosse: University of Wisconsin, 2018.

[47] Muller, H, and Loosch, E. Functional variability and an equifinal path of movement during targeted throwing. *Journal of Human Movement Studies* 36: 103–126, 1999.

[48] Ong, NT, Bowcock, A, and Hodges, NJ. Manipulations to the timing and type of instructions to examine motor skill performance under pressure. *Frontiers in Psychology* 1: 1–13, 2010.

[49] Park, SH, Yi, CW, Shin, JY, and Ryu, YU. Effects of external focus of attention on balance: A short review. *Journal of Physical Therapy Science* 27: 3929–3931, 2015.

[50] Parr, R, and Button, C. End-point focus of attention: Learning the "catch" in rowing. *International Journal of Sport Psychology* 40: 616–635, 2009.

[51] Porter, JM, Wu, W, and Partridge, J. Focus of attention and verbal instructions: Strategies of elite track and field coaches and athletes. *Sport Science Review* XIX: 199–211, 2010.

[52] Prinz, W. Perception and action planning. *European Journal of Cognitive Psychology* 9: 129–154, 1997.

[53] Raisbeck, LD, Suss, J, Diekfuss, JA, Petushek, E, and Ward, P. Skill-based changes in motor performance from attentional focus manipulations: A kinematic analysis. *Ergonomics* 59: 941–949, 2016.

[54] Redgrave, P, Rodriguez, M, Smith, Y, Rodriguez-Oroz, MC, Lehericy, S, Bergman, H, Agid, Y, DeLong, MR, and Obeso, JA. Goal-directed and habitual control in the basal ganglia: Implications for Parkinson's disease. *Nature Reviews: Neuroscience* 11: 760–772, 2010.

[55] Rocha, PA, Porfirio, GM, Ferraz, HB, and Trevisani, VF. Effects of external cues on gait parameters of Parkinson's disease patients: A systematic review. *Clinical Neurology and Neurosurgery* 124: 127–134, 2014.

[56] Rohbanfard, H, and Proteau, L. Learning through observation: A combination of expert and novice models favors learning. *Experimental Brain Research* 215: 183–197, 2011.

[57] Schorer, J, Baker, J, Fath, F, and Jaitner, T. Identification of interindividual and intraindividual movement patterns in handball players of varying expertise levels. *Journal of Motor Behavior* 39: 409–421, 2007.

[58] Schutts, KS, Wu, WFW, Vidal, AD, Hiegel, J, and Becker, J. Does focus of attention improve snatch lift

kinematics? *Journal of Strength & Conditioning Research* 31: 2758–2764, 2017.

[59] Scott, MA, Li, F-X, and Davids, K. Expertise and the regulation of gait in the approach phase of the long jump. *Journal of Sports Sciences* 15: 597–605, 1997.

[60] Shea, CH, and Wulf, G. Enhancing motor learning through external-focus instructions and feedback. *Human Movement Science* 18: 553–571, 1999.

[61] Spaulding, SJ, Barber, B, Colby, M, Cormack, B, Mick, T, and Jenkins, ME. Cueing and gait improvement among people with Parkinson's disease: A meta-analysis. *Archives of Physical Medicine and Rehabilitation* 94: 562–570, 2013.

[62] Stoate, I, and Wulf, G. Does the attentional focus adopted by swimmers affect their performance? *International Journal of Sports Science and Coaching* 6: 99–108, 2011.

[63] Vance, J, Wulf, G, Tollner, T, McNevin, N, and Mercer, J. EMG activity as a function of the performer's focus of attention. *Journal of Motor Behavior* 36: 450–459, 2004.

[64] Vereijken, B, Emmerik, REv, Whiting, H, and Newell, KM. Free(z)ing degrees of freedom in skill acquisition. *Journal of Motor Behavior* 24: 133–142, 1992.

[65] Vidal, A, Wu, W, Nakajima, M, and Becker, J. Investigating the constrained action hypothesis: A movement coordination and coordination variability approach. *Journal of Motor Behavior* 1–10, 2017.

[66] Weiss, SM, Reber, AS, and Owen, DR. The locus of focus: The effect of switching from a preferred to a non-preferred focus of attention. *Journal of Sports Sciences* 26: 1049–1057, 2008.

[67] Wolpert, DM, Ghahramani, Z, and Jordan, MI. An internal model for sensorimotor integration. *Science* 269: 1880–1882, 1995.

[68] Wulf, G, and Dufek, JS. Increased jump height with an external focus due to enhanced lower extremity joint kinetics. *Journal of Motor Behavior* 41: 401–409, 2009.

[69] Wulf, G, Dufek, JS, Lozano, L, and Pettigrew, C. Increased jump height and reduced EMG activity with an external focus. *Human Movement Science* 29: 440–448, 2010.

[70] Wulf, G, Lauterbach, B, and Toole, T. The learning advantages of an external focus of attention in golf. *Research Quarterly for Exercise and Sport* 70: 120–126, 1999.

[71] Wulf, G, and Lewthwaite, R. Effortless motor learning? An external focus of attention enhances movement effectiveness and efficiency. In *Effortless Attention: A New Perspective in Attention and Action*. Bruya, B, ed. Cambridge, MA: MIT Press, 75–101, 2010.

[72] Wulf, G, and Lewthwaite, R. Optimizing performance through intrinsic motivation and attention for learning: The OPTIMAL theory of motor learning. *Psychonomic Bulletin & Review* 23: 1382–1414, 2016.

[73] Wulf, G, McConnel, N, Gartner, M, and Schwarz, A. Enhancing the learning of sport skills through external-focus feedback. *Journal of Motor Behavior* 34: 171–182, 2002.

[74] Wulf, G, McNevin, N, and Shea, CH. The automaticity of complex motor skill learning as a function of attentional focus. *The Quarterly Journal of Experimental Psychology* 54: 1143–1154, 2001.

[75] Wulf, G, McNevin, NH, Fuchs, T, Ritter, F, and Toole, T. Attentional focus in complex skill learning. *Research Quarterly for Exercise and Sport* 71: 229–239, 2000.

[76] Wulf, G, Shea, C, and Park, JH. Attention and motor performance: Preferences for and advantages of an external focus. *Research Quarterly for Exercise and Sport* 72: 335–344, 2001.

[77] Zachry, T, Wulf, G, Mercer, J, and Bezodis, N. Increased movement accuracy and reduced EMG activity as the result of adopting an external focus of attention. *Brain Research Bulletin* 67: 304–309, 2005.

[78] Gallwey, TW. The Inner Game of Tennis: The Classic Guide to the Mental Side of Peak Performance. New York: Random House, 2010.

[79] Chater, N. *The Mind Is Flat: The Remarkable Shallowness of the Improvising Brain*. New Haven, CT: Yale

University Press, 2018.

[80] Wulf, G. *Attention and Motor Skill Learning*. Champaign, IL: Human Kinetics, 2007.

[81] Bijl, P. 10 step plan to the perfect power gybe. January 2016.

[82] Wulf, G, Hoss, M, and Prinz, W. Instructions for motor learning: Differential effects of internal versus external focus of attention. *Journal of Motor Behavior* 30: 169–179, 1998.

[83] James, W. *The Principles of Psychology*, Vol. 2. New York: Henry Holt and Company, 1890.

[84] Stock, A, and Stock, C. A short history of ideo–motor action. *Psychological Research* 68: 176–188, 2004.

[85] Wulf, G, McNevin, N, and Shea, CH. The automaticity of complex motor skill learning as a function of attentional focus. *The Quarterly Journal of Experimental Psychology* 54: 1143–1154, 2001.

[86] Castaneda, B, and Gray, R. Effects of focus of attention on baseball batting performance in players of differing skill levels. *Journal of Sport and Exercise Psychology* 29: 60–77, 2007.

[87] Liao, C-M, and Masters, RS. Analogy learning: A means to implicit motor learning. *Journal of Sports Sciences* 19(5): 307–319, 2001.

[88] Lam, WK., Maxwell, JP., and Masters, RSW. Analogy versus explicit learning of a modified basketball shooting task: Performance and kinematic outcomes. *Journal of Sports Sciences* 27(2): 179–191, 2009.

[89] Choosing music over meds, one man's quest to retrain his brain to overcome dystonia. Globe and Mail.

[90] Beilock, SL. Why we choke under pressure—and how to avoid it. November 2017.

[91] Wulf, G. Attentional focus and motor learning: A review of 15 years. *International Review of Sport and Exercise Psychology* 6(1): 77–104, 2013.

[92] McNevin, NH, Shea, CH, and Wulf, G. Increasing the distance of an external focus of attention enhances learning. *Psychological Research* 67: 22–29, 2003.

[93] Bernstein, NA. *The Coordination and Regulation of Movements*. New York: Pergamon Press, 1967.

第5章

[1] Abdollahipour, R, Wulf, G, Psotta, R, and Palomo Nieto, M. Performance of gymnastics skill benefits from an external focus of attention. *Journal of Sports Sciences* 1–7, 2015.

[2] Becker, KA, Georges, AF, and Aiken, CA. Considering a holistic focus of attention as an alternative to an external focus. *Journal of Motor Learning and Development* 1–10, 2018.

[3] Beilock, SL, Carr, TH, MacMahon, C, and Starkes, JL. When paying attention becomes counterproductive: Impact of divided versus skill-focused attention on novice and experienced performance of sensorimotor skills. *Journal of Experimental Psychology: Applied* 8: 6–16, 2002.

[4] Bredin, SS, Dickson, DB, and Warburton, DE. Effects of varying attentional focus on health–related physical fitness performance. Applied Physiology, *Nutrition, and Metabolism* 38: 161–168, 2013.

[5] Calatayud, J, Vinstrup, J, Jakobsen, MD, Sundstrup, E, Brandt, M, Jay, K, Colado, JC, and Andersen, LL. Importance of mind-muscle connection during progressive resistance training. *European Journal of Applied Physiology* 116: 527–533, 2016.

[6] Calatayud, J, Vinstrup, J, Jakobsen, MD, Sundstrup, E, Colado, JC, and Andersen, LL. Mind-muscle connection training principle: Influence of muscle strength and training experience during a pushing movement. *European Journal of Applied Physiology* 117: 1445–1452, 2017.

[7] Calatayud, J, Vinstrup, J, Jakobsen, MD, Sundstrup, E, Colado, JC, and Andersen, LL. Influence of different attentional focus on EMG amplitude and contraction duration during the bench press at different speeds. *Journal of Sports Science* 36: 1162–1166, 2018.

[8] Castaneda, B, and Gray, R. Effects of focus of attention on baseball batting performance in players of differing skill levels. *Journal of Sport and Exercise Psychology* 29: 60–77, 2007.

[9] Coker, C. Optimizing external focus of attention Instructions: The role of attainability. *Journal of Motor Learning and Development* 4: 116–125, 2016.

[10] Corbin, JC, Reyna, VF, Weldon, RB, and Brainerd, CJ. How reasoning, judgment, and decision making are colored by gist-based intuition: A fuzzy-trace theory approach. *Journal of Applied Research in Memory and Cognition* 4: 344–355, 2015.

[11] Couvillion, KF, and Fairbrother, JT. Expert and novice performers respond differently to attentional focus cues for speed jump roping. *Frontiers in Psychology* 9: 2370, 2018.

[12] De Giorgio, A, Sellami, M, Kuvacic, G, Lawrence, G, Padulo, J, Mingardi, M, and Mainolfi, L. Enhancing motor learning of young soccer players through preventing an internal focus of attention: The effect of shoes colour. *PloS One* 13: e0200689, 2018.

[13] Ducharme, SW, Wu, WF, Lim, K, Porter, JM, and Geraldo, F. Standing long jump performance with an external focus of attention is improved as a result of a more effective projection angle. *Journal of Strength & Conditioning Research* 30: 276–281, 2016.

[14] Gokeler, A, Benjaminse, A, Welling, W, Alferink, M, Eppinga, P, and Otten, B. The effects of attentional focus on jump performance and knee joint kinematics in patients after ACL reconstruction. *Physical Therapy in Sport* 16: 114–120, 2015.

[15] Halperin, I, Williams, KJ, Martin, DT, and Chapman, DW. The effects of attentional focusing instructions on force production during the isometric mid-thigh pull. *Journal of Strength & Conditioning Research* 30: 919–923, 2016.

[16] Ille, A, Selin, I, Do, MC, and Thon, B. Attentional focus effects on sprint start performance as a function of skill level. *Journal of Sports Sciences* 31: 1705–1712, 2013.

[17] Marchant, DC, Greig, M, Bullough, J, and Hitchen, D. Instructions to adopt an external focus enhance muscular endurance. *Research Quarterly for Exercise and Sport* 82: 466–473, 2011.

[18] Marchant, DC, Greig, M, and Scott, C. Attentional focusing instructions influence force production and muscular activity during isokinetic elbow flexions. *Journal of Strength & Conditioning Research* 23: 2358–2366, 2009.

[19] McNevin, NH, Shea, CH, and Wulf, G. Increasing the distance of an external focus of attention enhances learning. *Psychological Research* 67: 22–29, 2003.

[20] Perkins-Ceccato, N, Passmore, SR, and Lee, TD. Effects of focus of attention depend on golfers' skill. *Journal of Sports Sciences* 21: 593–600, 2003.

[21] Porter, JM, Anton, PM, Wikoff, NM, and Ostrowski, JB. Instructing skilled athletes to focus their attention externally at greater distances enhances jumping performance. *Journal of Strength & Conditioning Research* 27: 2073–2078, 2013.

[22] Porter, JM, Anton, PM, and Wu, WF. Increasing the distance of an external focus of attention enhances standing long jump performance. *Journal of Strength & Conditioning Research* 26: 2389–2393, 2012.

[23] Read, K, Macauley, M, and Furay, E. The Seuss boost: Rhyme helps children retain words from shared storybook reading. *First Language* 34: 354–371, 2014.

[24] Schoenfeld, BJ, and Contreras, B. Attentional focus for maximizing muscle development: The mind-muscle connection. *Strength & Conditioning Journal*, 2016.

[25] Schutts, KS, Wu, WFW, Vidal, AD, Hiegel, J, and Becker, J. Does focus of attention improve snatch lift kinematics? *Journal of Strength & Conditioning Research* 31: 2758–2764, 2017.

[26] Stins, JF, Marmolejo-Ramos, F, Hulzinga, F, Wenker, E, and Canal-Bruland, R. Words that move us: The effects of sentences on body sway. *Advances in Cognitive Psychology* 13: 156–165, 2017.

[27] Vance, J, Wulf, G, Tollner, T, McNevin, N, and Mercer, J. EMG activity as a function of the performer's focus of attention. *Journal of Motor Behavior* 36: 450–459, 2004.

[28] Winkelman, N. Theoretical and practical applications for functional hypertrophy: Development of an off-season strategy for the intermediate to advanced athlete. *Professional Strength & Conditioning* 16, 2009.

[29] Wulf, G. Attentional focus effects in balance acrobats. *Research Quarterly for Exercise and Sport* 79: 319–325, 2008.

[30] Wulf, G, and Su, J. An external focus of attention enhances golf shot accuracy in beginners and experts. *Research Quarterly for Exercise and Sport* 78: 384–389, 2007.

[31] Winkelman, NC. Attentional focus and cueing for speed development. *Strength & Conditioning Journal* 40: 13–25, 2018.

[32] Bell, JJ, and Hardy, J. Effects of attentional focus on skilled performance in golf. *Journal of Applied Sport Psychology* 21: 163–177, 2009.

[33] Porter, JM, Ostrowski, EJ, Nolan, RP, and Wu, WF. Standing long-jump performance is enhanced when using an external focus of attention. *Journal of Strength & Conditioning Research* 24: 1746–1750, 2010.

[34] Pulvermüller video, August 2016.

[35] Pulvermüller, F, Härle, M, and Hummel, F. Walking or talking? Behavioral and neurophysiological correlates of action verb processing. *Brain and Language* 78: 143–168, 2001.

[36] Pulvermüller, F, Härle, M, and Hummel, F. Walking or talking? Behavioral and neurophysiological correlates of action verb processing. *Brain and Language* 78: 143–168, 2001.

[37] Raposo, A, Moss, HE, Stamatakis, EA, and Tyler, LK. Modulation of motor and premotor cortices by actions, action words and action sentences. *Neuropsychologia* 47: 388–396, 2009.

[38] van Dam, WO, Rueschemeyer, SA, and Bekkering, H. How specifically are action verbs represented in the neural motor system: An fMRI study. *Neuroimage* 53: 1318–1325, 2010.

[39] Boulenger, V, Roy, AC, Paulignan, Y, Deprez, V, Jeannerod, M, and Nazir, TA. Cross-talk between language processes and overt motor behavior in the first 200 msec of processing. *Journal of Cognitive Neuroscience* 18: 1607–1615, 2006.

[40] Boulenger, V, Silber, BY, Roy, AC, Paulignan, Y, Jeannerod, M, and Nazir, TA. Subliminal display of action words interferes with motor planning: A combined EEG and kinematic study. *Journal of Physiology-Paris* 102: 130–136, 2008.

[41] Frak, V, Nazir, T, Goyette, M, Cohen, H, and Jeannerod, M. Grip force is part of the semantic representation of manual action verbs. *PLoS One* 5: e9728, 2010.

[42] Aravena, P, Delevoye-Turrell, Y, Deprez, V, Cheylus, A, Paulignan, Y, Frak, V, and Nazir, T. Grip force reveals the context sensitivity of language-induced motor activity during "action words" processing: Evidence from sentential negation. *PLoS One* 7: e50287, 2012.

[43] Becker, J, and Wu, WF. Integrating biomechanical and motor control principles in elite high jumpers: A trans-disciplinary approach to enhancing sport performance. *Journal of Sport and Health Science* 4: 341–346, 2015.

[44] Schoenfeld, BJ, Vigotsky, A, Contreras, B, Golden, S, Alto, A, Larson, R, Winkelman, N, and Paoli, A. Differential effects of attentional focus strategies during long-term resistance training. *European Journal of Sport Science* 18: 705–712, 2018.

[45] Winkelman, NC, Clark, KP, and Ryan, LJ. Experience level influences the effect of attentional focus on sprint performance. *Human Movement Science* 52: 84–95, 2017.

[46] MacPherson, A, Collins, D, and Morriss, C. Is what you think what you get? Optimizing mental focus for technical performance. *The Sport Psychologist* 22: 288–303, 2008.

第6章

[1] Arendt, H. *Men in Dark Times*. San Diego, Houghton Mifflin Harcourt, 1968.

[2] Beilock, SL, Lyons, IM, Mattarella-Micke, A, Nusbaum, HC, and Small, SL. Sports experience changes the neural processing of action language. *Proceedings of the National Academy of Sciences* 105: 13269–13273, 2008.

[3] Bergen, BK. *Louder Than Words: The New Science of How the Mind Makes Meaning*. New York: Basic Books, 2012.

[4] Borreggine, KL, and Kaschak, MP. The action-sentence compatibility effect: It's all in the timing. *Cognitive Science* 30: 1097–1112, 2006.

[5] Bowdle, BF, and Gentner, D. The career of metaphor. *Psychological Review* 112: 193, 2005.

[6] Calvo-Merino, B, Glaser, DE, Grèzes, J, Passingham, RE, and Haggard, P. Action observation and acquired motor skills: An FMRI study with expert dancers. *Cerebral Cortex* 15: 1243–1249, 2005.

[7] Calvo-Merino, B, Grèzes, J, Glaser, DE, Passingham, RE, and Haggard, P. Seeing or doing? Influence of visual and motor familiarity in action observation. *Current Biology* 16: 1905–1910, 2006.

[8] Geary, J. *I Is an Other: The Secret Life of Metaphor and How It Shapes the Way We See the World*. New York: HarperCollins, 2011.

[9] Gentner, D. Why nouns are learned before verbs: Linguistic relativity versus natural partitioning. *Center for the Study of Reading Technical Report* 257, 1982.

[10] Glenberg, AM, and Kaschak, MP. Grounding language in action. *Psychonomic Bulletin & Review* 9: 558–565, 2002.

[11] Graesser, A, Mio, J, and Millis, K. Metaphors in persuasive communication. In *Comprehension and Literary Discourse: Results and Problems of Interdisciplinary Approaches* Meutsch, D, Viehoff, R, eds. Berlin: De Gruyter, 131–154, 1989.

[12] Hofstadter, D, and Sander, E. *Surfaces and essences: Analogy as the fuel and fire of thinking*. Basic Books, 2013.

[13] Holt, LE, and Beilock, SL. Expertise and its embodiment: Examining the impact of sensorimotor skill expertise on the representation of action-related text. *Psychonomic Bulletin & Review* 13: 694–701, 2006.

[14] Liao, C-M, and Masters, RS. Analogy learning: A means to implicit motor learning. *Journal of Sports Sciences* 19: 307–319, 2001.

[15] Pollio, HR, Barlow, JM, Fine, HJ, and Pollio, MR. *Psychology and the Poetics of Growth: Figurative Language in Psychology, Psychotherapy, and Education*. Hillsdale, NJ: Erlbaum, 1977.

[16] Poolton, JM, Masters, RS, and Maxwell, JP. The development of a culturally appropriate analogy for implicit motor learning in a Chinese population. *Sport Psychologist* 21: 375–382, 2007.

[17] Poolton, JM, Masters, RSW, and Maxwell, JP. Analogy learning as a chunking mechanism. In *Hong Kong Student Conference in Sport Medicine, Rehabilitation, & Exercise Science*. Hong Kong, 2003.

[18] Stanfield, RA, and Zwaan, RA. The effect of implied orientation derived from verbal context on picture recognition. *Psychological Science* 12: 153–156, 2001.

[19] Zwaan, RA, Stanfield, RA, and Yaxley, RH. Language comprehenders mentally represent the shapes of objects. *Psychological Science* 13: 168–171, 2002.

[20] Piaget, J, and Inhelder, B. The Psychology of the Child. New York: Basic Books, 2000.21. Gentner, D. Structure-mapping: A theoretical framework for analogy. *Cognitive Science* 7: 155–170, 1983.

第7章

[1] Clear, J. *Atomic Habits: An Easy & Proven Way to Build Good Habits & Break Bad Ones*. New York: Penguin Random House, 2018.

[2] Duhigg, C. *The Power of Habit: Why We Do What We Do in Life and Business*. New York: Random House, 2014.

作者简介

尼克·温克尔曼（Nick Winkelman）博士，是爱尔兰橄榄球联盟的运动表现和科学训练负责人。他主要负责监督国家队和所有省队体能训练与运动科学的实施和发展。在此之前，温克尔曼博士是美国EXOS公司（前AP公司）的教育和培训总监，负责EXOS公司所有教育方案的开发和实施。作为一名体能教练，他在EXOS公司还负责美国职业橄榄球联盟（NFL）选秀大赛训练营的速度及评估项目。他帮助了许多运动员进入美国职业橄榄球联盟（NFL）、美国职业棒球大联盟（MLB）、美国男子职业篮球联赛（NBA）以及诸多美国国家体育运动组织和军队。

温克尔曼在落基山卫生大学完成了他的博士学位，其学位论文的方向是运动技能学习和短跑。他在人体运动表现和执教科学方面是公认的权威和顾问，并在美国国家体能协会（National Strength and Conditioning Association，NSCA）、英国体能协会（UK Strength and Conditioning Association，UKSCA）、IDEA健康和健身协会（IDEA Health & Fitness Association）、人体运动科学（Human Movement Science）的期刊上发表过多篇文章，并且在劳特利奇出版社（Routledge）出版过著作。

译者简介

王雄

  清华大学运动人体科学硕士，体育教育训练学博士；副研究员；硕士生导师；国家体育总局训练局国家队体能训练中心创建人、负责人；国家体育总局备战伦敦奥运会身体功能训练团队召集人、中方总协调，备战里约奥运会身体功能训练团队体能训练组组长；备战东京奥运会专家组成员；为游泳、田径、举重、乒乓球、羽毛球、体操、跳水、排球、篮球和帆板等二十余支国家队提供过相关体能测评和训练指导服务；中国体育科学学会体能训练分会常委，北京市体育科学学会体能分会副主任委员，北京市体育科学学会理事会理事，北京市体能协会常务理事，清华-长三角研究院特聘研究员，国家体育总局教练员学院特聘专家，人民邮电出版特聘专家及优秀作者，第二届夏季青年奥林匹克运动会先进个人，国家体育总局团委青年学习标兵。主编有《身体功能训练动作手册》《儿童身体训练动作手册》《青少年身体训练动作手册》等多部书籍；译有《体育运动中的功能性训练（第2版）》《儿童身体素质提升指导与实践（第2版）》《美国国家体能协会力量训练指南（第2版）》《NASM-CES美国国家运动医学学会纠正性训练指南（修订版）》等书，在 *Journal of Sports Sciences*、《体育科学》等中外期刊发表文章十余篇；研究方向：身体训练（专业体能和大众健身）、健康促进工程、儿童青少年体育等。

John 吴俊纬

  前马来西亚篮球运动员，2001—2013年任多家国际顶尖健身、体能训练器械品牌高管；2013年与哥哥在上海创立JUZPLAY®运动表现公司，致力通过与世界权威认证培训机构及专家紧密合作，提升国内健身和体能训练人员的专业能力水平；JUZPLAY®运动表现公司组织搭建国内外专家训练团队，积极参与青训工作，成为多位顶尖运动员及多支运动队的运动表现训练合作伙伴，并参与中国女排2015年备战世界杯、2016年备战里约奥运会和2021年备战东京奥运会的运动表现训练工作。